ONE DAY AS A TIGER

하루를 살아도 호랑이 처럼

존 포터 지음
전종주 옮김

하루재클럽

알렉스 매킨타이어와 경량·속공등반의 탄생

하루를 살아도 **호랑이처럼**

초판 1쇄   2017년 12월 14일

지은이   존 포터John Porter
옮긴이   전종주

펴낸이   변기태
펴낸곳   하루재 클럽
주소   (우) 06524 서울특별시 서초구 나루터로 15길 6(잠원동) 신사 제2빌딩 702호
전화   02-521-0067
팩스   02-565-3586
이메일   gitae58@hotmail.com
출판등록   제2011-000120호(2011년 4월 11일)

윤문   김동수
편집   유난영
디자인   장선숙

ISBN   979-11-962490-0-7 03900

* 책값은 뒤표지에 있습니다.

진과 리비 매킨타이어, 새라 리처드 그리고
결국 그를 껴안은 山을 위해

차례

한국 독자들에게 보내는 인사말

저는 한국에 가본 적이 없습니다. 하지만 저의 삶과 등반 경력을 돌아보니, 저 자신을 한국으로 가깝게 끌어들이는 여러 가지 사건과 세계관이 얽혀 있다는 사실을 깨닫게 되었습니다. 아마도, 그 첫 번째는 산과 풍경에 대한 정신적 교감을 많은 한국인들과 공유하고 있다는 저의 믿음일 것입니다. 저는 2015년 UIAA 총회 때 제공된 한국 등산약사登山略史를 아주 흥미롭게 읽었습니다. 한국 영토의 60퍼센트 이상이 산이라는 것은 알고 있었지만, 그 자료를 통해 한국 사람들이 예술적으로나 육체적 행위를 통해 자연과 매우 긴밀한 관계를 형성하고 있다는 사실을 알게 됐습니다. 대부분의 한국인들은 종종 산을 찾고, 또 삼 분의 일은 정기적으로 걷거나 등반을 하고 있다고 하더군요. 그 동기는 산을 오르면 마음과 영혼이 열린다는 믿음이 아닐까 합니다. 한국에는 수많은 산악회와 훈련을 할 수 있는 암벽과 빙벽 시설들이 있다고 들었습니다. 아마도 그러한 훈련을 통해 한국인들은 산과 진정한 교감을 얻는 것 같습니다.

저는 미국의 뉴잉글랜드에서 자랐는데, 어린 시절 랠프 월도 에머슨Ralph Waldo Emerson과 헨리 데이비드 소로Henry David Thoreau의 자연주의 글들을 좋아했습니다. 그러나 제 마음의 고향은 언제나 아버지가 태어난 영국의 레이크 디스트릭트Lake District였습니다. 저는 레이크랜드의 산들로 둘러싸인 코니스턴Coniston에 살았던, 영국의 위대한 풍경화가 존 러스킨John Ruskin의 명언을 항상 마음속에 품고 살아왔습니다. 그는 이렇게 말했습니다. "모든 자연경관의 시작과 끝은 산이다." 이는 러스킨보다 한 세기 앞선 겸재 정선의 감성일지도 모릅니다. 혹시 러스킨이 겸재의 '진경'이라는 개념과 화법을 알고 있었던 것은 아닐까요? 러스킨은 한국의 진경산수화처럼 산을 주제로 삼아, 생생하고 현실적인 화법으로 산을 묘사한 대가였습니다.

화가뿐만 아니라, 영국의 낭만주의 운동은 윌리엄 워즈워드William Wordsworth와 새뮤얼 콜리지Samuel Coleridge 같은 위대한 작가와 철학자도 낳았습니다. 이들은 산에서의 관찰과 모험을 통해 인간과 그 인간을 둘러싼 세상을 연결하는 사물의 속성에 대한 차원 높은 통찰을 얻었습니다. 삶과 천성은 이런 체험을 통해 연결됩니다. 암벽등반이 인기 있는 여가활동이 되기도 훨씬 전에 철학자 콜리지는 암벽등반이 지닌 매혹적인 이유를 기술한 최초의 영국인이었습니다.

저에게는 등산을 통해 한국과 인연이 닿아 있는 특정한 시기가 있었습니다. 1977년 고상돈은 셰르파 펨바 노르부Pemba Norbu와 한국인 최초로 에베레스트 정상에 올랐는데, 그때 저 역시 알렉스 매킨타이어Alex MacIntyre, 보이텍 쿠르티카Voytek Kurtyka와 함께 처음으로 '거대한 산맥Great Ranges'에서 기념비적인 등반을 했습니다. 코 에 반다카Koh-e-Bandaka 북동벽에서의 그 등반 이야기는 이 책에 실려 있습니다. 보이텍은 우리의 등반을 톨킨J. R. R. Tolkien의 「반지의 제왕」에 나오는 모르도르Mordor로 가는 여정으로 묘사합니다. 그는 성공을 거두기 위해서는 산을 진심으로 대하면서 산과 교감해야 한다고 말했는데, 우리 모두 공감했습니다. 한국의 독자들이 이 책을 즐겁게 읽으면 좋겠습니다. 더불어 만약 우리가 산이라는 놀라운 세계에서 의미와 무의미 모두를 경험하고 이해하면서 살고 싶다면 산과 맞서 싸울 것이 아니라 어떻게 산과 더불어 살아가야 하는지, 이 책을 통해 함께 고민해보는 시간을 가질 수 있다면 더할 나위가 없겠습니다.

2017년 11월 콜드벡Caldbeck에서,
존 포터John Porter

추천의 글

치킨 스트리트Chicken Street*에서 아주 맛있는 도넛을 파는 베이커리로 나를 데려간 사람이 바로 존 포터John Poter였다. 런던을 출발해서 4주 일간의 여행 끝에 카불Kabul에 막 도착한 나는 마침내 힌두쿠시의 산들을 볼 수 있다는 기대에 들떠 있었다. 이것은 나의 첫 번째 원정등반이었다. 존은 벌써 돌아갈 준비를 하고 있었다. 도넛을 사이에 둔 그는 아프가니스탄을 떠나는 출국비자를 받기 위한 복잡하고 미묘한 과정을 노련하게 처리했다. 그가 소비에트 연방을 경유해서 대규모 영국-폴란드 원정대의 일원으로 참가하기로 했기 때문에 절차는 두 배로 복잡했다.

1977년. 세계는 여전히 냉전의 종식과는 거리가 멀 때였다. 영국과 폴란드 클라이머들로 구성된 대규모 팀이 아프가니스탄으로 들어왔다가 다시 나가는 일은 외교와 사기, 행운과 창의적인 수완 등이 어우러진 굳센 의지가 필요했다. 그날 카불에서 늦은 시간임에도 남은 식량을 우리 팀에 팔려고 하는 그 원정대의 대장 — 상당히 매력적이고 설득

---

* 아프가니스탄의 수도 카불에 있는 유명한 상업지구로, 여행을 끝내고 돌아가는 사람들이 많이 들른다.

력이 있는 안드제이 자바다Andrzej Zawada — 을 내가 만났다. 그는 영국의 배우이자 클라이머인 테리 킹Terry King과 함께 코 에 만다라스Koh-e-Mandaras 북벽에서 인상적인 초등을 해내고 돌아왔다. 그러나 더욱 깊은 인상을 준 것은 존 포터의 대담한 별동대였다.

우리는 그들 폴란드 산악인들의 정신적 지주인 보이치에흐 쿠르티카Wojciech Kurtika를 보지는 못했지만, 대신 알렉스 매킨타이어Alex MacIntyre를 만났다. 나는 그와 존이 거대한 코 에 반다카Koh-e-Bandaka 북동벽에 대해 열변을 토할 때 그의 짙은 눈동자에 비친 번뜩이는 예지銳智를 아직도 잊을 수 없다. 그들은 무너질 듯한 암벽과 그 위쪽에 있는 설원, 무시무시한 낙석, 거대한 세락, 잇따라 무너지는 스노브리지에 대한 이야기를 들려주었다. 그 이야기의 클라이맥스는 모든 낙석이 모여 떨어지는 거대한 중앙 침니였는데, 그들은 그곳을 사이클로트론cyclotron, 즉 입자가속기라고 불렀다.

지독했다. 사람에 따라서는 자살행위라고 생각할 수도 있을 것이다. 그것이 아니라면, 그 고도의 예술적 기교는 여러 해에 걸친 알파인 등반과 치밀한 계산이 토대가 된 것이었으리라. 그리고 누구든 코 에 반다카가 운이 좋은 일회성 등반이었다고 생각한다면, 그다음 해 이 트리오가 크지슈토프 쥬렉Krzysztof Zurek과 함께 히말라야로 돌아가, 창가방Changabang 남벽에서 더욱 완성도 높은 성공을 거두었다는 사실을 기억해야 한다. 그때 알렉스 매킨타이어는 이미 머릿속으로 가장 높은 봉우리들에 있는 미등의 거벽으로 향하는 자신의 미래를 그리고 있었다. 그리고 그 계획에 따라 진행되던 여정은 1982년 10월 안나푸르나 남벽에서 단 한 개의 치명적 낙석으로, 잔혹하고 갑작스러운 파국을 맞았다.

카불에서처럼 몇 번의 우연한 만남을 제외하면, 나는 알렉스 매킨타이어를 알지 못한다. 그러나 나는 그가 쓴 몇 안 되는 글을 즐겨 읽었고, 일부를 내 책에 인용하기도 했다. 그는 차분하게 말하고, 재치 있고, 자신만만하고, 자신의 야망에 대해 뻔뻔스러울 정도로 솔직했다. 그는 세계에서 가장 높은 봉우리들에서 무엇이 가능한지 보여주었으며, 비록 동시대 산악인들이 그의 한결같은 대담함에 필적조차 하지도(또는 바라지도) 못했지만, 그는 우리 모두에게 많은 영향을 주었다. 그래서 그러한 시대로 되돌아가 그의 삶을 멀리서나마 추적하며, 그를 너무나 잘 아는 이에 의해 쓰인 이 책을 지금 내 생전에 읽을 수 있다는 것은 매력적인 일이다. 그러나 존이 쓴 이 책은 알렉스 매킨타이어의 단순한 전기가 아니다. 이 속에는 존 자신의 이야기도 많이 들어 있다. 그렇다고 해서 자서전은 아니며, 더욱이 등산 역사서도 아니다. 물론 틀에 박힌 등반기는 더더욱 아니다. 이 책에는 그런 장르의 모든 요소가 어우러져 있어서 그럴듯한 어떤 분류도 거부하고 있는 듯하다.

책의 초반부에서 존은 언젠가는 그들이 등산화를 벽에 걸어놓고 해설자가 될 것이라는 친구의 예언을 언급한다. 그러나 알렉스에게 그런 일은 일어나지 않았다. 존은 지금에 와서 마침내 세밀한 집중력으로 되돌아보며, 뒤늦은 깨달음에 위대한 시절에 대한 직관을 더해 그 해설을 써내려간다. 1977년부터 1982년까지 그는 히말라야 등반의 진정한 황금시대의 한복판에 있었다. 그때는 가능성의 한계에 급격한 변화를 겪고 있었다. 그는 당시의 등반 일부분을 마치 말을 하듯 생생하게 전해준다. 그러나 또한 에드워드 윔퍼Edward Whymper를 되돌아보고, 율리 스텍Ueil Steck까지 내다보며, 균형 잡힌 관점을 유지한다. 무엇보다도, 거친 모험을 하며 아주 재미있는 이야기들을 만들어낸 자유분방한 일당들의 활자화되지 않은 뒷이야기들을 많이 들려준다. 후원을 받는 운동선수들, 7대륙 최고봉 완등자들 그리고 에베레스트의 패키지 관광이 넘치는 오늘날의 현실에 이 얼마나 훌륭한 해독제인가!

그러나 피터 보드맨Peter Boardman, 조 태스커Joe Tasker, 로저 백스터 존스Roger Baxter-Jones, 조르제 베템부르Georges Bettembourg 그리고 물론 이 책의 주인공으로 상상 밖의 대중적 한 개인의 모습이라기보다는 섬세하고 관대하며 궁극적으로는 문제를 일으키는 인물로 뒤범벅된, 애정 어린 이미지의 알렉스 매킨타이어까지 포함해, 그동안 스러져간 많은 이들의 이름이 슬프게 호명되며 황금시대는 빛을 잃었다. 클라이머들은 죽음에 대한 심각한 논의를 회피하는 경향이 있다. 그러나 존은 여동생과 어머니 그리고 여자 친구들과 나눈 고뇌에 찬 대화, 다시 말하면 한 개의 낙석으로 비롯된 슬픔의 물결을 감동적으로 회상한다. 뿐만 아니라, 불행으로 끝난 마지막 안나푸르나 원정에 대한 감동적인 목격담도 ― 처음으로 출판되는 것으로 생각되는데 ― 들려준다.

2014년 6월,
스티븐 베너블스Stephen Venables

서문

이 책을 쓰면서, 알렉스의 일생을 재조명하는 일에는 지극히 개인적인 당시의 내 '행위'도 포함되어 있다는 사실을 깨달았다. 의심할 여지없이 이 책에 나오는 인물 중 일부는 — 알렉스는 물론이고 — 그 당시의 사건들에 대해서도 다른 기억을 갖고 있을 것이다. 직접 만나 그들의 생각을 기록하고 싶은 사람이 많았지만, 그러자면 끝이 없을 것 같았다. 결국 나는 선별해야 했고, 당시 절친했던 일부 친구들의 녹음 기록을 바탕으로 내 기억을 더듬어갔다. 그러나 우연히 만나거나 이메일을 주고받으면서, 옛 친구들과 나눈 대화가 훨씬 더 많았다. 나는 또한 조사를 위해 등반 매체에서 찾아놓은 기사들을 잔뜩 갖고 있었다. 지난 몇 년 동안, 마치 망원경을 뒤집어서 보는 것처럼 1970년대와 1980년대가 멀어짐에 따라, 나는 과거에 일어난 일들의 진정한 실상을 파악하는 것이 얼마나 어려운지 깨달았다. 이제 전체를 일관성 있게 하나로 엮을 만큼 자료가 준비됐다고 느낀 순간이 다가왔다.

대부분의 행위가 지금이 아니라 제2차 세계대전이 끝난 직후의 시대에 일어났다는 것을 명심해야 한다. 본래는, 내가 알렉스인 것처럼

— 켄 윌슨Ken Wilson의 제안에 따라 — 글을 쓰면서, 나 자신은 이 책에서 완전히 빼려고 했었다. 그러나 그것은 불가능했다. 왜냐하면 강렬했던 우리들의 시대와 등반을 나 자신의 목소리로 표현하는 것이 가장 좋다고 판단했기 때문이기도 했고, 또한 알렉스의 흉내 낼 수 없는 글쓰기 스타일을 도저히 따라갈 수 없기 때문이기도 했다. 따라서 결과적으로, 알렉스에 대한 이 이야기는 어떤 의미에서든지 순수한 전기는 아니다.

내가 기억에 담을 수 있는 것보다 감사해야 할 사람이 더 많다. 먼저, 알렉스를 알고 사랑하고 함께 등반한, 그리고 그의 인생과 이야기에 기여한 모든 분들께 감사의 말씀을 전하고 싶다. 가장 중요하게는 알렉스의 어머니 진Jean인데, 알렉스와 그의 친구들에 대한 그녀의 통찰력은 다른 사건들이 그 주위를 도는 이 책의 중심축이다. 진의 초기 도움이 없었더라면 이 책은 쓰지 못했을 것이다. 알렉스의 여동생 리비Libby와 여자 친구 새라 리처드Sarah Richard도 마찬가지다. 그들의 허락이 없었다면 나는 알렉스에 대한 이야기를 쓰지 못했을 것이다. 그들은 다른 사람들이 상상하는 것보다 더 많이 알렉스의 죽음을 힘들어했다.

지난해 8월, 마침내 책을 완성할 수 있을 만큼 자료가 충분히 확보되었다고 생각한 나는 캐나다 앨버타 주의 밴프센터에서 운영하는 '산과 자연 글쓰기 프로그램Mountain and Wilderness Writing Programme'에 등록했다. 강도 높은 그 프로그램 덕분에 나는 눈 덮인 산의 숲속에 아늑하게 자리 잡은 개인 스튜디오에 틀어박혀 아주 많은 시간 동안 글쓰기에 전념할 수 있었다. 그 프로그램은 이 책의 핵심 부분을 완성할 수 있는 시간과 공간을 제공했다. 그런 기회를 준 밴프센터, 특히 예술학부에 감사한다. 프로그램의 두 강사(토니 위톰Tony Whittome과 마니 잭

슨Marni Jackson)의 비평적 식견은 이 책을 수준이 다른(바라건대) 구조로 만들도록 나를 이끌었다. 물론 나 혼자만 있었던 것은 아니다. 프로그램에 참가한 다른 사람들(잭 태클Jack Tackle, 레베카 론크레인Lebecca Loncraine, 새라 존슨Sarah Johnson, 애런 스피처Aaron Spitzer 그리고 린지 부어곤Lyndsie Bourgon)의 격려와 우정 어린 비판 덕분에 나는 이전보다 더 굳은 결심을 할 수 있었다. 영국으로 돌아온 후 최근 몇 주일 동안, 원고를 다시 정리해준 에드 더글라스Ed Douglas와 버트브레이트 출판사 Vertebrate Publishing의 모든 팀원들, 특히 존 코필드John Coefield와 존 바톤Jon Barton에게 감사한다.

그리고 이야기를 들려주고 사진을 제공해주며 격려와 조언을 아끼지 않은 존 파웰John Powell, 마리아 코피Maria Coffey, 버나드 뉴먼Bernard Newman, 콜린 브룩스Colin Brooks, 닉 콜튼Nick Colton, 팀 젭슨Tim Jepson, 브라이언 크로퍼Brian Cropper, 데니스 그레이Dennis Gray, 로저 마틴 Roger Martin, 리오 디키슨Leo Dickinson, 더그 스콧Doug Scott, 크리스 보닝턴Chris Bonington, 터트 브레이스웨이트Tut Braithwaite, 브라이언 홀 Brian Hall, 가이 리Guy Lee, 르네 길리니René Ghilini와 보이치에흐 쿠르티카Wojciech Kurtyka, 안나 밀레브스카Anna Milewska를 비롯한 나의 모든 폴란드 친구들에게 감사의 말씀을 전하고 싶다. 버나데트 맥도널드 Bernadette MacDonald, 주디스 브라운Judith Brown, 크리스 보닝턴과 더그 스콧은 글쓰기를 향상시키는 데 건설적인 조언을 해주며, 내가 틀린 부분을 고쳐주었다. 존 포포비치Jon Popowich는 『마운틴 리뷰Mountain Review』 지의 오랫동안 잊고 있던 기고문을 상기시켜주었는데, 나는 그곳에서 노발리스Novalis의 말을 인용했다. 피트 울러간Pete Woolaghan은 어떤 산악인도 완벽한 대답을 할 수 없는 어려운 질문을 나에게 던졌다. 나는 그 인용문을 되살려, 운명과 알렉스의 성격에 대한 나 자신의 견해를 정립할 수 있었다. 나는 물론 스티븐 베너블스Stephen Venables에게도 깊은 감사의 뜻을 전해야 한다. 그의 '추천의 글'로 등반과 시대가 하나의 맥락으로 녹아들었다.

그리고 마지막으로, 지난 15년 동안 "책이 어떻게 돼가나요?"라고 물어, 나를 뜨끔하게 만든 모든 이들에게 감사한다. 나는 이 말을 주로 아내 로즈Rose와 두 딸 새라Sarah와 로라Laura로부터 들었다. 그들은 나의 비관을 견디며, 내가 이 책의 완결을 통해 나의 길을 찾도록 포근한 격려를 아끼지 않았다.

2014년 7월 쿰브리아Cumbria에서,
존 포터John Porter

Alex MacIntyre (1954-1982)

1

천국에 이르는 계단

Stairway to Heaven

보이지 않는 봉우리에서 산들바람이 쉼 없이 불어 내려와, 따가운 햇볕과 정오의 열기로 생긴 불편을 덜어준다. 보리밭과 콩밭의 익어가는 긴 줄기들이 그 바람을 타고 넘실거린다. 들판을 가득 채운 진초록은 마치 내면의 빛으로 반짝이는 것 같다. 산은 진갈색. 대지의 끝자락에서 비스듬히 올라온 산골짜기는 녹슨 함석판처럼 깊은 주름이 패어 있다. 비옥한 계곡에서 시작된 산비탈은 바위로 된 날카로운 봉우리들과 가시가 무성한 관목들이 만들어 놓은 메마른 풍경 너머 눈 덮인 힌두쿠시로 내달리고 있다.

우리는 4개의 계곡이 서로 만나는 제박Zebak 평원에 캠프를 치고 있다. 아프가니스탄 북동쪽 끝에 위치한 이곳은 와칸Wakhan 종주지형으로 들어가는 관문으로, 황량한 대지 한가운데에 눈부신 빛과 초록의 생명이 넘치는 신비한 장소다. 1977년 8월의 어느 날 정오를 막 지난 오후, 나는 뿌듯한 만족감을 느끼며 기진맥진 졸고 있었다.

캠프라고 할 것도 없다. 간밤에 불어 닥친 강풍으로 우리의 1인용 텐트는 거의 다 망가져버렸다. 한쪽 면이 찢어져서, 널브러진 지저분한 옷과 장비들이 훤히 들여다보인다. 하지만 텐트를 수리하거나, 물건을 정리하거나, 아니면 설거지를 할 생각은 조금도 없다. 지금 이 순간은 그런 것들이 중요하지 않다. 이때 후투티hoopoe 한 마리가 휙 하고 강 쪽으로 날아간다. 날개에 있는 검정 무늬가 눈부신 햇빛을 받아 더욱 돋보인다. 사방은 무척 고요하다. 지금 이 순간 가장 중요한 것은 살아있고, 여전히 존재하고 있다는 사실이다.

찢어진 텐트 구멍으로 침낭 위에서 졸고 있는 알렉스가 보인다. 훤히 드러난 늑골과 앙상해진 팔다리를 보니, 지난 몇 주일 동안 얼마나 힘이 들었는지, 식량이 부족해 얼마나 고생했는지 짐작이 간다. 그의 긴 머리카락은 대걸레처럼 헝클어져 얼굴을 덮고 있다. 부랑자 같기도 하고, 짧은 수염이 덥수룩한 것이 록 스타 마크 볼란Marc Bolan을 닮은 것 같기도 하다. 그 옆에는 다 낡은 존 파울스John Fowles의 『동방박사The Magus』 한 권이 놓여 있다. 그에 반해 내 침낭 위에는 반쯤 마신 찻잔이 엎어져 있다.

하지만 이런 것은 문제가 아니다. 태양이 곧 말려버릴 테니까. 우리를 둘러싼 세상은 시간과 색깔의 느린 사이클이다. 멀리서 들려오는 거친 강물 소리, 밭을 가르며 지나는 바람 소리, 먹이를 찾아 하늘 높이 빙빙 도는 새 소리가 유일하다. 식량은 충분하다. 이제 며칠이 지나면 우리는 원정을 끝내고, 새로운 여행을 시작할 것이다.

그러나 아직 우리는 친구들과 멀리 떨어진, 어떻게 집으로 돌아가야 할지도 모르는 아프가니스탄에 있다. 카불까지는 무슨 수를 써서라도 트럭을 타고 가야 한다. 엿새쯤 걸릴까. 가장 큰 문제는 우리가 아무 다리아Amu Darya강을 건너 소비에트 연방을 가로질러 왔던 길로 되돌아가도록 러시아인들이 허락하느냐다. 폴란드인들이 만들어준 위조문서를 이용해 밀입국했기 때문에 돌아가는 것이 문제다. 만약 카불에서 허가서를 손에 쥘 수 있다면 바르샤바까지는 열흘 남짓이 걸릴 것이다. 그곳에서 런던까지는 사흘이면 된다. 시간 싸움이지만 우리에게 시간은 남아돈다. 나는 다시 잠에 빠져든다.

꿈을 꾸고 있는 것일까. 멀리서 엔진 소리가 점점 더 크게 들려온다. 평원 너머의 북쪽에는 낮은 기슭들을 따라 파이자바드Faizabad와 그 위쪽의 와칸을 잇는 험난한 도로가 있는데, 그 길이 바로 아무다리아강을 건너 소비에트 아시아로 들어가는 밀입국 통로다. 만다라스Mandaras 계곡에서 돌아오는 보이치에흐 쿠르티카Wojciech Kurtyka(보이텍Voytek)와 우리 원정대원들일까? 보이텍은 이틀 전에 떠났었다. 재빨리 헤아려보니 그곳에 갔다가 돌아오기에는 충분치 않은 시간이다. 우리는 1킬로미터쯤 떨어진 곳에서 피어나는 뽀얀 먼지를 뚫어지게 쳐다본다. 점점 더 가까이 다가오는 모습을 보니, 군용 지프와 병사를 반쯤 실은 트럭이다. 그들은 서쪽으로 가고 있다.

그 차들이 약 400미터쯤 떨어진, 우리와 가장 가까운 길에 멈추어 선다. 그리고 셋이 차에서 내리더니 빠른 걸음으로 들판을 가로질러 우리에게 다가온다. 우리는 필요할 경우 재빨리 도망치기 위해 도로에서 멀찍이 떨어진 곳에 캠프를 치고 있었다. 일주일 전 반디칸Bandikan에서 겪었던 아찔한 악몽이 되살아난다. 우리는 이곳에 머무를 수 있는 공식 허가서가 없다. 물론 산적들의 입장에서 본다면 그래도 여기에 있는 것이 더 나을 것이다. 이제는 벌어질 일을 그냥 기다리는 수밖에 달리 도리가 없다. 어쨌든 그들은 분명 군인이 아닌가. 키와 챙 모자의 각도로 보니 그들 중 둘이 장교다. 그리고 줄무늬의 한 사람이 대령이다. 군대의 감방이 아주 나쁘지는 않아야 할 텐데….

그들이 다가오자 알렉스가 더 잘 살펴보기 위해 자리에서 일어난다. 보이텍이 그들과 함께 있지 않은 것은 분명하다.

"뭘 생각해요? 저들이 우리를 체포할까요, 아님 쏠까요? 혹시 그저 맥주나 한잔 하려고 오는 건 아닐까요?"

"그냥 검문이면 좋겠는데…. 그게 아니라면, 그 셋을 모두 할지도 모르지."

나는 벌떡 일어나 그들에게 인사한다. 그러는 동안 알렉스는 우리들의 소지품을 정리한다. 나는 우선, 필요하면 재빨리 흔들어 보이기 위해 여권을 꺼낸다. 이 지역에서 불법체류를 하는 동안 통한 가장 강력한 카드 중 하나가 "잉글레스타니Inglestani!(런던!)"라는 말이었다.

대령이 짐짓 자비롭고 권위 있는 표정을 지으며 마지막 몇 미터를 걸어온다.

"안녕들 하시오? 어디서 오셨습니까?"

1950년대 영화배우처럼 생긴, 마흔 살쯤의 그는 선임자임에 틀림없다. 그의 멋진 근위병 수염은 영국군이 카불에서 숙명적으로 철수한 시절에 유행한 스타일이다. 그러자 갑자기 지난 몇 세기 동안 영국군이 수염의 유행을 어떻게 이끌어왔을까, 하는 궁금증이 든다.

"잉글레스타니!" 나는 꼬리를 내린 강아지처럼 대답한다.

"아, 런던 어디에 사십니까? 나는 웨스트엔드West End를 좋아합니다. 런던경제대학에서 석사학위를 받았지요."

막 긴장이 풀리면서, 사실은 쿰브리아Cumbria에서 왔다고 내가 우물거릴 때 놀랍게도 위관장교와 운전병이 총을 들고 텐트 안의 내용물을 살살이 뒤진다. 알렉스는 아무 저항도 하지 못한다. 그때 대령의 다음 질문이 너무나 뜻밖이다.

"텐트와 장비들은 얼마입니까? 다른 거 뭐 팔 게 더 없습니까?"

나는 주위를 둘러본 다음, 놀란 얼굴로 그를 쳐다본다. 텐트는 분명 넝마나 다름없다. 여기저기 기워진 침낭과 옷들은 땀과 때로 꾀죄죄하다. 스토브와 코펠 세트들은 겨우 쓸 만할 정도로 다 낡아빠졌다. 오직 너트 꾸러미와 피톤, 피켈, 아이젠만이 어느 정도 본래의 상태를 유지하고 있다. 물론 이것들도 원정을 떠나오기 전에 이미 중고였다.

아프가니스탄에서 물물교환을 하는 행위는 매우 복잡할뿐더러 잠재적인 위험성도 내포하고 있다. 카라반 첫날, 어떤 마을의 촌장이 알렉스의 부츠를 사고 싶어 했다. 알렉스는 자신의 부츠가 마을 황소보다 더 비싸다고 둘러댔다. 그러자 마을 사람들에게 우리는 졸부가 됐다. 모든 것은 상대적이다. 바르샤바에 도착한 날부터 바로 지금 이 순간까지 우리의 모든 여정은 동전이 물물교환을 위한 상품으로, 지폐가 결국 산의 정상으로 바뀌는 놀람의 연속이었다. 폴란드인들의 위험을 무릅쓴 도움으로 우리는 소비에트 연방을 몰래 횡단해 이곳까지 왔다. 나는 이제 이 사나이를 자극하지 않는 범위 내에서 거래 제안에 대한 답을 내놓아야 한다. 그리고 아마 그럴듯한 설명을 덧붙인다면, 우리는 위기에서 탈출할 수 있을지도 모른다. 보이스카우트에서 배운, 정중한 말투가 구세주가 되어준다.

"죄송하지만, 우리는 우리의 장비를 팔 수 있는 위치에 있지 않습니다. 귀하께서 보시는 모든 것은 폴란드 고산등산협회의 재산입니다. 다시 말씀드리면, 이 모든 것은 폴란드 인민공화국 소유입니다. 우리는 단지 빌려온 것뿐입니다. 우리는 이것들을 잘 관리해야 할 의무가 있습니다." 이제는 나를 수상쩍게 노려보는 대령의 차례다. 잠시 침묵이 흐른다.

"아, 그렇습니까? 그렇다면 우리는 가던 길이나 재촉해야겠군요. 산악지대에서 쓸 만한 좋은 장비를 구하는 게 쉽지 않아서 안타깝습니다."

이 말과 함께 그들은 뒤돌아서서 떠날 준비를 한다. 하지만 이때 영화배우처럼 생긴 그 대령이 갑자기 멈추더니 몸을 돌린다.

"아, 당신들의 폴란드와 영국 친구들이 모두 무사하다는 말과 안부를 전한다는 것을 깜빡했군요. 이틀 전에 그들을 만났었는데, 그들은 장비를 기꺼이 팔았습니다. 그래서 나는 장비가 틀림없이 개인소유라고 생각했지요. 인샬라Inshallah! 길어도 하루 이틀이면 그들을 만날 수 있을 겁니다. 그동안 나는 아랫마을에서 송어 몇 마리와 빵을 당신들에게 보내드리도록 조치하겠습니다. 그거면 어느 정도 도움이 되지 않겠습니까? 그럼 이만. 알라의 가호가 있기를…."

그들은 흘러가듯 멀어져간다. 알렉스와 나는 무더운 태양 아래에 서서, 다시 자유를 만끽한다. 인생은 직접적이고 즉흥적이다. 우리가 어디에 있는지, 우리가 누구인지는 아무도 알 필요가 없다. 우리는 더 이상 진짜 우리가 아니다. 우리는 단지 이상한 나라에서 시작되는 이야기에 등장하는 여행자일 뿐이다. 엔진 소리가 들리고 나서 그들이 시야에서 사라지자, 우리는 눈물이 쏙 빠질 정도로 웃는다. 두 사람이 커다란 송어 한 마리와 약간 식은 난naan을 갖고 마을에서 올라올 때까지 우리의 웃음은 그칠 줄 모른다. 라마단이 끝난 것이 틀림없었다. 우리는 그들에게 아프가니스탄 동전을 한 움큼 주고 식사를 함께하자고 권한다. 차를 끓이고 송어를 튀기며, 계곡으로 내려앉는 그림자를 바라보니 산이 마치 해시계의 시침처럼 보인다. 간단한 식사가 끝나자 두 사람은 곧장 일어선다. 그들은 매일 저녁 계곡을 가득 채우는 서늘한 산 공기로 인해 호기심을 잃은 것 같다.

한밤중에 깨어나니, 검은 하늘에 반짝이는 무수한 별들이 찢어진 텐트 구멍으로 보인다. 은하수는 어느 때보다도 멋지다. 부모님이 잠든 사이, 매사추세츠의 집 지붕 위에서 손으로 직접 만든 작은 망원경을 들여다보며 지새운 어린 시절의 비밀스러운 밤이 떠오른다. 지금 내 위에 있는 하늘은 믿을 수 없을 정도로 깨끗하다. 성운은 물론이고, 그 뒤쪽을 희미하게 만드는 가스덩어리까지 보인다. 그 모습이 아주 만족스러울 때조차도 영혼 속에 희미하게 나타나는 칠흑 같은 어둠이다.

2

대중적 이미지

Public Image

1982년 10월 15일 오후, 알렉스 매킨타이어Alex MacIntyre와 프랑스계 이탈리아인 르네 길리니René Ghilini는 안나푸르나 남벽 7,200미터에 있는 가파른 바위지대에 도착했다. 이 남벽은 히말라야의 거대한 벽들 중 하나로, 너비 4천 미터와 높이 3천 미터에 걸쳐 복잡하고 다양한 형태의 버트레스buttress와 가파른 쿨르와르couloir들이 여기저기 흩어져 있는 곳이다. 안나푸르나는 히말라야의 8천 미터급 고봉 14개 중 등반 시도에 비해 가장 많은 목숨을 앗아간 곳이다. 알렉스와 르네는 오른쪽에서 남벽을 대각선으로 올라 중앙봉에 이르는 신루트에 도전하고 있었다. 만일 성공한다면, 남벽의 네 번째 루트가 될 터였다. 주요 버트레스 세 개는 이미 국가 차원의 대규모 원정대에 의해 등반됐다. 1970년 크리스 보닝턴Chris Bonington이 이끄는 영국 원정대가 당시 8천 미터급 고봉 중에서 가장 어려운 루트를 개척했는데, 그 루트는 남벽의 맨 왼쪽에 있는 버트레스에서 안나푸르나의 정상부에 있는 3개의 봉우리 중 가장 높은 곳으로 곧장 이어지는 것이다. 1976년 일본인들이 중앙 버트레스를 올랐고, 1980년에는 폴란드인들이 오른쪽 필라pillar를 올랐다. 이 세 원정대는 모두 많은 대원들을 투입해 몇 개월 동안 고정로프와 고소캠프를 설치하며 등반했다. 하지만 알렉스와 르네의 계획은 단 둘이서 사흘 만에 벽을 오르고 이틀에 걸쳐 하산하는 것이었다. 만약 이 등반이 실패한다면 그들은 분명 다시 돌아올 것이다.

그 둘은 앞을 가로막고 있는 30미터의 벽을 돌파할 수 있는지 살펴보았다. 2층 집에 비교하면 마치 연필 한 자루의 폭처럼, 베이스캠프에서는 그곳이 다소 생뚱맞게 보였었다. 눈이 쌓인 매력적인 램프ramp가 왼쪽으로 뻗어나가 반대편에 있는 설사면으로 이어지는 것 같았다. 그러나 문제는 램프가 좁아지는 60미터 위쪽이 얇은 얼음으로 덮여 있는데다, 이어서 단단한 바윗덩어리가 앞을 가로막고 있다는 것이었다. 불가능했다. 그들은 램프가 시작되는 곳에 있는 크레바스crevasse로 후퇴해 비박에 들어갔다. 남벽 밑까지 800미터에 이르는 쿨르와르를 안전하게 내려서기 위해서는 산이 아직 얼어붙은 새벽에 출발해야 할 터였다. 그들은 마실 것을 만들면서, 다음 시도에서 그 바위지대를 돌파하기 위해서는 어떤 장비가 필요한지 논의했다.

그들이 하산을 시작했을 때 여명이 밝아왔다. 하지만 쿨르와르로 내려서는 곳이 까다로워 시간이 지체됐다. 아침햇살이 벽의 상단부를 물들이더니, 노란색 커튼을 천천히 내리듯 그들에게로 다가와, 눈과 바위를 점차 따뜻하게 데웠다. 오전 10시경, 그들은 쿨르와르를 반쯤 내려섰다. 내가 앉아서 지켜보고 있는 그 아래쪽에서는 그들이 마치 눈과 바위의 바다에 있는 2개의 작은 점 같았다. 바로 그 순간, 주먹만 한 운명의 돌멩이 하나가 800미터 위에서 떨어져 알렉스를 덮쳤다. 그것은 마치 저격수의 총알처럼 정확히 그의 헬멧을 강타했다. 힘없이 고꾸라진

안나푸르나 남벽에 있는 크레바스로 내려서는 알렉스. 그와 르네가 마지막으로 비박을 한 곳이다. (사진: 르네 길리니)

그는 400미터의 쿨르와르 아래쪽으로 떨어졌다.

순간 온몸이 얼어붙은 르네는 자신의 피켈에 매달려, 알렉스의 이름을 미친 듯이 불러댔다. 하지만 아무런 대답이 없었다. 그러자 르네는 피켈을 머리 위쪽에 질러박고 매달려 부드러운 눈에 아이젠을 디디는, 자기 확보방법을 이용해 허겁지겁 내려왔다. 그가 아무런 반응이 없는 알렉스의 몸이 있는 곳에 도착했을 때 그는 알렉스가 거의 즉사했다는 사실을 알았다. 그가 할 수 있는 것은 아무것도 없었다. 그는 엄청난 충격을 억누르고, 홀로 하산을 계속하기 위해 애써 마음을 가다듬었다. 그는 크레바스 바로 위쪽의 움푹 들어간 곳으로 시신을 옮겨, 알렉스의 피켈로 벽에 고정한 다음 표시를 남겼다. 그리고 빙하의 반대쪽에 있는 베이스캠프를 향해 4시간 동안 정신없이 내려왔다.

나는 중간에서 그를 만났다. 나는 베이스캠프 바로 위쪽에 있는 남벽 옆의 모레인 지대에서 그들을 지켜보고 있었고, 카메라 렌즈를 통해 사고를 목격했다. 그날 우리는 텐트로 돌아오는 것 말고 달리 할 수 있는 일이 없었다. 그곳으로 올라가기에는 너무 늦은 시간이었다. 그날 밤 르네는 바위지대에서 가로막힌 것이라든가, 전날 밤 비박을 하면서 나눈 대화와 내가 컨디션이 좋아지기를 얼마나 간절히 바랐는지, 그리고 장비를 더 갖고 올라가 끝내 성공을 거두기로 했다는 등의 이야기를 나에게 들려주었다. 전날 저녁 나는 그들이 하산하는 것을 보고 나의 운이 바뀔 것이라고 생각했었다. 한바탕 설사병을 앓고 나서 몸이 다시 가벼워진 것을 느낀 나는 우리가 함께 그 벽을 오를 수 있으리라는 희망에 부풀어 있었다. 그런데 이렇게 된 것이다. 전날 저녁, 내가 줌렌즈를 통해 그들이 비박 준비를 하는 모습을 지켜보고 있을 때 검붉은 물체가 갑자기 뷰파인더를 가득 채워 순간 심장이 멎는 듯했지만, 나는 그 물체가 무엇인지 곧 알아챘다. 그것은 비박텐트를 털어내는 알렉스였다.

사고가 난 다음 날 아침, 르네와 나는 벽으로 돌아가 시신을 수습하기 위해 배낭을 꾸렸다. 그러나 우리가 출발하기도 전에 구름이 낮게 깔리더니 가벼운 눈발이 날리기 시작했다. 폭풍이 몰려오고 있었다. 우리는 초조해하면서 하루를 더 기다렸다. 우리의 연락장교는 사고를 알리기 위해 지체 없이 카트만두로 돌아가겠다고 말했다. 알렉스의 어머니 진Jean과 여자 친구 새라Sarah가 생각났다. 그들에게는 곧바로 알려야 했다. 우리는 알렉스의 시신을 수습하기 위해 이곳에 남아 있어도 됐다. 하지만 이것으로 얻는 것이 대체 무엇이란 말인가? 안나푸르나는 알렉스의 무덤일 뿐인데….

현재 안나푸르나 베이스캠프에는 다음과 같은 추모비가 있다. "양으로 천 년을 사는 것보다 호랑이로 하루를 사는 것이 더 낫다."[01]

만약 르네와 알렉스가 자신들을 돌려세운 그 짧은 구간을 어떻게든 넘어섰다면 정상까지는 별다른 어려움을 겪지 않았을지도 모른다. 1984년 2명의 스페인인, 닐 보이가스Nil Bohigas와 엔리크 루카스Enric Lucas는 알렉스와 르네가 시도한 루트를 따라 올라갔다. 훌륭한 등반이었는데, 결국 그들의 성공으로 알렉스의 비전이 입증됐다. 그들에게는

---

01 알렉스가 죽은 그다음 시즌에 그의 어머니 진이 딸 리비Libby, 여자 친구 새라 리처드Sarah Richard, 그리고 절친한 친구였던 테리 무니Terry Mooney와 함께 아들의 비석을 세웠다. 하지만 몇 년 후 그 비석은 눈사태로 유실됐다. 2013년 11월 나는 비석을 다시 세우기 위해 피터 클락Peter Clark, 다이안 클락Diane Clark과 함께 그곳을 찾았다. 안나푸르나 남벽과 주위를 둘러싼 봉우리들은 평화로운 성역 위로 여전히 하늘 높이 치솟아 있었다. 하지만 호텔의 난립과 어느 곳에서나 통하는 인터넷은 충격적이었다. 물론 알렉스는 이런 현상을 반겼을지도 모른다. 1982년에는 어프로치 도중의 유일한 로지가 참랑Chamlang의 캡틴로지Captain's Lodge여서, 그때 우리는 주로 캠프를 치거나 목동의 오두막에서 지냈었다.

운도 따랐다. 좁고 가파른 얼음의 통로가 알렉스와 르네가 돌아섰던 버트레스 위쪽으로 이어진 것이다.

사고를 당했을 때 알렉스는 인생의 준비단계를 막 지난 스물아홉의 청춘이었다. 하지만 무엇을 위한 준비단계라는 말인가? 알렉스는 스스로 그 답을 알고 있다고 생각했다. 안나푸르나를 향해 카트만두를 떠나기 직전, 그는 1983년도 「카리모어 기술가이드Karrimor Technical Guide」에 실을 기고문을 완성했다. 당시 카리모어는 선도적인 아웃도어 브랜드였다. 로체호텔의 전기가 끊기자 헤드램프 불빛으로 자신이 쓰던 원고를 검토하는 알렉스의 사진 한 장을 내가 갖고 있다. 그는 원고를 마지막으로 '오려붙이기' 하고 있었는데, 그것은 글자 그대로 문장을 더 적당한 장소로 이리저리 오려붙이거나, 아니면 손으로 쓴 새 문단을 풀로 덧붙이는 일이었다.

그는 웰스H. G. Wells[02]에 버금가는 불가사의한 선견지명으로 현대 등반의 변화와 전 세계를 연결하는 커뮤니케이션을 예측했다. 바로 그 기고문의 서두에서 우리는 그의 예언을 엿볼 수 있다. "안나푸르나 남벽에 도전하기 위해 우리가 장비를 꾸리는 것처럼, 우리는 언젠가, 그리 멀지 않은 미래에 우리의 후배들이 우리 반 정도의 장비를 갖고, 우리가 이해할 수 없는 시간 안에 이 벽을 등반하기 위해 떠날 것이라는 확실한 믿음을 갖고 있다. 오늘날의 우리로서는 도저히 이해할 수 없는 수단과 방법으로 그들은 해낼 것이고, 그때는 우리의 가벼운 배낭조차도 공룡같이 여겨질 것이다. 그리고 소수의 몇몇으로 인해 히말라야는 수백만 명의 시청자가 지켜보는 등반의 놀이터가 될 것이다."

---

02   영국 작가(1866 - 1946). 공상과학의 아버지라 불린다. (역주)

2013년 스위스의 알피니스트 율리 스텍Ueli Steck[03]은 안나푸르나 남벽의 영국 등반대 루트 오른쪽에서 정상까지 곧장 이어지는 어려운 루트를 단독등반으로 올랐는데, 등반과 하산에 걸린 시간이 고작 28시간이었다. '스위스 머신'이라는 별명을 가진 스텍은 자신이 발을 들여놓는 산에서는 거의 언제나 속도등반의 기록을 갈아치웠으며, 실제로 수백만 명의 사람들이 이런 등반을 유튜브나 텔레비전으로 보고 있다. 1982년의 장비로는 이런 등반이 불가능할지 모른다. 더구나 스텍의 체력은 현대 운동선수의 최고 수준이다. 클라이머에게 올림픽 경기는 없지만, 8천 미터급 고봉에서의 등반에 관해서라면, 그가 유일한 금메달리스트일 것이다. 심지어 일반적인 현대 등반에서의 최고 기준으로 보더라도, 오늘날의 가장 활동적인 클라이머들조차 그의 성취에는 놀라움을 금치 못한다.

아주 훌륭한 클라이머와 스텍같이 예외적인 클라이머 사이의 격차는 1970년대나 80년대에 비해 지금은 더욱 벌어졌다. 그 당시의 클라이머들은 등반기술과 효율성을 기르기 위해 알프스에서 단독등반을 했다. 히말라야와 비슷한 지형에서 빠르게 움직이는 것을 익히고자 훈련한 것이다. 속도 기록을 세우는 것은 고려 대상도 아니었다. 지금의 속도등반은 등산이라는 큰 범주 안에서 별개의 스포츠로 자리 잡고 있다. 이것은 새로운 차원의 경험이다. 아이거 북벽을 2시간 반 만에 올랐다는 글을 쓰다 보면 도대체 되돌아볼 만한 등반이 거의 없다. 스톱워치와 스폰서로 인해 등반의 신비성이 많이 줄어들었다. 그렇다면 스텍은 자신의 성취를 어떻게 평가할까? 그는 "나는 안데를 헤크마이어Anderl

---

03   율리 스텍은 2017년 4월 30일 눕체에서 훈련등반 중 웨스턴 쿰 쪽으로 추락 사망했다. (역주)

Heckmair[04]보다 뛰어난 클라이머가 아닙니다. 이것은 단지 다른 시대의 다른 스타일일 뿐입니다."라고 말한다.

기고문에 실린 또 하나의 예측은 인터넷의 도래에 관한 것이었다. "그리 머지않은 미래에 우리는 베이스캠프에 앉아 드라마 「댈러스 Dallas」와 어느 신예 클라이머의 마칼루 서벽 단독등반 실황중계 중 하나를 선택하게 될 것이다. 그러면서도 버튼 하나를 눌러 다른 원정대의 진행상황을 알아보려 할 것이다. 그러나 아마도 그때쯤이면 르네나 존, 나는 해설가로 일하고 있을 것이다."

아마 사람들은 그의 예측을 증명하기 위해 내가 이 책을 쓰고 있다고 말할지도 모른다.

1982년 9월 어느 날, 알렉스는 교정을 끝낸 원고를 봉투에 넣고 카리모어 사장 마이크 파슨스Mike Parsons의 주소를 썼다. 그런 다음 그는 몬순의 비를 흠뻑 맞으며, 질퍽거리는 거리를 2킬로미터 정도 걸어 우체국으로 갔다. 다행스럽게도 그 편지는 몇 주일 후 마이크에게 배달됐다.

알렉스 매킨타이어의 짧지만 빛나는 등반 경력은 1972년 초부터 1982년의 가을까지 10년 남짓 동안 이루어진 것이다. 그 10년 동안의 마지막 순간까지 그는 알프스와 안데스, 히말라야에서의 대담한 등반으로 국제적 인지도를 얻었다. 라인홀드 메스너Reinhold Messner는 알렉스를 가리켜 "현대 히말라야 경량등반의 가장 순수한 대표자"라고 표현했

---

04 아이거 북벽은 1938년 7월 안데를 헤크마이어, 루드비히 훼르크Ludwig Vörg, 하인리히 하러 Heinrich Harrer와 프리츠 카스파레크Fritz Kasparek가 초등했다. 독일인 헤크마이어와 훼르크는 하루 일찍 출발한 오스트리아인들을 따라잡았고, 소름 끼치는 악천후 속에 헤크마이어가 마지막 구간에서 팀을 이끌었다.

다. 거의 비슷한 시기에 알렉스는 메스너를 이렇게 평가했다. "그는 흥미 있는 프로젝트를 몇 개 갖고 있었지만, 정상 수집에 나서면서 숫자놀음으로 변질되었다."[05]

　이 무례한 대응은 그가 죽기 전인 1982년 여름 『마운틴Mountain』지의 편집장 켄 윌슨Ken Wilson과의 인터뷰에서 나왔다. 윌슨은 메스너가 불쾌해할까 봐 마지막 인쇄본에서 이 대목을 빼버렸다. 그러나 이런 도발적인 코멘트가 알렉스의 전형이었다. 일부는 등산에 공헌한 위대한 인물에 대한 공격이라고 할지도 모른다. 그러나 솔직히 말하면 이것은 사실을 들여다보는 한 방법일 뿐이다. 알렉스 역시 법대를 최우수로 졸업했다. 그의 코멘트에 악의는 없었다. 알렉스는 메스너를 존경했다. 그는 메스너의 낭가파르바트 횡단을 경량등반의 한 모델로 여겼다.

　"내 기준으로 보면, 메스너는 체력을 제대로 만들고 나서 산에 간다. 그는 고소적응에 애쓸 필요도 없다. 그는 운동선수같이 고소에서 최소한의 시간을 보내면서 빠른 시간 내에 정상에 오른다는 접근방법을 갖고 있다. … 그러나 (이런 접근방법은) 단지 기술적으로 어렵지 않을 때만 가능하다. 기술적으로 어려운 곳에서는 고소적응이 완벽해야 하며, 몇날며칠이고 버틸 수 있는 충분한 물자와 더불어 강인함이 있어야 한다. 그래서 적절한 고소적응과 장비의 무게가 중요하다."

　메스너처럼, 알렉스 역시 보통을 뛰어넘는 대담한 프로젝트를 이루고자 하는 열정을 마음속에 품고 있었다. 오늘날에는 율리 스텍이 다

05　알렉스는 최초의 8천 미터급 고봉 14개의 완등자가 되려 했던 경쟁을 이렇게 평가했다. 결국 메스너가 최초가 됐다. 이제는 30명이 넘는 사람들이 이 기록을 달성했고, 그 숫자는 매년 늘어나고 있다.

른 마음가짐으로 이런 전통을 이어가며 상업적으로 큰 성공을 거두고 있다. 알렉스는 지금에 비하면 상당히 원시적이라 할 장비의 시대에 살았다. 그때는 고소적응을 위한 과학적 훈련도 제대로 없었다. 거대한 산 밑에 도착하기 위해서는 몇 시간이 아니라 몇 주일이 걸렸다. 그가 지금을 산다면 율리 스텍 같을까? 아마 그럴지도 모른다. 한 가지 확실한 것은 어느 시대든 최고의 산악인은 '기회가 오면 항상 그것을 움켜잡는다'는 사실이다.

알렉스의 대학 시절 별명은 더티 알렉스Dirty Alex였다. 하지만 그런 표현은 전적으로 공정하지는 않다. 우리 모두 꽤 지저분한 무리였지만, 그만이 그런 별명을 얻었기 때문이다. 꾀죄죄한 그의 모습은 단단하고 잘생긴 외모와는 정말 대조적이었다. 다소 냉소적인 눈빛을 가진 그는 탐구적이고 지적이었다. 일컬어진 것처럼, 그는 분명 히피세대의 산물은 아니었다. 알렉스는 1970년대의 많은 스포츠맨들처럼 펑크와 글램 록glam rock이 섞인 외모를 고집했다. 그의 외모는 사람들이 첫인상에서 가졌을지도 모르는 어떤 이중성을 이끌어내는 선언이자 도전이었다. 1970년대의 많은 클라이머들과 마찬가지로 그는 종종 대마초를 피웠고, 음주는 히말라야를 위한 좋은 '두뇌훈련'이라는 농담을 즐겼다. 그러나 알렉스는 변덕스러운 천재 존 시렛John Syrett이나 미국인 헨리 바버 Henry Barber — 이들은 전설적인 술꾼이었는데 — 처럼 밤늦게까지 술에 매달리는 사람은 아니었다.

가능성을 찾아내는 알렉스의 비전은 지독한 지성과 다른 사람의 감정을 자극하면서 즐기는 오락과 같았다. 그는 또한 실용주의의 추종자였다. 경량등반에 대한 그의 접근방법은 심사숙고 끝에 얻은 것이었다.

그의 열망은 종종 채택된 독창적 장비 디자인에 잘 드러나 있다.

『아슬아슬한 경계Fragile Edge』[06]를 비롯해 등반의 심리적·감정적 영향에 대해 몇 권의 책을 쓴 마리아 코피Maria Coffey는 "알렉스는 여러 모로 독특했습니다. 단연 은은하게 빛난 군계일학이었지요."라고 말했다. 그녀는 맨체스터에서 교편을 잡고 있을 때 1년 반 동안 알렉스의 하숙집 주인이어서 알렉스뿐만 아니라 다른 사람들도 많이 알고 있었다. 그때 알렉스는 영국등산위원회(BMC)에서 일했다. 알렉스가 죽자 그와 마리아의 우정을 알고 있던 클라이머들이 자주 그에 대해 묻곤 했다고 그녀가 말했다. "마크 트와잇Mark Twight과 토마주 후마르Tomaž Humar는 그에게 경외감을 갖고 있었습니다. 그의 독특함은 카르마karma와 카리스마에서 뿜어져 나왔고, 단순한 야망이 아닌 목표의식에서 비롯됐습니다."

나는 크로아티아의 달마티안Dalmatian 해변에 있는 파클레니카Paklenica에서 토마주 후마르와 몇 번 등반을 함께 했었다. 알렉스는 진정 그의 영웅 중 한 명이었다. 열정적이고 대담하고 건방진 토마주는 여러모로 알렉스를 닮아 있었다. 내가 알렉스와 똑같은 운명을 맞을지도 모른다고 경고하자 그는 가볍게 웃어넘겼다.[07] 많은 클라이머들처럼 토마주도 산과 정신적 유대감을 갖고 있었다. 토마주에게는 가톨릭 신앙과 자신의 조국인 슬로베니아, 그 모태가 되는 최고봉 트리글라브Triglav와의 신비한 연결고리를 통해 이 정신적 유대감이 나타났다. 증명하기

---

06   1990년 초판이 발행되었다. [역주]

07   슬로베니아의 산악인 토마주 후마르는 2009년 네팔 히말라야의 랑탕리룽 남벽 등반 도중 사망했다. [역주]

는 힘들지만 알렉스도 그랬다. 그는 새로운 길을 열어주는 상상력을 통해 산을 사랑했다. 하지만 그는 또한 수수께끼 같은 사람이기도 했다. 친한 친구들조차도 이제는 그에 대해 아는 것이 거의 없다고 고백한다.

"우리가 등반을 함께 시작했을 때 그는 늘 열심이었습니다." 대학 시절 룸메이트이자 초창기 등반 파트너였던 존 파웰John Powell의 말이다. "말수가 적은 그는 늘 깊은 생각에 잠겨 시간을 보냈습니다. 그러나 한 번 입을 열면, 대개는 옳은 말만 했습니다. 아주 가끔, 논쟁에서 져도 그는 패배를 받아들이지 않았습니다. 상대방을 무너뜨리기 위해서는 비아냥거리는 것도 서슴지 않았습니다."

우리가 안나푸르나 남벽에 갔을 때 그는 경량등반을 철저히 받아들였다. 따라서 경량등반에 대한 그의 생각은 극단으로 흘렀다. 그와 르네는 단 한 개의 아이스스크루, 두 개의 암벽용 피톤, 비박텐트, 나흘치의 식량과 연료만을 챙겼다. 어떤 사람들은 기술적인 어려움을 알지도 못하는 그와 같은 거벽에서는 이처럼 경량을 고집하는 개인의 원칙은 깼어야 하는 것이 아니냐고 말하기도 한다.

스타일은 호기를 부릴 수 있는 것과 받아들일 수 있는 것 사이에서 균형을 맞추는 행위다. 알렉스의 강단 있는 체력은 무한토록 강력한 의지를 숨기고 있었지만, 사실 그는 무거운 짐을 싫어했다. 8천 미터급 고봉에 있는 미등의 루트에 도전할 때 그는 단 한 번도 18킬로그램 이상의 짐을 가져가겠다는 계획을 세운 적이 없었다. 안나푸르나에서는 이보다 더 가볍게 하기 위해 노력했다. 이론적으로는, 가벼우면 가벼울수록 등반 속도가 빨라져, 위험에 노출될 확률이 그만큼 줄어든다. 이것은 간단한 이론이다. 왜냐하면 속도에 따라 안전이 좌우되기 때문이다.

그러나 고산에서 미등의 대단한 루트를 초등하고자 하는 열망은 헤아릴 수 없이 많은 위험에 노출되기 십상인 야망이다. 지고지순한 기준으로 등반을 계속한다면, 지속적인 행운 없이 위험에서 벗어날 수 있는 클라이머는 극소수에 불과할 것이다. 많은 사람들은 물러날 때를 안다. 그것도 아니라면, 적어도 통제 가능한 위험이 있는 더 낮은 산에서 등반한다.

"그래서 적절한 고소적응과 장비의 무게가 중요합니다." 알렉스는 고산등반에서의 황금법칙을 이와 같이 설파했다. 사실 이 두 가지 요소가 어느 원정대든 성공의 열쇠다. 이것 말고 다른 어떤 것이 있을까? 물론, 단독등반을 하지 않는 이상 팀워크 역시 중요할 것이다. 경량등반 옹호자들에게 그것은 대개 단 둘을 의미했는데, 절대 넷 이상은 아니었다. 1970년대와 1980년대에 영국 산악계를 이끈 가장 강력한 알피니스트 중 한 명인 로저 백스터 존스Roger Baxter-Jones는 히말라야 등반에서 팀워크의 필수불가결한 역학관계를 다음과 같이 정리했다.

1. 살아서 돌아온다.
2. 친구로 돌아온다.
3. 정상에 오른다.

로저는 알렉스, 더그 스콧Doug Scott과 함께 시샤팡마의 거대한 남서벽을 가장 순수한 스타일로 초등하면서 이 세 가지를 모두 이루었다. 하지만 이 등반은 그들의 우정을 아슬아슬할 정도로 시험했다. 개성이 넘치는 이 셋에게 가장 어려웠던 것은 친구로 돌아오는 것이었다. 보통, 등반 능력이 떨어지는 사람은 원정의 초기 단계에서 소외되는데, 그렇게 되면 상당한 원망을 품게 된다.

고산등반에서 결정적이면서도 예측이 가장 힘든 성공 요소는 역시 행운이다. 알렉스는 자신이 객관적인 위험을 통제할 수 없다는 것을 잘 알고 있었다. 그래서 그는 경량등반이라는 개념을 정립해 자신의 행운을 다루고자 했다. 안전은 속도를 통해 이루어지고, 속도는 전통적인 안전망, 즉 그가 '탯줄'이라고 표현한 캠프, 지원, 여분의 식량과 연료, 장비 등을 잘라내야만 얻을 수 있다는 것이었다. 그는 단지 식량이나 장비의 수량을 줄임으로써 무게를 줄이고자 하지는 않았다. 경량등반은 가벼운 장비들을 필요로 했고, 그것은 혁신적인 디자인과 소재를 통해 가능했다.

1970년대와 1980년대의 히말라야 등반은 여전히 소수가 추구하던 모험에 지나지 않았다. 그러나 북미나 유럽의 낮은 산들에서의 등반이 사회적으로 수용되고 유행되면서 빠르게 성장하는 스포츠가 됐다. 참가자가 늘어나자, 위험은 줄이되 더 즐거운 경험을 할 수 있게 만드는 장비의 수요 또한 증가했다. 심지어는 단련이 잘 된 산악인들조차 커다란 배낭에 엄청난 무게의 장비를 넣고 가는 데서 즐거움을 찾으려 하지는 않았다.

기존의 업체들을 비롯해 클라이머들이 창업하고 운영한 혁신적인 업체들은 좀 더 가볍고 보다 나은 디자인의 제품들로 새로운 시장에 부응했다. 새로운 장비를 개발하기 위해서는 비용이 많이 드는 연구와 기술에 대한 투자가 필요했다. 전 세계의 제조업체들은 최신의 알루미늄 카라비너, 속이 빈 샤프트의 피켈, 가벼운 아이젠, 고산용 텐트, 방수가 되는 나일론 옷, 플라스틱 부츠 등을 경쟁적으로 만들었고, 테스트용으로 일류 클라이머들에게 제품을 제공했다. 1960년대와 1970년대에 등반을 한 사람들은 누구나 철제 카라비너를 마지막으로 쓰고, 피톤이 가벼운 너트로 바뀌고, 매듭을 지어 사용했던 슬링 대신 테이프 슬링을 쓰고, 캔버스 천으로 된 불편하기 짝이 없는 배낭 — 마치 감자를 담는 자루 같이 생긴 — 을 다락방에 처박아 놓던 순간들을 기억할 것이다.

알렉스는 많은 장비 제조업체들과 좋은 관계를 유지했다. 그 당시, 그들은 주로 클라이머들이어서 친구처럼 지냈다. 개성이 강한 알렉스는 종종 그들을 설득해, 최신의 경량 원단으로 원정등반에서만 쓰일 수 있는 의류와 배낭, 텐트 등을 개발하게 했는데, 이런 것들은 다시 손보지 않으면 시장에 내다 팔 수 없는 것들이었다. 진정으로 필요는 발명의 어머니였다. 희박한 공기를 마시며 사는 클라이머들은 대부분 가난했다. 판매가 가능한 혁신적인 제품에 반짝이는 아이디어를 제공하고, 그 대가로 장비를 공짜로 얻는 것은 거의 모든 히말라야 원정대가 꼭 필요로 하는 것이었다. 제조업체의 시각에서 보면, 가벼운 장비의 개발은 종종 신념이라는 행위와 우정의 징표 그 사이에 있었다.

고산등반에서는 아무리 호흡이 잘 맞고 장비가 좋다 하더라도 고소적응을 제대로 하지 않으면 아무런 의미가 없다. 이런 것은 클라이머들이 산에서 보낸 시간이 — 수십 년은 아니라 하더라도 — 여러 해에 걸쳐 쌓여야만 가능하다는 점을 알렉스는 분명히 했다. 그는 고소에서의 훌륭한 능률은 단순히 신체적으로만 적응해서 되는 것이 아니고, 정신적인 적응도 필요하다고 믿었다. 즉, 극한의 위험을 포함해 산에서 맞닥뜨리는 모든 것을 지극히 정상적인 것으로 받아들이도록 배워야 한다는 것이었다. 그의 주장에 따르면, 이것은 그런 환경에서 수많은 시간을 보내야만 얻을 수 있는 것이었다. 산에서는 성공을 위한 지름길이 없다. 그러므로 소위 '마일리지'가 필요하다. 시샤팡마에서 그는 한 동료를 집요하게 물고 늘어져, 그가 나머지 사람들과 함께 계속 가야 한다는 생각을 포기하도록 만들었다.

"기본적으로, 닉Nick은 겨울의 눈보라 속에서 스코틀랜드의 늪지대를 헤쳐 나가거나, 알프스에서 24시간 동안의 미칠 것 같은 등반으로 기진맥진해 쓰러지기 일보 직전의 경험을 충분히 쌓지 못했다. … 심한 상처를 입은 동료와 함께 쫓기는 늑대무리처럼, 경험이 많은 클라이머들은 불가피한 상황을 본능적으로 안다."

오랫동안 클라이머들은 등산이 라이프 스타일인지 스포츠인지에 대한 논쟁을 거듭해왔다. 1950년대에는 등산으로만 생계를 유지할 수 있는 기회가 적었던 이유도 있었고, 인생의 대부분을 아마추어로 살아야 했던 이유도 있었기 때문에 등산은 라이프 스타일에 가까웠다. 알렉스는 분명 풀타임 아마추어였다. 인공암벽과 스포츠클라이밍[08], 상업적인 등산 관광이 광범위한 인기를 끌기 전에 영국에서의 아마추어는 대략 다음과 같은 단계의 공식을 따랐다.

---

08 스페인에서 태국까지 전 세계적인 스포츠클라이밍 대상지의 출현으로, 이제 암벽등반은 하나의 거대한 레저 시장을 만들었다. 스포츠클라이밍은 고정 볼트와 '미리 설치된 러너'로 비교적 안전하다. 추락을 한다 해도 보통은 크게 다치지 않는다. 가장 어려운 루트라 하더라도, 정상급 클라이머들은 몇 주일간의 노력과 십여 차례의 추락을 겪으면 성공을 맛볼 수 있다. 실내 암벽등반과의 차이는 단지 '실내'냐 아니면 '실외'냐는 것뿐이다.

1. 산과 계곡을 걷다가 바위를 오르는 미친 사람들을 목격한다.

2. 등반에 대한 책을 읽고 감명을 받는다.

3. 자신도 미쳤다고 생각하고 함께 바위를 오를 사람을 물색한다.

4. 겨울에는 빙벽을 오르고, 어려움에 익숙해지면서 완벽하게 코가 꿰인다.

5. 여름에 알프스에 간다. 희박한 공기 속에서 활동하며 빠르게 움직이는 것을 터득한다.

6. 겨울에 알프스에 간다. 처절하도록 서사시적인 경험을 하고, 어렵게 싸워 얻은 성공을 맛본다.

만일 5년이나 10년 후에도 이 아마추어가 여전히 살아있다면, 그에게는 이제 거대한 산군Greater Ranges에 갈 자격이 주어진다. 그곳은 소위 '마일리지'가 가장 중요한 곳이다. (스코틀랜드 클라이머들은 이 고전적인 연습과정에서 예외를 인정받을 수도 있다. 스코틀랜드 버전에서는, 네 번째 과정을 스코틀랜드의 산에서 하니 곧장 다섯 번째로 넘어가도 된다. 스코틀랜드에서 혹독한 동계등반을 해본 사람이라면 누구나 이 견해에 동의할 것이다.)

시샤팡마를 오른 후, 알렉스는 한 인터뷰에서 스코틀랜드에서 훈련한 클라이머들이 곧장 히말라야의 거벽으로 갈 수 있는 날이 올 것이냐는 질문을 받았다. 그는 이렇게 대답했다. "잘 모르겠습니다. 최근에 한 일본 잡지에 글을 썼는데, 영국 클라이머들이 갖고 있는, 즉 5~6개월의 등반 시즌만 보내면 기술을 숙달할 수 있는 환경의 장점을 지적했습니다. 그곳에는 오직 산악 지형에서만 제대로 기술을 습득할 수 있는 대상이 놀라울 정도로 많습니다. 히말라야 원정은 여전히 부담스러워서, 어디서든 훈련등반을 충분히 하지 않고 그곳에 가서 안전하게 등반한 사람을 나는 본 적이 없습니다. 여름철의 등반을 생략한 채 동계등반을 몇 번 하고 나서 알래스카에 간 다음, 히말라야의 6천 미터급 산으로 가는 젊은이가 있을 수 있지만, 만일 그가 지적이고, 제대로 된 사람과 대화를 나누고, 자신의 과제를 충실히 이행하면서 부화뇌동하지 않고, 살아남는 요령을 터득한다면, 좋습니다. 그럼 나는 '예스'입니다. 미래에는 이런 종류의 사람이 출현할 수도 있으니까요."

균형 잡히고 사려 깊은 이런 대답은 알렉스가 법률가로 지내며 터득한 것이다. 명료하지만 의문의 여지가 남아, 부주의한 사람은 잘못 알아듣기 쉽다. 그의 대답은 사실 '노'다. 왜냐하면 풀타임 등반 연습 과정을 대체할 만한 것이 없기 때문이다. 다만, 혹독한 동계훈련과 6천 미터급 산에서의 경험을 쌓는다면 빨라질 수는 있을 것이다. 영국의 몇몇 뛰어난 클라이머들이 고소경험을 제대로 하지 않고 바로 히말라야 등반에 나섰다가 굴욕을 당하고 돌아온 적이 있었다. 고산병으로 끔찍한 경험을 겪는 것보다 더 나쁜 것은 없다. 율리 스텍이 알프스와 히말라야에서 보여준 괄목할 만한 단독등반은 수없이 많은 훈련과 등반의 결과물이다. 그의 안나푸르나 등반은 세 번째 시도였는데, 덕분에 그는 남벽의 지형을 훤히 꿰뚫고 있었다. 프로 산악인들은 과거라면 10년이 걸릴 것을 날마다 훈련함으로써 몇 년 만에 이루어낸다.

1980년경까지 알렉스는 함께 어울리는 친구들과의 세계 밖에서 잘 알려지거나 유명해지는 것에 특별한 흥미를 보이지 않았다. 그는 보고서를 쓰거나 잡지에 글을 쓰는 것에 대해서도 거의 관심이 없었다. 외부적인 압력에 굴복하지 않는 젊은이와 아마추어 클라이머로 남는 것이 자신을 위한 비전 중 하나였다. 그러나 그의 태도와 야망은 바뀌어간다.

세계대전 이후, 정치 지형의 격변은 여전히 어느 정도 먼 곳에 있었다. 당시의 국가들이 '자유진영'과 '공산권'으로 나눠져 있는 상황을 오늘날에는 상상하기 힘들겠지만, 알렉스에 대한 이야기는 다방면에서 이와 관련이 있다. 1970년대 세대의 적어도 반 이상은 한쪽 또는 다른 쪽이 버튼을 누르기만 하면 잇따른 대폭발이 일어나면서 문명이 종말을 고할 것이라고 믿었다. 물론 발생 가능한 치명적인 위험을 받아들이는 것은 그다지 나쁜 도박처럼 보이지 않았다. 그런 시각을 가진 사람이 바로 『마운틴』지의 편집장 켄 윌슨이었다. 윌슨은 고산지대에서 하는 모험이 냉전이 주는, 실제적이면서도 감지가 가능한 위협으로부터의 도피 수단이라고 믿었다.

알렉스 역시 숙명적으로 어두운 면을 지녔는데, 이는 ─ 아주 드물기는 했지만 ─ 낙석에 대한 병적인 공포에서 드러난다. 큰 산을 등반해본 사람은 누구나 낙석이 날아가 부딪치는 소리가 대기를 가득 채우면, 마치 거북이가 등껍질 속으로 숨듯이 본능적으로 배낭 아래에 몸을 숨기는 그 심정을 이해할 것이다. 그때 낙석이 바로 옆에서 산산조각 나면 심장은 거의 멎기 일보 직전이다. 알렉스와 함께 등반한 여러 해 동안, 나는 그가 자신의 운명을 예감하는 것은 아닌지 의아할 정도로, 그의 내면 깊숙이 자리 잡고 있는 어떤 불안을 감지할 수 있었다.

3

더 이상 영웅은 없다

No More Heroes

"그 모든 일에도 불구하고 우리가 영국의 명사가 되고 있다는 것은 놀라운 일이다.
그러나 모든 명사들은 나가떨어질 정도로 의심받아 마땅하다."

록 밴드 스트랭글러스The Stranglers의 쟝 자크 버넬Jean-Jacques Burnel

1976년 알렉스가 리즈대학교Leeds University를 졸업했을 때 영국 산악계는 과도기를 겪고 있었다. 그것은 단순히 구세대가 신세대에게 성화를 전달하는 것과 같은 상황이 아니었다. 그때는 서로 다른 시대의 클라이머들이 공존했다. 젊은 클라이머들이 떠오르고 있었지만, 동시에 크리스 보닝턴이나 더그 스콧, 돈 윌런스Don Whillans같이 성공한 선배 클라이머들도 여전히 높은 수준으로 등반하고 있었다.

어느 세대든 열정적인 알피니스트들은 히말라야를 진정한 도전을 이룰 수 있는 곳으로 여겼다. 수입이 증가하고 비용이 적게 들자 거대한 산군으로의 접근이 점점 더 쉬워졌다. 더욱이 『마운틴』지와 같은 등반 관련 미디어의 성장으로, 만만찮은 도전을 요구하는 미등의 과제들에 대한 정보가 넘쳐났다.

특히 보닝턴과 스콧은 '마지막 대과제들last great problems'[09]을 시도하며, 기준을 높여가는 게임에 열중했다. 히말라야와 아시아에 있는

09 1974년에는 이런 대과제들이 여전히 많이 있었다. 예를 들면, 에베레스트 남서벽, 로체 남벽, 다울라기리 동벽, 마칼루 서벽과 K2 서릉을 들 수 있다. 이런 곳들이 등반되면, 캉슝 벽이나 에베레스트 북동릉 같은 또 다른 '마지막 대과제들'이 떠오를 것이다.

7,500미터 이상의 주요 봉우리들이 대부분 등반된 이후, 8천 미터급 고봉에 있는 미등의 벽과 어려운 능선이 바로 그 대상이었다. 이제 관심은 고도에서 난이도로 바뀌었다.

처음에 이런 새로운 도전들은 8천 미터급 고봉 14개 중 적어도 하나는 초등을 이루고자 쇄도한 탓에 범국가적 극지법으로 시도됐다. (이런 초기 상황은 세계에서 가장 높은 봉우리들 중 하나에 국기를 꽂는 것이 히말라야의 하늘에 있는 작은 눈 조각을 차지하게 되어 국가의 명예를 드높이는 것이라는 신제국주의적 사고와 관련이 있다. 진정한 국제 원정대[10]에 의해 등정된 8천 미터급 고봉은 단 하나에 불과했다. 이 경쟁은 1964년 중국이 시샤팡마를 초등함으로써 막을 내렸다.[11])

1970년대 중반이 되자, 잘 조직된 기업체 같은 대규모 원정대 ─ 이들이야말로 프로인데 ─ 에 더 작고 덜 조직적이고 자금도 넉넉하지 않은 클라이머들의 팀이 끼어들었는데, 이런 팀들은 사략선privateer[12]에 가까웠다. 비교하자면, 이들은 조직이라 할 것도 없고 돈도 없지만, 물자의 부족에도 아랑곳하지 않고 정상을 향해 꿋꿋이 싸워나가는 야심만만한 유형이었다.

1970년대에는 등산만으로 생계를 유지하기가 힘들었다. 등산을 추종하는 사람들이 많지 않았을 뿐더러 미디어의 관심도 제한적이었다. 그 당시는 크리스 보닝턴만이 영국의 유일한 프로 클라이머였다. 그

---

10 1960년의 다울라기리 원정대

11 중국 원정대가 1960년 에베레스트를 북쪽에서 등정했다고 주장하지만, 처음에 서방 관계자들은 의심의 눈초리를 보냈다.

12 사략선私掠船은 전시에 정부로부터 적선을 공격하고 나포할 권리를 인정받은 민간 선박으로, 공해상에서는 해적과 다름없는 노략질을 일삼았다. (역주)

는 1962년 이안 클로Ian Clough와 함께 영국인 최초로 아이거 북벽을 올라 미디어의 집중 조명을 받았다. 그는 나에게 이렇게 말했다. "아이거 북벽 등반으로 나는 이전에 경험해보지 못한 언론의 주목을 받았어. 나는 그 등반이 얼마나 대단한 것인지 미처 깨닫지 못했지. 나는 그냥 기회주의적인 클라이머로서 그곳을 등반하고자 했던 것뿐이야. 왜냐하면 1960년대 초의 아이거 북벽은 훈련된 클라이머를 잡아끄는 매력이 있었기 때문이지."

더그 스콧 같은 몇몇 클라이머들은 등반에 대한 집필과 강연으로 근근이 생계를 유지했다. 그러나 더그에게 — 적어도 초창기에는 — 등반은 제대로 된 직업이라기보다는 삶의 한 방편에 가까웠다. 1960년대에 클라이머가 등반만 해서 살아남는다는 것은 분명 쉽지 않았다. 보닝턴의 처음 몇 년은 매우 궁핍했다. 그는 한 번에 10파운드를 받고 숙녀들의 오찬모임이나 여성 단체에서 강연을 했고, 첫 번째 책을 출간하기 위해 3년이나 뛰어다녀야 했다. 그는 등반을 직업으로 삼기 위해 강연이나 저술, 사진과 같은 다양한 분야에서 열심히 일했다. 협찬 받는 운동선수 같은 방식은 꿈도 꿀 수 없었다. 장비 제조업체와의 연결은 시험하고 보증해줄 장비를 빌리는 것 그 이상 아무것도 아니었다.

이런 상황은 그다음 10여 년 동안 급진적으로 변해가지만, 보닝턴이 생계를 유지해나갈 만큼 수입을 얻기 시작하는 것은 1970년의 안나푸르나 남벽 등반 이후에야 가능했다. 프로로 살아남기 위해 그는 매년 새로운 등반과 모험의 대상지를 물색해 스폰서나 출판업자, 또는 미디어를 찾아다니는 등 아주 열심히 일했다. 등반을 사업적인 측면에서 보면 신세대 사략선원 — 알렉스를 포함한 — 은 훨씬 나태한 편이었다. 바다에 관련된 비유로 마무리 짓자면, 공식적 후원을 받은 월터 롤리 경Sir Walter Raleigh의 업적과 사재를 털어 이룬 호킨스 선장Captain Hawkins의 대담한 성취 사이의 차이 같은 것이었다. 산악계의 사략선원은 두 가지 의미에서 개인적이었다. 그들은 자신들의 목표를 가급적 비밀에 붙였다. 그리고 궁핍한 생활로 인해 원정 자금 조달에 상당히 창의적인 거래가 필요했다.

시간이 흐르면서 이 두 세대 간의 경계가 모호해졌다. 보닝턴 쪽에 서 있던 정상급 클라이머들이 죽거나 잊히자, 반대쪽에 있던 사람들에 게도 뜰 수 있는 기회가 왔다. 마치 전쟁을 치르는 군대에서의 진급과도 같았다. 따라서 높은 기준으로 등반하고 안전하게 돌아오면, 그 과정 따 위에는 전혀 신경 쓰지 않았다. 등반이 본질적으로 경쟁적이기는 하지 만, 그 수준과 상태가 빈정거림의 대상이 될 정도로 사악해도 일반사회 는 보통 그 성취에 대해 존경심을 나타낸다.

당시 크리스 보닝턴이 끼친 충격과 영향은 대단했지만, 가끔 조롱 의 대상이 되거나 심지어는 잘못 이해되기도 했다. 보닝턴은 작가와 포 토저널리스트, 강연자로 살아가고 싶다고 당당하게 말했다. 예를 들면 프랭크 스마이드Frank Smythe처럼, 과거에도 이렇게 한 사람은 있었다. 그러나 보닝턴만이 특별히 성공했다. 다른 클라이머들과 달리 그는 복 잡한 등반 이야기를 일반대중이 이해하기 쉬운 언어로 풀어내는 의사소 통 능력을 지녔다. 그는 미디어의 관심을 재빨리 알아채고, 재정적 후원 을 얻고, 원정대를 성공적으로 이끄는 능력도 있었다. 그리고 무엇보다 도 그는 가장 높은 수준의 등반을 했다. 지금 그는 여든이 넘었지만, 여 전히 이벤트나 기업 강의의 섭외 순위에서 상위권을 유지하고 있다.

성공은 검증이 따르고, 때로는 질시를 받기도 한다. 보닝턴 역시 종종 자신이나 다른 사람의 등반보다 자신의 경력을 우선하는 사람으로 묘사되기도 했다. 누구를 원정대에 합류시킬지, 누구를 등반에서 앞세울지 결정하는 문제라면, 보닝턴은 자신이 원하는 인물을 간파하는 능력이 있었다. 그는 클라이머나 관리자로서의 장점과 팀의 한 사람으로서 어떻게 일할지를 기준으로 대원을 선발했다. 그의 주변에는 닉 에스트코트Nick Estcourt, 이안 클로, 두걸 해스턴Dougal Haston 그리고 더그 스콧 같은 충직한 친구들이 있었다. 마틴 보이센Martin Boysen처럼 한둘은 보닝턴에 무조건적인 의리를 보였지만, 다른 사람들은 — 특히 돈 윌런스는 — 오히려 야심만만한 동료라고 표현하는 것이 나을 것이다.

"나는 돈과 한 번도 원만한 관계를 가져본 적이 없어."라고 보닝턴은 말했다. "비록 주고받는 것은 없었어도, 그는 뛰어난 등반 파트너였지. 두걸은 원정대 일에서 서로 편의를 봐준 면이 있었지만, 암장 안팎에서는 친하게 지냈어. 두걸은 내가 자기를 당연히 정상 공격조에 넣어야 한다고 받아들였지. 왜냐하면 자기는 그럴 자격이 있는 최적임자며, 나나 자기나 관점이 같아서 내가 자기를 그런 역할에 이용할 것이라고 생각했기 때문이야. 돈은 긴장감을 불러일으킨 반면, 두걸은 팀의 동료들로부터 사랑과 존경을 받았다는 것이 중요하지."

전부 정상에 오르기를 열망하는, 대단한 클라이머들로 구성된 대규모 원정대를 이끄는 일은 만만찮은 도전이었지만, 이런 것은 히말라야에 알파인 스타일 등반이 확산되면서 점차 사라졌다. 보닝턴의 의사결정은 단 하나, 성공에 초점이 맞춰져 있었다. 그는 자신의 대원 각자의 야망을 만족시켜주기 위해 그 자리에 있는 것이 아니었다. 그는 팀의 공동 목표를 위해 어쩔 수 없다고 판단되면 인기가 없는 결정이라도 주저하지 않았다. (돈 윌런스는 1975년 에베레스트 원정대에서 제외된 후 크리스 보닝턴에게 '무자비하다ruthless'라는 의미로 그에게는 '루스 같은 여자친구도 없다without Ruth'라고 말한 것으로 유명하다. 이 말에 대해, 보닝턴은 "더그와 해미시 매키네스Hamish MacInnes는 어땠을지 모르지만, 두걸을 포함한 안나푸르나 원정대원 어느 누구도 그와 함께 가는 것을 원치 않았다."라고 반박했다.)

크리스 보닝턴 원정대에 초청받으면 프로 산악인으로서 도약의 디딤돌을 마련할 수 있었다. 보닝턴 원정대의 대원들은 도전을 받아들이면서도 등반을 즐긴다는 흔한 이유로 참가했다. 그러나 기대하는 바는 서로 달랐다. 보닝턴 원정대에 초청받으면 — 예를 들면, 계약서에 서명을 해야 하는 등 — 전문적인 접근과 책임에 대한 이해를 요구받았다. 이것은 보닝턴의 허락 없이 원정에 관한 글을 쓰거나 사진을 사용하는 것과 같은 개인적인 권리 일부를 포기한다는 의미였다.

합당한 이유는 많다. 이는 모든 클라이머들이 맞닥뜨리게 되는 문제와 밀접한 관련이 있는데, 그들이 어떤 스타일을 고집하든 문제는 결국 돈이다. 대규모 원정대를 이끄는 원정대장의 문제는 돈이 생각보다 많이 필요하다는 것이다. 1970년 안나푸르나 원정대에 에베레스트재단(MEF)Mount Everest Foundation은 모든 비용을 보증하는 위험천만한 모험을 감행했는데, 이는 스폰서를 찾아야 하는 보닝턴의 귀찮은 수고를 덜어주었다. 결과적으로, 대성공을 거둔 원정대는 MEF의 재정에 꽤 짭짤한 수익을 안겨주었다.

1972년 보닝턴이 처음으로 에베레스트 남서벽 원정대를 조직할 때 그는 MEF가 또 한 번 보증해주기를 희망했다. 하지만 이번에는 MEF가 열정을 보이지 않았다. 남서벽은 1970년과 1971년 강력한 원정대가 잇따라 실패한 바 있어, 위험이 너무 크다고 판단한 것이다. 따라서 원정 비용을 조달하기 위한 유일한 방법은 기업과 개인후원에 기대는 것이었다. 보닝턴은 도박을 했다. 등반에서 위험을 함께 감수하는 것처럼 재정적 부담도 함께 나누자는 그의 주장은 일리가 있었다. 그 위험에 대비해 대원들은 강의에 뛰어들었고, 계약의 일부분으로 원정대와 관련된 책에 글을 쓰고 사진을 제공했다. 1972년의 원정이 실패로 돌아가자 원정대는 큰 빚을 떠안았다. 그러자 대원들이 빚을 갚기 위해 돈을 모으고 일련의 강연에 참여해 모두 변제했다. 이것은 산을 오르는 방법에 있어서 사실상 상업적인 접근이었다. (그들은 닉 에스트코트가 사망해 결국 등반을 포기한 1978년의 K2 원정에서도 똑같은 방법을 썼다.)

운명은 언제나 변하기 마련이다. 보닝턴은 세계 최고봉을 '가장 어려운' 루트로 오른다고 홍보하는 단 한 통의 편지를 바클레이스은행 Barclays Bank에 보내 필요한 자금을 모으는 데 성공했다. 바클레이스는 10만 파운드로 원정대의 막대한 비용을 보장해주었다. 대신 책과 영화, 강연에 따르는 모든 수익은 자신들이 가져간다는 조건이었다. 등반이 성공적으로 끝나자 대중으로부터 엄청난 관심의 물결이 일어, 거의 모든 대원들이 전국 순회강연에 참여해야 했다. 보닝턴은 원정과 관련된 책과 순회강연에 대한 예산을 받았고, 대원들도 이에 동참했다. 참여한 대원들은 책에 언급되고, 강연에 따른 소정의 보수와 인세를 받았다. 심지어는 이런 일들의 원활한 진행을 위한 운영위원회까지 있었다. 작가와 강연자로서 전문적인 기술을 계발하는 데 관심이 많았던 피터 보드맨Peter Boardman 같은 젊은 대원들에게는 소중한 기회였다.

에베레스트 이후, 보닝턴은 자신의 원정대에 피터 같은 젊은 클라이머들을 더 많이 참가시켰다. 조 태스커Joe Tasker, 딕 렌쇼Dick Renshaw 와 앨런 라우즈Alan Rouse는 모두 사략선원 전통을 이어받은 사람들이었다. 보닝턴은 위험을 감수하면서까지 이런 신세대 클라이머들을 끌어들였는데, 결과적으로 두 가지 사건이 벌어졌다. 우선 원정대가 보닝턴 단독 추진의 성격을 띠게 되면서 보다 소규모 경량 원정방식으로 변한 것이고, 다음으로는 국가주의적 성향을 가진 원정대원들의 개인적 프로페셔널리즘과 기업의 후원으로 원정대가 상업적으로 변질되어 갔다는 것이다. 이 같은 변화는 원정대원 개개인의 태도와 경력에 따른 보상에까지 영향을 미쳤다.

보닝턴의 원정에 초청받기 전까지, 독립성이 강한 사람은 보닝턴의 관리방식이 독재적이고 상업적이라고 생각했다. 그러나 대다수는 보닝턴의 스타일이 폭넓게 받아들여지고 있다는 사실을 깨달았다. 그는 최종 결정권자였다. 그는 그러한 접근방법이 아니면 원정대가 실패할 수도 있다는 것을 알고 있었다. 이것은 좋은 비즈니스였다. 훌륭한 리더십은 보닝턴이 스폰서의 신뢰를 받아 자금을 끌어 모을 수 있는 방법이었고, 산의 정상은 스폰서가 자신의 브랜드에 가치를 더하고자 구매하는 상품이었다.

물론, 그는 좋든 나쁘든 미디어를 위한 화젯거리도 관리해야 했다. 이런 관리방식이 꼭 외부를 위한 것만은 아니었다. 이것은 또한 대원들에게도 그대로 적용됐다. 외부 발표에 대한 그의 열의는 종종 역효과를 불러일으켰다. 내가 『마운틴』지에서 켄 윌슨을 돕고 있을 때 우리는 마이크 톰슨Mike Thompson의 「그 친구들과 다시 나가다Out with the Boys Again」라는 기고문을 실었다. 그것은 원정대의 일원으로서, 1975년 보닝턴의 에베레스트 원정등반의 역동적인 진행상황을 색다른 시각에서 바라본 정말 재미있는 글이었다. 톰슨은 풍자적인 유머는 물론이고, 등반은 관료적이고 권위적인 통제를 벗어난, 자유로운 그 무엇이어야 한다는 사고방식으로 명성이 자자한 인물이었다.

그는 그 글에서 원정대가 베이스캠프까지 이동하는 과정에서 어떻게 두 그룹으로 역할이 나눠지는지 묘사했다. 첫 번째 그룹은 베이스캠프와 물류를 담당하는 보닝턴 측근들, 언론 담당자, 의사 등 원정대 관리자들이다. '젊은 피'인 두 번째 그룹은 짐 더프Jim Duff, 브레이스웨이트Braithwaite, 스콧 그리고 물론 톰슨 자신이 포함된 소란스럽고 자유분방한 사람들이다. 보닝턴은 자신의 텐트에 틀어박혀 메모지가 덕지덕지 붙은 컴퓨터에 그날의 지시사항을 타이핑하는 대장으로 묘사된다. 영국 등산위원회(BMC)에 새롭게 임명되어 공직자가 된 피터 보드맨 역시 조롱의 대상이다. 그는 BMC 본부 17층에서 일하는 등반 관료로 묘사된다. 그 글은 영국 산악계가 변해가는 과정을 묘사한 독창적인 풍자였다.

『마운틴』지가 가판대에 깔린 날 아침, 윌슨은 그 글이 완전한 허위라며 노발대발 소리를 지르는 보닝턴의 전화를 받았다. 보닝턴이 냉정을 되찾자, 윌슨은 언론의 자유를 들먹이고, 더 중요하게는 톰슨의 이야기에 사실은 원정의 인적·물적 조직에 대한 존경이 행간에 깔려 있다고 지적하면서 역공을 취했다. 톰슨은 정상 공격조를 위한 고소포터로서의 역할을 전적으로 인정하지 않았을지도 모른다. 그러나 그는 대단한 성공으로 이어진 계획에 대해서는 감사의 뜻을 표했다. 보닝턴은 곧 흥분을 가라앉혔고, 후에 톰슨은 물론이고 윌슨과도 다시 친하게 지냈다. 그 원정대가 결국 보닝턴이 이끄는 리더십의 가치를 깨달은 것처럼, 보닝턴은 이제 마이크 톰슨의 기고문을 '원정에 대한 훌륭하면서도 위트가 넘치는 고찰, 즉 진정한 사회인류학적 관점'으로 받아들이고 있다.

보닝턴의 전문가다운 접근은 다른 사람이 따라하고 싶은 모델이 아니었을지도 모른다. 그러나 그의 성공 기록은 야심만만한 클라이머들이 함께하고 싶은 것이었다. 보닝턴의 보증은 스폰서를 구할 때 차원을 달리했다. 비록 선별적이기는 했지만, 보닝턴은 사략선원들의 원정 후원자로 자신의 이름이 사용되는 것에 대해 — 우리의 영국-폴란드 창가방 Changabang 원정처럼 — 보통은 매우 너그러웠다. 그의 프로페셔널리즘과 연관시키면 고산을 경량등반으로 접근해도 어떤 나쁜 영향 없이 신뢰감을 얻을 수 있었다.

대중은 1960년대와 1970년대에 크리스 보닝턴이 보여준 애국적 모험 상품에 매료되기 시작했고, 이는 등반에 흥미를 불러일으켜, BBC 생방송이나 테임스 텔레비전Thames Television 같은 독립 채널에서 산악 영화를 통해 더욱 고무되었으며, 보드맨이나 태스커 등의 저술과 강연에 활용되면서 대중의 관심을 이끌어냈다. (그들은 이런 것에도 능숙했다. 그들의 책은 여전히 출판되고 있고, 그들의 이름을 딴 유명한 산악 문학상도 있다.)

크게 주목받는 것은 아니었지만, 등반에 대한 점증하는 관심을 이용해 생계를 꾸려나가는 다른 방법들도 있었다. 이미 여러 명의 가이드들과 프로 아웃도어 강사들이 존재하고 있었는데, 아웃도어 교육이 유행으로 번지면서 그 숫자가 늘어났다. 더욱이 이 세대의 클라이머들은 기술적인 호기심도 많고 기업가적인 자질도 충분해서, 데니 무어하우스 Denny Moorhouse, 토니 하워드Tony Howard, 마이크 파슨스, 피트 허친슨 Pete Hutchinson 같은 사람들은 아웃도어 산업의 성장에도 기여했다. 심지어는 켄 윌슨이 『마운틴』지를 발행하고 나서 그의 책 『왕관Diadem』을 출간한 것처럼, 출판으로 먹고사는 것도 가능했다. 이런 것들은 모두 젊은 클라이머들에게 좋은 본보기가 됐다.

톰슨의 「그 친구들과 다시 나가다」는 보닝턴의 관리 방식에 대해 해학적 풍자를 보여주기는 했지만, 개인을 관리하는 그의 능력을 간파하지는 못했다. 간단해 보일 수도 있지만, 만약 원정에 참가한 개개인의 면모를 안다면, 그들이 분명 고양이 떼를 모아놓은 것이나 다름없다는 사실을 인정할 것이다. 앨런 라우즈가 이끄는 강력한 팀이 1981년 동계 에베레스트와 1986년 K2 북서릉에서 실패했는데, 이는 개개인이 모든 것을 자기방식대로 하려는 경향 때문이었다. 그들에게는 협동하려는 계획조차 없었다. 결국 심한 압박감을 이겨내지 못한 그들은 우정이 깨지면서 물자 수송에 타격을 입었다.

사략선원들에게 계획이란 일종의 부담이었고, 다른 모든 관심사보다 뒷순위였다. 그들에게는 경험을 즐기는 것이 우선이자 궁극이었다. 따라서 원정은 BMC의 벅스턴 회의Boxton Conference 같은 이벤트가 끝난 다음에 가는 술집이나 알파인 클라이밍그룹의 디스코 모임, 또는 선술집 구석에서 즉흥적으로 도모됐다. 사략선원들은 공식적인 절차를 밟아 원정대원으로 뽑히기보다는 맥주를 마시면서 서로에게 끌리면 그만인 것처럼 보였다. 이런 움직임의 초기에는 적어도 '일단 가서 해본다'라는 신조가 있었다. 이를 이루기 위해서는 모든 것이 최소한의 수량만 필요했다. 그리고 성과로 돌아오는 것은 보너스였다. 물론 이것은 명성이 높아지면서 변해가지만, 보닝턴이 10만 파운드의 수표를 현금으로 바꾸었을 때 우리는 동네 슈퍼마켓에서 식료품을 카트에 가득 채우는 것으로 행복해했었다.

우리는 필요 이상으로 가져가지 않았다. 서양의 간식거리는 주로 고소에서나 필요했고, 베이스캠프에서는 토산품인 쌀이나 렌틸콩, 참파, 국수 등이면 충분했다. 산에서 머무르는 날이 계산되고, 수프나 치즈, 초콜릿 등은 신중하게 무게를 달아 포장했다. 남는 식량과 지원 받은 술의 대부분은 팔아서 원정비용을 충당하는 데 사용됐다.

이런 절약은 히말라야 등반 윤리의 혁명적인 변화로 가능했다. 1970년대 중반 히말라야 경쟁에 뛰어든 세대는 알프스에서의 아주 어려운 등반을 통해 체득한 체력과 기술을 바탕으로 한 새로운 아이디어를 기반으로 했다. 우리의 야망은 미등으로 남아 있는 '마지막 대과제들'이 극지법을 구사하는 원정대에 의해 모두 등반되기 전에 해결해보는 것이었다.

신세대의 대부분은 고소 경험이 없었기 때문에 숙련과정은 두 번째 단계를 거쳐야 했다. 피터 보드맨 같은 일부는 크리스 보닝턴의 원정대에 초청되어 배웠다. 다른 사람들은 자신들만의 방식으로 스스로 배워나가야 했다. 8천 미터급 고봉들은 돈도 많이 들고 시간도 많이 걸렸다. 더구나 기술적으로 매우 어려운 봉우리들에서의 순수한 알파인 스타일 전략은 아직 제대로 시험되지도 않았다. 따라서 1970년대에는 비용이 적게 들어가면서도 잘 알려지지 않은 6천 미터나 7천 미터급 봉우리들이 갑자기 인기를 끌었다. 가장 높은 봉우리들에서 감행된 더 어려운 기술적 도전의 훈련과 지식은 바로 이 작은 도전에서 터득한 경험으로부터 비롯됐다.

7천 미터급 이상에서의 순수한 알파인 스타일에 대한 이 현대적 탐구가 영국에서 처음 시작된 것은 1975년 조 태스커와 딕 렌쇼가 가르왈 히말의 두나기리Dunagiri(7,066m) 남동 버트레스에서 펼친 순수하고 대담한 등반이었다. 과거에 이런 높이의 봉우리들은 여러 국가에서 온 소규모 팀들, 예를 들면 제1차 세계대전 이전의 알렉산더 켈라스 Alexander Kellas, 1930년대의 에릭 십턴Eric Shipton과 빌 틸먼Bill Tilman 등에 의해 등정됐다. 그러나 두나기리의 루트는 알파인 난이도 체계로 'TD-'에 이르는 기술적인 곳이었다. 이 등반을 히말라야 원정 경험이 없는 두 명의 클라이머가 소란스러운 준비도 없이 거의 비용을 들이지 않고 성취한 것이었다. 그것도 단 9일 만에, 이들은 정상에 오른 다음 황량한 오지의 산악지대에 있는 베이스캠프로 돌아왔다.

영국에 돌아왔을 때 이들은 자신들이 언제든 죽을 수도 있었다고 털어놓았다. 이들은 고소적응을 제대로 하지 못했고, 물을 만들기 위한 연료나 에너지를 보충할 식량도 여유 있게 가져가지 않았다. 탈수로 인해 이들은 하산을 하던 중 반 환각상태에 빠져 결과적으로 서로 헤어지고 말았다. 이것은 치명적인 실수였다. 이들과 이야기를 나누거나 보고서를 읽은 사람은 누구나 똑같은 실수를 저지르지 않기 위해 메모를 했다. 그러나 이들은 과감한 경량등반이 얼마나 놀라운 결과를 가져오는지 증명했다.

같은 해에 크리스 보닝턴이 이끄는 영국 원정대가 극지법 방식으로 에베레스트 남서벽 등반에 성공했다. 원정대는 9명의 정예 클라이머, 7

명의 지원조, 60명의 고소포터가 소요되는 규모에 걸맞은 막대한 자금
이 필요했다. 그러나 그 이후에 대부분의 영국 원정대는 소수가 참가하
는 방식으로 바뀌었다.[13] 이제 보닝턴이 받은 것과 같은 종류의 후원에
흥미를 느끼는 클라이머는 거의 없었다. 따라서 윤리와 미학뿐만 아니
라 비용까지도 경량등반의 발전을 견인했다.

알렉스의 업적을 일목요연하게 정리하기 위해, 그가 활동하던 시기
인 1975년부터 그가 죽은 1982년까지 영국이 히말라야에서 성취한 주
요한 초등과 등정자들을 보면 아래와 같다.

1975년 두나기리(7,066m) 남동 버트레스
조 태스커, 딕 렌쇼

1976년 트랑고 타워(6,239m)
모 앙트완Mo Anthoine, 마틴 보이센, 조 브라운Joe Brown,
말콤 하웰스Malcolm Howells

1976년 창가방(6,864m) 서벽
피터 보드맨, 조 태스커

1977년 오거(바인타브락 7,285m)
크리스 보닝턴, 더그 스콧

1978년 자누(7,710m) 남벽 첫 알파인 스타일 등반
로저 백스터 존스, 랩 캐링턴Rab Carrington, 브라이언 홀Brian Hall, 앨런 라우즈

1979년 칸첸중가(8,586m) 북서벽
피터 보드맨, 더그 스콧, 조 태스커

1979년 눕체(7,861m) 북쪽 스퍼
조르제 베템부르Georges Bettembourg, 브라이언 홀, 앨런 라우즈, 더그 스콧

---

13 1975년 이후 육군이 중심이 된 영국군 원정대가 히말라야의 고봉을 극지법으로 시도한 적이 있
    다. 오늘날의 에베레스트 상업등반대들은 극지법을 구사한다. 그러나 셰르파들이 뒤따라 오르
    는 가이드와 고객들을 위해 고정로프를 설치하는 등 모든 일을 도맡아 한다.

1979년 가우리샹카르(7,134m) 남서릉

피터 보드맨, 팀 리치Team Leach, 가이 나이트하르트Guy Neidhardt, 펨바 라마Pemba Lama

1981년 콩구르(7,649m)

피터 보드맨, 크리스 보닝턴, 앨런 라우즈, 조 태스커

1981년 안나푸르나4봉(7,525m)

아드리안 버제스Adrian Burgess, 앨런 버제스Alan Burgess, 로저 마샬Roger Marshall

1982년 시블링(6,543m) 동쪽 필라

조르제 베템부르, 그렉 차일드Greg Child, 더그 스콧, 릭 화이트Rick White

이 짧은 같은 기간 동안 알렉스 매킨타이어의 히말라야 등반과 파트너는 다음과 같다.

1977년 코 에 반다카(6,850m) 북동벽

보이텍 쿠르티카, 존 포터John Porter

1978년 창가방(6,864m) 남쪽 버트레스

보이텍 쿠르티카, 존 포터, 크지슈토프 쥬렉Krzysztof Zurek

1980년 다울라기리(8,167m) 동벽

예지 쿠쿠츠카Jerzy Kukuczka, 보이텍 쿠르티카, 르네 길리니

1982년 팡마 리(7,486m) 동릉

로저 백스터 존스, 더그 스콧

1982년 시샤팡마(8,027m) 남서벽

로저 백스터 존스, 더그 스콧

1982년 타르케 캉(일명 글래시어돔, 7,193m) 동쪽 버트레스

르네 길리니, 존 포터

같은 시기에 성취한 알렉스의 모든 등정은 경량 속공의 알파인 스타일이었는데, 이는 일찌감치 알프스에서 해낸 놀라운 등반을 바탕으로 이루어진 것이다. 여기에는 드류Dru의 보나티 필라Bonatti Pillar, 그랑 필리에 당글Grand Pilier d'Angle의 보나티-자펠리 루트 제2등, 그랑드조라스의 콜튼-매킨타이어 루트 초등, 아이거 다이렉트Eiger Direct 첫 알파인 스타일 등반이 포함되어 있다. 1979년 알렉스는 안데스에서 몇 개의 대담한 신루트를 개척하기도 하고(이 책의 후반부에 나온다.) 1981년에는 마칼루 서벽을 두 번 시도하지만 실패하기도 한다.

이 기간 동안 전 세계의 산악인들은 — 비록 대부분이 전통적인 원정등반 방식을 따르기는 했지만 — 훌륭한 업적을 많이 남겼다. 그러나 8,000미터 이상에서의 새로운 도전은 클라이머들이 등산의 미래를 어떻게 바라보는지 보여주었다. 1978년 페터 하벨러Peter Habeler와 함께 에베레스트를 무산소로 오른 라인홀드 메스너는 1980년 몬순 기간 동안 북릉으로 무산소 단독등반을 하기 위해 에베레스트로 돌아왔다. 이 등반은 전 세계적인 반향을 불러일으켰다. 1980년까지 몇몇 8천 미터급 고산들이 무산소로 등정됐다. 그렇다면 더 이상 무엇이 가능할까? 다른 사람들은 8,000미터 이상에서 기술적으로 더 어려운 루트 등반에 나섰다. 그러나 무산소 단독등반을 가능성의 목록에 추가한 사람은 바로 메스너였다.

클라이머들은 대개 고산의 무산소 경량등반을 더 높게 평가한다. 이것은 영국 산악계의 젊은 — 따라서 가난한 — 클라이머들에게 아주 솔깃한 이야기였다. 인공산소는 무척 비쌌다. 또한 이것을 산으로 옮기려면 더 많은 포터가 필요했고, 게다가 그곳에서는 셰르파의 도움이 또 필요했다. 이런 이유로 젊은 세대에게 인공산소는 처음부터 고려 대상이 아니었다.

그 당시의 입산료는 오늘날과 비교하면 그리 비싼 편은 아니었다. 그러나 8천 미터급 고봉은 시간이라는 측면에서 여전히 비용이 많이 드는 곳이었다. 이것은 ─ 다른 곳에서처럼 히말라야에서도 ─ 곧 돈을 의미했다. 7,500미터 이상에서 고소적응을 하기 위해서는 더 많은 시간이 필요했고, 따라서 더 많은 식량과 연료, 또한 그렇게 늘어난 시간만큼 필요한 물자를 옮길 더 많은 포터들이 필요했다. 오늘날 시설이 잘 된 트레킹 루트를 여행하는 사람들은 아마 이해하기 어려울 것이다.

1970년대 중반까지, 동유럽과 일본은 1970년 보닝턴의 안나푸르나 원정대를 모델로 삼은, 잘 조직된 대규모 원정대라면 최후의 난제도 성공할 수 있다는 사실을 지속적으로 증명했다. 다음 세대의 문제는 간단했다. 경량 알파인 스타일이 대규모 원정대의 극지법을 대체할 수 있을 것인가? 경쟁은 계속 이어졌다.

알파인 스타일은 다른 사람의 지원에 의존하지 않는, 자기 의존이 첫째고 궁극이다. 그러나 알파인 스타일을 '경량'이라 부르는 것은 부적절한 표현이다. 알파인 스타일은 등반과 생존에 필요한 모든 것을 큰 배낭 하나에 다 집어넣어야 한다. 루트가 기술적으로 더 어려우면 더 많은 장비가 필요하다. 그런데 긴 루트를 끝내기 위해서는 보통 일주일 정도가 걸린다. 물론 시간이 지나고 경험이 쌓이면 '모든 것'을 최소한으로 줄일 수는 있다. 그렇다 하더라도 무거운 배낭을 메고 베이스캠프를 나서는 것은 괴로운 일이다.

등반이 발전했는데도, 아이러니컬하게 1970년대에 잉태된 알파인 스타일은 더 이상 알프스에서는 행해지지 않는다. 놀라운 기술에 의한 속도등반은 시설이 좋은 산장이나 텔레페리크télépherique 정거장, 그것도 아니면 헬리콥터를 타고 루트의 시작지점으로 날아가서 한다. 그러면 헬리콥터는 점심을 먹기 전에 산을 벗어나는 그날의 영웅을 따라간다. 결국 많은 장비가 필요치 않다.

히말라야에서도 이와 같은 방법이 통할까? 이제는 등반이 거의 그 수준에 이른 것 같다. 21세기로 들어서기 전에는 거의 모든 히말라야 봉우리들이 대단한 도전의 대상이었다. 알프스의 두 배 높이에다 더 깊숙한 오지여서 수송은 진이 빠지는 일이다. 그리고 실제적인 등반은 몽블랑 정상보다 훨씬 더 높은 곳에서 시작된다. 미등의 벽이나 능선을 베이스캠프에서 정상까지 곧장 오르려는 시도가 알프스에서의 등반과 유사하다 하더라도, 베이스캠프까지 가져가야 하는 식량과 장비는 — 비록 두 사람일지라도 — 물류와 육체적인 면에서 투쟁에 가깝다.

더욱이 히말라야에서는 고소적응을 위해서 더 쉬운 대상지 — 그럼에도 종종 스스로의 노력에 의한 주요 등반과 맞먹는데 — 를 등반하는 등의 잘 짜인 프로그램이 필요하다. 물론 이 프로그램에는 하산 루트에 식량과 장비를 미리 갖다놓는 방법이 포함되기도 한다. 7,000미터 이상에서의 알파인 스타일은 몇 가지 차원이 다른 적용을 요구한다. 알렉스는 최고의 결과를 얻어내기 위해 무엇을 해야 하는지 잘 알고 있었다. 그는 또한 목표를 달성하도록 도와줄 수 있는 파트너들이 있었다. 그렇다 해도, 필수불가결한 기술을 가진 클라이머들은 그리 많지 않았다. 다른 곳은 몰라도, 마음에 맞는 영국 클라이머들은 손에 꼽을 정도였다.

알렉스는 자신의 파트너들 중 폴란드 클라이머 보이텍 쿠르티카로부터 깊은 영감을 받았다. 보이텍과 알렉스는 사뭇 다른 면모를 가진 인물이었다. 보이텍이 롤 모델이 아닌 것은 확실했다. 그는 그냥 이 새로운 추세의 고소 등반 스타일을 발전시키고 실현할 수 있는 파트너에 불과했다. 이 둘, 알렉스와 보이텍의 연결고리가 바로 나였는데, 1975년 데니스 그레이Dennis Gray라 불리는 어떤 사나이와의 우연한 만남이 인연의 시작이었다.

4

엇나간 길로 가라

A Walk on the Wild Side

레이크스Lakes(레이크 디스트릭트)에서 리즈Leeds까지 히치하이킹으로 돌아오다 잉글보로Ingleborough에 이르렀다. 엄지손가락을 세워 갈 방향을 가리키며 1시간을 보내고 나니, 페니겐트Pen-y-ghent 봉우리와 석회 암벽의 지질학적 패턴에 싫증이 났다. 나의 망상은 데니스 그레이의 러시아제 세단이 멈춰서며 낸 끼익거리는 브레이크 소리에 끝났다. 그 당시 데니스는 영국등산위원회(BMC)의 사무국장이었는데, 이 직책을 맡은 첫 번째 사람이었다.

그 당시에는 데니스가 곧 BMC였다. 그리고 불굴의 비서 리타 할람Rita Hallam이 있었다. 그녀는 지적이고 능력 있는 관리자로 BMC에 있는 동안, 마치 영화 「007」에 나오는 머니페니Moneypenny처럼 여러 직원들을 보살펴주었다. 데니스는 명성이 자자한 클라이머였는데, 이는 얼마간 걸쭉한 입담 덕분이기도 했다. 그는 전통적인 등산을 구전으로 전하는 수호자였고, 유명한 록앤드아이스산악회Rock and Ice Club[14]의 회원이

---

14   이 산악회는 1970년대 초까지 유명무실했지만, 조 브라운이나 돈 윌런스 같은 전설적인 회원들은 여전히 열심이었다. 이들은 모든 면에서 신·구세대들로부터 존경을 받았다.

었다. 때로 사람들은 데니스를 의심의 눈초리로 바라보기도 했지만, 등산 관료를 규합할 수 있는 힘과 연줄을 가진 인물로 여겨졌다.

BMC 자체는 비교적 새로운 단체여서 상당한 논란을 일으켰을 뿐만 아니라 대다수의 클라이머들은 그 필요성을 느끼지 못했다. 어떤 것이든 조금이라도 관료 냄새가 나면 무조건 무시되고 회피됐다. 데니스 밑에서 피터 보드맨이 사무국장을 맡았고, 알렉스와 앤디 팬쇼위Andy Fanshawe가 그 자리를 이어받았다. 그리고 이들 셋 모두가 산에서 목숨을 잃자, 그 자리를 둘러싼 약간의 미신이 입에 오르내리기도 했다.

데니스가 차를 멈추자, 나는 배낭을 집어 들고 차에 올라탈 준비를 했다. 하지만 다시 뒤돌아보니 차에는 가족과 아마추어 등반가들로 꽉 차 있어 자리가 없었다. 결국 어둡기 전에 리즈에 도착하려는 희망은 실낱이 됐다. 그렇다면 데니스는 차를 왜 세웠을까? 그는 차창을 내리고, 코맹맹이 요크셔 말투로 나의 인생을 송두리째 바꾸게 되는 질문을 하나 던졌다.

"미안해 젊은이. 자리가 없네. 그런데 다음 주에는 뭘 할 건가?"

"별거 없는데요. 웨일스에서 등반을 할지 모릅니다."라고 나는 대답했다. 2주일 전에 『마운틴』지의 켄 윌슨을 돕는 6개월짜리 교정 작업이 끝났지만, 나는 다른 일거리를 찾지 못하고 있었다.

"그럼, 플라시브레닌Plas-y-Brennin으로 와서 폴란드 클라이머들의 대표단을 맞이하는 일을 도와줄 수 있겠나?"

그리고 이것이 바로 내가 폴란드인들과 연결된 인연이었다. 이틀 후 나는 셰필드Sheffield에서 카펠 쿠리그Capel Curig까지 히치하이킹으로 가, 플라시브레닌 국립산악센터에서 등반에 참가했고, 모든 비용을 지

급받았다.[15]

영국 쪽 클라이머로는 아드리안과 앨런 버제스 쌍둥이 형제와 내가 있었고, 데이비 존스Davey Jones와 데이브 앨콕Dave Alcock이 지원조로 참가했다. 폴란드 클라이머는 5명이었는데, 대부분 놀라울 정도로 영어를 잘했다. 우리의 판단으로, 여섯 번째 사나이는 공산당 감시원이 틀림없었다. 그는 바에 틀어박혀 진탕 술을 마시면서 우리가 산에 가서 놀도록 내버려두었다. 한번은 그가 혼자서 주변을 둘러볼 목적으로 플라시브레닝 국립산악센터의 미니버스를 몰래 몰고 나간 적이 있었다. 나는 당시 산악센터의 관리자였던 데이브 앨콕이 미니버스를 잃어버릴까 봐 화를 내기보다는 그가 사고로 다치지는 않을지 걱정하던 것을 아직까지 기억하고 있다.

폴란드 팀의 일원이었던, 안드레스Andrez로 알려진 안드제이 자바다Andrzej Zawada는 우리 모두가 그 명성을 익히 들은 사람이었다. 그는 180센티미터가 훌쩍 넘는 훤칠한 키에 윤곽이 뚜렷한 귀족적인 외모 그리고 온화하고 점잖은 말투의 매너를 지닌 멋진 사람이었다. 나머지 사람들은 힘이 넘치고 다정하며 자신감에 차 있었는데, 확보물을 설치하는 데 전혀 신경을 쓰지 않는 것처럼 보이기는 했지만 전통적인 등반 기술로 잘 숙련되어 있었다. 우리는 간간이 소나기가 오는 와중에도 고전적인 루트들을 해치워버리고 저녁에는 플라시브레닝의 바에서 이야기를 나누고 경험을 공유하는 멋진 시간을 가졌다.

자바다는 특별히 뛰어난 암벽 등반가는 아니었지만, 위대한 산악

---

15   플라시브레닝 국립산악센터는 국가로부터 상당한 지원금을 받았는데, 당시에는 BMC 산하기구로 운영됐다.

인이었다. 또한 놀랄 만큼 세련되고 유쾌한 사람이기도 했다. 그는 타트라Tatra와 히말라야의 동계등반에서 겪었던 에피소드와 에베레스트 동계등반 계획을 들려주었는데, 그로부터 채 5년도 되지 않은 1980년 초에 그의 원정대가 사우스콜을 통해 동계초등을 이루어냈다는 사실을 알았다. 비록 좀처럼 속내를 드러내지 않았지만, 그는 8천 미터급 고봉 14개를 모두 동계 초등하는 원정대를 이끌고 싶었을 것이다. 결국 그는 에베레스트, 초오유, 로체를 동계 초등하는 성공적인 원정대를 이끌었다. 또한 아프가니스탄의 치트랄과 바다크샨 경계에 있는 노샤크 Noshaq(7,492m)를 7,000미터 급 봉우리 사상 최초로 동계 초등하는 원정대를 이끌었으며, 비록 성공하지는 못했지만 K2와 낭가파르바트에서 동계 원정대를 이끈 적도 있었다.

일주일이 지나자 우리는 친한 친구가 되었고, 3주일간의 교환등반이 막바지에 이르자 버제스 형제와 나는 다음 겨울 타트라에서 있을 교환등반의 나머지 반에서 '유리한' 자리를 차지하려 모의하고 있었다. 일은 뜻대로 진행됐다. 나는 마침 동업하던 건축 일을 그만두었고, 1976년 2월 말경 믹 '지미' 제데스Mick 'Jimmy' Geddes가 합류해 4명이 된 우리는 6주일간의 등반 여행을 하기 위해 바르샤바행 비행기에 올라탔다.

1976년, 세계는 동구와 서방이 지정학적으로 나뉘며 차갑게 얼어붙었다. 동구는 소비에트 연방의 영향 아래에 있는 철의 장막 뒤편 국가들을 말한다. 중국은 접근이 불가능할 정도로 폐쇄적이어서, 보통의 정치 평론가 생각을 벗어나지 못하고 있었다. 세계에는 오로지 두 초강대국만 존재했다. 위협적이고 근시안적인 전체주의 제국 소비에트 연방과 바르샤바 조약으로 동맹이 된 동유럽 그리고 든든한 배후지를 가진 국수주의적 미합중국. 비록 워싱턴이 사회주의와 자본주의 사이에서 줄다리기를 하는 영국과 프랑스의 이해하기 어려운 처신을 의심 어린 눈초리로 바라보고 있었지만, 미합중국은 NATO를 통해 서유럽 국가들과 견고한 동맹관계를 유지했다. 나는 비교적 자유분방한 해안 지역인 매사추세츠와 오레곤에서 어린 시절을 보냈다. 1976년은 산더미처럼 쌓여가는 재정적자와 징병제에 대한 반발에 직면한 리처드 닉슨에게 굴욕적인 결말 — 미국의 입장에서 보면 — 을 가져온 베트남 전쟁이 막 끝난 해였다.[16]

1976년은 이렇다 할 주요 전쟁도 없었을뿐더러 소비에트 연방과 미합중국의 관계에 변화의 조짐이 일던 해였다. 우주 경쟁이 막을 내리면서 오히려 연합 계획이 논의되고 있었다. 핵무기와 관련된 기술의 실험과 확산을 제한하는 일련의 조약들이 체결되고, 이런 무기들의 제한에 대한 논의도 진행 중이었다. 미디어는 이따금 간첩 사건이나 동쪽에서 서베를린으로 넘어가다 피격된 불쌍한 사람들의 소식을 전할 뿐이었다. 그러나 변화의 분위기에도 불구하고, 여전히 매우 긴장된 시기였다. 클라이머들로 이루어진 우리의 작은 팀은 서방 사람들이 거의 갈 수 없는 철의 장막 뒤편으로 향했다.

눈이 번쩍 뜨이는 멋진 경험이었다. 우리는 벽에 갇힌 그 사회가 대화를 꺼릴 정도로 폐쇄적일 것이라고 예상했었다. 그러나 공개토론의 금지가 오히려 높은 수준의 은밀한 논의와 우정을 만들어내고 있었다. 우리는 또한 공산주의 세계의 부패가 지닌 사악한 속성을 이해하기 시작했는데, 클라이머들은 그곳 암시장에서 장비를 계속 사기당하고 있었

---

16   내가 영국에 정착한 이유이기도 하다.

다. 자유를 더 누릴 정도로 부유하고, 산에서 보다 많은 시간을 보낼 수 있는 사람들은 드물었다. 나는 일기장에 이렇게 적었다. "소수의 선택된 사람들을 위한 폐쇄적 개방은 주로 교육을 받은 사람들과 귀족들의 사치였다. 대다수에게, 삶은 정신적으로 감동일 수 없는 비루한 일의 반복이었다. 그들은 공산주의 국가가 100퍼센트 고용을 달성하고 있다고 선전한다. 그러나 그들이 만들고 생산하는 것은 대체 무엇이란 말인가? 그들은 여가시간의 대부분을 생필품을 구하기 위한 끝없는 줄에 서서 보낸다. 그들은 서방사람이라면 모두 환영하고 친근하게 대하지만, 나는 수많은 사람들의 무표정 속에서 억압의 징후를 볼 뿐이다."

나는 크라쿠프Krakow에서 보이텍 쿠르티카 부인으로부터 소개받은 에바Eva라는 매력적인 여성을 방문한 적이 있었다. 레스토랑에서 함께 저녁식사를 마친 후, 에바는 자신의 집주소를 나에게 건네주었다. 그리고 내가 그것을 버제스 쌍둥이 형제에게 보여주자, 그들은 무엇보다도 이렇게 말했다. "무슨 일이 벌어질까?" 우리는 외출이 금지되어 있었지만, 나는 버제스 형제의 도움을 받아 창문 밖으로 로프를 타고 내려간 다음 택시를 잡아타고 우중충한 6층짜리 아파트 단지로 갔다. 도시의 외곽에 격자처럼 모두 똑같이 지어진 새로운 건물들이었지만, 반쯤 지어진 채 이미 허물어지고 있는 듯한 인상을 주고 있었다. 외국인 한 명이 문을 두드리며 집을 찾는다는 소문이 퍼지면서 단지의 거주민 반 정도가 잠을 깼고, 내가 계단을 올라갈 때마다 허름한 겉옷을 입은 사람들이 층마다 나타나, 내가 찾는 동호수를 열심히 알려주었다. 결국 내가 제대로 된 번호를 노크할 때쯤 그들은 텅 빈 콘크리트 복도를 따라 무리지어 서 있었다.

문을 연 에바는 놀란 표정으로 나를 쳐다보았다. 그녀는 방 두 개짜리 아파트에서 부모님을 모시고 남동생과 함께 살고 있었다. 배관 파이프가 드러난 아파트는 눅눅한 데다 케케묵은 냄새가 났고, 바닥과 벽에 나 있는 구멍들은 얼핏 봐도 누추한 아파트의 모습 그대로였다. 그녀는 거의 대들다시피 소리쳤다. "어떻게 사는지 봤지요? 우린 친구와 함께 있을 때를 빼곤 정말 숨 막히게 살아요. 난 그저 당신이 편지를 써서, 바깥세상의 희망을 조금이나마 알려주길 바랐을 뿐입니다." 나는 경찰을 피해 어둡고 멀고 무서운 길을 걸어 크라쿠프까지 돌아왔다. 나는 우리가 묵고 있는 호스텔의 위치를 겨우 기억해냈는데, 그곳에는 아직도 로프가 매달려 있었다. 새벽동이 트기 직전 로프를 타고 방으로 돌아왔다. 아드리안과 앨런은 내 이야기에 야단법석을 떨었다.

비록 사회의 전반적인 구조가 억압적이기는 했지만, 그 억압 뒤에는 모든 것이 좋아지게 되리라는 믿을 수 없는 결의가 있었는데, 그것은 폴란드가 언젠가는 다시 자유로운 독립국가가 된다는 것이었다. 물론 그들의 뜻대로 됐다. 당시에는 그것이 불가능해 보였지만…. "폴란드는 나라가 아니었을 때에도 나라였습니다."라고 자바다는 나에게 설명했다. "우리는 훈족과 스베아족의 지배를 받았고, 독일과 러시아에 의해 여러 차례 분할됐습니다. 하루아침에 폴란드라는 이름이 수십 년 동안 지도에서 사라진 적도 있습니다. 그러나 우리는 여전히 위대한 국가입니다. 과거 우리는 오스만튀르크의 침공으로부터 유럽을 구해냈고, 위대한 시인과 과학자, 음악가를 배출해 서유럽 문화에 기여했습니다. 우리는 티베트인들과 같습니다. 결국 우리 국가와 문화는 스스로의 영토와 정부를 다시 갖게 할 것입니다."[17]

폴란드 클라이머들에게, 히말라야에서 등반할 수 있는 기회를 갖는다는 것은 일시적이나마 생기 없는 공산주의로부터의 해방과 자유를 맛보고, 자신들의 개성을 표현할 수 있다는 것을 의미했다. 비록 폴란드 산악계는 정치를 벗어난 영역에 있었다 하더라도, 그 지도자들은 국가적 영웅이라는 지위와 정부와 공산당 간부를 상대로 한 공개적 대결 사이에서 균형을 맞추는 위험한 게임을 해야 했다. 곳곳에 스파이나 정보원이 있어, 이것은 결코 쉬운 일이 아니었다. 그러나 폴란드는 러시아와 달랐다. 정부와 공산당이 똑같지 않았다. 정부의 일부 사람들은 누구 못지않은 폴란드 민족주의자로, 오로지 입으로만 공산주의의 이상을 설파하는 듯 보였다.

등산을 대하는 폴란드 사람들의 전통적인 자세는 서유럽의 그것과 훨씬 더 유사하면서, 소비에트 러시아 사람들의 접근 방식과는 사뭇 달랐다. 등산이 중상류층의 레저 활동으로 발달된 것이다. 소비에트 공산주의의 선전선동은 산을 오르는 행위를 프롤레타리아 계급의 영웅적인 남녀가 산에 맞서 싸우는 상징적 투쟁으로 묘사했다. 그들이 장애물들을 성공적으로 극복할 수 있는 것은 오직 국가의 힘 때문이라는 것이다. 산이 정말로 노동자들의 반자본주의 투쟁을 위한 패러다임이 될 수 있을까? 마치 소비에트 등산문학을 읽는 듯한 느낌이 들었다. 물론, 산을 정복의 대상으로 묘사하는 데 있어서 소비에트가 유일한 선동주의자는

17 　최근의 폴란드 방문으로 이 말이 사실임을 알 수 있었다. 폴란드는 서방의 장식들로 활기찬 나라가 되어 있었지만, 여전히 높은 수준의 매너와 문화를 유지하고 있었다.

아니었다. 나치 역시 비슷한 신화를 구축했다.

1960년, 중국은 노동자 출신의 영웅들이 마오쩌둥을 가슴에 품고 에베레스트를 올랐다는 기사를 쏟아냈지만, 그들이 북쪽에서 초등을 해 냈을 것이라고 믿는 서방 산악인들은 거의 없었다. 회의론자들은 중국 의 보고서에 나온 대로 에베레스트에서 등산화를 벗으려 하는 사람은 아무도 없을 것이라고 주장했다. 그러나 중국의 클라이머가 북릉의 세 컨드스텝을 돌파하기 위해 그렇게 한 것은 사실이었다. 공산당의 영광 을 위해 발가락 몇 개를 잃는 것은 아무것도 아니었다. 이것은 '산의 자 유freedom of the hills를 찾아서'라는 서방의 낭만적인 개념, 즉 개인의 경 험이 가장 중요하다는 것과는 거리가 멀어도 한참 멀었다. 폴란드인들 은 국가가 통제하는 원정에 참가하더라도 개인이 우선이고 궁극이었다.

폴란드에서의 등반은 이웃 공산주의 국가들과는 사뭇 다르게 전개 됐다. 아이러니컬하게도, 이곳에서 배출된 궁핍하지만 매우 재능 있는 신세대 '하드코어들'은 마가렛 대처 시대의 영국 등반문화와 많은 공통 점을 갖고 있었다. 영국에서 실업수당에 의지해 등반을 하는 것이나, 폴 란드에서 어쩔 수 없이 로프에 매달리는 위험한 작업으로 생계를 유지 하는 것이나, 두 부류 모두 고난과 역경을 자신들의 방식으로 극복하는 데 필요한 기술로 발전시켰다. 노동자 계급의 아주 뛰어난 클라이머들 이 이런 방식의 선두에 서 있었는데, 이들은 곧 등반 엘리트의 한 부류 를 형성했다. 폴란드에서는 이런 방식이 정부의 지원을 받는 원정대에 합류할 수 있는 지름길이었다.

폴란드에서는 등반을 기득권 계층으로 시작했든, 아니면 노동자 계층으로 시작했든 간에 성공을 위해서는 여전히 연줄이 필요했다.

만일 연줄이 없다면, 공산당원이 되거나 산악회 조직을 통한 보다 느린 우회로가 유일한 방법이었다. 유명한 여배우 안나 밀레브스카Anna Milewska[18]와 결혼한 자바다처럼 귀족 출신으로, 이미 자리를 잡고 어느 정도 자유로운 사람은 드물었다.

폴란드 클라이머들의 통상적인 신분상승은 공식적인 산악회 조직 안에서의 노력으로 사다리를 한 계단씩 올라가는 것이었다. 이것이 그들의 수련 방식이었는데, 궁극적인 목적은 세계로 나아가 등반을 하는 것이었다. 사다리의 끝에 오르기 위해서는 먼저 지역 산악회의 회원이 되어야 했다. 사다리의 첫 번째 계단은 타트라 산군을 등반하기 위해 장비를 대여 받는 절차를 따르는 것이었다. 기술적인 등반에 필요한 장비를 개인적으로 소유하는 것은 비용이 많이 들어 어려웠기 때문에 대다수의 클라이머들은 지역 산악회의 공동장비를 빌려야 했다.

일단 기술이 어느 정도 되면, 폴란드 타트라 산맥으로 가는 산악회 등반에 참가할 수 있었고, 한 달가량 머물 수 있는 돈을 지역 산악회로부터 받아 주머니를 채우면, 결국에는 체코슬로바키아 타트라 산맥이나 심지어는 알프스로 여행할 수 있는 출국허가도 받을 수 있었다. 그러나 현금과 출국비자를 얻기 위해서는 당국의 관리를 받는 폴란드등산협회 (PZA)Polski Zwiasek Alpinizmu의 승인이 필요했다. 이렇다 보니 PZA의 회원이 되는 것이 훨씬 더 나았다. 버나데트 맥도널드Bernadette McDonald가 폴란드 현대 등산의 역사를 조명한 책 『프리덤 클라이머스Freedom

---

18   최근 나는 다행히 안나를 몇 번 만날 수 있었다. 그녀는 '안지Anji'와의 일생을 압축적으로 담은, 전기와 자서전 형태의 책을 썼다. 그녀에 의하면 안드제이는 '너무나 매력적이었고, 완전히 신뢰할 수 있는 남편으로서의 매력을 스스로 잘 알고 있는 사람'이었다고 한다.

Climbers』에는 클라이머들이 서방으로 여행하기 위해 정보당국과 타협하는 장면이 나온다. 그들은 여행허가의 대가로 해외정보를 요구한다. 반다 루트키에비츠Wanda Rutkiewicz 같은 일부는 거절하지만, 다른 유명한 클라이머들은 이에 응한 것으로 알려졌다.

서방의 클라이머들 역시 표적이었다. 내가 바르샤바에서 입심이 매우 좋은 금발의 과학자와 만났을 때 어떤 사진을 찍혔을지 가끔 궁금했다. 1977년 어느 날 저녁 PZA가 수상쩍게 만든 자리였었다. 나는 순진했지만(물론, 그렇게 순진하지는 않았다.) 곧 나를 정보원으로 삼으려는 수작임을 눈치 챘다. 저녁식사를 마친 나는 핑계를 대고 호텔로 돌아왔다. 다음 날 내가 자바다에게 자초지종을 말하자, 그는 마치 "뭘 기대했는데?"라고 말하는 것처럼 어깨를 으쓱했다.

제도와 그에 따른 위험에도 불구하고, 뻔뻔스러우면서도 재능이 있는 사람이라면 어느 정도는 독립적이고 성공적인 길로 나아갈 수 있었다. 보이텍 쿠르티카는 산악회 과정을 전혀 거치지 않고 국제적 명성을 얻은 클라이머가 됐다. PZA는 그의 성공을 폴란드 사회주의 영광의 일부분으로 돌리기 위해 회원자격을 소급해 인정하는 꼼수를 썼다. 어쨌든 원정대원으로서 당국의 지원을 받기 원한다면, PZA가 인정하는 회원이 되는 것은 필수였다. 호화로운 제품을 살 수 있도록 체육부는 PZA에 현금과 쿠폰을 찔러 넣어주었다. 이것은 운 좋게 선발되면 원정등반을 공짜로 다녀올 수 있다는 것을 의미했다.

동구권 클라이머들에게 서방의 등반장비는 구하기도 어려웠을 뿐만 아니라 매우 비쌌다. 따라서 이런 것들은 스스로 만든 장비들로 채웠다. 그들은 폴란드 원단을 코팅해 아노락anorak을 만들었고, 피켈과 피톤은 동네 대장간에서 만들었으며, 운동화에 새로운 바닥 창을 덧대 마찰력이 좋은 암벽화로 개조했다. (이런 것들은 서방의 마찰력 좋은 고무 창보다 나았다.)

이런 것들 중 가장 특별했던 것이 철의 장막 뒤편의 동구권 클라이머들에게만 공급되고 유지되고 알려진 교역루트였다. 이것은 공산주의 세계의 클라이머들과 장비 제조업체들을 하나로 묶었다. 아마 현대판 실크로드라 불러도 무방할 것이다. 왜냐하면 교역상품 중에는 나일론 대신 실크를 겉감으로 사용한 중국산 다운재킷과 침구가 있었기 때문이다. 이런 중국산 재킷은 폴란드산 로프, 시베리아의 항공우주 공장들에서 나온 러시아산 티타늄 아이스스크루, 피톤, 카라비너 등과 더불어 매년 여름 알프스에 등장했다. 이런 것들은 매년 알프스에서 등반할 수 있는 허가를 받는 소수의 동구권 클라이머들이 샤모니의 스넬 야영장Snell's Field이나 유럽의 다른 지역 야영장에서 달러를 받고 팔아 서방의 장비와 맞교환했다. 거래된 물건들은 철의 장막 뒤편으로 은밀히 흘러 들어갔고, 소비에트 연방을 가로질러 서방에서는 접근할 수 없는 파미르나 천산 그리고 아시아의 다른 고산지대를 등반하려는 클라이머들에게까지 전해졌다.

이런 아시아의 오지는 지금은 여러 나라의 클라이머들이 선호하는 대상지이지만, 소비에트 연방이 붕괴하기 이전에는 오로지 동구권 출신 클라이머들과 공식 방문에 참가한 소수의 서구인들만 접근이 가능했다. 고산등반의 훈련지로서, 히말라야의 북쪽에 있는 이런 산맥들은 동구권의 야심만만한 클라이머들에게는 최우선 대상지였다. 이런 곳들은 히말라야와 규모가 거의 맞먹는 어려운 산들인 데다, 현실적으로 다른 지역은 비용과 허가가 만만치 않기 때문에 철의 장막 뒤편에 사는 클라이머들이 등반하고 싶어 하는 유일한 고산지대이기도 했다. 모든 가격이 노동자들의 수입 기준으로 고정되어 있어, 산악회와 공산당의 지원만 받으면 감당할 만할 수준이었다. 그러나 이런 등반에 나서려면 훌륭한 클라이머이거나 연줄이 매우 탄탄해야 했다.

소비에트의 영역 밖으로 여행하는 것은 또 하나의 커다란 장애였다. 러시아에서는 동계와 하계 모두 대단한 등반기록을 가진 '스포츠의 달인' 수준까지 이르러야 했다. 하지만 이를 달성한 사람은 거의 없었다. 따라서 당원이 아니면 당국과 아슬아슬한 곡예를 벌여야 했다. 나는 공산당원이기도 한 정상급 폴란드 클라이머는 단 한 명을 만났다고 생각한다. 더 있었다 하더라도, 그들은 그 사실을 꼭꼭 숨겼을 것이다. 그는 분명 안드제이 자바다였는데, 내가 아는 한 그의 원정등반에 참가한 사람들은 모두 그와 정반대 성향이었다. 일부는 연대운동Solidarity의 후원자이거나 운동원이었고, 다른 사람들은 종국에는 투옥되기도 했다.[19] 그러나 공산당과 정부는 사람들의 시선을 사로잡는 성공이 필요했고, 이에 발맞춰 폴란드의 등반활동은 국가적인 자존심과 영광을 가져다주었다. 스포츠로 국가 이미지를 관리하던 공산당의 고위층은 폴란드 클라이머들이 지닌 반항적이고 독립적인 성향이 정상을 주워 담는 일에 있어서는 가치가 있다는 사실과 철의 장막 뒤편에서는 쉽게 구할 수 없

---

19 가장 특별한 인물이자 뛰어난 알피니스트이며 수학자이고 후에 정치인이 된 야누시 오니슈키에비츠Janusz Onyszkiewicz다. 그는 알렉스와 내가 리즈대학교에서 공부할 때 우리 대학에서 강의를 했었다. 1980년대에 오니슈키에비츠는 연대운동의 대변인을 맡았다. 1980년 12월 계엄령이 선포되자 그는 체포되어 실형을 선고받았다. 1989년 공산주의의 몰락과 더불어 오니슈키에비츠는 국회의원이 되었고, 국방장관을 두 차례 역임했다. 2006년 오니슈키에비츠는 유럽의회의 외무위원회 부의장에 선출됐다.

는 아시아산 물건들의 공급에는 거의 언제나 '거래'가 있다는 사실을 알아차렸다.

그리하여, 안드제이 자바다와 몇몇 사람은 당국의 지원을 받아 여행 중 외국에서 쓸 수 있는 현금을 주머니에 두둑하게 넣고 나라 밖으로 나갈 수 있었다. 즈워티złoty는 폴란드 밖에서의 교역용 화폐로는 무용지물이었다. 물론 폴란드 클라이머들은 늘 세계 오지에 있는 순진한 상점 주인들을 설득하려 노력했지만 대개는 성공하지 못했다. 1970년대 중반 폴란드 은행의 공식 환율은 달러당 10즈워티 정도였다. '달러 가게'에 있는 고급 상품들은 오직 현금으로만 살 수 있었다. 공산당의 감독 아래, 이런 곳들은 오직 외교관들과 폴란드를 방문하는 외국인들에게만 개방되는 것 같았다. 그러나 연줄이 있는 폴란드 국민들도 달러 가게에서 물건을 살 수 있는 방법이 있었는데, 특히 외국에 있는 폴란드인들이 고국의 가족에게 돈을 보내는 경우가 그랬다.

사람들은 또한 서방으로의 우연한 외유나 여행허가를 받을지도 모를 휴가를 위해 달러를 모으기도 했다. 당시의 폴란드는 소비에트 연방 중 가장 자유스러운 나라였고, 서방의 작은 창문이었다. 나는 암시장을 둘러보았는데, 내가 본 것은 돈세탁을 하는 훨씬 더 크고 치밀한 방법 중 빙산의 일각에 불과했다. 환전꾼들은 거의 모든 폴란드 도시의 기차역과 시장의 광장에서 서구인들에게 달라붙었다. 1976년의 암시장 환율은 공식 환율보다 10배 높은 달러당 거의 100즈워티에 달했다. 파운드는 찾는 경우는 드물었지만, 여전히 파운드당 200즈워티 이상은 받았다. 당시 1파운드는 3달러를 약간 밑돌았다.

버제스 형제와 나는 이 여행에서 현금을 즈워티로 바꿔 디지털시계와 최고급 보드카를 산 다음 영국에 돌아와 팔아치우는 방법으로 돈을 벌었다. 그렇다 해도 조심해야 했던 순간과 내가 버제스 형제를 말려 위험을 모면한 순간이 몇 번 있었다. 눈이 내리던 어느 날 바르샤바의 한 카페에 앉아 있었는데, 나는 버제스 형제가 여종업원과 출입문까지의 거리를 가늠하기 시작하는 낌새를 알아챘다. 그들은 도망갈 궁리를 하고 있었다.

"이봐, 친구들." 슬쩍 제지를 하려고 내가 말했다. "우리가 먹은 세 가지 코스요리가 실제로 얼마나 될지 생각해봤는데, 1인분에 20펜스야!" 그들은 나를 쳐다보았다. 어리둥절한 표정을 지었지만, 여전히 기회가 있다고 생각하는 듯했다. "생각한 게 하나 더 있어. 긴 금발에 똑같은 선홍색 다운재킷을 입은 영국 쌍둥이가 지금 바르샤바에는 그렇게 많지 않다는 거지."

그들은 소리 내어 웃었다. 말이 통한 것이다. 우리는 계산을 하고, 주머니에 가득 찬 즈워티를 어떻게 하면 요령 있게 쓸지 고민하면서 카페를 나섰다. 선택은 결국 디지털시계, 값싼 운동화와 운동복, 폴란드어로 된 아름다운 그림책, 쫀득하고 달콤한 초콜릿과 크리스털 잔들이었다.

폴란드의 공식 원정대들은 바르샤바의 상점 진열장에서는 볼 수 없는 물건들을 트럭에 가득 싣고 남아시아로 출발했다. 폴란드 대원들은 폴란드 영사관을 통해 운영되는 아주 잘 조직된 무역상들이었다. 대규모 원정대는 검색이 없는 외교행낭에나 넣을 수 있는 물품을 갖고 가, 원정기간 동안 모두 처분했다. 그리고 그곳은 공산당 원로들과 폴란드 고위층들을 위한 선물로 다시 채웠다.

한번은 등반을 마치고 바르샤바로 돌아와, 한 폴란드 클라이머의 아파트에 있을 때 막 도착한 통들이 거실 바닥에서 비워지는 모습을 본 적이 있었다. 내용물은 카펫, 가공되지 않은 공업용 다이아몬드와 보석들, 실크로 된 걸개, 사원의 유물 등이었는데, 통 하나에서 해시시 덩어리가 하나 나왔다. 물건들이 정리되는 동안 알렉스는 부엌에서 대마초용 물파이프를 만드는 일을 맡았다.

갑자기 현관문을 요란스럽게 두드리는 소리가 들렸다. 나는 누구든 들어오게 하라는 말을 듣고 문을 열어주었다. 친숙한 클라이머의 얼굴을 기대했지만, 내 앞에는 회색 옷에 짧은 머리를 한 작고 단단하게 생긴 두 사내가 서 있었다. 마치 1930년대 흑백 갱영화에 나오는 형사들처럼 생긴 그들은 우리가 폴란드를 여행하는 동안 나에게 배정된 정부 요원들과 똑같았다. 순간 여생을 폴란드 감옥에서 보내야 할지도 모른다는 생각이 스친 나는 그냥 문을 닫아버렸다.

그때 구석에서 바라보고 있던 아파트 주인인 클라이머가 복도 아래를 향해 소리쳤다. "괜찮아, 내 친구들이야, 들어와Dobrzy moi przyjaciele sq tutaj, w my jesteśmy gotowi dla." 알렉스는 계속해서 모두를 즐겁게 해줄 물파이프를 만들었다. 이것은 폴란드 클라이머들이 말도 안 되는 정치적 행위를 견디는 또 다른 핑계였다. 그들은 흥미로운 물건을 찾아낼 수 있는 곳이면 오지를 마다하지 않고 갔다.

5

자유세계에서 록큰롤을

Rocking in the Free World

바르샤바는 회색으로 얼어붙어 있었다. 비행기가 착륙하고 우리가 계류장에 내려서자 반자동소총으로 무장한 군인들이 다가와 섰다. 서방에서 흔히 생각하는, 허물어져가는 회색 공산권에 우리가 도착한 것이다. 하지만 이런 첫인상은 공항 터미널의 스피커에서 뜻밖에도 수지 콰트로SuzI Quatro의 「데빌 게이트 드라이브Devil Gate Drive」가 울려 퍼지자 곧바로 사라졌다.

"어이, 여기 친구들 음악 좀 아는데. 시작이 좋군." 앨런은 천성이 구시렁거리면서도 웃음을 잃지 않는 타입이었다. 쌍둥이를 어떻게 구별하느냐는 질문을 받으면, 대답은 간단하다. 어떤 일에 대해 곰곰이 생각할 때 앨런은 곁눈질을 하고 아드리안은 눈을 깜빡거린다. 바로 그때, 버제스 형제는 우리를 마중 나온 작은 대표단의 여성들에게 추파를 던졌다. 그곳에는 반다 루트키에비츠[20]도 있었다. 우리의 막내 대원은 삐

---

20 이때는 반다가 폴란드 산악계의 여왕이 되기 전이었다. 1978년 10월, 에베레스트 정상에 오른 첫 번째 폴란드인이자 첫 번째 유럽 여성 그리고 세계에서 세 번째 여성이 되고 나서야 그녀는 비로소 여왕이 됐다. 1986년 그녀는 K2를 등정한 첫 번째 여성이 됐다. 그녀는 산소를 쓰지 않았는데, 하산 중에 만난 끔찍한 폭풍을 뚫고 살아남았다. K2는 그녀의 세 번째 8천 미터급 고봉

쩍 말랐지만 강인한 믹 제데스였다. 스코틀랜드 출신인 그는 열여섯이 될 때까지 스코틀랜드의 먼로Munro 산들을 섭렵한 재능 넘치는 친구였다. 믹은 거의 언제나 입에 담배를 물고 살았는데, 우리는 그가 겨울 한밤중에 벤네비스Ben Nevis(1,344m)를 올랐다는 무용담을 무한정으로 늘어놓을까 봐 은근히 경계하고 있었다.

1976년 3월 초, 우리는 바르샤바를 중심으로 활동하는 클라이머들의 집에 나흘 동안 머물렀다. 방문하는 집마다 음식을 대접해 처음에는 식량이 풍족하다고 생각했었다. 그러나 점차 우리가 자리에 앉을 때마다 일주일 분의 계란과 고기를 먹어치운다는 사실을 알게 됐다. 우리는 걸어서 바르샤바와 공원들을 구경했다. 무엇보다도, 자유의 본질과 동서 간 생활상의 비교에 대해 벌인 생생한 토론이 재미있었다. 토론은 공공장소에서 멀찌감치 떨어진, 도시를 둘러싸고 있는 숲속의 전시戰時 요새로 가서 볼더링bouldering을 하며, 나무에 가려진 작은 별장에서 점심을 먹을 때 이루어졌다.

바르샤바는 매력적이었다. 나는 일기장에 폴란드 정신의 회복력은 붐을 일으키고 있는 사회주의의 진공 속에 일시적으로 갇혀 있을 뿐이라고 썼다. 안드제이 자바다는 어느 시간이 되었든 매일 한 번씩은 우리와 함께했다. 그는 상당한 자부심을 내보이며, 1944년 여름 나치에 대항한 대규모 바르샤바 봉기 중에 철저히 파괴되기는 했지만 이후 복원에 완벽히 성공한 구시가지로 우리를 데려갔다. 시가지가 돌 더미로 변하기 전, 젊은 건축학도들은 빌딩을 스케치하고 중세 건물들의 스타일을 포착해 기록했다. 1950년대와 1960년대에 구시가지를 복원시킬 수

이었다. 1992년 그녀는 아홉 번째가 될 수도 있었던 칸첸중가에서 실종됐다.

있었던 데는 이런 도면들의 역할이 컸다.[21]

우리는 타트라에 가고 싶어 몸이 근질근질했다. 하지만 그와 동시에 스스로의 신념과 미래를 가진 한 국가의 방식에 경도되고 있다는 사실도 깨달았다. 폴란드에서 사치를 누리지는 못했지만, 가장 좋았던 것은 날마다 이어진 우정과 지적인 대화였는데, 이것은 우리가 서방에서 누리는 편안한 라이프 스타일과는 극명한 대조를 이루었다.

타트라로 가기 전 우리는 성대한 공식 행사에 참석했다. 그날 도착한 피터 보드맨을 위한 만찬이었다. BMC의 신임 사무국장이 된 피터는 힌두쿠시에서 훌륭한 알파인 스타일 등반을 여러 차례 해낸 무서운 클라이머였다. 보닝턴의 에베레스트 원정에서 페르템바Pertemba와 함께 정상에 오르기 한해 전의 일이었다. 그럼에도 당국과 미디어의 관심을 끈 것은 국가 공무원이라는 그의 공식 지위였다. 우리가 클라이머들의 아파트에 머물고 있는 것도 운이 좋은 편이라고 할 수 있었는데, 피터는 곧바로 최고급 호텔로 안내됐다. 관리들이 피터의 지위를 대단하게 여겼다. 피터를 제외한 우리는 좀 의심을 살 만한 사회경력을 가진 장발의 클라이머에 불과했다. 영국에서 피터는 프로 클라이머의 새로운 족속으로 평가받았지만, 폴란드에서 그는 공식 지위가 있는 사람으로 대접받았다. 관리들에게 가장 중요한 것이 바로 그것이었다. 하지만 클라이머들은 우리 모두를 똑같이 대해주었다. 당시 피터 보드맨과 알렉스 매킨

---

21   폴란드인들은 러시아인들을 결코 용서하지 않았다. 그들은 자신들이 봉기를 일으키면 러시아가 바르샤바를 해방시켜줄 것으로 믿었다. 그러나 붉은군대는 독일군이 용감한 폴란드인들을 무참히 짓밟도록 비스와Wisla 강 건너편에서 바라만 보고 있었다. 결국 봉기가 실패로 돌아가자, 독일의 보복은 끔찍했고 바르샤바의 구시가지는 완전히 폐허가 됐다. 그러자 러시아가 밀고 들어와, 폴란드를 이끌던 지도자들이 거의 다 죽었다는 것을 알고는 자신들이 내세운 허수아비를 지도자로 선택하도록 강요했다.

타이어는 각자의 진영에서 대단한 인물이었는데, 피터는 그 후 알렉스의 롤 모델로 성장했다.

그날 저녁 영국대사가 주최하는 화려한 만찬이 열렸는데, 폴란드 정부의 고위급 인사들이 대거 참석했다. 만찬에서는 스포츠에 대한 열정으로 세계가 하나가 되어야 한다는 연설이 있었다. 오합지졸인 우리는 나름대로 영국 여왕과 폴란드 대통령 그리고 양국의 발전을 위해 건배했다. 과음으로 다음 날 아침 머리가 아팠지만, 우리는 타트라 산맥으로 가기 위해 크라쿠프행 기차에 올라탔다.

크라쿠프에서는 보이텍 쿠르티카가 우리를 안내했다. 나는 그때 그를 처음 만났다. 보이텍은 전형적인 슬라브족 외모였는데, 얼굴이 마치 조각상 같았다. 미켈란젤로는 다비드 상을 어떻게 만들었느냐는 질문에 다비드가 아닌 모든 것을 깎아냈을 뿐이라고 대답했다. 보이텍은 이 이야기의 슬라브 버전이었다. 그는 공산주의로 억압된 폴란드라는 파편들을 털어버리고, 지적이고 숭고하고 강한 개인으로 남아 자기 시대에서 등반의 슈퍼스타가 됨으로써 자신의 성격을 재창조한 것처럼 보였다. 성격이 예민한 그는 대부분의 시간을 혼자서 보냈다. 그러나 결정이나 아이디어에 강한 의문이 생기면 갑자기 폭발하기도 했다. 보이텍은 어디를 가든지 새로운 경험과 아이디어를 추구했다. 그는 새로운 언어를 배우려 열심히 노력했고, 대개는 어느 정도 논쟁이 가능한 수준에 이르렀다. 그러나 영국식 풍자는 전혀 이해하지 못해, 우리의 농담과 코멘트를 곧이곧대로 받아들였다.

쌀쌀한 날씨에도 보이텍은 우리를 그 지역 석회암 암장으로 데려갔다. 그의 강한 성격과 클라이머로서의 능력은 곧바로 드러났다. 우리는 영하의 날씨 속에서 그를 따라 반들반들한 슬랩과 크랙을 오르며 등반과 정치 이야기로 시간 가는 줄 몰랐다. 그는 타트라와 그 밖의 지역에서 어려운 신루트를 광범위하게 등반한 몇 안 되는 폴란드 클라이머였다. 그는 폴란드 내에 최초의 7급 암벽등반 루트를 개척했고, 몇 개의 가공할 만한 동계 초등을 해냈다. 1972년 그는 힌두쿠시의 7천 미터급 봉우리에서 신루트 2개를 개척했다. 그중 하나가 야섹 루시에츠키Jacek Rusiecki, 마렉 코발치크Marek Kowalczyk 그리고 표트르 야시인스키Piotr Jasiński와 함께 초등한 아커 차그Akher Čagh 북동벽이다. 마렉과 표트르는 그해 여름 폴란드의 웨일스 원정등반에 참가했었다. 야섹 루시에츠키와 나는 이어지는 몇 주 동안 친하게 지냈다.[22]

보이텍과 나눈 가장 진솔한 대화는 1974년 말 자바다가 이끈 동계 로체 원정에 관한 것이었다. 그는 독재적인 대규모 원정대를 그리 좋아하는 편이 아니라고 솔직하게 털어놓았다. 정상을 200미터 남겨놓고 실패로 끝난 1976년의 K2 북동릉 원정대가 그가 마지막으로 참가한 대규모 원정대였다.

보이텍이 일로 시간을 낼 수 없게 되자, 나는 버제스 형제와 몇몇 루트를 등반했고, 그 사이에 피터는 믹과 짝을 이루었다. 그리고 나

---

22 날씨가 5일 동안이나 좋지 않자 야섹 — 우리는 잭Jack이라 불렀는데 — 은 나에게 포커 게임을 할 수 있느냐고 물었다. 잘 알지 못하는 둘까지 끼어들어 넷이 된 우리는 담배연기 자욱한 퀴퀴한 방에서 시간 가는 줄 모르고 게임을 벌였고, 나는 운이 좋아 즈워티를 좀 땄다. 새벽 5시에 우리는 일단 게임을 접고, 오전 8시에 다시 모이기로 했다. 피곤했지만, 가난한 폴란드 클라이머들에게 돈을 빼앗은 것 같기도 하고, 내가 이 나라 손님이라고 생각하니, 어떻게든 전부 잃어주어야 해서 잠이 쉬 오지 않았다. 다시 모였을 때 나는 일부러 딴 돈을 전부 잃어주었다. 그 두 사내가 딴 돈을 갖고 자리를 뜨자, 잭은 나를 심하게 나무라며 어떻게 된 일이냐고 물었다. "나는 그들이 네 친구라고 생각했지. 그런 돈을 딸 수는 없잖아?" 그러자 그는 이렇게 말했다. "이런 바보! 그 자식들은 당의 간부란 말이야. 그들이 돈을 찍어내. 네가 딴 돈이면 타트라에 오두막을 하나 살 수도 있었는데!"

서 우리 다섯은 폴란드 타트라의 주요 봉우리들에 대한 동계 종주등반에 나서기로 했다. 벽의 상태는 불안정했다. 우리가 모르스키에 오코 Morskie Oko에 도착하자 일주일 내내 눈이 내렸다. 우리가 그곳에 있는 동안 6명의 폴란드 젊은이들이 목숨을 잃었다. 그러나 능선 자체는 — 노출이 심한 곳은 — 비교적 안전했다. 눈이 그친 다음 우리는 이틀을 더 기다렸다. 나에게는, 다져지지 않은 눈이 깊이 쌓이는 뉴잉글랜드의 혹독한 겨울 같기도 했지만, 눈이 규칙적으로 녹아 더 좋은 얼음이 되는 스코틀랜드와는 사뭇 달라 보였다.

우리 다섯은 새벽 2시에 출발해, 동이 훤하게 터올 때쯤 불안정한 눈이 쌓여 있는 가파른 리지에 도달했다. 처음 한두 시간 동안 우리는 대부분을 앞장선 피터를 따라 로프를 묶지 않고 등반했다. 그리고 좀 더 복잡하고 기술적으로 어려운 곳이 나타나자 버제스 형제는 서로 로프를 묶었다. 나는 피터를 뒤따라가며, 곧 그를 따라잡으면 나 역시 로프를 묶어야겠다고 어느 정도 생각하고 있었다. 믹은 내 뒤쪽에서 혼자 따라왔다.

한 시간이 더 지나, 나는 양쪽이 깎아지른 절벽인 바위 탑 밑에서 멈추었다. 피터는 보이지 않았지만, 바위 탑의 오른쪽으로 가로지르는 벽의 작은 홀드와 스탠스에 눈이 치워져 있었다. 피터는 분명 혼자 계속 앞으로 나아간 것이 틀림없었다. 나도 뒤따라 시도했지만, 곧장 중력이 나를 잡아채는 느낌이 들며 12발 아이젠으로 간신히 딛고 선 작은 에지가 떨어져나갈 것만 같았다. 그대로 계속 있다가는 자칫 300미터 아래로 추락할 것 같아서 뒤로 물러나, 배낭을 벗어 로프를 꺼낸 다음 믹을 기다렸다. 곧 그가 도착했는데, 그의 긴 머리는 라스타파리안rastafarian

처럼 눈의 구슬이 온통 달라붙어 있었고, 창백하고 고민스러운 얼굴은 비통한 표정이었다.

"피터는 어디 있어?"

"앞쪽 어디에 있겠지. 내가 여기에 도착하기도 전에 사라졌어. 그는 정말 빨라!"

우리는 아찔한 허공을 내려다본 다음, 아침햇살에 반짝이고 있는, 우리 앞의 하얀 탑을 살펴보았다. 피터의 흔적을 찾지 못한 믹은 배낭을 내려놓고 담배에 불을 붙였다.

"그 친구, 뭐에 씐 거 아냐?"

스코틀랜드 산악계의 선두적인 믹스 클라이머의 입에서 나온 말이었다. 만약 이런 곳을 믹이 주저한다면, 해낼 수 있는 사람은 아무도 없을 터였다. 그의 질문에는 조심스럽고 재치 있는 대답이 필요했다. 아드리안이 뒤쪽에서 나타나, 우리와 합류했다.

"믹, 나도 그걸 궁금하게 생각하고 있었어. 알지? 내 생각에 그는 여전히 에베레스트 정상에서 내려오고 있는 중인 것 같아."

나는 피터와 페르템바가 지난 포스트 몬순 시즌의 남서벽에서 고정로프 끝 쪽으로 내려오는 길을 거의 잃어버릴 뻔한 이야기를 꺼냈다. 날씨가 악화되고 있는 가운데 정상에 도달한 그들은 해가 질 무렵 강풍 속에서 고정로프의 끝 쪽으로 간신히 내려왔다. 피터에게는 큰 경험이었다. 고산 등반가들이 모두 두려워하는, 그러나 불가피하게 거의 모두가 경험하는, 탈출이 불가능한 상황에서 좀비(걸어 다니는 시체)가 된 기분. 심지어는 모든 것을 잃었다고 생각할 때조차 내면의 힘, 즉 너무나 깊은 곳에 있어서 가장 절망스러운 상황에서만 위로 떠오르는 힘과 기술을 일깨우는 생명력에 의지하는 경험. 이렇게 되면 그 경험은 불멸과 불패라는 그릇된 의식을 만들어낼 수도 있다. 피터는 에베레스트에서의 그 하산에서 살아남았지만, 내가 보기에는 아직도 그 경험의 미궁 속에 빠져 있는 것 같았다. 그는 결국 영국에서 으뜸가는 젊은 스타, 영국등산위원회(BMC)의 사무국장, 프로 클라이머들 중 선두 주자였다.

믹은 담배를 끄고, 내가 배낭에서 꺼낸 로프 끝을 잡아끌어 맸다.

"됐어. 네 말이 맞아. 그는 여전히 미친놈이야. 유령처럼 등반하잖아." 나는 그렇게 내뱉고 횡단을 시작했다. 우리는 이후의 2시간 동안 서로 로프를 묶고 등반했고, 마침내 또 다른 수직의 바위 탑 밑에서 피터를 따라잡았다. 그곳에서 오랫동안 기다린 피터는 좀 추워 보였다.

"미친놈!" 믹이 그를 보고 씩 웃었다. 우리 셋은 함께 로프를 묶고, 눈이 잔뜩 달라붙은 장다름gendarme과 칼날 같은 리지에서 짜릿한 믹스 등반을 즐겼다. 아드리안과 앨런은 하늘에 저녁 어스름 빛이 감돌면서 불길한 눈구름이 높은 봉우리들 주위로 모여들 때쯤 우리와 합류했다. 폭풍 속 비박을 달가워하지 않은 앨런과 믹은 가장 높은 봉우리인 리시Rysy(2,499m)에서 여름철의 쉬운 루트를 따라 모르스키에 오코[23]로 허겁지겁 내려갔다. 아드리안, 피터와 나는 날씨에 운을 맡기로 했다. 두 명의 사략선원과 한 명의 프로가 함께 움직이는 셈이었다.

폭풍이 지나간 다음 날은 구름 사이로 햇빛이 비쳐 등반을 하기에 안성맞춤이었다. 포프라드Poprad 근처의 스키장 쪽으로 완만한 경사가

---

23   모르스키에 오코Morskie Oko는 '바다의 눈'이라는 뜻이다. 전설에 의하면 그 호수는 지하 통로로 바다에 연결되어 있고, 전설 속의 공주는 호수를 바라보며, 바다로 간 후 영영 돌아오지 않는, 잃어버린 임을 그리워한다고 한다.

폴란드 타트라 리지에서의 복잡하고도 만족스러운 믹스등반. 둘째 날 피터 보드맨이 아드리안 버제스를 확보하고 있다.

내려다보이는 리지에서 우리는 안락한 비박을 하기 위해 체코 쪽으로 조금 내려가 멈추었다. 피터가 스토브를 꺼내 식사준비를 하는 동안 아드리안과 나는 눈을 치워 호사스러운 자리를 만들었다. 나는 잠깐 비박지를 벗어나 리지를 넘어갔다. 빠르게 어둠에 잠기고 있는 아래쪽 계곡에서 모르스키에 오코는 검은 눈동자처럼 보였다. 겨울밤의 차가운 느낌이 리지의 뾰족뾰족한 봉우리들 주위에서 스스로를 감싸 안고 있었다. 안온한 침낭 속으로 기어들어가기 전에 무의식적으로 몸이 부르르 떨렸다. 오른쪽에는 눈이 붙어 있는 바위가, 왼쪽에는 덩치 큰 아드리안 버제스의 온기가 느껴졌다. 그의 깊고 규칙적인 숨소리를 들으니, 산 사나이가 마치 집에 있는 듯 거의 잠이 들었음을 알 수 있었다.

체코슬로바키아 타트라의 능선에 보름달이 걸려 있었다. 아드리안의 건너편에서 T. S. 엘리엇의 시[24]로 보름달을 맞이하는 피터 보드맨의 목소리가 들렸다.

자, 가세 너와 나,
마취되어 수술대 위에 누워 있는 환자 모양
저녁이 하늘을 뒤로 하고 널브러져 있을 때

내가 그 뒤를 이었다.

자 가세, 사람 자취 반 이상 끊긴 모모某某 거리를 지나,
일박一泊용 싸구려 호텔의 잠 못 이루는 밤들과

---

24   엘리엇의 이 시 「프루프록의 사랑 노래The Love Song of J. Alfred Prufrock」는 시인 황동규의 번역
      『황무지』(민음사, 2012년)에서 인용했다. [역주]

굴 껍질 섞인 톱밥 밑에 깐 레스토랑의…

"이곳보다 더 싼 호텔은 찾을 수 없겠지? 안 그래, 피터? 톱밥을 밑에 깐
레스토랑이라도 좋아."

그리고 위를 쳐다보며 한동안 말없이 누워 있었다. 우리는 어둠에
싸인 채 별들 사이를 떠돌고 있었다. 기온이 급격히 떨어지는 가운데,
바위 봉우리들에서 우수수 떨어지는 얼음의 쨍그랑거리는 소리만이 거
의 완벽에 가까운 고요를 깼다. 우리는 뼛속까지 우주의 절대영도를 느
꼈다. 갑작스러운 바람에 비박지 주위로 얼음조각들이 휘몰아쳤다. 나
는 밀른A. A. Milne[25]으로 넘어갔다.

아무도 몰라 푸[26].
내 발가락이 얼마나 시린지
아무도 몰라 푸.

피터는 로버트 프로스트[27]로 화답했다.

누구의 숲인지 나는 알 것 같다.
그의 집은 마을에 있거늘
그는 알지 못하리라 내가 여기 서서
눈 덮인 그의 숲을 바라보고 있는 것을

---

25 앨런 알렉산더 밀른(Alan Alexander Milne, 1882 - 1956)은 런던 태생의 스코틀랜드인으로 영
국의 아동문학 작가이자 판타지 작가, 추리 작가, 시인이며 극작가이다. 우리나라에서는 그의 동
화와 동요가 유명하다. 대표작으로 《곰돌이 푸》시리즈, 《붉은 저택의 비밀》 등이 있다. {역주}

26 밀른의 작품 주인공 곰돌이 푸pooh를 말한다. {역주}

27 「눈 내리는 밤 숲가에 서서Stopping by Woods on a Snowy Evening」 {역주}

...

숲은 아름답고 어둡고 깊다.
그러나 나에게는 지켜야 할 약속이 있다.
잠들기 전에 가야 할 먼 길이 있다.
잠들기 전에 가야 할 먼 길이 있다.

이 정도면 아드리안에게는 충분했다. 우리 사이에 누워 있던 금발의 험악한 괴물은 갑자기 똑바로 일어나 앉더니, 누에고치 같은 침낭에서 두 팔을 꺼내 달빛 속에서 이리저리 위협적으로 휘둘렀다.

"그리고 너희 두 놈들 입 다물고 자지 않으면, 시퍼렇게 멍이 들 때까지 두들겨 패주겠어. 알았지? 난 그런 개똥같은 얘기는 들어본 적이 없어. 잠 좀 자자. 우린 내일 이 뭣 같은 리지를 벗어나야 한단 말이야!"

침낭에 누운 피터와 나는 빙그레 웃었다. 나는 눈을 감고 마음속으로 엘리엇의 시[28]를 되뇌어보았다.

다시는 돌아가리라 희망하지 않기에
희망하지 않기에
돌아가리라 희망하지 않기에
이 사람의 재주와 저 사람의 기회를 탐내는 일
더 이상 그런 것들을 얻으려 애쓰지 않으리.

그리고는 잠이 들었는데, 밤새 눈이 내렸다.
새벽녘에 우리는 무장한 체코 산악부대의 순찰에 잠이 깼다. 그들

---

28 「재의 수요일Ash Wednesday」 {역주}

은 리지에서 비치는 불빛을 조사하러 밤새 올라온 것이었다. 그들은 영어를 전혀 하지 못했다. 우리는 미소를 지으며 차를 건네준 다음, 우리가 폴란드 정부의 손님이며 폴란드 쪽으로 내려갈 것이라고 겨우겨우 설명했다. 우리는 선임하사가 체코슬로바키아 사회주의공화국에서 불법적으로 야영한 이 위험한 외국인들을 타트라 산맥의 체코 쪽에 있는 초소로 데리고 내려갈 것인가를 마음먹기 전에 얼른 짐을 꾸려 잰걸음으로 리지를 따라 이동했다.

결국 리지를 안전하게 벗어나 모르스키에 오코에 있는 따뜻한 침상으로 돌아오고 나서야 길고 위험스러웠던 하루가 끝났다. 폴란드 친구들은 만일 체코인들이 원칙대로 했다면 우리가 큰 봉변을 당했을 수도 있었다며, 폴란드 클라이머들이 그들과 우연히 마주친 에피소드로 우리를 즐겁게 해주었다. 레흐 바웬사Lech Wałęsa와 연대노조운동은 여전히 4년 뒤의 일이었다.

6

내버려 둬

Let It Be

하나, 둘, 셋, 넷　알렉스는 오두막집 문에서
다섯, 여섯, 일곱, 여덟　접시 위의 체리를 집어 드네.

알렉스가 좋아했던 자장가 Alex's favourite nursery rhyme

"이 사진 언제 찍은 거예요?" 알렉스의 어머니 진 매킨타이어Jean MacIntyre에게 내가 물었다. 나는 사진에 얽힌 이야기를 듣고 싶었다. 알렉스가 죽고 나서 두 해가 지난 12월의 어느 추운 날, 우리는 반짝반짝 윤이 나는 소나무 테이블에 마주앉았다. 위로의 말씀을 전하러 찾아온 나는 앞으로도 계속 그럴 터였다. 지난번 만난 이후, 진은 알렉스의 여자 친구 새라 리처드Sarah Richard 그리고 그의 친구 테리 무니Terry Mooney와 함께 안나푸르나 베이스캠프로 순례를 다녀왔다. 나는 어머니가 어떻게 느꼈는지 궁금했고, 알렉스의 어린 시절을 알고 싶었다. 나는 어머니와 많은 이야기를 나누었다. 그리고 언젠가는 알렉스에 대한 책을 쓰겠노라고 다짐했다.

어머니가 손에 든 것은 알렉스가 늘 자랑스러워한 젊었을 때의 사진이었다. 약간 뚱뚱한 아버지 해미시Hamish와 함께 무릎을 꿇고 있었는데, 어머니는 미소를 짓고 있었다. 알렉스의 여동생 리비Libby도 짙은 색 머리를 예쁘게 뒤로 넘긴 채 수줍지만 행복한 미소를 지으며 부모님 사이에서 무릎을 꿇고 있었다. 허트포드셔Hertfordshire의 레치모어 히스

Letchmore Heath라는 마을의 숲이 무성한 변두리에 있는 집의 정원이었다. 정원은 아름다웠다. 그리고 인근 교외에 있는 좀 더 현대적인 주택과는 달리 개성 있는 집 같았다. 그들 앞에는 곧 떠날 등반 여행을 위한 로프, 피켈, 피톤, 아이스스크루, 배낭과 다른 준비물들이 있었다.

"지금, 리비를 보니까, 1978년인 것 같은데?" 어머니는 머뭇거리면서 말을 이었다. "아냐, 그게 아니지. 알렉스의 아버지가 1976년에 돌아가셨으니까, 1975년일 거야. 맞아. 그 애는 그해 여름을 샤모니에서 보내기 위해 장비를 전부 꺼내놓고 분류하고 있었어. 그 애가 집 안으로 뛰어 들어와 우리를 불러내서 우리는 그냥 뒤따라갔지. '저기 앉으세요. 사진을 한 장 찍을게요.'라고 해서 우리가 그대로 따라했거든."

가족과 등반 장비, 이 두 가지는 알렉스에게 가장 소중한 것이었다. 이제 그를 제대로 이해할 수 있을 것 같았다.

어머니는 테이블 위에 기념품들을 잔뜩 올려놓고, 알렉스를 키우면서 느꼈던 즐거움을 회상하며 부엌을 웃음으로 채웠다. 거기에는 스크랩북들과 알렉스의 어린 시절이 담긴 앨범들이 있었다. 우리는 하나씩 들춰보았다.

진은 아담했지만 결코 작은 여인이 아니었다. 항상 단정하고 깔끔했다. 그리고 군중 속에서 단번에 알아볼 수 있는 사람도 아니었다. 물론 그녀가 좋아하지 않는 것을 말하지 않는다면…. 만약 그런다면, 그녀는 자신이 왜 그것을 싫어하는지 스코틀랜드 남부 사투리로 명확하고 예리하게 그 이유를 설명할 것이다. 그런 말은 중간에 끼어들지 말고, 그녀가 할 말을 다 할 때까지 들어야 한다. 그러면 그녀는 상대방이 스스로 방어하기를 기대할 것이다. 그녀는 지적인 대답을 원한다. 그렇지

가족과 등반 장비, 이 두 가지는 알렉스에게 가장 소중한 것이었다. (사진: 매킨타이어 가족 앨범)

않으면 금세 흥미를 잃을 것이다.

진은 또한 암과의 오랜 투쟁에서 보여준 바와 같이 용감했고, 미술사에 대한 무한한 사랑을 채우려 광범위하게 여행을 다녔다. 그녀는 대부분의 주제를 잘 알고 있었으며, 정치와 비열한 행동은 한통속이라고 믿었다. 그러나 실수에 대해서는 대개 관대했다. 그녀는 우리가 '그런 부류들로부터' 기대할 것이 없을지라도 마치 어느 누구의 잘못도 아닌 양 자신의 비판과 재치 있는 코멘트 사이에서 균형감각을 유지했다. 무엇보다도 그녀는, 삶을 마감한 2002년까지 자신의 자식인 알렉스와 리비를 열정적으로 사랑했다.

"알렉스가 어렸을 때 찍은 이 멋진 사진들 좀 봐. 대부분 알렉스 사진이야. 우린 확실히 리비보단 알렉스 사진을 더 많이 찍었어."라고 그녀가 말했다.

나는 진을 언제나 경외했다. 알렉스의 아버지는 돌아가시기 몇 달 전에 딱 한 번 만난 것이 전부였다. 그러나 내가 알렉스와 함께 등반한 지난 10년 동안 나는 진 매킨타이어를 잘 알게 됐다. 알렉스가 자신의 논쟁 기술을 어디서 배웠는지 이해하는 데는 시간이 그리 오래 걸리지 않았다. 그는 '허술한 생각'은 절대 입 밖으로 내지 않았다. 그리고 재빨리 꼬치꼬치 캐묻는 성격과 즉흥성 그리고 짓궂은 유머감각 또한 어머니로부터 물려받은 것이 틀림없었다.

그녀는 나에게 토실토실한 아기가 웃고 있는 사진 한 장을 보여주었다.

"아이 사진이기는 하지만, 왜 여자들이 알렉스를 좋아하는지 알 수 있을 거야. 그 애는 많은 여자들에게 반했었지만, 진짜 사랑한 여자는

어머니 진, 아버지 해미시 그리고 수난의 개와 함께 선 알렉스. 그가 태어난 곳에서 멀지 않은 노스 요크셔 베벌리의 집이 배경이다. (사진: 매킨타이어 가족 앨범)

단 두 명이었어. 귀네스와 새라. 둘 다 멋진 아이들이었지. 해미시는 귀네스를 더 좋아했어. 둘 다 강인했고. 그 애들이 알렉스와 살았어야 했는데…. 알렉스를 공항에 데려다줄 때가 기억나. 귀네스와 헤어진 지 얼마 안 돼 페루로 가는 비행기를 탈 때였어. 알렉스는 매우 화가 나서 '엄마, 도무지 받아들일 수가 없어요.'라고 말했지. 하지만 바로 위안을 찾았어. 존, 알지? 그게 알렉스야."

알렉스는 1954년 3월, 요크셔의 헐Hull 인근 코팅엄Cottingham에서 첫째로 태어났다. 독실한 가톨릭 신자인 부모님은 두 분 다 스코틀랜드 멀 오브 킨타이어Mull of Kintyre 인근의 캠벨타운Campbeltown 출신이셨다.

"알렉스가 태어나기 얼마 전, 애 아버지가 ICI에서 농산물 판매 대리점 일을 맡아 우린 스코틀랜드에서 내려왔지. 모두들 알렉스를 귀여워했어. 큰고모 조안Joan이 가족들에게 못 되게 굴었는데, 알렉스만 예외였지. 그 애는 아주 예쁜 아이였고, 자신의 매력을 이용할 줄 알았어."

그것은 사실이었다. 알렉스는 마음만 먹으면 믿을 수 없을 정도로 매력적이었다. 그러나 가끔은 그 매력을 신랄한 위트를 드러내기 위한 전주곡으로 사용하기도 했다. 공격을 받는 쪽에서는 진정한 시험무대였다. 그러나 우리 모두를 사로잡아 스스로를 방어하게 만든 것은 그의 성격에 숨어 있는 온화한 측면이었다. 나는 알렉스가 아버지와 함께 찍은 다른 사진 하나를 집어 들었다.

"어머니, 이 사진에서 알렉스의 많은 것을 보게 되네요. 호기심 많은 이 검은 눈 좀 보세요." 그는 사진의 바깥쪽과 사진을 찍고 있는 사람 뒤쪽에서 무엇인가를 찾고, 머릿속으로는 어떤 아이디어를 생각하고 있는 듯 보였다. "그 애는 아버지 이야기를 많이 했지."

알렉스의 아버지 해미시는 헌신적이고 근면한 사람이었지만, 야외 활동에는 별 관심이 없었다. 그러나 골프에는 소질이 있어서 알렉스에게 자신의 기술을 전수해주고 싶어 했다. 비박을 하면서, 태양 — 또는 차가운 달 — 아래에 있는 온갖 일에 대한 이야기로 밤을 지새울 때 알렉스는, 분명 어머니만큼, 아버지와 얼마나 잘 지내는지 그리고 아버지를 얼마나 존경하는지 나에게 말했었다. 그는 아버지를 기쁘게 해드리려고 골프를 시작했다. 등산에 몰입하기 전까지 그는 초등학교 골프선수였다.

산악계에는 장롱 골퍼들이 많다. 무엇인가가 잘못되고 있을 때의 등반을 묘사하는 방법으로 골프는 '망쳐버린 훌륭한 산책'이라는 마크 트웨인의 명언을 들먹이는 것도 때로는 괜찮을 것이다. 한번은 알렉스 그리고 당시 『마운틴』지의 편집장이던 팀 루이스Tim Lewis와 셋이서 웨스트 쿰브라이언West Cumbrian 해변에 있는 사일크로프트Silecroft 골프 코스에서 라운드를 돈 적이 있었다. 한겨울인 데다 기온이 영하 5도였고, 눈 덮인 블랙콤Blackcomb에서 매서운 바람이 몰아치고 있었다. 알렉스는 스윙이 훌륭해 어느 정도 장타를 날렸지만, 종종 엉뚱하게 빗맞는 타구도 나왔다. 그도 그럴 것이 우리는 모두 다운파카를 입고 이중화를 신고 있었다. 그날은 누구 한 사람 파par 근처에도 가지 못했다.

"근데 말이야, 존! 알렉스의 끈기와 의리는 아버지를 닮은 것 같아. 해미시가 그랬거든. 일단 친구가 되면 끝까지 충실했지." 진은 잠시 숨을 고른 뒤 말을 이었다. "그러나 우린 그 다음에 일어나는 일을 잘 몰랐어. 닉 콜튼Nick Colton과 아이거를 등반하러 간다고 그 끔찍한 밴을 몰고 나서는 알렉스를 전송해줬던 때가 생각나. 나는 그 애를 다시 볼 수 있을지 걱정했어. 그리고 2주일 후에 그 애 아버지가 뇌졸중으로 쓰러져 돌아가셨지. 정말 갑자기. 우리가 알렉스에게 비보를 전했지만, 너무 늦어 장례식에 참석하지 못했어. 알렉스가 전화를 했을 때 그 애는 큰 충격을 받고 사실을 믿지 않았지. 아버지가 어떻게 돌아가셨는지 아무리 설명해도, 알렉스는 그냥 '알아요, 엄마, 근데 어떻게 된 거예요? 어떻게 된 거냐고요?'라는 말만 했거든."

닉 콜튼과 알렉스가 아이거에서 폭풍으로 물러나, 철도 터널로 피신했을 때 철도 노동자 몇몇이 그들을 불러 세웠다. "당신 둘 중 하나가 알렉스 매킨타이어죠?" 이 질문이 미납 요금에 관한 것이라고 생각한 그들은 대충 핑계를 대고 계곡으로 내려가, 밴에 짐을 실은 다음 샤모니로 돌아갔다. 샤모니의 한 식당인 르 브라세리에 나슈날Le Brasserie National(바 나시Bar Nash)에 도착해 반쯤 술에 취한 클라이머들의 흔한 무리 속으로 그들이 끼어들었을 때 알렉스는 평소와 달리 심각한 표정으로 자신을 쳐다보고 있는 앨런 라우즈를 발견했다. 그가 다가오더니 나지막하게 말했다. "너, 아버지 소식 모르는구나, 그렇지?" 알렉스가 뛰쳐나가 어머니에게 전화를 건 것이 바로 그때였다.

"알렉스는 소식을 듣자마자 집으로 달려왔어. 그 애 아버지 회사에서 제네바 공항에 비행기 표를 남겨두었거든. 그는 한동안 집에 있다가 맨체스터로 다시 올라갔지. 그러고 나서 2주일 후 내가 쓰러져 자궁적출 수술을 받았어. 입원했을 때 나는 쉰을 막 넘긴 나이였지. 내 생일에 알렉스가 꽃다발, 샴페인과 위스키 한 병씩을 들고 불쑥 나타나 '엄마, 축하해요. 엄마 생일이잖아요?'라고 하는 거야. 우린 간호사들과 함께 앉아 샴페인을 마셨고, 나는 죽을지도 모른다는 기분이 들었지만 위스키도 조금 마셨지. 그게 알렉스야. 아주 자상하고 즉흥적이었지."

그러나 알렉스의 인생에서 진이 알지 못하는 것이 하나 있었다. 내가 그녀를 알고 지내는 동안 진은 알렉스의 등반활동을 매우 못마땅하게 생각했다. 두렵기도 했지만 1970년대 등반의 한 단면이었던, 일반적으로 나쁜 행동들을 좋게 보지도 않은 것이다. 나는 진에게 우리 세대 모두의 행동이 부모나 학교의 입장에서 보면 나쁘게 보일 것이라고 설명했다. 세상은 뒤죽박죽이었고, 이리저리 심하게 요동쳤다. 주 3일의 노동은 '불만不滿의 겨울'로 이어졌고, 이는 깨끗한 빗자루로 노조를 쓸어버리겠다는 마가렛 대처의 당선을 가져왔다. 우리의 행동이 잘못된 것일지도 모른다. 그러나 우리가 즐겨 들었던 펑크와 록밴드, 우리가 응원한 축구팀 리즈 유나이티드도 마찬가지였다.

"존, 그거 알아? 우리가 안나푸르나로 걸어 들어갈 때 나는 알렉스가 등반하고 싶어 하는 이유를 정말 조금밖에 이해하지 못했어. 베이스캠프가 가까워지니까 점점 더 힘이 드는데 안나푸르나는 너무나 무섭고 춥고 가파르게 보이더라고. 알렉스는 왜 새라와 함께 헤이필드Hayfield에 있지 못했을까?"

"알렉스는 자신이 하는 일은 믿을 수 없을 정도로 잘했습니다. 그리고 산과 등반을 사랑했죠." 나는 뜻밖의 질문에 반박하려 애썼다. "만일 죽을 거라고 생각했다면 가지 않았을 겁니다. 확실해요." 하지만 나는 내가 꺼낸 말을 반신반의했다. 우리는 모두 위험하다는 것을 알고 있었다. 사실 진은 알렉스의 성공적인 등반과 그가 받았던 미디어의 주목을 매우 자랑스러워했다. 그리고 알렉스와 여가시간을 조금이라도 함께 보내고 싶어 했다. 그가 감정적인 도움이 필요할 때 기대어 올 수 있는 어깨를 내어줄 수도 있고, 돈이 떨어지면 용돈도 좀 주고, 공항까지 바래다줄 수 있었기 때문에.

매킨타이어 가족은 적당히 유복했지만 부유하지는 않았다. 그들은 요크셔 이스트 라이딩East Riding of Yorkshire의 웨스트 뉴턴West Newton에서 외풍이 센 커다란 농가를 임대해 살았다. 집은 잡다한 고양이들과 개 한 마리로 부산스러웠다. "그 개는 고양이들과 알렉스 때문에 상당히 고생스럽게 지냈지."라고 진이 말했다. "알렉스가 말을 타듯 늘 그 개를 올라타려고 했거든."

나는 알렉스가 고양이를 좋아하지 않았던 것으로 기억하고 있다. 잔인할 정도는 아니었지만, 그는 무시하면서 그들이 원하는 것을 받아주지 않는 방법으로 그들을 괴롭혔다. 그가 나와 앨런 라우즈와 함께 지내기 위해 왔을 때 우리 집 고양이는 곧 그가 흥미나 애정이 없다는 것을 알고 치근거리지 않았다. 이것은 알렉스가 사람들에게 효과적으로써 먹던 하나의 전략이기도 했다.

알렉스가 다섯 살이었을 때 여동생 리비가 태어났다. "그 애는 자기 여동생을 끔찍이 사랑했어. 하지만 떼쓰는 것은 싫어했지. 리비가 두 살이 되어 항상 함께 놀기를 좋아할 때 알렉스는 책을 갖고 리비의 침상으로 올라가, 그곳 리비의 손이 닿지 않는 한가운데에 앉아 책을 읽곤 했지. 하지만 이 애들이 자라자, 알렉스는 믿기지 않을 정도로 여동생을 좋아하고 챙겼지."

알렉스가 한창 등반을 하던 시절, 리비는 밝고 예쁜 10대였다. 알렉스의 친구 중 리비를 소개받은 사람은 극소수에 불과했다. 한번은 내가

레치모어 히스의 집에서 여동생 리비와 함께 (사진: 매킨타이어 가족 앨범)

리비를 만났는데, 알렉스가 눈을 가늘게 뜨고 우리의 대화를 엿들었던 적도 있었다. 진이나 알렉스는 리비가 클라이머와 사랑에 빠지는 것을 경계했다. 그 둘 다 우리들의 세계를 너무나 잘 알고 있었다. 우리가 들르면 리비는 대개 집에 없었다. 친구와 함께 놀고 있었을지도 모르지만, 진이 일부러 시킨 일인지도 모른다.

그들 가족은 여름이면 캠벨타운으로 돌아가, 친척들을 방문하고, 해변의 탁 트인 모래사장에서 긴 하이킹을 즐기거나, 숲이 우거진 야산을 오르며 3주일 정도를 보내곤 했다. 진 매킨타이어의 외삼촌 앤드루 할아버지는 돛 하나에 넓은 빔을 가진 청어 잡이 유망어선을 하나 소유하고 있었다.

"그 후 계속, 알렉스는 배를 하나 사달라고 졸랐지만, 우린 그런 곳에 돈을 쓸 만큼 여유가 없었어. 그게 실수였는지도 모르지. 만약 배를 사줬다면 그 애는 등반에 빠지지 않고, 여전히 우리와 함께 있을지도 모르잖아."

알렉스가 11살 진학 시험에 통과했을 때 그의 부모는 그가 좋은 로마 가톨릭학교로 진학하기를 원했다. 아버지의 일에 따라 알렉스가 이리저리 움직인 적이 많았기 때문에 그에게는 어느 정도 안정이 필요하다고 그들은 느꼈다. 그는 셰필드 교외에 있는 예수회의 마운트세인트메리 칼리지Mount Saint Mary's College에 학생으로 등록했다. (이곳의 졸업생들은 '마운티니어스mountaineers'로 불렸는데, 알렉스에게 딱 들어맞는 표현이었다!)

"가톨릭 신자로서 나는 그 애가 가톨릭학교에 가길 원했지만, 그건 돈 낭비에 불과했지. 왜냐하면 그 후로 그 애는 성당에 전혀 가지 않거든. 글쎄, 자기 엄마를 기쁘게 해주기 위해 아주 가끔 가기는 했지만. 세인트메리를 그만두고 내게 이렇게 말했어. '그 학교에 비하면 감옥은 식은 죽 먹기일 거예요.'"

부모님이 레치모어 히스로 옮긴 다음 알렉스는 처음으로 등반을 경험한다. 아버지 해미시는 한 번 더 직장을 옮겨, 이제 알렉스가 주말마다 집에 가기에는 거리가 너무 멀었다. 그는 가족과 함께 지내기 위해 집에 가고 싶다고 말했고, 아버지도 이에 동의했다. 하지만 이 동의에는 그의 0-레벨 시험 결과가 왓포드그래머스쿨Watford Grammar School 6학년으로 진학할 할 수 있을 만큼 좋았을 경우라는 조건이 붙어 있었다. 알렉스는 목표를 세우면 반드시 해내는 스타일이었다. 시험 결과는 상당히 좋다.

"왓포드그래머는 아주 좋은 학교였는데, 알렉스는 거기서도 돋보였지. 그 애는 정말 잘 적응했고, 6학년에서 아주 좋은 성적을 거뒀어. 알렉스와 함께 있을 때 왓포드 시내에서 선생님을 한 분 만난 일이 생각나. 내가 알렉스를 잘 좀 지도해달라고 부탁했거든. 그랬더니 선생님은 이렇게 대답하는 거야. '아닙니다. 알렉스는 재능이 뛰어난 학생입니다.' 그게 자기가 원하면 무엇이든 해낼 수 있다는 증거 아니고 뭐겠어?"

알렉스는 왓포드그래머스쿨에 들어가고 얼마 후 런던등산동호회London Mountaineering Club에 가입해 웨일스의 스노도니아Snowdonia로 자주 주말산행에 나섰다. "돈 없는 10대에게 친절과 동정을 베푸는 아주 훌륭한 커플이 한 쌍 있었는데, 나는 금요일 밤에 고속도로 근처 어딘가에 그 애를 내려주고, 일요일 저녁 기약도 없는 시간에 다시 데려오곤 했지. 그게 훗날 습관으로 굳어졌어. 그 애는 항상 필요할 때면 내가 언제나 그 자리에 있기를 바랐지. 그 애는 그런 면에서 이기적이었어."

진은 잠시 호흡을 가다듬고 손에 든 블랙커피를 바라보았다. 그러더니 어두운 거실에서 맞은편에 앉아 있는 나를 쳐다보았다. "너희들은 다 똑같아, 안 그래? 네 녀석들은 항상 자기 위주지."

나는 그 말이 사실임을 인정하며, 앉은 자리에서 내 커피 잔을 한 바퀴 가볍게 돌렸다. 그러나 진이 새로운 이야기를 꺼내면서 웃음이 나와 어색한 분위기는 곧바로 깨졌다. "스코틀랜드에서 막 차를 몰고 내려온 옛 친구 몇 명과 집에 있었는데, 전화가 울려 받아보니 알렉스였어. '엄마, 차를 몇 대 마련해 런던의 리버풀 스트리트역으로 내려와서 우리 좀 태워다줘요.'

"그래, 우리는 재빨리 저녁을 먹은 다음 내가 손님 한 사람에게 함께 차를 갖고 가자고 부탁했지. 배낭을 멘 4명의 클라이머를 태워야 할 것 같아서. 가는 길은 끔찍했어. 그 친구가 길을 잃었거든. 우여곡절 끝에 리버풀 스트리트역에 도착했는데, 알렉스가 보이지 않는 거야. 해미시가 길 건너편에서 술집을 하나 발견했는데, 걔들이 전부 그곳에 있지, 뭐야."

"해미시가 '왜 역에서 우리를 기다리지 않았니?' 하고 물으니까, 알렉스가 이렇게 대답하는 거야. '우리가 술집에 있을 거라는 걸 다 아시잖아요?' 그리고 우린 다음 날 다시 그들을 데리러 내려가야 했어."

하나 깜빡한 것이 있었다. 아프가니스탄에서 폴란드로 돌아온 다음, 나는 알렉스, 테리 킹Terry King, 하워드 랭커셔Howard Lancashire와 함께 기차를 타고 집으로 돌아오는 마지막 여정에 올랐었다. 바르샤바에서의 송별회 동안 우리는 먹는 것도 잊은 채 보드카를 너무 많이 마셨다.

도중의 포즈나니Poznań에서 기차가 20분 정도 정차했다. 그래서 내가 빵을 좀 사기 위해 기차에서 내렸다가 다시 플랫폼으로 돌아오니, 기차가 선로를 따라 멀어져 가고 있었다. 친구들은 여권도 없이 동독을 거쳐 집으로 돌아가야 하는 상황에 놓이고 말았다. 여권은 모두 내 뒷주머니에 있었다. 그러나 나 역시 곤경에 빠지기는 마찬가지였다. 내 기차표와 돈이 기차 안에 있는 내 배낭에 있었던 것이다. 24시간이 지난 후, 나는 처지를 애걸복걸해 다음 기차를 잡아탈 수 있었다. 그리고 다른 친구들보다 하루 늦게 리버풀 스트리트역에 도착했다. 역에서 나는 알렉스에게 전화했다. "빵 먹을래, 아니면 다른 거 먹을래?" 그러자 — 당연히 — 진이 알렉스를 차에 태우고 나를 데리러 왔다.

알렉스는 어머니 친구들을 좋아했다. "그 애는 나에게 크리스마스를 보내러 샤모니로 와야 한다고 주장했던 1979년 겨울처럼, 가끔 나를 여기저기로 데리고 다니곤 했지. 새라가 친구들이랑 거기에 있었거든. 알렉스가 나를 앨런 라우즈에게 소개하던 때가 생각나. '앨런, 우리 엄마야.'라고 그 애가 말하니까 앨런은 상당히 충격을 받은 듯 멋쩍게 웃으며 이렇게 내뱉었어. '알렉스, 이 우라질 녀석. 여동생을 데리고 온 것도 모자라, 어머니까지!' 앨런은 그랬어. 아주 웃기는 친구였지."

알렉스는 진에게 전화해 모교인 왓포드그래머에서 강연을 해야 하니 태워다달라고 졸랐다. "내가 뒷자리에 앉아 지켜봤거든. 아름다운 산 같은 게 나올 줄 알았어. 그런데 슬라이드의 대부분은 리즈에서의 끔찍한 하숙생활과 더러운 빨래였어. 사람들은 아주 재미있다고 생각했지. 나만 빼고. 강연이 끝난 후 누군가가 다가와 말했어. '어머니를 강연에 모시고 온 것은 잘한 일이 아니지요?' 나는 이렇게 대답해야 했어. 그를 강연에 데리고 온 것이 바로 나고, 그렇지 않았다면 너희들은 강연을 들을 수도 없었을 거라고."

자니 로튼Jonny Rotten과 섹스 피스톨스Sex Pistols의 시대에 많은 클라이머들은 펑크의 무정부주의와 반체제 메시지에 심취했다. "특별히 정해진 옷을 입어야 하는 어느 만찬에서, 그 애가 연사로 초청됐는데, 그 애는 정해진 옷을 입기는 했지만 속에는 티셔츠를 입었지." 진은 기억을 떠올리기 위해 잠시 뜸을 들인 다음 말을 이었다. "난 그저 관심을 끌기 위한 것으로 생각했어."

진은 알렉스가 때로는 입바른 밉상일지도 모른다고 생각했다. "아버지 해미시가 죽고 나서, 나는 가까운 친구들을 초대해 근사한 저녁식사 모임을 가졌지. 알렉스가 주말을 보내기 위해 리즈에서 집에 와 있었어. 해미시의 친구 한 분도 함께 있었는데, 그분은 런던에서 유명한 바리스타였지. 그는 알렉스가 전공을 법학으로 바꾼 것을 알고 있었어. 그가 알렉스에게 축하하기 위해 다가와 왜 변호사가 되려 했는지 물었는데, 잠깐 생각에 잠긴 알렉스가 이렇게 말하는 거야. '글쎄요. 열심히 일하지 않고도 상당히 많은 돈을 벌 수 있다고 생각한 게 이유라면 이유였습니다.' 알렉스는 재밌는 농담이라고 생각했지만, 나는 오히려 무례했다고 생각했어."

1972년 알렉스는 A-레벨에 응시해 놀라운 결과를 거두었다. 4과목에서 A를 받은 것이다. 그는 캠브리지나 리즈를 선택할 수 있었다. "알렉스가 리즈대학교를 선택하리라는 것은 뻔했어. 리즈대학교산악회(LUCC)가 유명하잖아?"라고 진이 말했다. "그 애 마음이 거기에 가 있었거든." 그해 가을 — 그가 안나푸르나에서 죽기 정확히 10년 전 — 그의 어머니와 아버지는 알렉스를 리즈의 하숙집까지 태워다주었다. "나는 한 번 둘러보려고 알렉스를 뒤따라 방으로 올라갔지. 온통 어찌나 더럽고 지저분한지 깜짝 놀라, 곧장 아래로 달려 내려가 해미시에게 올라가지 말라고 말렸어. 그에겐 너무 심했을 거야. 우리 둘은 알렉스가 캠브리지에 가길 원했거든."

진과 함께 이야기를 나눈 나의 오후는 그렇게 흘러갔고, 어느덧 어둠이 부엌문 아래까지 내려와 있었다. 더불어 슬픔이 웃음으로, 커피는 여러 잔의 스카치위스키로 바뀌었다. 진을 보니, 알렉스와 내가 알프스나 더 먼 곳으로 떠나기 전에 항상 했던 말이 생각났다. "내 새끼를 잘 좀 돌봐줘. 그럴 거지, 존? 알잖아, 그 애는 바보 같은 짓을 한단 말이야.

그리고 기회가 생기면 무조건 뛰어들어. 최선을 다할 거지? 그 아일 내게 다시 데려다줘."

이제 우리의 상실감은 끝났다. 나는 오직 그 상실감이 진에게 얼마나 깊었을까만 상상할 수 있을 뿐이다. 나는 다른 사람의 행동에 대한 책임이 어디서 끝나고, 개인적인 책임이 어디서 시작하는지 규정하려 애쓰는 나 자신을 발견했다. 그러나 그것은 그때도 몰랐고, 지금도 모른다. 나는 화제를 돌렸다.

"알렉스가 살아있다면 바리스타가 되었을까요? 어떻게 생각하세요? 흰색 티셔츠에 잘 어울리는 검은색 넥타이를 하고 디너파티에 있는 모습을?"

"난 정말 모르겠어. 법학을 고집했을지도 모르지. 새라의 말로는, 개성과 언변이 있어서 훌륭한 TV 사회자가 되었을 거래. 한 가지 분명한 건, 자신에 대해 책을 쓰겠다는 네 아이디어를 들었다면 아마 엄청 웃었을 거야. 아니면, 존 배리John Barry가 말했던 것처럼 자신의 이름을 딴 산장을 운영하고 있을지도 모르지."

나는 다른 상상을 해보았다. 머릿속으로 알렉스가 디자인한 루트와 장비의 목록을 재구성하면서…. 아마 이런 것들에는 자신의 이름을 붙였을지도 모른다. "알렉스가 등반장비 디자이너가 되었을 거라는 생각은 안 해보셨나요?"

"존, 나는 그 애가 무엇을 하든 좋아했을 거야. 우린 그 애의 성공을 믿고 있었지. 그것을 함께 나누고 싶었고."

나는 진한 커피 한 잔을 받아들고, 레이크스로 돌아가는 6시간의 고속도로 여행을 준비했다. 내가 알렉스와 여러 번 함께 했던 그 여행을…. 현관에 서서 작별인사를 나누는데, 진이 아주 슬픈 순간을 기억나게 만들었다. "공항에서 우리가 너희들을 본 마지막 날 아침에 말이야. 존, 아주 이상했어. 우리가 늦어서 너희들이 터미널 밖에서 짐 꾸러미와 함께 우릴 기다리고 있었잖아? 우리가 늦은 이유가 있었어. 20킬로미터쯤 달렸는데, 알렉스가 이렇게 말하는 거야. '차를 돌려요, 엄마. 여권을 두고 왔어요.' 우리가 공항에 도착했을 때는 가벼운 작별인사도 나누지 못할 만큼 시간이 없었어. 그 애는 서두르면서도 전에 하지 않던 짓을 했어. 다시 달려와서는 차창 안으로 머리를 집어넣고 '내 대신 새라와 리비를 잘 돌봐줘요.'라고 말하는 거야. 정말 이상했어. 다시 돌아와 무언가를 말하는 게 그 애답지 않았거든. 나는 가끔 이렇게 생각했어. 그 애가 혹시 불길한 예감 같은 것을 느낀 것은 아니었을까."

그러자 갑자기 내가 소리치던 그때 그 순간이 떠올랐다. "빨리 와, 알렉스! 비행기 놓치겠어." 그러느라 나 역시 어머니께 작별인사도 못 드렸었다. 결국 우리는 이별 의식을 치르지 못했다. 나에게 알렉스를 잘 돌봐주고 안전하게 데려와달라는 그 짧은 말조차도…. 차를 몰고 그의 고향 구릉지대를 넘어가는 고속도로를 달리자, 나의 온몸에 죄책감과 슬픔이 파도처럼 밀려왔다.

7

저승사자를
두려워하지 마

Don't Fear the Reaper

1972년, 리즈대학교산악회(LUCC)는 변화의 시기를 겪고 있었다. 반항적인 새 그룹이 산악회를 이끌었고 있었는데, 나도 그중 한 명이었다. 오직 등반만이 우리가 함께 나누는 열정이었을 뿐, 우리는 주로 제멋대로 놀면서 꾀죄죄하고 무례하고, 때로는 정직하지 못했다. 우리는 사람들이 왜 등반을 하지 않는지 이해할 수 없었지만, 한편으로는 그렇게 하지 않는 것이 반갑기도 했다. 『마운틴』지는 우리의 바이블이었다. 한 권이면 산악회원 전체가 돌려보는 데 충분했다. 『마운틴』지와 등반을 제외하고, 학생회관 1층에 위치한 샐러드 바에서 점심을 먹고, 여러 술집(팩 호스Pack Horse, 엘던Eldon, 스완 위드 투 넥스Swan with Two Necks, 펜턴Fenton)을 전전하는 것이 우리들의 생활 패턴이었다.

우리는 주로 등반을 하러 다녔고, 학교 공부는 교수들이 만족할 수준 정도로만 했다. 거의 매일 학교의 실내암장에서 등반 연습을 하면서 자주 인근의 사암으로 즉흥 등반에 나섰다. 매주 수요일 오후에 정기모임이 있었다. 그날은 마침 학교 강의가 없는 데다, 주말에는 날씨와 상관없이 등반을 했기 때문이다. 주말의 등반이 때로는 일주일로, 일주일의 등반이 때로는 한 달로 바뀌기도 했다. 학교 수업보다는 등반이 먼저였다.

1970년대 초 리즈대학교에 함께 들어온 우리들 중 어느 누구도 우리들이 산악계에 끼칠 영향이나, 우리 앞에 놓인 비극적 운명을 예견하지 못했다. 우리들 대부분이 처음 만났을 때는 진지한 클라이머도 아니었다. 집단역학group dynamics과 모험, 좌절에서 파생된 허무주의, 성적性的이면서도 정신적인 미성숙, 집단적인 히스테리, 마약과 알코올이 자극하는 망상, 무정부주의 같은 요인들의 복합적 영향을 받은 무엇인가 특별한 것에 정신이 팔려 있었다.

요크셔의 사암이 가장 가까운 등반 대상지로, 우리는 암스클리프Almscliff를 상당히 좋아했다. 그곳은 세계적인 암벽등반 스타 존 시렛이 숭배하는 곳이었다. '산악회'에는 롭 우드Rob Wood, 앨런 맨슨Alan Manson, 피트 킷슨Pete Kitson 등 그에 버금가는 사람이 여럿 있었다. 그런데 내가 '산악회'라고 말하는 것은 일부 '회원'은 단지 산악회원일 뿐 대학교에서 공부하는 학생이 아니었다는 의미다.

그다음 한두 해가 지나자, 마이크 햄밀Mike Hammill, 존 앨런John Allen, 스티브 밴크로프트Steve Bancroft 그리고 크리스 애디Chris Addy같이 상당히 재능 있는 암벽 등반가들이 리즈대학교에 들어왔다. 그들은 서로 어울려 다니며 많은 신루트를 개척했다. 비록 시렛이 바닷가재 껍질을 칼로 벗기다 손가락 인대를 다치기 전까지는 산악회 내에서 최고였지만…. 또 다른 재능 있는 암벽 등반가이자 타고난 모범생인 버나드 뉴먼Bernard Newman이 그 시절인 1969년부터 1975년까지 줄곧 리즈에 있었다. 1973년 그는 유명한 『리즈 저널Leeds Journal』을 편집했고, 결국

『마운틴Mountain』과 『클라이머Climber』 지의 편집장이 됐다.[29]

알렉스가 대학교에 들어왔을 때 리즈에서는 몇몇 뛰어난 알피니스트들이 떠오르고 있었다. 브라이언 홀, 로저 백스터 존스, 존 스테인포스John Stainforth는 드루의 보나티 필라와 영국의 많은 초등 같은 고난이도의 루트를 등반하고 『마운틴』 지에 등반기를 실었다. 존 파웰과 팀 로즈Tim Rhodes는 알렉스와 거의 동시에 리즈대학교에 들어왔다.

리즈대학교산악회의 악명과 성공은 영국과 미국에서 우리를 방문하기 위해 찾아오거나, 산에서 만난 클라이머들로 늘 북적거리는 결과를 가져왔다. 영국에서 가장 가깝게 교류하던 산악회는 앨런 라우즈와 믹 제데스가 이끌던 캠브리지대학교산악회였다. 미국인들은 주로 나의 고향인 뉴잉글랜드에서 온 사람들이었다. 1972년 내가 대학원 과정을 밟기 위해 리즈대학교에 왔을 때 많은 친구들이 등반을 하러 찾아왔다. 그중에는 로저 마틴Roger Martin, 존 부샤드John Bouchard, 헨리 바버, 스티브 아르센놀트Steve Arsenault, 척 지아코프스키Chuck Ziakowski 그리고 훗날의 에드 웹스터Ed Webster, 앤디 터힐Andy Tuthill, 크리스 엘름스Chris Elms 등이 있었다.

그들 대부분은 영국과 유럽 산악계에 상당한 반향을 일으켰다. 로저 마틴은 1974년 스코틀랜드의 벤네비스에 있는 '포인트 파이브Point Five'와 '제로Zero' 걸리를 두 번째로 단독 등반했는데, 알렉스도 같은 해에 그곳을 단독으로 오르는 위업을 달성했다. 존 부샤드는 알프스에서 많은 신루트를 개척했다. 외국에 거주하던 폴 로스Paul Ross는 헨리 바버를 영국으로 보내, 그의 뛰어난 기술과 클린 클라이밍 윤리로 지역 클라

---

29   2013년, 버나드 뉴먼은 『알파인 저널Alpine Journal』의 명예 편집위원으로 위촉됐다.

이머들을 사로잡았다. 영국으로 오기 1년 전, 그는 경이로운 단독등반과 요세미티에서의 온사이트 등반으로 '뜨거운 헨리Hot Henry'라는 별명을 갖고 있었다.[30] 그는 존 시렛과 마음이 통했다. 존 시렛의 접근방법, 즉 무조건 밑에서부터 온사이트로 올라가는 것은 그 자신을 반추하는 거울이었다. 당시의 일부 뛰어난 클라이머들(피트 리브시Pete Livesey와 론 포셋Ron Fawcett 등)은 가끔 위에서부터 로프를 타고 내려오며 신루트를 관찰했는데, 확보를 쉽게 하기 위해 미리 슬링을 걸어놓는다든가, 심지어는 바위를 까서 홀드를 만들어놓는다는 풍문이 나돌기도 했다.

바위에서는 우리들 중 어느 누구도 시렛이나 앨런 맨슨, 또는 피트 킷슨을 따라가지 못했다. 그러나 우리들은 그들의 윤리적 기준을 받아들였다. 등반 중 로프에 매달려 휴식을 취하거나 추락을 하면 완등으로 쳐주지 않았다. 추락 시에는 시작지점으로 다시 내려와서 로프를 회수한 다음 다시 시도하면 어느 정도 인정은 받을 수 있었다. 그래도 이것 역시 여전히 완전하지 못한 등반으로 간주되어 이런 사항을 일일이 우리 등반일지에 꼼꼼히 기록했다. 점심시간에 버나드가 일지를 팔에 끼고 샐러드 바에 나타나면 회원들은 자신의 등반과 기타 특이사항을 기록했다.

이때의 완벽한 프리 스타일 등반이 알렉스의 접근방법에 ─ 처음에는 알프스에서, 그 후에는 히말라야에서 ─ 영향을 주었다는 사실은 의

---

30 1974년 헨리가 미국으로 돌아갈 때 우리들은 패단레이크호텔Padarn Lake Hotel에서 이별주를 몇 잔 마셨다. 인사말을 부탁받은 돈 윌런스는 헨리가 들을 수 있도록 큰소리로 이렇게 말했다. "헨리의 성공은 반쪽에 불과해. 왜냐하면 술을 못 마시잖아." 헨리는 등반 비수기가 끝나고, 그다음 해 등반시즌에 돌아와 등반은 안 하고 영국의 독주들을 몰래 마셨는데, 이렇게 해서 그는 상당한 인기를 끌었다.

심할 여지가 없다. 우리가 클린 클라이밍이라는 이런 전통을 처음으로 시도한 사람은 아니었다. 우리는 그저 가장 순수한 불꽃을 지켰을 뿐이다. 이 그룹이 끼친 영향은 1970년대의 『마운틴』 지에 가장 잘 기록되어 있지만, 개별적으로는 짐 페린Jim Perrin이나 다른 사람의 글에서도 여전히 찾아볼 수 있다.

학생회의 지원을 받기 위해서는 공식적인 조직체계와 활동 프로그램이 나온 인쇄물이 필요했다. 하지만 LUCC 회원들 대부분은 이런 것들을 배척했다. 우리에게는 여전히 노력이 필요했다. 선출직 임원들은 주로 연례총회에 나타나지 않았다는 이유만으로 지명되곤 했다. 집행위원들은 실제로 가입하지도 않고 또 회비도 내지 않는 습성이 있었다. 그러나 아직 산악회의 기대를 저버리지 않고, 50펜스나 대략 1.5달러를 내너라도 산악회에 가입하기를 갈망하는 신입회원들이 많았다.

새로운 희생양들이 매년 학생회관에서 열리는 신입생 오리엔테이션 기간 중에 나왔다. 회원에게 무슨 혜택이 주어지는지 의심스럽기조차 했다. 무엇보다, 회비를 냈어도 골수회원이 아니면 그날 오후 늦게 산악회 관계자들이 술집에서 한 해의 회비를 몽땅 탕진해버리는 모임에 초대받지 못했다. 다음 날, 신입회원과 기존회원 명단이 산악회가 활성화되고 있다는 증거로 학생회에 제출됐다.[31] 그러면 기금은 회원 수에

---

31 리즈대학교산악회는 캠브리지의 라우즈와 제데스가 써먹는 영악한 접근방법에 확실히 한 수 뒤졌다. 그들은 가입하려는 학생들 주변에 슬그머니 앉는다. 그리고 큰 플립차트처럼 생긴 포스터를 든다. 그곳에는 이렇게 적혀 있다. "토요일에 공짜 맥주와 음료수가 있는 파티에 오고 싶은 사람은 아래에 이름과 대학 그리고 자세한 연락처를 적으세요." 하루의 행사가 끝나면, 그들은 '공짜 맥주와 음료수'라는 문구를 조심스럽게 떼어내는데, 그러면 본래의 이런 문구가 나온다. "아래는 캠브리지산악회에 회비를 납부한 회원들입니다." 라우즈와 제데스는 이렇게 학생회 기금을 타내, 한 해 동안의 여행과 등반 경비로 사용했다.

따라 지급되는데, 대개는 수백 파운드에 달했다.

　　이 돈은 다양하게 사용됐다. 매년 첫 학기 첫 번째 토요일에 공식산행을 만들어, 버스를 빌려 스태니지Stanage나 또는 그보다 더 먼 암장으로 갔다. 이 행사는 회비를 낸 신입회원들에게 어느 정도 신뢰감을 주었다. 또한 학생회에 호언장담한 대로 우리가 인상적인 활동을 하고 있다는 증거이기도 했다. 신입회원의 자격은 신중하게 검토됐다. 등반은 할 수 있는가? 돈은 있는가? 차는 있는가? 그리고 여자인가? 대략 이런 것들이 우선순위였다. 산악회에 '잔류한' 여성회원은 많지 않았다. 몇몇만이 남아, 방탕한 생활을 하면서 산악회원이 된 것에 환멸을 느끼는 분위기였는데 특별히 시렛만은 일부 회원의 정신적 지주가 됐다. 특히 몇몇 여성회원들은 서너 차례 중앙 언론의 헤드라인을 장식한 터무니없는 사건에 연루되기도 했다. "성직자 딸이 술집에서 절도죄로 체포되다"가 그중 하나였고, 다른 것으로는 "지붕 창문에서 리즈대학교 신입생이 추락해 거의 죽을 뻔하다"가 있었다.

　　산악회의 남자회원들은 대부분 여자 친구가 없었다. 우리는 단지 등반과 순간적인 유희에 관심이 많았다. 다시 말하면 너무 철이 없었다. 그 당시 산악회에는 뛰어난 여성 클라이머들도 있었다. 굳이 두 명을 꼽자면, 신시아 힙Cynthia Heap과 안젤라 폴러Angela Faller를 들 수 있다. 그들은 많은 등반에 따라다녔지만, 산악회 내의 주요 선배들이 나누는 대화나 술집에서의 농담이 매우 유치하다고 여겼다. 한번은 안젤라 폴러가 산악회의 선배들에 대해 "나는 정말 마약 중독자와 동성애자가 어떻게 다른지 모르겠어."라는 충격적인 말을 남겼다. 그 몇 년 동안 그녀가 우리를 어떻게 봤는지 알아내는 것은 쉽지 않지만, 내가 아는 한, 산악회 내에는 마약 중독자도 동성애자도 없었다.

알렉스는 신입생 오리엔테이션 기간 중 산악회에 가입했다. 존 파웰은 알렉스와 함께 듣는 강의에서 그를 본 모습을 이렇게 회상했다. "그는 항상 혼자 앉아 있었습니다. 그리고 조 브라운 배낭을 메고, 가죽 재킷을 입고 있었는데, 머리는 사방으로 헝클어져 있었습니다. 물론 그리 어울리진 않았습니다. 당시의 전형적인 학생 모습이 아니었으니까요. 나는 그가 클라이머일지도 모른다는 생각이 들어, 다가가 말을 걸었습니다. 그런데, 그는 매우 불친절하다 싶을 정도로 정색을 하더군요."

알렉스가 처음 리즈에 왔을 때는 꽤 과묵했다. 마음의 문을 열 때까지, 한 발 뒤로 물러서서 신중히 판단하는 것이 — 특히 낯선 사람들에게는 — 그의 성격이었다. 처음 한두 달 동안 그는 산악회 모임이나 '리즈 클라이밍 월Leeds Climbing Wall'[32]에서 하던 저녁 등반연습에 모습을 드러내지 않았다. 그러나 그는 같은 과목을 수강하던 존 파웰과 점차 가깝게 지내면서 태도가 바뀌었다. 알렉스는 속성과정을 통해 등반 능력을

---

32 세계 최초의 실내암장인 '리즈 클라이밍 월'은 트레이너이자 클라이머인 돈 로빈슨Don Robinson 의 독창적 아이디어로 1964년에 세워졌다. 스쿼시 코트의 바깥쪽 두 벽에 만들어져 있어서, 스쿼시 신발의 끽끽거리는 소리와 공이 연달아 벽을 때리는 '카트와-카슘프' 소리가 실내를 가득 채웠다. 오늘날의 암장 기준으로 보면, 원시적이라고 할 수밖에 없다. 다양한 크기의 자연석을 벽돌로 된 벽에 시멘트로 붙였는데, 높이는 5미터 정도였다. 일부 벽돌 사이로 삐져나온 모르타르가 작은 에지edge 구실을 하기도 했다. 또한 벽돌을 잘라내 서로 포갠 다음 시멘트로 바른, 짧은 수직의 재밍jamming 크랙들도 있었다. 손가락이 찢기고 발목이 삐는 것이 다반사였지만, 연습을 하기에는 안성맞춤이었다. 시멘트 바닥에는 변변한 매트 하나 제대로 없었다. 꼭대기에서 떨어지면 발이 상당히 아팠다. 이 클라이밍 월 덕분에 산악회는 자연 암장에서 많은 성공을 거둘 수 있었다. 그 당시 사람들이 들어보지도 못한 비밀 시스템이었던 것이다. 회원들은 누구나 적어도 일주일에 두 번(화요일과 목요일 저녁)은 갔는데, 낮 동안의 연습이 이어지면 가끔은 수업을 빼먹기도 했다. 리즈대학교에서 학부의 마지막 학기였던 1969년의 어느 날, 아도니스처럼 잘 생긴 검은 머리의 사나이가 버나드 옆에 있는 나를 가리키며 이렇게 말했다. "이 놈 잘 좀 봐줘. 클라이밍 월은 처음이거든." 놀랍게도, 그는 악명 높은 일련의 크랙들을 거의 우아하다 싶을 정도로 올랐다. 그가 바로 존 시렛이었다.

키웠고, 골수회원이 됐다.

파월은 "언제나 내가 밴을 갖고 있어서, 존 시렛, 앤디 와일드Andy Wild, 알렉스와 나는 주말마다 교외로 나가 등반을 한 다음, 저녁엔 초대받지 않은 파티에 가서 즐기는 정기적인 패거리가 됐습니다. 등반과 파티는 우리의 우선순위 목록 맨 위에 있었습니다. 사실, 알렉스와 내가 학생회관 건물 뒤편에 있는 배수 파이프를 흔들흔들 타고 올라가 신입생 파티에 몰래 들어간 바로 그 순간부터 우린 이 두 가지를 함께했다고 볼 수 있지요. 몰래 들어갈 수 있는 방법이 있는 한, 우린 입장료를 내 본 적이 한 번도 없다니까요."라고 회상했다.

포드에서 나온 파란색 밴은 클라이머들 사이에서 인기가 좋았다. 유지비가 적게 들었을 뿐만 아니라 수리도 쉬웠기 때문이다. 산악회원 중 적어도 셋, 존 파월과 버나드 뉴먼 그리고 알렉스는 이 차를 갖고 있었다. 지금 되돌아보면, 그들이 차를 불법적으로 몰고 다닌 것은 아닌지 의심스럽다. 그들은 세금이나 보험, 안전검사는 모두 불필요하고 비싼 액세서리로 치부했다. 타이어는 와이어가 드러날 정도로 닳아 있었다. 차는 여기저기 긁히고 찌그러졌지만, 누구도 심각한 사고를 일으키지는 않았다. 거의 매주 새로운 곳이 찌그러지고 패였다. 만약 다른 차와 접촉사고가 일어나면, 그것은 아주 재빨리 — 특히 상대방 차량도 무보험일 경우에는 더욱 더 — 현금을 주고받아야 했다. 존 파월은 술집에서 나와 밤늦게 레이크 디스트릭트Lake District로 차를 몰고 가다 경관에게 잡혀 간이 떨어질 뻔한 적도 있었다.

"선생님, 차를 지그재그로 운전하시는 것 같군요." 그 경관은 밴에 탄 사람들의 얼굴을 손전등으로 하나하나 비추며 말했다.

"죄송합니다, 경관 나리. 보시는 것처럼 좀 피곤하네요."

"그럼, 멀리서 오신 거로군요."

"아, 예. 리즈에서 왔습니다."

그 경관은 잠시 말이 없었다. 리즈는 차로 1시간도 안 되는 거리였다.

"모두 학생들인가요?" 그는 알렉스의 얼굴과 헝클어진 머리를 비추며 그렇게 말하고 나서, 뒷좌석에 널브러져 있는 우리들을 비추었다. "그럼, 조심해서 가세요. 어떻게 가는지는 알죠?"

만약 오늘날처럼 검문을 했다면, 그 경관은 속도위반은 물론이고 다 닳아빠진 타이어, 세금 미납과 무보험으로 알렉스를 연행했을지도 모른다. 그러나 1970년대 초의 사회는 이런 것들에 대해 보다 너그러웠다.

그 밴들은 사실 개인 소유였지만, 회원들은 산악회의 공동재산으로 취급했고, 따라서 누구나 그 차들을 몰았다. 때로 부모님의 차를 빌리거나, 미국 친구들이 방문해 차를 렌트하면 보유 차량의 숫자가 늘어나기도 했다. 그러나 한두 군데가 찌그러지지 않고 차가 소유주에게 돌아가는 경우는 거의 없었다.

보름달이 뜨면 보통은 헤드라이트를 켜지 않은 채 암장에서 돌아왔다. 알렉스와 존 파웰이 말럼Malham 근처에 있는 일방통행의 급경사 짧은 다리 꼭대기에서 역시 헤드라이트를 켜지 않고 오던 차와 충돌한 적이 있었다. 다행히 그들은 파웰 아버지 차인 튼튼한 모리스 옥스퍼드 Morris Oxford를 타고 있어서 거의 다치지 않았다. 그러나 상대방 차는 박살이 났다. 그 차의 운전자는 술집에서 돌아오던 농부였는데, 음주운전으로 이미 면허가 취소된 상태였다. 그는 그 지역 경관의 눈을 피하기 위해 헤드라이트를 켜지 않고 운전하고 있었다. 그들은 박살난 차를 다리 위에서 치운 다음, 그 농부를 집까지 데려다주었다. 그리고 차 수리비를 넉넉히 받았다.

알렉스의 밴은 너무 심하게 찌그러져 뒷문만 열렸다. 차를 세운 경관이 알렉스를 향해 차에서 내리라고 하는 순간 그는 그만 아연실색하고 말았다. 그 경관이 운전석 문 옆에 서 있었는데, 알렉스가 뒷좌석으로 넘어가기도 전에 갑자기 뒷문이 확 열리면서 지저분하기 짝이 없는 젊은이 다섯 명이 쏟아져 나온 것이다. 이 놀라운 장면으로부터 가까스로 마음을 추스른 경관은 우리가 모두 학생이라는 사실에 안심했고, 우리는 '조심해서 운전하라'는 뻔한 말을 듣고 가던 길을 재촉했다.

산악회에 가입한 첫 해 동안 알렉스는 암벽등반을 아주 잘 하지는 못했다. 그는 자신의 이름이 『리즈의 '책'(등반기록과 함께 특히 아찔한 추락이나 자동차 충돌사고 같은 에피소드를 그림과 함께 싣는 회지)』에 나오면 종종 불쾌한 반응을 보였다. 알렉스가 정확히 언제 '더티Dirty'라는 별명을 얻었는지 그 책에는 나와 있지 않지만, 그 별명은 첫 해의 중반부터 따라다니기 시작한 것이 분명하다. 다른 학생들처럼 알렉스 역시 빨래방에 자주 모습을 드러내지 않았다. 그의 얼굴은 수염으로 까칠했고, 헝클어진 머리는 어깨까지 닿았다. 알렉스는 패션에 신경을 쓰는 사람들 앞에서 씻지도 않는 등, 지저분한 짓을 많이 했다.

그럼에도, 존 파웰은 알렉스가 시선을 끌었다고 회상한다. "우리 수업에는 똑똑한 여학생들이 많았습니다. 알렉스는 인기가 좋았지요. 그러나 그는 깔끔하게 하려는 노력은 전혀 하지 않았습니다. 한번은 '아일 오브맨Isle of Man'으로 일주일간 현장학습을 나간 적이 있었는데, 알렉스는 일주일 내내 같은 바지에 같은 티셔츠를 입었습니다. 그리고 리즈 대학교 시절 내내 그의 등을 떠난 적이 거의 없는 가죽재킷도 입고 있었습니다. 그는 그걸 입고 등반도 했으니까요."

그 재킷은 그가 오토바이를 타고 리즈로 올 때 입고 온 것이었다. 알렉스와 파트너가 되어 등반을 함께하려는 대담한 사람은 많지 않았다. 비록 그가 본능적으로 안전을 위해 노력하기는 했지만, 그는 종종 충동적으로 행동했고, 등반 자체도 그랬다.

그 시절의 리즈산악회는 운이 좋은 적이 많았다. 장비의 대부분이 기초적인 수준이어서 긴 추락이 자주 일어났다. 6개 이상의 러너runner를 가진 사람이 거의 없어, 제대로 된 루트를 등반하기 위해서는 각자의 장비를 모두 모아야 했다. 우리들 대부분은 구멍에 슬링을 끼워 묶은 진짜 너트는 몇 개 정도만 갖고 있었다. 그 당시는 등반장비들이 발전을 거듭하던 때라 우리는 여윳돈이 생기면 새로운 장비들을 덥석덥석 샀다. 가장 비싼 영국제 너트는 MOAC회사(MOuntain ACtivities Ltd.)에서 나온 것이었는데, 그들은 오직 2개 사이즈만 만들었다. 물론 이것들은 이본 취나드Ivon Chouinard[33]의 스토퍼보다 앞서 있었다.[34]

촉스톤에 둘러 묶거나 암각에 걸 수 있는 슬링들과 클록Clog 헥센트릭 몇 개가 우리의 장비걸이에 걸린 전부였다. 스코틀랜드에서의 동계

---

33 우리나라에서는 '취나드'로 널리 불리지만, 프랑스계인 본인은 '쉬나드'로 발음한다. (역주)

34 1972년 취나드가 '클린 클라이밍' 혁명의 일환으로, MOAC의 오리지널 디자인을 본뜬 12 사이즈의 스토퍼 세트를 만들자, MOAC 사람들은 기회를 놓쳤다는 것을 깨닫고, 양키들이 '클린 클라이밍'의 창시자라고 주장하는 것에 대해 작은 분노를 느꼈다. 클린 클라이밍은 영국인들의 전통이었다.

등반이나 알프스를 제외하고, 피톤 설치는 철저한 금기였다. 미국에서 1970년대 초는 등반 중 확보를 위해 피톤을 아무렇지 않게 사용하기도 하고, 작은 와이어 너트들을 폭넓게 받아들이기도 하는 변화의 시기였다. 확보에 대한 보다 수준 높은 접근방법은 스티브 운쉬Steve Wunsch나 헨리 바버 같은 미국인 방문자들이 리즈대학교에 소개했다고 볼 수 있다.

산악회는 등반을 할 수 있는 기회가 생기면 놓치는 법이 없었다. 심지어는 밤늦게 파티가 끝나도, 그리고 축축하고 음산한 겨울철에도 등반은 계속됐다. 춥고 습한 날씨에 웨일스와 레이크 디스트릭트의 사암과 높은 암벽에서 보낸 경험은 흔들림 없이 미래를 준비하는 데 큰 도움이 됐다.

존 시렛의 지도 아래, 알렉스는 인내와 결단을 많이 배웠다. 시렛은 가능할 것 같지 않은 루트를 골라내 항상 온사이트로 시도하는 대가였는데, 성공을 거두기 전까지 많은 추락과 실패를 거듭하기도 했다. 알렉스는 믿을 수 있고 참을성 많은 '로프 보이'였다. 그는 무료한 시간을 기꺼이 참고 시렛을 확보 보면서 대가의 등반모습을 지켜보았다. 기술적으로 부족한 것에 대해, 알렉스는 주저하지 않고 관심을 쏟았다. 마음속으로야 어떤 생각을 하든, 그는 '극단적인 상황'에서조차 좀처럼 감정을 드러내지 않았다. 대개, 그는 재치 있고 경쟁적인 정신으로 암장에 왔는데, 이는 나머지 사람들에게도 자극제가 됐다.

리즈대학교 신입생 시절, 알렉스는 등반의 모든 면에 노력을 기울여 놀라울 정도로 발전을 이루어냈다. 그는 암벽에서 난이도 5.5로 시작했는데, 2학년 때는 E1(5.9 또는 5.10a/b)을 선등할 수 있을 정도로 일

리즈대학교 시절의 초창기 말럼에서 (왼쪽에서 오른쪽으로) 알렉스, 제프 행킨슨Geoff Hankinson, 엘리노 로우Eleanor Low, 존 시렛

취월장했다. 그는 한 번도 대단한 선등자인 척하지 않았고, 확신이 서지 않으면 항상 동료에게 선등을 양보했다. 그에게는 정말 자극이 되는 순간들이었다. 나는 알렉스가 가혹한 날씨 속에 레이크스에서 중급의 '익스트림' 루트 여러 개를 아주 즐겁게 등반하던 모습을 기억하고 있다. 야심만만한 다른 클라이머들처럼, 그의 첫 번째 익스트림 루트는 랜버리스 패스Llanberis Pass에 위치한 브랜트 다이렉트Brant Direct였다. 지독하게 어렵지는 않았지만, 축축하고 추운 11월이었다. 알렉스는 원하는 루트가 어떤 것이고, 필요한 것이 무엇인지 알고 있었고, 그것들을 통해 자신의 길로 나아갔다. 어떤 루트들은 다른 것보다 더욱 고통스러웠다. 다이너스 크롬레크Dinas Cromlech의 세노태프 코너Cenotaph Corner를 끝내고 하강할 때 바닥으로부터 10미터쯤 위에서 8자 하강기에 머리카락이 끼고 말았다. 그는 짧은 저주와 욕설을 내뱉었지만, 별수 없이 문제의 그 머리카락들은 모두 뽑힐 수밖에 없었다. 하강을 무사히 마친 다음 그는 계속해서 시메트리 게이츠Cemetry Gates 등반에 나섰다. 그의 유일한 실수였다.

산악회 활동을 통해 알렉스는 학교에 흥미를 느꼈다. 지리학과 경제학을 선택한 이유는 그다지 명확하지 않았다. 1972년 말쯤 그는 전과轉科를 결심하고, 지도교수를 찾아가 법학으로 전공을 바꿀 수 있는지 문의했다. 전과가 받아들여졌지만 학업은 다음해가 되어서나 시작할 수 있었다. 따라서 몇 개월간 시간이 생긴 그는 얼마간은 리즈에서 등반을 하며 보내고, 나머지는 북아프리카의 해변에서 특별히 하는 일 없이 보냈다. 그리고 1973년 가을학기에 맞추어 리즈로 돌아왔다.

버나드 뉴먼과 존 시렛만이 여자 친구와 동거하고 있었다. 나머지 사람들은 그저 등반만 하며 지냈다. 그러나 1973년 리즈로 돌아온 알렉스는 일생의 첫사랑인 귀네스 룰Gwyneth Rule을 만났다. 그녀는 신입생 오리엔테이션 기간 중 산악회에 가입했는데, 그때 알렉스가 우연찮게 산악회를 안내하는 일을 맡았다. 사우스 웨일스 출신의 귀네스는 빨간 머리를 하고 말쑥한 차림으로 다녀, 알렉스를 사뭇 돋보이게 하는 사람이었다. 그녀의 외향적인 성격과 유머감각은 알렉스의 과묵함과 잘 어울렸다. 만약 남자들이 할 수 있는 일이라면, 그녀는 일단 해보는 성격이었다. 두 사람은 그 후 3년 동안 리즈의 하이드파크 코너 바로 옆에 있는 원룸에서 함께 살았다. 방은 결코 깨끗하지 않았다. 마룻바닥과 내려앉은 소파 그리고 의자에는 지저분한 옷가지들, 빈 병들, 더러운 머그잔들이 널려 있었다. 둘에게는 만만찮은 도전이었다. 과연 누가 먼저 나서서 이 난장판을 치울 것인가? 예전에는 좀처럼 없는 일이었는데, 알렉스는 면도를 조금 더 자주 하는 것 같았고, 외모에도 대체로 신경을 더 쓰는 것 같았다. 자신만의 유머감각과 어느 정도 더 큰 자아의식과 확신을 이끌어내게 해준 귀네스를 만난 것은 알렉스에게 행운이었다.

아마 그는 법학부에서 더 좋은 이미지가 필요했는지도 모른다. 그는 또한 지저분한 스타일에서 매혹적인 록 스타일로 변했다. 기본적으로 샤워를 더 자주 하고, 머리를 감고, 새 가죽재킷도 샀다. 그의 등반능력은 회지인 『리즈의 책』에서 찬사를 받을 만큼 향상됐다. 이름에 붙는 말도 '더티 알렉스'에서 단순히 더티나 D. A. 또는 심지어 그냥 알렉스로 바뀌었다. 산악회 내에서 알렉스는 분명 그 하나였다.

나는 철학 석사과정을 밟기 위해 리즈대학교로 돌아오면서 알렉스를 처음 만났다. 뉴햄프셔에서 운영한 등산학교는 재미있었지만, 내가

1973년 랑데일Langdale의 올드 던전 길Old Dungeon Ghyll 교외에서 (왼쪽에서 오른쪽으로) 크리스 '티 캐디' 애디Chris 'Tea Caddy' Addy, '블랙' 닉 콜튼, 알렉스 매킨타이어, 귀네스 룰 (사진: 존 파웰)

스포츠로 즐기는 어떤 것으로 돈을 번다고 생각하니 마음이 편치 않았다. 학교는 어느 정도 성공적이었다. 여름에는 강사가 4명이나 됐다. 그들에게 일을 맡기고, 나는 재미로 등반을 하거나 골프를 치는 날이 많았다. 그러나 알프스와 영국의 때 묻지 않은 산들이 나를 부르고 있었다. 학업에 복귀하라고 나를 독촉하는 지도교수의 편지에 답장을 썼다. 미국에서 일하며 돈도 충분히 모은 터라 나는 다시 한 번 대서양을 건넜다. 나는 알렉스의 8년 선배였다. 그는 열아홉, 나는 스물일곱. 하지만 나는 로키산맥에서 보낸 시간들과 더불어, 알프스에서의 초창기 등반을 위해 뉴잉글랜드에서 동계등반을 많이 한 터라 빙설氷雪 혼합 등반 경험이 많았다.

대학원 1년차 동안은 리즈의 하이드파크 근처에서 등반을 하지 않는 몇몇 선배들과 한집에서 살았다. 등반을 즐기는 사람들 대부분이 걸어서도 쉽게 갈 수 있는 거리에 있어서, 나는 곧 그들과 어울렸다. 등반을 하러 나가거나 술집에서 등반에 대한 이야기를 하지 않을 때는 이 집 저 집을 몰려다니며 가이드북을 탐독하거나 잡지를 읽으며 많은 시간을 보냈다.

1973년 3월 초, 알렉스는 처음으로 빙벽등반을 경험했다. 리즈대학교산악회의 강력한 팀이 초보자 둘(존 파웰과 알렉스)을 데리고 센트럴 하이랜즈Central Highlands에 있는 크리그 미게이드Craig Meagaidh 위쪽으로 올라갔다. 무슨 이유에서인지, 우리들이 다른 루트 등반을 위해 서둘러 이동하는 사이 이 둘은 자신들의 장비와 함께 뒤에 남게 됐다. 그들은 센터 포스트Center Post를 해보기로 했다. 벽이 본격적으로 시작되는 곳 아래쪽에 있는 그곳은 3급이었다. 후에 밝혀진 바지만, 그 루트

1973년의 알파인 스타일 사진 한 장. 1973년 알프스 여행을 마치고 영국으로 돌아온 존 임스, 저자, 알렉스
(사진: 존 파웰)

는 너무 아래쪽에 있었던 데다 날씨가 따뜻해 얼음이 녹으면서 무너지기 일보 직전이었다. 그때 재앙으로 끝나지 않은 것이 천만다행이었다. 알렉스는 난생처음 아이젠을 신고, 루트가 시작되는 곳까지 터덜터덜 설사면을 올라갔다. 그는 어쩌다가 새로 산 덧바지를 찢고 말았다. 그는 바지를 벗어 첫 피치 시작지점에서 벽 아래쪽으로 던졌다. 그들은 각자 피켈을 한 자루씩만 가진 채 여러 차례 등반을 시도했지만, 그 위쪽 얼음에서 인상적인 모습을 보여주지 못했다. 나머지 사람들은 더 어려운 루트에서 등반을 많이 했는데, 이 사실이 알렉스를 심란하게 만들었다. 다음 날은 날씨가 더욱 안 좋았다. 밤새 내린 폭설에 이어 아침에도 여

전히 눈이 내렸다. 회원 대부분은 집으로 돌아갔지만, 알렉스는 존 임스 John Emes와 존 파웰에게 크리그 미게이드로 돌아가자고 졸랐다. 그들이 그곳으로 걸어 올라가는 데 2시간이 걸렸고, 그러는 동안에도 눈은 여전히 내렸다. 그들은 사우스 포스트South Post에 붙었다. 그곳은 4급으로 훨씬 더 어려운 곳이었다.

존 파웰이 그들이 의도한 루트를 향해 센터 포스트를 가로질러 올랐다. 그러나 피톤에 확보를 하자마자 커다란 눈사태가 굉음을 내며 걸리 아래쪽으로 쏟아져, 파웰은 거의 휩쓸려 나가떨어질 뻔했다. 눈사태가 진정되고 나서 보니, 로프가 걸리를 따라 곧장 아래로 축 늘어져 있었다. 주변이 화이트 아웃으로 아무것도 보이지 않자, 파웰은 즉시 알렉스와 존 임스가 눈사태에 쓸려나간 것으로 판단했다. 그러나 자신의 고함에 대한 대답을 듣고 나서, 파웰은 그들이 걸리의 반대쪽 바위에 여전히 붙어 있다는 사실을 알았다. 로프가 떨어지는 얼음조각에 잘린 것이다. 그들은 도망치듯 산을 빠져나왔다.

1973년 여름 우리는 알프스로 향했다. 리즈에서 구입한 통조림이 많아, 무게를 이기지 못한 밴이 과열되는 바람에 여행은 사흘이나 걸렸다.[35] 산악회의 연례 등반이었는데, 우리는 습관적으로 샤모니 외곽에 있는 스넬 야영장에 터를 잡고, 여름 내내 보다 좋은 날씨와 등반 조건을 찾아 여러 지역들을 돌아다녔다. 그럼에도 몽블랑 산군은 매년 우리를 주춤거리게 했다. 왜냐하면 우리가 악명 높은 등반을 많이 하고, 서

---

[35] 많은 산악회원들은 대학 생활을 유지하기 위해 아르바이트를 했다. 일부는 등반을 도와줄 수 있는 직종에 있기도 했는데, 얼마간의 휘발유를 슬쩍 넣어줄 수 있는 주유소 보조원과 슈퍼마켓에서 밤새 상품을 진열하는 친구들도 있었다. 이들은 새로운 할인 가격표가 찍힌 통조림을 진열대 뒷줄에 놓아두어, 다음 날 아침 한통속인 친구들이 싹쓸이 해가도록 도와주었다.

사시적인 고생을 숱하게 겪은 곳이 바로 그곳이었기 때문이다.[36]

그해는 내가 알프스에서 보낸 세 번째 시즌이었다. 1967년, 나는 스코틀랜드의 떠오르는 스타 지미 매카트니Jimmy MacCartney와 함께 샤모니에서 프윙트 알베르Pointe Albert의 어려운 암벽 루트와 더 높은 곳에서 중급의 설상 루트 몇 개를 등반했었다. (톰 페이티Tom Patey가 '인생만큼 거대하고 용광로처럼 뜨거운 열정'이라고 표현한 매카트니는 1968년 벤네비스의 이탈리안 클라임Italian Climb에서 눈사태를 만나 비극적으로 생을 마감했다.) 1969년 나는 샤모니로 돌아갔고, 몽땅베르 기차역 위쪽 숲속에 있는 옛 비올레Biolay에서 여러 파트너들을 만나, 함께 많은 루트들을 등반했었다. 나는 어쩔 수 없이 몇 번 비박을 해야 했다. 그중 아주 심각했던 것이 북릉을 등반하고 난 후의 페잉유Peigne 쿨르와르에서의 비박이었다. 야영장으로 돌아오니, 허가도 없이 비위생적으로 더구나 몰래 비올레 야영장을 사용한 영국인들의 텐트가 치워져 있었다. 샤모니 시내에 있는 장비점 스넬스포츠의 유명한 주인이 뜻밖에 연민의 정을 발휘해, 레 프라Les Praz에서 도로를 따라 2킬로미터 정도 떨어진 곳에 있는 자기 소유의 빈터로 영국인들과 동유럽인들이 자리를 옮길 수 있도록 재빨리 행동에 나서주었다. 그곳이 바로 내가 텐트를 쳤던 곳이고, 그때부터 스넬 야영장은 수십 년 동안 영국 등반활동의 전설적인 보금자리가 됐다.

---

36 리즈산악회는 여러 해 동안 샤모니와 알프스에서 등반했는데 치명적인 사고는 거의 없었다. 가장 큰 것이 1985년 손님을 안내 등반하던 로저 백스터 존스(RBJ)가 트리올레Triolet 북벽에서 세락이 무너져 사망한 사고였다. RBJ는 당시 영국의 히말라야 클라이머들 중 말할 필요가 없을 정도로 체력이 가장 좋았다. 그의 죽음은 순전히 불행 탓이었다. 넓은 의미로 해석하면 회원이라고 할 수도 있는 조르제 베템부르는 샤모니의 침봉에서 수정을 캐던 중 낙석으로 사망했다.

언제나 함께한 파란색 밴과 함께 1973년 샤모니의 스넬 야영장에서 (왼쪽에서 오른쪽으로) 버나드 뉴먼, 존 파웰, 저자, 알렉스 매킨타이어, 존 임스 (사진: 존 파웰)

1973년의 등반 조건은 좋지 않았다. 7월 초의 첫 일주일 동안은 날씨가 좋았지만, 곧 계곡 아래에까지 눈이 섞인 비가 내리기 시작했다. 우리는 끈질기게 버티며, 여러 차례 플랑 드 레귀Plan de l'Aguille로 걸어 올라가 나무꾼의 오두막에 머물며 날씨가 좋아지기를 기다렸다. 우리는 또한 계곡에 있는 암장에서 등반하거나 보송Bossons 빙하에서 빙벽등반 기술을 연마했고, 오후에는 바 나시나 레 프라의 호텔에서 와인을 마시거나 카드를 치면서 시간을 보냈다. 세상 걱정 없는 전형적인 철부지 학생들인 우리들은 짓궂은 농담을 무척 좋아했다.

7월 말 어느 날 아침, 기상센터를 방문한 우리는 적어도 3일 동안 '좋은 날씨가 이어진다beau temps'는 정보를 얻었다. 그때 나는 존 부샤드와 함께 알프스에 있었는데, 시즌 초에는 잠깐씩 날씨가 좋아 우리는 ED급의 암벽 루트 2개를 등반할 수 있었다. 그러나 그는 아주 짧게 머무는 옛 친구 스티브 아르센놀트와 루트 하나를 등반하기로 약속이 되어 있었고, 다른 사람들도 모두 각자의 계획이 있었다. 따라서 나는 알렉스와 함께 움직여야 했다.

나는 영국에서 알렉스와 함께 몇 번 등반을 해본 경험이 있었다. 따라서 그의 암벽등반의 한계와 빙벽등반의 경험 부족을 알고 있었다. 어쨌든 엄청난 신설로 얼음의 표면이 보통 때 같지 않았어도 우리는 그런대로 괜찮았다. 나는 그해 초여름 앨런 라우즈가 단독 등반한 푸Fou 남벽의 한 루트를 하고 싶었지만, 쿨르와르를 따라 올라가는 어프로치가 위험해 보였다. 우리는 대신 프웽트 레피네이Pointe Lépiney의 동벽에서 루트가 계속 이어지는 고전적인 라인을 골랐다. 시즌 중간에 도착한 알렉스는 어느 루트든 자기에게는 알프스에서의 첫 경험이라서 행복할 것

보송 빙하에서 빙벽등반을 연습하는 알렉스 (사진: 존 파웰)

이라고 말했다.

우리가 짐을 꾸리기 전에 그는 부츠를 빌리러 시내로 내려갔다. 그는 샤모니로 오던 중 뜻하지 않게 부츠 한 짝을 잃어버렸다. 그래서 그날 오후 우리가 몽땅베르로 올라가는 전철에 올라탔을 때 그는 짝짝이 부츠를 신고 있었다. 오른쪽에는 원래의 부츠를, 왼쪽에는 가까스로 발에 맞춘 빌린 부츠를. 앙베르 산장까지 2시간을 걸어 올라가는 동안 다행히 그의 발에는 물집이 잡히지 않았다. 그날은 우리가 예정한 루트가 손에 잡힐 듯 가깝게 보인 아름다운 저녁이었다.

8

알라딘 세인

Aladdin Sane

언제나 꾸물거리는 알렉스에게는 이번이 첫 새벽 출발일 것이다. 새벽 2시 내가 흔들어 깨우자, 그는 몸을 뒤척이며 저리 비키라 한다. 다른 사람들은 여전히 깊은 잠에 빠져 있다.

"뭐예요? 왜 이렇게 일찍 가야 해요?"

"갈 길이 멀거든."

그제야 알렉스는 담요 밑에서 기어 나온다. 그는 등산용 짧은 바지와 부츠를 빼고는 옷을 모두 입고 있다. 그는 왼쪽 부츠를 발에 맞추기 위해 가져온 여분의 양말 한 짝을 두리번거리며 찾는다.

"가자. 샤모니로 돌아갈 길도 멀어. 넘어야 할 산도 있고. 레피네이도 있고 푸도 있단 말이야."[37] 나는 내가 늙은이처럼 잔소리를 늘어놓고 있다는 사실을 깨닫는다. 맞는 말이다. 그는 나에게 그만 좀 귀찮게 하라고 한다. 자신은 최선을 다하고 있다며, 나를 '시어머니'라고 부른다.

---

37 요즈음의 일반적 하산 루트는 인접한 루트를 통해 앙베르로 돌아오는 것이다. 그러나 우리가 가진 가이드북은 푸의 남서릉을 오른 다음 블레티에르Blaitiére의 퐁텐느 레지Fontaine Ledges를 지나 낭티용Nantillons으로 내려오는 루트를 추천했다. 그해 일찍 블레티에르 서벽을 등반한 경험이 있어서 나는 하산 루트를 찾을 수 있다고 자신했다.

하지만 그 말은 맞지 않다.

우리는 산장 관리인이 남겨놓은 보온병에서 커피를 따라 마신다. 알렉스는 튜브에 든 진득한 연유를 입으로 직접 짜서 먹는 버릇이 있는데, 나는 좀 께름칙하다. 연유의 끈적거리면서도 달콤함이 그의 몸을 덥히는 것일까? 그의 첫 번째 고봉이 기다리고 있다. 헤드램프를 켜고, 우리가 나무로 된 현관을 가로지르는데, 가볍게 쿵쿵거리는 우리들의 부츠 소리는 분명 다른 사람을 깨우고는 차갑게 얼어붙은 산의 어둠 속으로 빨려 들어갔다.

빙하를 통해 그 고봉 밑으로 가자니 길이 헷갈렸다. 들쭉날쭉한 침봉들의 검은 실루엣이 하늘을 찔렀다. 우리가 다가갈수록 침봉들은 별들을 삼키고, 아이젠을 신고 로프를 묶을 때는 우리 바로 위로 치솟아 있다. 푸 쿨르와르 안으로 들어갈 때 아이젠이 눈 속에 박히며 내는 날카로운 소리를 듣고 다시 한 번 알 수 있었는데, 우리의 전진에는 하모니가 있다. 여명을 알리는 붉은 첫 빛이 침봉에 펼쳐지고 별들이 희미해졌다.

"이런 젠장, 너무 어두워서 확신할 수가 없네. 그렇지만 여기 어디 위쪽에서 루트가 시작되는 게 틀림없어. 장비를 착용하자. 그러고 나면, 아마 분간을 좀 할 수 있을 거야."

제대로 찾았다. 이제 벽을 가르는 침니의 윤곽이 눈에 들어온다. 그리고 빙하는 저만치 물러나 있다. 고도감 있는 슬랩을 오르는 첫 피치는 확보도 없어 필사적이다. 알렉스는 언 손가락으로 뒤따라왔다. 나는 그에게 장비걸이를 건네주고, 루트의 본격적인 첫 피치를 이어받도록 한다. 곧장 치고 올라가야 했다. 그는 첫 번째 돌출부까지 올랐다.

"엄청 추워요. 그리고 이건 너무 어려워요."

"계속 가. 괜찮을 거야."

"아니, 그렇지 않아요. 여기 만만찮아요. 맞지도 않는 부츠를 신고 여길 선등할 수는 없습니다."

내가 선등을 넘겨받는다. 춥고 가파른 데다 바윗덩어리들도 흔들거린다. 나는 속도를 위해 하루 종일의 나머지 등반도 선등하기로 결심한다. 나는 알렉스에게 다시는 짝짝이 부츠를 신고 등반하지 말라고 이른다. 그는 자신의 발동작에 자신감이 없어 보였다.

피치가 거듭될수록, 태양은 점점 더 하늘 위로 떠오르고 빙하는 멀어져간다. 기분이 좋아졌다. 우리가 등반을 함께하는 것은 이번이 처음이다. 우리는 등반을 즐겼다. 존 파웰과 부샤드 그리고 나머지 우리 팀은 어디에 있는 것일까? 이곳 근처의 봉우리 어디에서인가 우리처럼 오름 짓을 하며 시간과 공간을 우리와 함께 나누고 있을 것이다. 그러나 보이지는 않는다. 우리는 곧바로 구름에 휩싸인다. 혹시 이 구름들이 우리를 반기러 온 것은 아닐까? 정상에서, 안개가 우리를 감싸고, 내가 하강을 준비할 즈음에는 바람이 불어닥친다. 상황은 악화일로다. 안개가 윙윙거린다. 그러자 피켈이 콧노래를 부르기 시작한다.

"빌어먹을. 빨리 움직여야 해. 푸는 포기하자. 푸를 횡단하는 곳에서 길을 찾아야겠어."

차가운 비가 내리기 시작하고 구름이 두꺼워진다. 나는 아노락을 뒤집어쓰고 8자 하강기를 로프에 건다. 그리고 거의 동시에 오버행 너머로 몸을 던졌다. 하강을 하면서 몸이 빙빙 돌아, 무언가 잘못되었다는 사실을 깨달았다. 바람이 내 발밑의 구름을 걷어가고, 로프는 허공 속으로 늘어져 있다. 나는 엉뚱한 방향으로 하강하고 있었다. 아, 로프 끝에 매듭이 없다니! 나는 거의 공황 상태에 빠져들었다. 그 순간 갑작스럽고도 알 수 없는 힘으로 로프를 붙잡았다. 한 손으로 로프를 붙잡고 체중을 버티며, 다른 손으로 두 개의 푸르지크prusik 슬링을 가까스로 로프에 건다. 나에게는 로프를 타고 다시 올라갈 힘이 남아 있다. 내가 다시 오버행 위로 돌아오자, 싱크대에서 물이 빠지는 것처럼 힘이 쭉 빠져나간다. 나는 세찬 진눈깨비 속에서 힘이 다시 돌아올 때까지 바위에 기댔다. 스탠스에 도착하니, 결정적으로 날이 어두워지기 시작했다.

"이게 무슨 놈의 난리법석이람!" 알렉스가 고함을 지른다. "우릴 죽일 셈이냐?"

"야! 아주 재밌잖아, 안 그래?"

번쩍! 꽝!

번개 하나가 우리 바로 옆을 때린다. 섬광이 콜col을 비추는 찰나 핑크빛 화강암 침봉들이 흔들려 보였다. 푸의 모습이 번개로 인해 소용돌이치는 구름 위로 또렷이 드러난다. 그러자 능선에는 암흑 속의 세찬 진눈깨비만 남았다.

번쩍! 꽝!

푸의 모습이 다시 드러났다. 우리가 가야 할 방향이 보이지만 바람이 미친 듯이 불어댄다. 그쪽으로 하강하다가는 함정에 빠질 것 같다. 나는 여전히 정확한 하강 루트에 자신이 없었다. 나는 결정을 내리고 알렉스의 귀에다 외쳤다.

"올라온 루트 꼭대기로 내려가자. 거기가 더 안전하겠어."

번쩍! 꽝!

"그래요. 우리가 먼저 죽지만 않으면요."

"걱정 마. 죽으면 죽는 거고. 지금보다 나쁘진 않겠지. 저기로 내려가자."

바람에 로프가 수평으로 날린다. 우리는 이미 둘 다 흠뻑 젖었다. 바람으로 인해 얼굴을 맞대고 이야기하는 것조차 어렵다. 마침내 로프를 사린 나는 불꽃을 뚫고 그 로프를 밑으로 던진다. 이 순간 샤모니나 안전은 먼 나라 이야기다.

번쩍! 꽝!

"야, 춥고 긴 밤이 되겠는데."

우리는 로프 한 동 길이만큼 내려가, 레지 위의 돌들을 치우고 조브라운 배낭에서 매트리스를 꺼낸 다음 배낭의 확장슬리브를 잡아당겨 다리를 집어넣었다. 폭풍이 서서히 잦아들고 완벽한 어둠이 찾아왔다. 떨어지는 눈송이가 언뜻언뜻 내는 빛이 으스스하다. 우리는 어깨를 서로 기대고 앉아 몸을 더욱 밀착시켰다. 나는 침낭이 있으면 하고 바라지만, 이렇게 젖은 눈에서 쓸모가 있을까? 눈이 쌓여감에 따라 추위는 더욱 뼛속 깊이 파고든다. 나는 예전에도 견디기 힘든 비박을 한 적이 있다. 그러나 언제나 직전보다 더 나쁜 것 같다. 우리는 너무나 쉽게 망각한다. 나는 이 밤이 지나가리라는 것을 알고 있지만, 알렉스는 분명 겁에 질려 있다.

"그거 알아? 난 위에서 내가 길을 안다고 생각했지." 내가 알렉스에게 말을 건넸다. "위쪽에서 내린 로프의 끝에는 아무것도 없었어. 엄청난 추락 말고는. 가이드북이 잘못된 게 틀림없어. 로프 끝을 매듭짓지도 않았다니, 망할 놈의 멍청이 같으니라고! 오버행 위로 올라가 널 다시 볼 수 있어서 얼마나 기뻤는지 몰라."

"제가 들을 수 있었던 건 바람 속에서 윙윙거리는 고함뿐이었습니다." 알렉스가 이를 딱딱 부딪치며 말한다. "무슨 일이 일어나고 있는지 알 수가 없었습니다. 그러나 형이 떨어져도 내겐 로프가 남을 거라는 생각이 들었습니다."

"아이고, 정말 고맙네."

알렉스는 천천히 진득한 연유를 튜브 끝까지 빨아먹었다. 나는 함께 나누어 먹을 요량으로 주머니를 뒤져 축축하게 젖은 초콜릿 바를 꺼내 쪼갰다. 한 조각을 입 안에 넣고 될 수 있으면 오래가도록 천천히 녹였다. 그러고 나서 두 번째 조각을, 다시 세 번째 조각을. 그러자 초콜릿이 다 녹았는데도 지나간 시간은 겨우 30분이다. 초콜릿 바의 나머지 반을 안주머니 속으로 넣었다. 그런 다음 우리는 몇 마디 이야기를 나누고, 오들오들 떨면서도 그 대화로 즐거워지려 애썼다.

우리는 잠이 스르르 들 때마다 곧장 오한으로 깜짝 놀라 깨서는 체온을 유지하려 팔과 다리를 두드렸다. 눈이 멈추자 우리는 몸을 따뜻하게 하기 위해 일어서서 눈을 털어내고, 구름에 휩싸인 조그만 레지 위에서 제자리 뛰기를 했다. 우리의 노력이 날씨에 감명이라도 준 것일까? 구름이 베일을 벗듯 침봉들로부터 서서히 물러갔다. 이어서 맹렬한 추위와 함께 무수한 별들이 나타났다. 우리는 이전의 오한으로 돌아가고, 샤모니로 내려가면 제일 먼저 무엇을 먹을 것인가에 대한 이야기를 나눴다. 저 멀리 계곡의 불빛들이 문명의 안락함을 약속하듯 빛난다. 하지만, 잠깐 동안의 위안일 뿐 지독한 추위를 없애주지는 못한다. 덜덜 떠는 알렉스는 이제 통제 불능이다.

"여기서 죽을 것 같아요."

"걱정 마, 인마. 졸지 말고 그냥 조망이나 즐겨. 몇 번 겪고 나면 익숙해질 거야."

밤은 일주일이나 계속될 것 같았으나 마침내 칠흑 같은 어둠이 뿌연 잿빛으로 변했다. 위를 올려다보자, 정상으로 이어지는 눈 덮인 루트가 보였다. 그때 더 짙은 안개가 깔렸다. 나는 안주머니 속의 초콜릿을 꺼내 다시 반으로 나눴다.

"이거 먹어." 내가 반으로 나눈 초콜릿을 알렉스에게 건네며 말했다. "정말 뭣 같기는 하지만, 우리가 올라온 길로 내려가야 할 것 같다. 구름과 눈 때문에 하강 루트를 찾는 게 너무 어려워."

두 차례 하강을 하자 몸에서 열이 나기 시작했다. 우리는 익숙한 후퇴에 들어갔다. 하강에 필요한 너트가 부족해서 나는 로프를 일정한 길이로 잘라 슬링을 만들었다. 알렉스는 마치 먹이를 준비하는 주인을 쳐다보는 강아지처럼 나의 일거수일투족을 지켜봤다. 나는 내 절망을 감춘 채 되도록 효율적으로 작업에 임했다. 실수는 피하고 안전을 도모하며…. 하강용 앵커는 세 번씩 확인했다. 때로는 얇은 테이프슬링만 조그만 암각에 걸 때도 있었다. 얼마 후, 떠오르는 태양의 아침햇살이 사방으로 퍼지며 뼛속까지 시린 추위를 덜어주었다. 하강을 할 때마다 빙하가 우리를 맞으러 마치 위로 올라오는 것 같다.

"운이 좋으면, 내려가서 늦은 점심을 먹을 수도 있겠는데."

"지금으로서는 형이 진짜 멍청인지 아니면 영웅인지 모르지만, 우리가 정말로 내려갈 수만 있다면 점심은 내가 살게요."

로프가 5$^+$급 피치에서 암각에 걸려, 내가 다시 올라가 처리했다. 빙하로 내려서는 마지막 하강에서는 베르그슈룬트bergschrund를 뛰어넘는 곡예를 연출했다. 하늘이 노랗게 보이는 몽롱한 정신이 몽땅베르까지 따라오고, 극심한 피로로 사방이 깜깜하게 보이는 현상이 샤모니로 돌아오는 내내 계속되었다. 앞으로는 돌아가는 전철 표를 살 돈을 미리 챙겨야 한다고 나 자신에게 이르면서 우리는 곧장 바 나시로 갔다. 앨런 라우즈와 다른 한 팀은 오후의 하늘이 어두컴컴해지며 비가 내리기 시작하자 이미 돌아와 있었다. 알렉스가 현관으로 들어가자 그가 싱긋 웃었다.

"이런 제기랄. 더티 알렉스 아냐? 어젯밤에 돌아오지 않아서 우린 너희들이 죽은 줄 알았지, 뭐야. 첫 등반이 마지막이 될 뻔했군, 여기서."

"아마 내 마지막 등반이겠지. 어쨌거나 포터와는 마지막 등반이야."

2주일 후, 도버로 돌아오는 페리 선상의 옆 테이블에서 존 파웰은 반쯤 먹다 남아 식어빠진 닭고기와 칩을 슬쩍했다.

"여기, 이것 좀 먹어봐." 그러나 알렉스는 구역질을 할 뻔했다.

"얼른 집으로 돌아가 내 침대로 기어들어가고 싶다. 그리고 나서 다시 생각해볼 거야, 등반을 할 것인가 말 것인가!"

9

그림책

Picture Book

등반과 법학에 대한 알렉스의 접근방법에는 얼마간 유사점이 있었다. 그는 좀처럼 성급한 결론을 내리지 않았다. 대신 그는 어느 특정 시각이나 행동 과정을 이해하기 위한 원리를 찾으려 노력했다. 만약 어떤 주제에 대해 자신의 마음을 결정하지 못하면, 논쟁을 포기하거나 어느 정도 변증법적 논리를 찾아냈다.[38] 그것은 괴롭고 성가신 일이었을 것이다. 대부분의 시간을 그는 자신이 현재 하고 있는 일에 집중했다. 알렉스에게, 사고思考는 결단력 있는 행동을 하기 위한 하나의 과정이었다. 그는 이론적이고 추상적인 사고는 시간 낭비며 쓸데없는 짓으로 여겼다.

이런 실용적 접근방법의 단점은 그 속에 갇힐 수 있다는 것으로, 오로지 논리만을 바탕으로 한 사고가 만들어내는 결함이다. 자기만의 논리로 결정을 내린다는 것은 그 결과를 받아들여야 한다는 것을 의미하고, 아마도 그것은 거대한 산을 오르는 많은 사람들에게도 적용되는 하

---

38 더그 스콧은 주제의 양면을 논할 수 있는 알렉스의 능력에 대해 마운트세인트메리Mount Saint Mary에서 받은 예수회 교육 ― 하루는 어떤 논점을 제시해야 하고, 다음 날에는 다시 반대되는 논점을 제시해야 하는 ― 덕분이라고 지적한다. 바톤 윅스Baton Wicks가 펴낸 『시샤팡마Shisha Pangma』 27쪽 참조.

나의 원칙일 것이다. 이러한 원칙은 등반 외에는 아무 것도 고려할 필요가 없다는 의미로 행동범위를 확장시켜 주게 되고, 한번 결정되면 번복하지 않는 행동에는 더욱 확실한 위험이 따르게 된다. 알렉스는 힘든 요구를 피하는 사람이 아니다. 한 번 결정을 내리면 뒤로 물러나지 않는 것, 그것이 그의 기질이었다. 물러나면 나약해 보인다고 생각했을 것이다.

알프스에서 우리의 시즌을 보낸 이후, 알렉스는 등반을 그만두지 않고 오히려 삶의 방편으로 삼기 시작했다. 그것은 등반이 라이프 스타일이 되는 것보다 더 많은 의미를 갖고 있었다. 등반을 라이프 스타일로 삼는 친구들도 많았다. 이 말은 보통 암장으로 나가기보다는 술집과 침대에서 더 많은 시간을 보낸다는 의미를 내포하고 있었다. 알렉스는 등반의 두려움을 이겨내기 위해서는 등반을 훨씬 더 잘할 필요가 있다고 느꼈다. 그렇다 해도 이것이 다른 모든 것을 전적으로 포기하고, 자신의 삶을 등반 위주로 꾸민다는 말은 아니었다. 그리고 이런 일은, 프로가 되려 한 많은 클라이머들이 그랬던 것처럼 몇 년에 걸쳐 서서히 일어났다.

자신의 목표를 달성하기 위해 알렉스는 세 가지를 결심한다. 첫째 가능한 한 등반을 많이 할 것, 둘째 이를 유지하기 위한 방법 — 결국 돈을 의미하는데 — 을 찾을 것 그리고 마지막으로, 일부 클라이머들이 조짐을 보인 것처럼 미치거나 스스로 죽음을 택하지 말 것. 계획대로 되지는 않았지만 명성을 얻은 이후에도 알렉스는 다른 클라이머들보다 잘 짜이고 절제된 라이프 스타일을 유지했다. 다른 사람이 사지 않는 한 그는 하룻저녁에 맥주 두 잔을 넘기는 법이 없었다.

대학원 과정 2년차 동안, 나는 더돈Duddon 강 하구 위쪽에 있는 외딴 농가에서 지내려고 레이크스로 이사했다. 철학 석사과정을 끝낸다는 것이 표면상 이유였다. 처음에는 열심히 했다. 격주마다 한 번씩 영국 철도를 타고 리즈로 가 상당한 분량의 리포트를 지도교수에게 제출했고, 그러고 나서는 산악회원들과 등반을 하러 갔다. 2년차가 끝나갈 무렵이 되자 내 생각과 학문적 내용 전반에 걸쳐 환멸이 들기 시작했다. 등반을 하는 친구들이 집에 와 머물면 — 때로는 장기간 동안 — 나는 아무것도 하지 못했다. 특히 미국 친구들이 장기등반을 하기 위해 건너오면 더 심했다. 1975년 초 켄 윌슨이 『마운틴』지의 부편집장 자리를 권해, 나는 정규교육에 대한 투자를 포기하고 그 제안을 받아들였다. 비록 런던은 내가 좋아하지도 않고 산과도 멀리 떨어져 있었지만, 켄의 지도 아래 나는 등산의 더 넓은 세계와 당시 성장 일로에 있던 아웃도어 산업에 관한 일을 배웠다.

따라서 1974년과 1975년에는 알렉스와 등반을 많이 하지 못했다. 그런데 이때 알렉스는 획기적인 발전을 이루었다. 그는 암벽에서 일취월장했고, 스코틀랜드의 동계등반에 대해서도 그 당시 어느 정도 인정을 받았다. 그는 또한 빙벽등반의 경험도 넓히고 있었다. 1974년은 경이로웠다. 시작은 브레갈리아Bregalia에서였다. 존 파웰이 지리 현장학습을 하는 동안 그는 팀 젭슨Tim Jepson과 함께 시오라Sciora 산장에서 출발하는, 매우 멋진 루트 3개 — 토레 이노미나타Torre Innominata 서릉, 푼타 피오다 디 시오라Punta Pioda di Sciora의 피오다칸테Piodakante 그리고 마지막으로 시오라 디 푸오리Sciora di Fuori의 푸오리칸테Fuorikante — 를 등반했다.

1974년 노스 웨일스에 위치한 크로귄 두르 아르두Clogwyn Du'r Arddu의 리스릭Lithrig 루트를 오르는 알렉스

(사진: 존 파웰)

그들은 푼타 알비냐Punta Albigna 북서릉으로 가서, 파소 디 조카 Passo di Zocca를 넘은 다음, 리푸지오 알리에비Rifugio Allievi까지 갔지만, 산장의 문이 닫혀 있어 화장실에서 자야 했다. 그들의 등반 목록에는 2개의 유명한 루트가 있었다. 푼타 알리에비Punta Allievi 남릉과 피조 디 조카Pizzo di Zocca 남동릉이었다. 그러나 남릉의 시작지점을 찾는 데 실패한 그들은 다시 시도할 요량으로 등반장비를 화장실에 남겨두었다.

"성공적인 등반이었습니다."라고 팀이 말했다. "배울 것도 아주 많았고, 즐거웠습니다. 알렉스와 나는 아주, 아주 잘했습니다. 어려운 곳 대부분을 내가 선등했다는 것을 빼면 우리는 산을 똑같이 경험했습니다. 그런데 이유를 꼭 집어서 말할 수는 없지만, 우리가 계곡에 있을 때는 잘 맞지 않아, 다음 등반을 준비해야 할 때까지는 서로 거의 말을 하지 않았습니다. 알렉스는 레몬 즙을 피부에 문지르는 습관이 있었는데, 아마 그게 햇빛에 주름이 생기는 걸 막아준다고 믿었던 것 같습니다."

브레갈리아에서 등반을 끝낸 알렉스는 팀과 결별하고, 존 파웰의 밴을 타고 샤모니로 이동해 스넬 야영장에서 야영하고 있던 영국과 미국 친구들을 만났다. 그들은 곧바로 콜 뒤 플랑 북벽과 블레티에르 서벽 등반에 나섰다. 알렉스는 악명 높은 피슈르 브라운Fissure Brown을 선등했는데, 이는 그의 암벽등반 실력이 진일보했다는 징표였다. 그 후 그들은 드류의 보나티 필라를 끝냈다. 그 루트는 여전히 명성이 상당했는데, 시작지점까지 가는 동안의 낙석 위험도 일조했다. 따라서 알렉스와 존 파웰은 플람 드 피에르Flammes de Pierre에서 아래로 내려가는 긴 어프로치를 선택했다.

"오랫동안 걸어 올라가야 했습니다."라고 존 파웰은 회상했다. "그리고 어둑어둑해질 무렵 우리는 비박에 들어갔습니다. 당시는 계곡에서 먹을 것을 만들어 배낭에 지고 올라갔습니다.[39] 그날 밤 우리는 간과 양파를 먹었는데, 사실 나는 그다음 날을 절대 잊을 수 없습니다. 새벽동이 트기도 전의 하강은 겁나는 일이었습니다. 우리는 제대로 된 길에서 다음 하강 포인트를 찾을 수 있다는 희망을 안고 어둠 속을 내려갔습니다. 장비는 완전치 않았습니다. 녹슨 피톤 단 한 개에 매달렸던 기억이 납니다. 우리는 등반용으로 쓰려고 5개의 피톤만 챙겼습니다. 그래서 피톤을 함부로 쓸 수 없었습니다. 루트의 시작지점에 이르렀는데, 운이 좋게도 긴 인공등반 피치에는, 로저 백스터 존스와 브라이언 홀이 말한 것처럼, 기존 확보물이 많이 있었습니다. 알렉스와 내가 함께한 다른 인공등반 루트는 고데일Gordale의 케이브 루트Cave Route가 유일했습니다. 첫 피치를 끝냈지만 너무 어두워서 실패하고 말았습니다."

존 파웰과 알렉스는 호흡이 잘 맞았고, 가능하면 등반을 많이 하려 노력했다. 여름 날씨가 악화되자, 그들은 재빨리 프티트 조라스Petites Jorasses 서벽을 등반하고 그해를 마쳤다. 알렉스는 정상 부근에서, 밟고 올라선 눈이 무너지는 바람에 10미터가량을 추락했다. 그는 몹시 놀랐

---

39 이렇게 하는 것이 일반적이었는데, 연료를 절약한다는 의미도 있었다. 전체적으로, 좋은 등반식량에 대한 우리의 지식은 보잘 것 없었다. 그 당시는 천천히 흡수되는 고칼로리 식량에 대한 이해가 오늘날 같지 않았다. 무게를 줄이기 위해, 때로는 고가에도 불구하고 동결건조 식량을 가져갔지만, 대부분 싸구려 건조식품이 주를 이루었다. 이런 것들은 거의 먹지도 못할 상태로, 소화가 될 때 수분을 너무 많이 필요로 했는데, 때로는 복통을 유발하기도 했다. 형편없는 식량 선택에 대한 대표적 예를 들자면, 그 상은 캠브리지대학교로 돌아가야 마땅할 것이다. 앨런 라우즈는 대부분의 등반루트에서는 포도당 정제면 충분하다고 줄기차게 주장했다. 우리들도 그의 주장을 따랐지만, 곧 포도당 알약으로 얻은 에너지는 금세 없어지고 결국 무기력증에 빠진다는 사실을 깨달았다. 사상 최악의 등반식량 상을 준다면, 이것 역시 라우즈의 차지다. 벤네비스의 CIC 산장에서 쓸 식량 구입을 깜빡한 그는 결국 덤바턴Dumbarton의 튀김 전문점에서 피시앤드칩스fish and chips를 다음 날 저녁의 예비식량으로 사 갖고 올라왔는데, 등반 내내 전부 얼어붙어 엉망진창이 되어 있었다.

아르장티에르 산장 밖에서의 비박. 알렉스와 존 파웰은 다음 날 프티트 조라스 서벽을 빠른 속도로 올랐다.
(왼쪽에서 오른쪽으로) 저자, 존 뷰샤드, 알렉스 (사진: 존 파웰)

지만 곧 냉정을 되찾았다. 그들은 같은 산악회 내의 뛰어난 클라이머들인 로저와 브라이언이 1년 전에 세운 기록보다 더 빠른 시간에 그 루트를 끝냈다.

폭풍이 날뛰는 어둠 속에서 그들은 이탈리아 쪽에 있는 대피소를 간신히 찾았다. 시즌을 끝내라는 날씨였다.

대학으로 돌아온 알렉스는 학업과 등반을 병행하며 일상을 이어갔다. 그는 파란색 포드 밴도 샀다. 이로 인해 그는 리즈대학교산악회에서 정회원 자리를 차지했는데, 아마 알피니스트로서 점점 커져가는 명성에도 꽤 영향을 끼쳤을 것이다. 자주 그러지는 않았지만, 그는 술을 많이 마시면 사람들에게 자기자랑을 늘어놓는 것으로 유명했다.

1974년 알렉스는 산악회 회계를 담당했다. 그해는 산악회가 재정적으로 아주 심각한 위기에 놓여 있었다. 그 이유를 잠깐 설명하는 것도 괜찮을 것 같다. 1973년 버나드 뉴먼은 회지를 판매용으로 만들기로 했다. 현대 영국의 등반 동향을 담은 고품질이면서도 재미난 잡지를 만들어보자는 아이디어였다. 그 결과 장비점들과 일부 서점들에서까지 잘 팔렸다. 수익금은 장비를 구입하고, 산악회의 그해 하계 알프스 등반 경비로 썼다. 분위기는 표지에 담겨 있었다. 크리스 보닝턴의 첫 번째 책 『나는 등반을 선택했다I Chose to Climb』(1966)의 표지에는 일클리Ilkley의 볼더에 한 손으로 매달린 대단한 클라이머의 모습이 실려 있었는데, 바닥에서 제법 높은 곳임이 분명했다. 우리는 표지에 똑같은 자세로 매달린 산악회의 주요 인물들 사진을 많이 넣었다. 그러나 9개의 프레임으로 구성된 표지 사진이 걸작이었다. 홀드 아래로 얼마 떨어지지 않은 곳에 바닥이 드러나 있는가 하면, 얼마 전 바닥으로 떨어져 다리에 깁스를 하고 목발을 짚은 조셉이 부러운 눈으로 위를 쳐다보는 장면까지 나와 있었다. 사진 설명은 이랬다. "그들 또한 등반을 선택했다…."

그 잡지는 편집자로서 오랜 경력이 있는 버나드 뉴먼의 첫 작품이었는데, 리즈대학교에서 회지를 만드는 경력을 쌓으면 『마운틴』 지에 들어가는 데 유리한 것처럼 보였다. 나도 버나드의 뒤를 따라 1975년에 8개월 동안 『마운틴』 지에서 일을 했었다. 그다음 해 버나드와 나는 후속편을 함께 작업했다. 이번에는 더욱 야심차게 표지를 컬러로 만들었고, 필연적으로 우리를 곤란에 빠뜨릴 충격적인 기사와 사진들로 채웠다. 그 결과, 지금이라면 광의의 리즈대학교산악회원이라고 할 수 있는 짐 페린이나 릭 실베스터Rick Sylvester 같은 사람들의 기고문도 실려, 영국 산악계에서 선풍적인 인기를 끌었다. 출판이란 최고의 기준으로 발행해도 뜻밖의 암초에 부딪칠 수 있는 법이다. 돌이켜보니, 우리의 사업은 너무나 뻔했다.

우리는 알프스로 향하기 며칠 전 마침내 잡지 인쇄를 마쳤지만, 배포를 하고 정산을 할 시간이 모자라 결국 다음 학기까지 기다리는 수밖에 별 도리가 없었다. 우리는 잡지를 박스에 넣어 가을에 돌아올 때까지 손대지 말라는 엄중한 경고문과 함께 하숙방에 쌓아놓았다. 그러나 영국에 남아 등반하기로 한 몇몇 비열한 산악회원들에게는 참을 수 없는 유혹이었다. 그들은 잡지를 밴에 가득 싣고 스코틀랜드, 웨일스, 콘월Cornwall로 향했다. 그리고 재고의 대부분(대략 2,000부)을 장비점과 아울렛에 팔아넘겼다. 수익금은 멍청하게도 전국에 있는 다양한 호텔의 숙박비로 낭비되거나 장비를 사는 데 쓰였다. 버나드와 내가 알프스에서 돌아오자 상당한 인쇄비가 기다리고 있었지만, 팔아서 갚을 잡지는

The Journal 73

"그들 또한 등반을 선택했다···."라는 사진 설명이 붙은 1973년도 리즈산악회지 표지. 사진은 토니 그린뱅크Tony Greenbank가 보닝턴의 첫 번째 책 『나는 등반을 선택했다I Chose to Climb』의 표지 사진을 찍은 일클리Ilkely의 카프 Calf 볼더에서 찍었다. (윗줄부터 왼쪽에서 오른쪽으로) 존 임스, 브라이언 홀, 존 파웰, 존 시렛, 버나드 뉴먼, 배리 콜램Barry Colam, 알렉스 매킨타이어, 수잔 모리스Suzanne Morris, 팀 젭슨(말럼에서 사고를 당한 후) (사진: 버나드 뉴먼)

남아 있지 않았다.

그해의 회계 담당자로서, 알렉스는 집중적인 비난을 받았다. 비난의 화살은 대부분 알렉스가 '회계를 요령 있게 처리하지 못했다'고 주장하는 사건의 주범들로부터 나왔다. 산악회는 이제 빚더미에 앉았고, 대학교로부터 인정받는 동아리 명단에서 삭제되어, 더 이상 지원금을 받지 못하거나 신입회원을 받을 수 있는 '오리엔테이션'을 열 권리가 박탈되는 대단히 심각한 결과를 초래할 위험에 처했다. 알렉스는 베인브리지Bainbridge의 로즈앤드크라운 호텔 — 우리들을 블랙리스트에 올렸던 많은 호텔 중 하나 — 에서 열리는 산악회 연례 총회에서 향후 대책을 설명해야 했다.

리즈 만찬은 우리가 봐도 유난히 소란스러웠다. 산악회의 여러 담당자들이 '공식적인 보고'를 할 때까지 알렉스는 평소보다 술을 많이 마셨다. 산악회장인 버나드가 보고를 위해 회계를 호명하자 알렉스는 메인테이블에서 간신히 일어나 다음과 같이 더듬거렸다. "현재 재정 쌍태는 나쁘다. 사실, 저엉말 나쁘다. 아니, 체악이다. 망해써어."

잠시 정신을 차린 알렉스는 간신히 집중력을 유지하더니 메인테이블의 거의 끝에 앉아 있는 나를 발견했다. "그리고 망해먹은 이유느 저어기이 저어 개자식 때문이야."라고 소리치며, 나를 가리켰다.

그러고 나서 알렉스는 한 손에 테이블 나이프를 쥐고 비틀거리며 나에게 다가왔다. 다른 손으로 테이블을 짚어 몸을 지탱한 그는 지나갈 때마다 다른 사람들의 음료수를 엎지르고 접시 위의 케이크를 엉망진창으로 만들었다. 사람들은 그저 웃을 뿐 어떻게 해야 할지 몰랐다. 다행히, 중간쯤에 이르자 알렉스가 비틀거렸다. 그는 나뒹굴면서 테이블 밑으로 쓰러져 정신을 잃었다. 100여 명의 구경꾼들은 숨을 죽였다. 버나드는 그 순간을 놓치지 않고 자리에서 벌떡 일어나 다음과 같이 선언했다. "그럼 이것으로써 1974년도 회계 보고를 마치겠습니다."

그러나 그것으로 다 끝난 것이 아니었다. 우리는 인쇄업자인 베르너 트리멜Werner Trimmel에게 빚을 갚을 방법을 찾지 못하고 있었다. 그는 사업 수완이 좋았을 뿐만 아니라 우리 산악계의 일원이었고, 뛰어난 스키어였다. 또한 가끔 걷잡을 수 없이 폭발하는 성격과 돌주먹으로도 유명했다. 아마도 연합군에 점령된 비엔나의 뒷골목에서 유년기를 보낸 영향 때문이었을 것이다. 만찬이 끝나고 나서 일주일 후에 알렉스는 지불하지 못한 인쇄비를 논의하기 위해 리즈의 와인 바에서 우리와 베르너의 회동을 주선했다. 그는 위스키를 한 병 마시면서 부드러운 분위기를 만들고자 했지만, 그만 역효과가 나고 말았다. 일단 취기가 돌자 시작은 우호적이었다.

"기막힌 아이디어가 있습니다." 내가 베르너에게 자신 있게 말했다. "내년에도 회지를 만들지요. 그리고 거기서 나오는 수익을 모두 가져가시면 인쇄비가 충당될 겁니다."

"하지만 지난 번 건 지금 갚아야 해." 하고 그가 요구했다.

"미안해요, 베르너 사장님." 알렉스가 말했다. "우린 빈털터리예요."

그러자 베르너의 얼굴이 붉으락푸르락해졌다. 사업이 위태로운 불경기의 한복판에 선 그에게 우리는 큰 빚을 졌다. 얼토당토않은 말을 들었다고 생각한 그는 테이블 위로 손을 뻗어 내 목덜미를 움켜쥐고 죽여버리겠다고 소리쳤다. 그 순간, 알렉스가 그의 안경을 벗겨 홀 건너편으로 내던졌다. 말 그대로 '눈에 보이는 게 없는 분노'에 의한 참사로 이어질 뻔한 상황에서, 알렉스는 베르너의 손아귀로부터 나를 낚아채며 소리쳤다. "튀어!" 그리고 우리는 2킬로미터 정도를 쉬지 않고 달아났다.

밀린 청구서는 알렉스가 아이디어를 낸 창의적인 계산서 한 장으로 마침내 다 해결했다. 리즈에 있는 '센터스포츠'는 영국의 등반 전문 장비점으로, 마침 산악계 친구이기도 한 데이브 클락Dave Clark이 주인이었다. 그곳은 또한 산악회가 매년 외상으로 텐트 같은 공동장비를 구매하는 곳이기도 했다. 그러면 그들은 청구서를 대학에 보내 직접 대금을 받았다. 데이브와 베르너는 매년 겨울 함께 스키를 탈 정도로 가까운 친구였다. 리즈산악회지에 대한 안타까운 소식을 들은 데이브는 학생회에 제출할 가짜 청구서를 우리에게 발급해주기로 동의했다. 그리고 그는 돈을 받아 우리가 베르너에게 진 빚을 갚았다.[40] 이렇게 문제가 해결됐다. 모든 청구서가 해결되면서, 우리는 대학교로부터 추가 지원금도 받았다. 어느 날 샐러드 바에 갔는데, 보통 때 같으면 산악회원들이 차지하고 있을 6개가량의 테이블이 텅 비어 있었다. 그날 이 추가 지원금이 은행계좌에 입금됐다는 사실을 안 나는 점심때부터 한바탕 잔치가 벌어질 술집으로 내달렸다.

총회가 끝난 다음의 겨울 시즌 동안 알렉스에 대한 등반 평판은 새로운 방향으로 발전했는데, 그중 한 사건은 우리 몇몇을 놀라게 했다.[41]

---

40 데이브는 그 얼마 후 네팔로 떠나, 크리스 보닝턴의 성공적인 에베레스트 남서벽 원정대에서 베이스캠프 매니저를 담당했다.

41 그 시점에서 빙벽등반 장비는 빠르게 변하고 있었다. 알렉스가 귀네스와 동거하고 있을 때 존 파웰은 캠퍼스 기숙사에 머물고 있었다. 어느 날 밤, 앨런 라우즈와 믹 제데스가 스코틀랜드로 올라가던 길에 존 파웰의 기숙사에 들렀다. 술집에서 긴 저녁시간을 보내고 나서 몇몇이 파웰의 방으로 돌아갔는데, 앨런이 샤프트가 굽은 65센티미터의 샤를레 모제Chalet Moser 신형 아이스해머를 꺼냈다. 그 당시 대부분 클라이머들은 길이가 70센티미터 정도 되는 긴 피켈 한 자루와 짧은 아이스해머를 썼다. 취나드가 디자인 한 것이 인기를 끌었다. 새로운 아이디어는 간단했다.

그는 벤네비스의 고전적인 빙벽 루트에서 기술을 연마하고 있었지만, 그 당시 가장 어려운 5급의 수준에는 이르지 못했다. 산악회의 다른 회원 한 명과 함께 4급 난이도의 루트를 끝내고 하강하던 그는 5급 루트로는 가장 잘 알려진 '더 커튼The Curtain' 아래에 모여 있는 낯익은 얼굴 몇몇을 발견했다. 버제스 쌍둥이와 터트 브레이스웨이트Tut Braithwaite가 그 루트를 끝냈는데, 그때는 터트가 다시 나서 로프도 없이 해치우고 난 다음이었다. 그는 자신의 배낭을 챙기려고 돌아왔다가 알렉스를 발견했다.

"이봐! 네가 빙벽 등반가라고 생각하면, 이거 단독으로 해봐. 상태 끝내줘."

버제스 형제는 터트의 비아냥거림을 믿을 수 없다는 듯 서로를 쳐다보았다. 그는 어떤 곳에서도 기술 못지않게 냉정함을 유지하는 몇 안 되는 전천후 클라이머였고, 영국 내의 어떤 사람과 견주어도 손색이 없는 알피니스트였다. 알렉스는 물러설 수 없었다. 그리고 첫 피치에 붙었다. 알렉스가 위태롭게 위로 올라가자 그다음 벌어질 일에 두려움을 느낀 버제스 형제는 그에게서 눈을 떼지 못했다. 운이 좋게도, 이전 등반에서 피켈의 타격으로 생긴 스텝과 구멍이 어느 정도 남아 있었다. 그러나 터트가 말한 것과는 달리 루트 상태는 좋지 않았다. 얼음이 깨져 떨

긴 피켈 두 자루를 쓰는 것이 하나만 쓰는 것보다 낫다는 것이었다. 클라이머들은 피켈 브레이드 대신 해머헤드를 붙여 다용도로 사용할 수도 있었다. 앨런은 자신의 피켈과 효과 만점의 신형 12발 그리벨 아이젠을 사용해 벽을 오르고 오버행을 가로지르는 시범을 능숙하게 보여주었다. 물론 그때 다른 사람들도 한 번 해보고 싶었다. 혁명적인 새 시스템은 모두를 사로잡았다. 자정이 되자 석고로 된 벽이며 천장이 남아나지 않았고, 꾸벅꾸벅 조는 사이에 빙벽 영웅들이 너무 멀리 가는 바람에 침낭 속으로 석고덩어리들이 들어차는지조차 느끼지 못했다. 결국 다음 날 아침 대학 관리인이 나타나 모두 내쫓았다.

1974년 겨울 벤네비스에 있던 로저 마틴Roger Martin의 이동식 주택에서 (왼쪽에서 오른쪽으로) 팀 로즈, 로저 마틴, 알렉스

어졌다. 아드리안에 따르면 위기일발이었다고 한다. 이 소문이 리즈에 퍼지자, 우리는 알렉스가 이 등반에 대해 영원히 입을 다물 것이라고 추측했다.

그해 겨울, 나의 뉴잉글랜드 친구인 로저 마틴이 포트 윌리엄Fort William에 아지트를 마련했다. 겉보기에는 둘만 잘 수 있는 낡아 빠진 이동식 주택이었지만, 불편함을 감수한다면 넷까지도 끼어 잘 수 있었다. 알렉스는 그곳으로 들어가, 보름 동안 강의를 빼먹고 매일 등반만 했다. '더 커튼'을 위태롭게 등반한 지 2주일 후인 1975년 3월 14일 오후, 그는 벤네비스의 대단한 과제 두 개(제로와 포인트 파이브 걸리)를 단독으로 등반했다. 이와 같은 위업은 이전에 세 번밖에 없었다. '빅 이언Big Ian' 니콜슨Nicholson, 데이브 놀스Dave Knowles 그리고 알렉스보다 한 달먼저 등반한 로저 마틴. 어느 대담한 오후, 알렉스는 자신의 등반이 무르익었음을 증명했다. 그는 이제 영국의 정상급 빙벽 등반가 또는 적어도 가장 과감한 암벽 등반가로 평가받을 수 있게 됐다. 이 등반은 그의 기술이 완성단계에 이르렀으며, 그가 힘들게 얻은 명성을 계속 유지하는 발판이 됐다. 이는 또한 그가 알프스에서 하고자 하는 수많은 고난이도 등반의 서막이었다.

10

새로운 질서

New Order

1786년 8월 8일 알프스의 최고봉 몽블랑(4,808m)이 초등됐다. 그것은 두 사람(자크 발마Jacques Balma와 미셸 가브리엘 파카르Michel-Gabriel Paccard 박사)이 이룬 놀라운 업적이었다. 규모가 크고 더 좋은 장비를 갖춘 이전 팀들이 실패했기 때문이다. 샤모니 계곡 출신의 실패한 팀들은 그 산의 그림자 속에서 태어나 환경을 잘 알고 있었는데, 무엇보다도 그 높이에 매력을 느꼈다. 그들의 등반은 과학 장비들과 살아남기 위해 필요한 것들, 예를 들면 식량과 장작, 담요 등을 지고 올라가야 하는 것으로 버거웠다. 그들은 눈에 박으면 밟고 올라갈 수 있는 긴 널빤지를 가져갔다. 현대적인 피켈과 아이젠이 발명되기 훨씬 전의 일이어서, 느리고 진이 빠지는 운행이었다. 알프스의 영양 사냥과 수정 채취를 하면서 등산 기술을 익힌 발마의 동료 '가이드들'은 파카르 박사가 선택한 루트는 불가능하다고 생각했다. 따라서 그들이 그날 초저녁까지도 정상에 도달하지 못한 것은 그리 놀랄 일이 아니었다.

정상에 오른 발마는 25년 전 오라스 베네딕트 드 소쉬르Horace-Benedict de Saussure가 초등자에게 건 상금을 두둑이 받았다. 드 소쉬르는 뛰어난 과학자였다. 처음에 그는 식물학자로서 산에 매료되었지만, 바위 층에서 볼 수 있는 복잡한 지질학적 특성 그리고 얼음과 물에 의한 느린 침식 과정을 제대로 인식하기 시작했다. 그는 산이 지구 탄생의 비밀을 간직하고 있으며, 세상은 사람들이 믿는 것보다 훨씬 더 오래되었다고 확신했다.

발마는 사르디니아의 왕인 빅토르 아마데우스 3세로부터 '르 몽블랑Le Mont Blanc'이라는 명예 칭호와 함께 피에드몽Piedmont과 사보이Savoy의 군주라는 직위를 하사받았다. 그는 유명한 가이드가 되었고, 이듬해 드 소쉬르를 안내해 다시 정상을 밟음으로써 몽블랑을 세 번째로 오른 사람이 됐다. 그러나 발마는 에릭 십턴의 표현처럼 그 후 '기고만장'했고, 명성으로 우쭐거렸다. 그럼에도 발마는 일흔셋에 금을 찾다 추락사할 때까지 풍족하고 성공적인 삶을 살았다. 파카르 박사는 발마의 누이와 결혼해 의학 수련을 계속하면서 안정된 삶을 살았고, 후에는 샤모니의 치안판사와 변호사로 활동하기도 했다. 일흔둘에 자연사한 그의 인생 또한 성공적이었다고 말할 수 있다.

몽블랑이 초등된 지 230년이 지난 지금, 등산은 알프스에서 인기 있는 취미활동으로 자리 잡았고, 전 세계로 확산됐다. 1857년 런던에서 창립된 영국산악회The Alpine Club의 회원들은 '알피니즘'이라는 말을 만들어, 등산 자체를 위해 산을 오르는 사람들과 정신적인 수양이나 과학적인 연구 또는 발마처럼 수정이나 금을 채취하기 위해 산에 가는 사람들을 구분했다. 훗날에는 '등산mountaineering'이라는 말이 훨씬 더 폭넓게 쓰이지만, 몽블랑 초등의 정신은 '알파인 스타일', 즉 생존에 꼭 필요한 것만 갖고 밑에서부터 한 번에 밀어붙여 정상에 오른 다음 내려오는 미지의 도전이라는 개념으로 계승되어 왔다.

오늘날에는 위험성이 높은 등산이 종종 '놀이'로 그리고 산이 '놀이터'로 표현되기도 한다. 이것은 적어도 대중의 상상 속에서 등산과 산이 어떻게 자리매김 되었는지를 잘 보여주는 것 같다. 보통의 시즌이라면 매년 2만 명이 넘는 사람들이 몽블랑 정상에 오른다. 이제 산은 개인적인 기록을 세우고, 명성을 얻는 장소가 됐다. 1960년 몽블랑 정상에 비행기가 착륙했고, 2005년에는 에베레스트 정상에 헬기가 내렸다. 2013년 7월 11일에는 샤모니에서 출발해 몽블랑 정상을 오른 뒤 다시 돌아오는, 왕복시간이 5시간도 채 안 되는 놀라운 기록이 수립됐다. 우리는 몽블랑이라는 이 '놀이터'에서 등반 중 발생한 사망자의 숫자에 대해서는 별로 신경 쓰지 않는다. 그러나 그 숫자가 한 달에 30명을 넘은 적도 있다.(2007년 7월) 그리고 만약 다른 모험 스포츠, 예를 들면 스키나 패러글라이딩, 베이스 점프, 윙수트 비행 등을 모두 숫자에 넣으면 샤모니 계곡에서 매년 사망하는 사람은 100명이 넘는다. 여전히 산은 위험한 놀이터임에 틀림없다.

20세기를 거치면서, 히말라야와 안데스 같은 소위 '거대한 산맥들'이 새로운 알프스가 됐다. 초창기의 알프스에서처럼, 세계에서 가장 높은 이런 산들을 오르는 것 역시 '정복'이라는 단어로 표현됐다. 세계 여러 나라들은 유명한 산의 정상에 자국의 국기를 꽂기 위해 경쟁했다.[42]

---

42 1950년에서 1964년까지의 8천 미터급 고봉 정복은 19세기에 영국과 러시아 제국이 벌인 소위 '그레이트 게임'의 연장이라고 볼 수 있다. 키바Khiva와 페르시아를 향한 러시아 제국의 동진, 영국이 인도를 계속 통치하는 데 따른 두려움 그리고 네팔과 티베트에 대한 주도권 싸움으로 긴장이 야기됐고, 이로 인해 1829년 의도치 않은 제1차 아프간 전쟁이 발발했는데, 아프가니스탄은 지금까지도 지정학적 이슈의 볼모로 잡혀 있다.

그러나 산은 또한 개인적인 흥분과 모험 그리고 자아발견의 터전이기도 하다. 뛰어난 산악문학 작품은 대부분의 클라이머들이 오직 자신의 두려움과 한계에 대해서만 '정복'이라는 단어를 사용했다는 사실을 증명하고 있다. 이런 자세는 이 책의 후반부에 나오는 알렉스의 훌륭하게 절제된 2개의 기고문에서 잘 드러난다.

1975년 여름, 알렉스는 새로운 빙벽등반 기술을 완성하고, 열심히 그리고 치열하게 암벽등반을 하면서 직전 겨울에 그만두었던 알프스 등반을 이어갔다.

어떤 기준으로 보아도, 그는 진정 뛰어난 등반시즌을 보냈다. 그해에는 심지어 알프스에 가는 과정조차 운이 좋았다. 우리에게는 도로 주행이 가능한 밴이 단 한 대뿐이었다. 제비뽑기로 다른 교통수단을 이용할 사람을 뽑았는데, 알렉스는 밴의 한 자리도 차지하지 못하는 사람으로 뽑혔다. 떠나는 날 아침, 우리는 알렉스와 그의 큼지막한 배낭을 밴에 쑤셔넣고, 샤모니까지 아주 긴 히치하이킹을 할 수 있는, 리즈 남쪽의 M1 고속도로 입구에 데려다주었다. 우리는 그에게 행운을 빌었다. 도중에 밴을 여러 번 수리하느라 지체한 우리는 결국 리즈를 떠난 지 24시간 만에 샤모니에 도착했다.[43] 우리는 스넬 야영장에 텐트를 치고 저

---

43 파란색 포드 밴을 타는 것은 가끔 등반보다도 더 위험했다. 한 가지 장난은 뒷문을 열어놓고 차의 지붕에 있는 빗물 홈통을 잡아 몸을 밖으로 빼낸 다음 차가 멈출 때까지 온갖 몸짓을 다하고 소리를 지르는 것이었다. 한번은 샤모니에서 눈이 오는 날 밤에 존 파웰이 나가떨어졌는데 아무도 알아채지 못했다. 그다음 커브에서 운전을 하던 알렉스가 중심을 잡지 못해, 차가 미끄러지면서 몇 차례 심하게 돌았지만, 어디에도 부딪치지 않고 멈추었다. 눈이 엄청 내리는 가운데 조심스럽게 다시 출발했다. 그런데 갑자기 그들 앞의 도로 한가운데에 눈을 잔뜩 뒤집어쓰고 헤드라이트 불빛으로 앞을 보지 못해 비틀거리는 유령이 나타났다. 존 파웰이었다. 미끄러진 차량이 회전을 거듭한 후 가던 방향의 반대쪽으로 멈춘 것이다. 리즈에서 있었던 사건인데, 파웰이 운전할 때 헨리 바버가 내 목숨을 구해준 일도 있었다. 파웰은 재미삼아 '저 빌어먹을 포터를 뒤에서 떨어뜨릴 때까지' 차를 급가속하고 지그재그로 운전했다. 그때 헨리가 내 무릎을 붙잡고 뒤

녁을 해먹은 다음 누가 샤모니에 왔는지 알아보기 위해 중심가로 갔다. 알렉스가 바 나시의 테이블에 앉아 친구들과 한잔하고 있었다.

그는 웃으며 말했다. "어떻게 된 거야? 난 여기 온 지 벌써 몇 시간이나 됐는데." 우리는 어안이 벙벙했다. 그는 고속도로 입구에 떨궈진 지 얼마 안 돼 밀라노로 가는 왜건을 얻어 타고 샤모니에 내렸고, 밴에서 짐짝처럼 꽉 끼어 꼼짝달싹 못했던 우리 4명과 달리 잠까지 실컷 잤다.

그는 스코틀랜드에서 겨울 시즌을 보내며, 리즈산악회 이외의 산악계 동료들을 많이 사귀었다. 그중에는 테리 킹, 고든 스미스Gordon Smith, 닉 콜튼, 버제스 쌍둥이 형제가 있었는데, 모두 쟁쟁한 클라이머들에다 완벽한 등반을 추구하는 사람들이었다. 알렉스는 테리, 고든과 함께 험악한 날씨 속에서도 그랑 샤르모Grand Charmoz 북벽 직등 루트와 그랑드조라스의 쉬라우드The Shroud 루트를 잇달아 등반했다. 그리고 이번에는 닉 콜튼까지 합류해 브레쉬 드 트리올레Brêche de Triolet를 로프 없이 올랐다.

이어 알렉스는 팀 로즈와 함께 레 드루아트Les Droites[44] 북벽의 코르노 다바이에Cornuau-Davallie를 올랐다. 팀으로서는 첫 등반이었는데, 그는 등반 도중 콜튼에게서 빌린 피켈 하나를 떨어뜨렸다. 알렉스는 또한 코르트Courtes 북벽의 스위스 루트를 단독으로 올랐고, 크리스 핸들리Chris Handley와 함께 드류의 아메리칸 다이렉트American Direct 루트를 처음부터 끝까지 선등으로 끝냈다. 그런 다음 그는 팀 로즈와 함께 드류

로 끌어당겨, 나는 위기를 모면할 수 있었다.

44   4,000m. 프랑스와 이탈리아와의 국경, 알프스 산맥 몽블랑 산군의 한 봉우리

쿨르와르에 도전했다. 어려운 첫 번째 구간을 돌파한 알렉스는 쿨르와르의 상·하단을 연결하는 인공등반 피치에서 루트를 벗어나 추락했고, 갖고 있던 피켈을 모두 잃어버렸다. 첫 번째 구간을 성공적으로 돌파했지만, 고도가 높아지면서 루트를 벗어나자 짜증을 내던 알렉스를 로즈는 — 그에게는 두 번째 등반이었는데 — 여전히 기억하고 있었다. 그해 알렉스의 유일한 또 다른 실패는 에귀 상 놈Aiguille Sans Nom의 프렌치 다이렉트French Direct 루트로, 그곳에서는 벽의 상당히 높은 곳에서 폭풍으로 실패했다.

그의 여름 등반 중 가장 훌륭했던 것은 버제스 형제, 터트 브레이스웨이트와 함께 해낸 그랑 필리에 당글의 보나티-자펠리Bonatti-Zapelli 루트 영국 초등이었다. 알렉스는 글을 거의 쓰지 않는 편이었지만, 이 등반기를 『크랙스Crags』라는 잡지에 「덩치 큰 사람, 머리 벗겨진 사람 그리고 아름다운 사람The Big, the Bald and the Beautiful」이라는 제목으로 실었다.[45] 쌍둥이 형제와 터트는 이 등반계획을 얼마간 비밀로 했다. 비밀을 유지하는 것도 가끔 게임의 일부였다. 신루트를 개척하거나 중요한 재등을 하면 산악계 내에서 명성을 얻었다. 만일 한 팀의 목표가 알려지면, 많은 사람들이 그 루트에 몰리면서 서로 감정이 나빠지는 경쟁이 뒤따를지 모르기 때문이다. 동료들을 무시하는 의미가 된다 하더라도, 침묵을 지키는 편이 차라리 나은 것이다.

어떤 경우에는, 시즌이 끝날 때까지 다른 사람들이 무엇을 하고 있

---

45 저자에 따르면, 알렉스는 자주 장난기 있는 농담을 즐겼다고 한다. 여기서 덩치 큰 사람은 버제스 형제, 머리 벗겨진 사람은 브레이스웨이트 그리고 아름다운 사람은 자기 자신을 가리킨다. (역주)

1976년 12월 샤모니 알프스에 있는 레 드루아트 북벽을 등반 중인 알렉스 (사진: 닉 콜튼)

는지 알아내기 어려울 때도 있다. 아마 1970년대 초반에 가장 비밀리에 움직인 영국 팀은 조 태스커와 딕 렌쇼였을 것이다. 그들은 일련의 중요한 등반을 해도 매우 조직적으로 움직여서, 아이거 북벽 같은 경우는 시즌이 끝난 다음 『마운틴』지의 센터폴드centerfold에 실린 컬러 사진을 보고 나서야 우리는 그들이 무엇을 했는지 알 수 있을 정도였다. 아이거보다도 역사적으로 더 중요한 것은 그랑드조라스 동벽 제2등이었다. 그들의 은밀한 접근은 스넬 야영장에서 보여주었던 외향적인 모습에 의해 더 큰 놀라움을 안겨주었다.

보나티-자펠리 루트를 위해서는 한 사람이 더 필요했는데, 브레이스웨이트는 뉴잉글랜드 출신의 친구인 존 부샤드를 염두에 두고 있었다. 그해에 이미 그랑 샤르모 북벽에서 신루트를 개척한 그 역시 보나티-자펠리 루트를 시도할 파트너를 찾던 중이었다. 이유는 분명치 않은데, 영국인 트리오는 부샤드 대신 알렉스를 초청하기로 했다. 한 가지 가능한 설명은 브레이스웨이트와 부샤드가 한 여성을 눈독들이고 있었고, 부샤드만 그 사실을 미처 알지 못했다는 것이다.(그러나 이 둘 모두 알렉스 역시 그 여성과 가깝게 지내고 있다는 사실은 알지 못했다!) 믿을 수 없을 정도로 체력이 좋고, 경쟁적이며, 왕성한 활동력을 지닌 미국인을 영입할 경우 팀의 역동성이 오히려 떨어질 수 있다고 생각한 것은 아닐까? 알렉스는 자신의 글에서 부샤드를 단순히 "재수없는 양키"라고 표현했지만, 이 젊은 두 스타는 항상 맥주잔을 앞에 놓고 이야기꽃을 피웠다.

브레이스웨이트와 버제스 형제는 진짜 목표를 숨긴 채, 알렉스에게 자신들은 경사가 센 암벽등반 피치들이 많이 있기는 하지만 쉽고 안전하고 직선적인 세키넬 노미네Cecchinel-Nominé 루트를 할 작정이라고 말했다. 보나티-자펠리 루트는 어려운 빙벽등반 구간이 섞여 있었다. 등반을 하기 위해 모아놓은 장비를 본 알렉스는 암벽등반에 필요한 피톤이 부족하다는 것을 알고 당황했다. 터트는 웃으며 이렇게 말했다. "네가 옳아, 알렉스! 아이스스크루 몇 개 더 챙기자."

결국, 이 팀은 제대로 된 등반을 빠른 속도로 해냈다. 알렉스는 산장에 도착해서야 진짜 목표에 대한 이야기를 들었다. 비록 알렉스는 암벽등반 구간 대부분에서는 제 실력을 보여주지 못했지만, 버제스 형제의 예상대로 결정적인 빙벽등반 구간에서는 — 특출한 능력을 가진 브레이스웨이트가 위쪽 피치에서 로프를 이용한 단독등반을 하는 동안 — 쌍둥이 형제들을 이끌며 '상당한 능력'을 보여주었다. 그러는 동안 '낌새를 알아챈' 부샤드가 세키넬 노미네 루트를 단독 등반할 요량으로 그들을 재빨리 따라붙어 모두를 놀라게 했다. 그는 어둠 속으로 사라져, 결국 신루트를 단독 등반하는 것으로 마무리 지었다. 새벽녘이 되자 쌍둥이 형제와 알렉스, 터트를 놀라게 하며 푸트레이 리지 위에 있는 그들의 비박지 200미터 아래쪽에 그가 다시 나타났다.

"이봐, 친구들!" 그가 소리쳤다. "난 방금 그랑 필리에Grand Pilier에서 신루트를 단독 등반했는데, 너희들 중 이거 할 수 있는 사람 있어?"

그러자 앨런 버제스가 되받아쳤다. "너 아직 안 끝났어. 이리로 올라오는 게 좋을 걸."

부샤드는 올라오자마자 등반을 계속해나가며 이렇게 말했다. "샤모니에서 보자!" 부샤드와 브레이스웨이트가 앞서거니 뒤서거니 하는 동안 나머지 셋이 뒤따르면서 리지의 정상을 향한 경쟁이 시작됐다. 비박지를 마지막으로 떠난 쌍둥이 형제는 피켈에 기대어 가쁜 숨을 몰아쉬며 고소적응에 애를 먹고 있는 알렉스를 따라잡았다. 알렉스의 글을 보면, 그는 브레이스웨이트가 건네준 상한 고등어 통조림을 먹고 속이 안 좋았다고 한다. 그는 미래의 등반을 위해 두 가지 교훈을 얻었다. 즉, 오래되거나 소화하기 힘든 통조림은 먹지 말 것. 그리고 고소에서의 경쟁은 곧 죽음이라는 것과 자기 자신을 알고 자기 자신의 페이스를 알 것. 그는 부샤드에 의해 강요된 그 경쟁에서 자신이 뒤처졌다는 사실을 받아들였고, 그 이후에는 자신의 등반 속도가 편안하면 다른 사람들에게 뒤처져도 결코 개의치 않았다.

이제 알렉스는 피로의 정점에 있어서 어떤 식으로든 조치가 필요했다. 아드리안 버제스는 배낭을 뒤져, 낭가파르바트에서 헤르만 불이 추천한 각성제 암페타민 몇 알을 찾았다. 약을 먹자 알렉스는 조금씩 기운을 차렸지만, 제대로 걷는 데까지는 시간이 걸렸다. 그러자 아드리안이 그의 곁을 지켰다. 일단 기운이 회복되자 그들은 리지의 마지막 구간을 빠르게 나아갔고, 다섯 명 모두가 푸트레이 리지가 끝나고 정상의 마지막 설원지대가 시작되는 곳에 모였다.

그러자 부샤드는 다른 사람들이 자신을 속인 것을 용서한 다음, 신루트를 단독 등반했다는 사실을 마음껏 즐겼다. 매우 기분이 좋아진 그들은 몽블랑의 마지막 횡단구간 등반에 나서려다 그만 깜짝 놀라고 말았다. 갑자기 독일 클라이머가 혼자 나타나 미소를 지으며 사진을 한 장 찍어달라고 부탁한 것이다. 모든 것은 상대적이다. 필리에 당글에서의 자신들의 위업에 필적할 만한 푸트레이 리지 단독 초등을 끝낸, 당대의 가장 위대한 알피니스트인 헬무트 카이네Helmut Kiene가 자신들보다 앞에 있었던 것이다.

그해의 시즌은 버제스 형제, 콜튼, 로즈 그리고 몇 명의 여자 친구들과 이탈리아를 여행하는 것으로 막을 내렸다. 파란색 중고 포드 밴들은 등반 팀을 모두 태울 수 있는 흰색의 커다란 트랜짓Transit 밴 한 대로 바뀌었다. 돌로미테의 날씨는 완벽하지 않았지만, 알렉스와 로즈는 마르몰라다Marmolada 남벽과 푼타 치베타Punta Civetta의 아스테 수사티Aste-Susatti를 등반했다. 휴가는 베니스에서 끝났다. 밴이 고장 난 데다 돈도 거의 다 떨어졌기 때문이다. 여자 친구들이 공짜 식사를 마련하는 동안 버제스 형제는 주차장의 다른 차량에서 필요한 부품을 조달해 밴을 수리했다. 그들은 도버해협에 이르는 길 중간까지 간신히 왔다. 그러나 차가 다시 한 번 고장 나자 미련 없이 팔아치운 다음, 기차표를 사서 겨우 집으로 돌아왔다.

11

돌아온 녀석들

The Boys Are Back

1976년 여름, 알렉스는 그의 등반 체크 리스트에 있는 몇 개의 프로젝트에 매달렸다. 그가 가장 하고 싶어 했던 루트는 그랑드조라스에 남은 '마지막 대과제', 즉 중앙 쿨르와르 왼쪽에서 북벽을 둘로 나누는 수직의 얼음 쿨르와르였다. 알렉스가 서두에서 밝힌 바와 같이 그 루트는 그랑드조라스의 상징적인 과제로, 수십 년 동안 알피니즘의 세계를 주름잡아 온 스타들을 유혹했다. 1972년 겨울 크리스 보닝턴, 두걸 해스턴, 믹 버크Mick Burke, 베브 클락Bev Clark은 당시 히말라야에서나 쓰던 일종의 극지법으로 이 루트를 시도했었다. 『마운틴』지에 실은 「달갑지 않은 위로Cold Comfort」라는 제목의 기고문에서 알렉스는 자신의 선구자들에게 경의를 표했다. 사실 알렉스가 경의를 표하는 가장 좋은 방법은 선구자들의 실패를 거울삼아, 그들이 실패한 곳에서 성공을 거두는 것이었다.

「달갑지 않은 위로」
만약 시간을 거슬러 1931년 7월 1일 오후에 안데를 헤크마이어를 찾고 있었다면, 그랑드조라스 북벽에서 흘러내린 거대한 빙하의 잔해 어딘가에 가보는 것보다 더 좋은 방법은 없을 것이다. 당시 북벽은 미등으로 남아 있었기 때문에 헤크마이어와 그의 동료 구스타프 크로너Gustav Kroner가 이 북벽의 등정을 위해 최선을 다하고 있었다. 그들은 중앙 쿨르와르에 모든 가능성을 걸었지만, 고작 100미터를 오른 후 되돌아서야 했다. 따라서 그때 만나기 원했다면 후퇴하는 그들을 만날 수 있었을 것이다.

그들의 친구인 한스 브레흠Hans Brehm과 리오 리틀러Leo Rittler는 운이 조금 없었다. 그들은 윔퍼봉Pointe Whymper(4,184m)[46] 하단부에 있는 첫 얼음 사면 오른쪽에서 시작한 것 말고는 현재 일반적으로 북벽을 등반하는 루트와 상당히 유사한 접근루트를 채택했었지만 눈사태에 휩쓸려버렸다. 그들의 시신은 그 북벽을 다시 시도하기 위해 돌아온 헤크마이어와 크로너에 의해 발견됨에 따라 헤크마이어와 크로너는 그 쿨르와르에서의 모든 계획을 포함한 자신들의 등반시도를 즉각 포기했다.

같은 해, 마터호른에서 갓 돌아온 프란츠Franz와 토니 슈미트Toni Schmid 형제도 그 현장에 등장했다. 그리고 놀랄 만한 실력을 지닌 빌로 벨첸바흐Willo Welzenbach와 동등한 재능을 가진 동료 루드비히 슈타인아우어Ludwig Steinauer도 모습을 드러냈다. 이런 능력을 가진 사람들에게도 첫 얼음 사면은 북벽에 달라붙을 수 있는 매력적인 길로 보였을 것이고, 그 위쪽의 쉬워 보이는 리본 모양의 얼음 역시 성공을 기약할 수 있는 돌파구로 상상의 나래에 불을 지피기 충분했기 때문이다.

그들 모두는 아주 노련한 빙벽 등반가들이었다. 벨첸바흐가 오버란

---

46   그랑드조라스의 서봉이고 동봉은 주봉으로서 워커봉(4,208m)으로 불린다. [역주]

트Oberland 등에서 이룩한 놀라운 업적들은 기록으로 자세히 남아 있다. 그리고 샤르모 북벽에 있는 벨첸바흐 루트를 끝까지 잇는 헤크마이어-크로너Heckmair-Kroner 루트는 적어도 내가 아는 3명의 현대 빙벽 등반가들에게 영감을 주었다.

하지만 이런 시도 중 어느 것도 성공으로 이어지지 못했다. 결국 중앙 쿨르와르 양쪽에 있는 스퍼가 등반되기는 했지만, 쿨르와르 자체는 죽음의 덫으로 여겨졌다. 당시의 빙벽등반은 시간이 많이 걸렸다는 관점에서 본다면, 성공적인 결과를 얻으려면 아주 양호한 여건이 아니고서는 요원했을 것이다.

이곳 북벽에서 경험할 수 있는, 극적인 조짐은 발터 보나티Walter Bonatti와 미첼 바우처Michel Vaucher의 1964년 7월 웜퍼봉 초등에서 나타났다. 처음에 그들은 브레흠과 리틀러의 라인을 따랐지만, 곧 웜퍼봉으로 이동했고, 그곳에서 첫 번째 비박을 했다. 그런데 그들의 로프가 밤새 쏟아진 낙석 세례로 끊어졌다. 그럼에도 그들은 다음 날 등반을 계속해나가 마침내 낡은 피톤 하나를 발견했는데, 이는 그들이 1931년에 초등된 등반라인에 있다는 표시였다. 그날 저녁 그들은 거대한 돌출부를 보호막으로 삼아 다시 비박에 들어갔다. 다행이었다. 그날 밤 다시 대규모 낙석사태가 일어났기 때문이다.

보나티는 이렇게 기록했다. "나는 벌떡 일어났다. 마치 지진이라도 난 듯 바위가 심하게 흔들렸다. 추락할지 모른다는 공포가 엄습했다…. 아니, 우리 주변의 산이 무너져 내리고 있었다. 암흑 속을 올려다보니 화산 폭발이라도 일어난 것처럼 벽에서 불꽃이 튀었다. 고막을 찢는 듯한 무서운 굉음이 주변의 공기를 가득 채웠다. 그 순간 불덩이 하나가 날아왔지만 기적적으로 우리를 비켜갔다. 불빛으로 보니, 벽에 부딪치며 떨어지는 검은 바윗덩어리는 기차 한 량쯤 되는 크기였다. 한 번 부딪칠 때마다 분수처럼 불꽃이 튀었고, 주위의 모든 것이 가루가 되어 흩어졌다. 나는 몸을 바위에 바싹 붙인 채 머리를 어깨 사이로 움츠리고 불꽃이 완전히 사라질 때까지 비명을 질렀다. 그런데 그냥 기다렸다는 것뿐, 아무 생각도 나지 않았다. 공기를 쥐어짜는 듯한 후폭풍이 나를 벽 쪽으로 밀어붙였다. 그 순간 숨이 멎을 것 같았다. 굉음이 잦아들었는데도 바윗덩어리와 불꽃은 빙하를 향해 계속 떨어졌다. 나는 돌과 얼음조각으로 뒤덮였다. 얼음물에 샤워를 하는 것 같았다. 그러나 한편 그것은 내가 여전히 살아 있다는 신호여서 반갑기도 했다. 바우처는 어떻게 되었을까? 그런 생각이 들기도 전에 나는 그의 이름을 소리쳐 부르고 있었는데, 때마침 나의 이름을 부르는 소리가 밑에서 들려왔다. 산은 마치 아무 일도 없었다는 듯 다시 적막에 감싸였다. 그러나 나는 어떻게 할 수 없을 정도로 몸이 떨렸고, 차츰 잠에 빠지듯 의식이 몽롱해졌다. 아침햇살이 비춰오자 거의 평면처럼 바뀌어버린 벽이 드러났다. 돌출부와 레지들이 수천 톤의 낙석으로 깎여버려 우리 아래쪽 빙하가 훤히 보였는데, 그곳의 수백 미터는 검은 잔해들로 뒤덮여 평편하게 변해 있었다. 벽의 바로 밑에 있던 3개의 커다란 크레바스와 세락들이 온데간데 없이 사라졌다.”

이 사건으로 그랑드조라스 북벽은 클라이머들의 관심에서 멀어져버렸다.

중앙 쿨르와르를 다시 전면에 등장시킨 것은 동계 알피니즘의 출현과 장비의 발전이었다. 1972년이었다. 이 무대에 처음 등장한 사람들은 영국 클라이머 크리스 보닝턴과 두걸 해스턴이었다. 믹 버크와 베이브 클라크의 지원을 받은 그들은 워커 스퍼의 북서쪽을 치달아오르는 얼음 지대들과 좁은 걸리들을 라인으로 선택했다.

"새벽이 되자 침낭이 축축했다. 날씨는 누그러질 기미를 보이지 않았다. 벽에 달라붙어 12일 동안 온갖 노력을 쏟아 부었지만, 우리의 운명은 종착역을 향해 달려가고 있었다. 남은 거리는, 상황이 좋다면 이틀이면 끝낼 수 있는 250미터뿐이었다. 그러나 우리는 폭풍을 견뎌낼 수 있는 상황이 아니었다. 얼음이 너무 단단해 턱을 깎을 수 없었다. 더구나 벽 전체는 맹렬한 눈보라에 휩싸였다."

그사이에 카토 야수오Kato Yasuo[47]가 이끄는 일본 팀이 윔퍼봉을 직등하는 신루트를 개척하기 위해 도착했다. 그러나 그곳이 너무 어렵다고 판단한 그들은 중앙 쿨르와르로 관심을 돌렸다. 결국 그들은 37일간의 노력 끝에 워커봉[48]과 윔퍼봉 사이의 콜에 올라서는 데 성공했다. 다음해에 야닉 세뇌르Yannick Seigneur, 루이 오두베르Louis Audoubert, 마르크 갈리Marc Galy, 미쉘 푀이야라드Michel Feuillarade로 이루어진 프랑스 팀이 윔퍼봉의 직등 루트를 초등했다. 미리 루트 작업을 한 그들은 1월 중순에 마지막 구간을 치고 올라갔는데, 등반에 모두 16일이 걸렸다. 그들은 정상에 물자를 갖다놓을 때도, 등반을 마친 다음 정상에서 내려올 때도 헬리콥터를 이용했다.

---

47 加藤保男(1949-1982). 1982년 12월 27일 에베레스트 남동릉을 동계등정하고 남봉 부근에서 비박한다는 소식을 남기고 실종되었다. 8,000미터봉을 네 번(에베레스트 세 번) 올랐으며, 최초로 에베레스트를 네팔과 티베트를 경유해서 오르고, 봄, 가을, 겨울 세 시즌에 올랐다. 저서로 『雪煙をめざして』(中公文庫, 1983年)가 있다.

48 그랑드조라스의 주봉(4,205m)으로 동봉이다. 서봉은 윔퍼봉이다. [역주]

그리하여 보닝턴과 해스턴이 시도했던 라인이 그 북벽에 남은 유일한 마지막 대과제가 됐다. 그 라인은 등반윤리를 언급하기 이전에 너무 추운 곳으로 알려지기도 했지만, 쉬운 곳을 피해 무리하여 어렵게 루트를 만들 필요 없이 자연스럽게 등반선을 따라가면 되는 매력적인 곳이었다. 현대적인 언어로 표현하면 일종의 고전적인 라인이라고나 할까. 그리고 어떤 루트와도 비교할 수 없는 근사한 라인이었다.

이유야 어떻든, 1976년이 7월로 접어드는 어느 날 밤 고든 스미스와 나는 이 라인 앞의 베르그슈른트 바로 밑에 있는 구덩이 속에서 이리저리 탐색을 하고 있었다. 해스턴은 그 위쪽의 오버행에 스크루를 박고 루트를 탐색했지만, 그때가 프랑스의 여름철이어서 우리는 수직의 비상飛上을 탐닉하기보다는 어느 정도 탄력적으로 이 일을 시작하는 데 더 큰 흥미를 느꼈다. 그것은 낮은 수준의 밴드구간girdle을 의미했는데, 겨울이 남긴 잔해들을 살피며 굴곡진 곳을 오르내리는, 어수선하지만 마술적이고 신비스러운 여행이었다. ("내 앞에 보이는 이것이 발인가?"[49] 이 말이 무슨 뜻인지 안다면 고전을 안다고 할 수 있다!) 아르고 원정대의 영웅 이아손Jason the Argonaut을 찾기 위해 작고 보잘 것 없는 얼음 구멍으로 내려가, 밑바닥이 없는 푸른 괴수들을 우아하게 지르밟고, 흔들리는 하얀 탑들을 대담하게 뛰어넘어, 우리가 학수고대하는 내내 철저하게 감춰진 쉬운 방법, 말하자면 위쪽의 설사면에서 마법의 다리를 턱 하니 내려줄 비밀의 주술문자 하나, 즉 해법을 찾았다. 그러나 설사면은 그에 대한 응답으로 눈사태를 내려줬고, 우리는 허둥지둥 우리들

---

49 셰익스피어의 「멕베스」에 나오는 대사, "내 앞에 보이는 이것이 단검인가?"를 패러디한 것이다. (역주)

의 행복한 집, 환상적인 프랑스 사내가 기다리고 있는 크레페리 엑스트라오디네르Crêperie Extraordinaire로 돌아왔다.

다음 날 저녁, 우리는 다시 한 번 기가 막힌 럼주 오믈렛에 와인을 곁들인 식사를 했고, 취기가 돌자 잉글랜드의 영광이 우리의 것이라고 주장하기 위해 멀리 떠난, 흰 파도가 일렁이는 바다 위의 쿡 선장을 벗 삼아, 여왕과 조국 그리고 스코틀랜드의 국민당을 위해 두서없이 떠들어댔다. 놀랍게도, 우리에게는 계획이 하나 있었다. 일몰 직전의 협공이 그것이었는데, 크로Croz봉[50] 근처에서 측면으로 돌아나가는 전략으로 골치 아픈 베르그슈른트를 무력화하고, 미묘하고 기괴한 오른쪽 만곡부를 통해 기적적으로 위쪽에 도달한다는 것이다. 브레흠과 리틀러의 방식으로à la Brehm and Rittler. 그리고 위아래로 움직여, 하지만 슬그머니 일본 쿨르와르의 입구를 지나 이 문제의 열쇠인 음흉하고 작은 협곡의 시작지점으로 간다는….

그래서 우리는 느릿느릿 얼음 사면을 올라, 웜퍼봉 바로 옆 크로봉 루트의 첫 번째 바위 탑 뒤에서 내려오는 퇴석지대 안쪽으로 파고드는 부서진 바위 버트레스 오른쪽으로 갔다.

사방이 고요하군…. 언제 출발하지?

"지금이 딱 좋은 시간이야, 젊은이들."

그러나 그때는 그리 좋은 시간이 아니었다.

친구들을 끌어올리기 위해 레지에서 서성거리고, 웃고 떠들며 즐겁게 콩콩 뛰고, 유쾌한 장난도 치며 처음에 그들은 애써 서두르는 것 같

---

50   그랑드조라스에는 6개의 봉우리가 있는데 동쪽에서 서쪽으로 워커봉(4,205m), 웜퍼봉(4,184m), 크로봉(4,110m), 엘레나봉(4,045m), 마르게리타봉(4,065m), 영봉(3,996m)이 위치한다.

지 않았다. 이 모든 것이 슬로모션으로 보일 뿐. 우리는 장비를 때려 박고 바싹 매달려 기다렸다. 그런데 곧 대소동이 벌어졌다. 비명소리가 들렸고, 윙! 쿵! 하는 소리와 함께 들리는 울부짖음 그리고 공포심에 사로잡혀 매달려 있는 그가 보였다. 벽돌만한 낙석이 그의 무릎뼈를 강타했고, 나는 마치 크리켓 타자처럼 그것을 받아냈다. ("나는 내 다리가 부러졌다고 생각했다!") 그렇지만 곧 괜찮은 듯해서 가까이 있는 바위 돌출부에 박힌 피톤에 확보했다. 이어서 푹 파진 다른 곳으로 이동했을 때, 멍청하게도 해스턴에게 빌려주었던 아이스스크루가 아쉬워서 애통해했다.

위에서 더 이상 아무것도 떨어지지 않았다. 이제는 감각이 완전히 없어져 장식품으로 전락한 다리를 이끌고 우리는 서로를 부축해 세 다리로 계속 나아가면서, 유별나게 느린 속도로 올라가고 가로질렀지만, 결국에는 아래쪽 가까운 곳이었다. 그때 믿어지지 않게 보나티는 저 위쪽에 있었다.

"이 루트가 나에게 던진 추파는 한 루트가 가질 수 있는 매력의 모든 특성을 지니고 있다는 사실에서 비롯됐다. 어려움과 위험이 상당했지만, 그렇다 해도 전통적인 라인이었으며, 일반적인 북벽의 특성이나 분위기와 잘 맞았다. … 이제 그 루트는 나의 집요함에 무릎을 꿇었고, 내가 정말 괴물의 아가리에 던져진 먹잇감 같았을지 모르지만, 나로 하여금 가파르고 깨지기 쉬운 얼음으로 된, 기만적인 갑옷을 오르도록 허락했다."

우리 역시 그와 비슷하게 느꼈다. 뭐랄까, 돌들은 기차만큼 크지 않았다. 평균적으로 따지면 쓰레기통 크기쯤이었다고 말하고 싶지만, 튀어오르고 건너뛰고 스쳐날고 부딪치는 그것은 진짜 쓰레기들의 눈사태였다. 가까워도 너무 가까웠다. 얼마나 가까웠냐고? 0.0001미터 정도로. 브레흠과 리틀러를 떠올리면서 우리는 그런 벽 밑으로 다가갔었다. 그곳에서 작은 낙석 하나가 고든의 오른쪽 다리를 때렸던 것이다. (적어도 내 말은 그의 다리가 실제로 잘려나가지 않았다는 것만 의미한다. 스코틀랜드인에게는 자신의 머리를 잃는 것보다 다리를 잃는 게 더 치명적이다!) 우리는 절뚝거리다 멈추었다.

그 사이에 날씨가 놀랄 정도로 악화됐다. 해질녘임에도 기온이 급상승했다. 실제 침대객차Pullman 크기의 거대한 바윗덩어리 하나가 일본 쿨르와르에서 큰 소리를 내며 튀어나오더니 워커 스퍼의 측면을 긁었다. 럼주 오믈렛의 약효가 떨어지려 하고 있었다. 우박이 내리기 시작했다.

그래서 우리는 등반을 중단하고 안전한 테라스를 찾기 시작했다. 어떻게 이동했는지 기억도 나지 않지만 마침내 불안정한 필라에 도착했다. 우리는 이 위험에서 벗어나기 위해 힘을 내어 어둠 속에서 굴러 떨어지듯 로프하강을 했다. 양쪽 사면에서는 죽 같은 눈이 흘러내렸다. 마침내 우리는 안전한 홈 아래 확보를 했다. 비상시를 대비해 내가 고든 다음에 내려가도록 자연스럽게 순서를 조정했다. 그때 귀를 찢는 듯한 굉음과 함께 밤이 대낮으로 변했다. 그리고 스퍼 전체가 악마의 악취를 풍기며 번쩍 불꽃이 튀고, 화강암 위에 화강암이 수직으로 내리꽂혀 부딪치더니 사방으로 흩어져 튕겨나갔다.

믿을 수 없게도, 우리는 홈 안으로 미끄러지듯 들어가 위기에서 벗어났다. 우리는 집요하게 온기를 쫓는 추적자들처럼 따뜻한 차와 담요를 갈망하면서, '그들'이 매년 여름 우리를 정신병동에서 꺼내주어 그저 자신을 보러 오게 한다고 정직하게 믿는 프랑스 사내에게 돌아갔다. 폭풍이 지난 후 날씨가 평온해졌고 럼주 크레페crêpe도 조금 여유가 있었다. 이 무렵 유골 항아리 같이 생긴 버너와 바닷가재 발톱 같은 그리벨Grivel을 가진 사람들이 여기저기 보이더니 다시 샤모니에 폭풍이 몰려왔다.

3주일 동안의 악천후가 지나가자 아이디어도 바뀌었다. 테리 킹이 등장했고, 고든이 스위스의 레쟁Leysin에서 돌아왔다. 그들은 크로봉 다이렉트Croz Direct 루트에 상당한 집착을 보였다. 나는 드류 쿨르와르를 하고 싶어 닉 콜튼과 짝을 이루었다. 그는 롱사이트Longsight 출신의 '귀공자'이지만 신의 땅에서는 가장 칠칠치 못한 인물이었다. 일찍이 그는 피슈르 노미네Fissure Nominé를 해치우겠다는 꿈을 막 이룬 순간 아이스스크루 하나와 부가부Bugaboo 두 개를 뺀 모든 장비를 날려버린 적도 있었다. (한순간에 18개의 비너와 12개의 피톤을 날려버린 적이 있는가?) 그날 밤, '현명한' 우리 두 사람은 프티 드류Petit Dru 꼭대기에 자리를 잡고, 북동풍을 정면으로 맞받으며 꽁꽁 얼어붙은 채, 별빛 아래 그때까지도 허옇게 남은 그랑드조라스 북벽을 바라보았다. 아마겟돈의 비전이 희미해지자 우리의 의지는 자정께 무참히 꺾였고, 결국 우리는 다른 곳을 하러 내려가기로 했다.

이때 내가 헤드램프를 두고 오는 바람에 등반을 포기할 뻔했었는데 등반을 하게 된 것은 오로지 내게 익숙한 프로기Froggy 등강시스템에 의한 저깅jugging과 빌린 헤드램프를 수리하는 데 사용한 스카치테이프 반통 덕분이었다고 얘기할 수 있다. 1976년 8월 6일 밤 10시 30분, 워커 스퍼 하단에 어린 우리 두 녀석이 붙었다. 이번에 우리는 왼쪽으로 짧게 건너가서 베르그슈른트를 넘어가기로 결정했다. 물이 여전히 흐르고 있었지만 벽은 고요했고 밤은 청명했다. 스퍼의 시작은, 초입에 있던 얼음 사면이 녹아 없어져 등반이 어렵게 되었기 때문에 얼음사면이 있었던 왼쪽 바위가 대안이었다. 우리는 그곳을 따라 오른쪽 버트레스 사면 쪽으로 되도록 깊숙이 갔다. 그런 다음 계속 조심조심 오른쪽을 향해, 베르그슈른트 위쪽과 그 위쪽의 바위 사이로 들어갔다. 베르그슈른트 얼음으로 들어설 때는 긴장된 발끝 놀림으로, 볼링 레인을 따라 잘못된 길을 따라가는 개미들처럼, 산을 깨우지 않기 위해 숨소리마저 죽였다. 우리는 일본 쿨르와르 아래의 어느 곳으로 떨어지지 않기 위해 왼쪽을 배회했는데, 노출이 너무 심했다. 굉음이 한 번 들려왔다. 철렁 내려앉는 심장, 우리는 공포심에 얼어붙었다. 그러나 그것은 남쪽에서 낮게 날아와 지나가는 비행기 소리였다.

새벽 2시 반에 우리는 아이스스크루에 매달려 다시 장비를 정리하고 로프를 묶고 주위를 둘러보았지만, 위쪽이 가파르게 보여 의아해하지 않을 수 없었다. 적어도 헤드램프 불빛이 닿는 범위 안에서 우리가 보기에는 그랬다. 달빛이 없어서 쿨르와르 안은 칠흑같이 어두웠다.

위대한 스코틀랜드에 있다는 착각 속에 다섯 피치를 나아갔다. 가파르고, 불룩 튀어나오고, 까다로운 곳이었지만 마음을 온통 사로잡는 것으로 멋진 보상을 해주었다. 올라가는 내내 눈보라가 날리며 살을 에는 듯한 찬바람이 불어왔다. 앉기 위한 확보였지, 추락을 잡아내기 위한 확보가 아니었다. 러너 몇 개는 — 특히 긴박할 때 — 환상적인 장비였다. 우리는 햇빛과 함께 빛나는, 바위지대를 둘로 나누는 얼음 사면으로 올라섰다. 우리 주위로, 로프들이 얼어붙은 탯줄처럼 얼음에 들쭉날쭉 박혀 있었다. 어림짐작해보면서도 내심 돈으로 계산해보았다. 우리는 반짝반짝 빛나는 비너 2개를 꺼내고, 얼어붙어 있는 파란색 작은 배낭에 타격을 가해봤다. 그러나 그 배낭은 단단히 박힌 데다 흔들거리기까지 해서 꺼내는 데 족히 1시간은 걸릴 것 같았다. 그래서 우리는 눈물을 머금고 그냥 놔두었다. 꾸물댈 장소가 아니었다. 이곳은 수직의 바다에서 민감하게 노출된 50도 경사의 취약한 무대에 노출되어 있어서 위험이 닥치면 등반을 포기해야 하는 야박한 장소였다.

위쪽에는, 고정로프들이 단단해 보이는 바위의 얕고 넓은 걸리를 따라 내걸려 있었다. 하지만 얼음에 굶주린 우리의 눈에는 약간 왼쪽의 작은 도랑으로 연결되는 얼음이 눈에 들어왔다. 그것은 어느 정도 벤네비스의 더 커튼과 비슷해 보였다. 그러나 처음 15미터 정도는 굳지 않은 분설로 확인되어, 우리는 오른쪽에 있는 가파르고 어려워 보이는 잡석지대로 갔다. 닉이 20미터를 이리저리 헤집고 올라가 등반에 어려움이 있는 잡석지대에 이르렀다. 혹시나 하는 마음으로 갔으나 역시나 푸석푸석했다.

"확보 단단히 봐. 고정로프를 잡고 올라갈게."

그는 그렇게 해서 그 피치 꼭대기에 도착해 확보를 했다. 그다음에는 바위와 얼음의 경계선을 따라 한 피치 길이만큼 확보물 설치도 없이 길게 올라가야 했고, 결국 우리는 두 번째 장애물을 돌파했다. 300미터 길이의 대단한 등반을 해치우자, 시퍼런 얼음 도랑이 점점 넓어지며 두 번째 얼음 사면으로 이어졌다. 우리는 프런트 포인팅으로 올랐다. 오두베르는 이 광경을 이렇게 표현했다.

"이제 리드미컬한 발레와 같이 야만적이고 원시적인 제스처와 고전이 섞인 네 동작의 아주 독특한 아이스 댄스가 시작된다. 얼음 거울 앞에 선 인물은 마치 주인공 무용수가 리허설을 하듯 프런트 포인팅으로 정교하게 발을 내딛는다. 이 특별한 발레에서는 발끝으로 도는 동작 pirouette을 하면 안 된다. 그가 강조하고자 하는 종아리의 굴곡과 발목의 힘은 그의 얼굴에 나타난 격렬하고 공격적인 모습과 일치한다. 최고의 무용수는 최고의 투우사같이 단 한 번을 타격할 뿐이다."

긴 여정이었다. 우리는 오른쪽으로 멀리 떨어진 곳에서, 대규모 극지법을 사용한 일본 원정대의 유물인 로프를 더 많이 끄집어낼 수 있었다. 이곳 어딘가를 라슈날Lachenal과 테레이Terray가 지나갔겠지만, 그때는 분명 시야가 아주 나빴을 것이다. 어디서인가 목소리가 들려오는 듯 했지만 모습은 보이지 않았다.

얼음은 단단했다. 3년이나 사용한 나의 불쌍한 취나드Chouinard 아이젠(신이여, 그에게 은총을 내리소서!)은 나의 발가락들에게 왼쪽 아이젠에는 더 이상 발톱이 남아 있지 않다고 알려주었다. 세 피치면 될 것처럼 보이던 얼음은 다섯 피치까지 늘어났고, 우리는 후들거리는 종아리로 다시 바위를 맞이했다.

마지막 헤드월은 대략 240미터였다. 그곳에는, 윤곽이 뚜렷한 걸리가 왼쪽으로 굽이져 올라가 레드타워Red Tower 뒤쪽으로 들어가고, 정상 두 피치 아래쯤에서 워커 스퍼와 만난다. 대략 120미터는 얇은 얼음 구간이다. 그러나 이 얼음에 도저히 확보물을 설치할 수가 없어서, 우리는 계속 오른쪽 벽으로 향했다. 그것은 편법이었음에도 사실 만만하지도 않았고, 불가피한 결정이었다고 가벼이 생각한 비열함이었다. 그리하여, 지쳐버린 우리는 실수할 시간조차 없었다. 전날 아침 9시에 일어난 후 오랜 시간이 흐른 것 같았다. 북풍 속 바위는 몹시 차가웠다. 위에서는 햇빛을 받은 벽이 손짓하고 있었다. 그러나 속도가 느려, 우리가 감히 그 온기로 다가가 즐기려는 생각은 점점 정상만큼이나 멀어졌다. 믿을 수 없게도, 우리는 하루 종일 낙석을 보지 못했다. 그러나 닉이 위쪽의 암벽 구간을 뚫고 지나가면서 낙석을 유발해 이 아쉬움을 달랬다. 뒤따라 올라가던 나는 곳곳에서 낙석에 노출됐다. 다리에 하나를 얻어맞은 나는 비명을 지르며 이를 악물었다. 닉은 추락도 했었지만 걸리 바닥으로 다시 올라가 문제를 해결했다.

"무슨 일이야?"

"아니, 그냥 떨어졌어."

… 그리고 마침내 꿈의 워커 스퍼에 올라섰다. 정상까지는 두 피치가 남았다. 따뜻한 차가 간절했다.

우리는 눈을 부릅뜨고 찾았지만, 있는 것이라고는 간신히 걸터앉을 수 있을 정도의 작은 레지뿐이었다. 그러나 다른 쪽의 차갑고 축축한 눈보다는 훨씬 더 안락하고, 훨씬 더 편리했다. 우리는 걸터앉아 단 5분 만에 치즈 햄 샌드위치를 먹고, 많은 양의 커피를 마셨다. 흔치 않게, 우리는 밤이 오기 전에 잠들었다.

다음 날 아침 우리는 늦게 일어났다. 기상은 두 배로 나빠졌다. 스토브는 작동했지만, 매뉴얼대로 된 것은 아니었다. 바위에서 물을 만드는 데 20분이 걸렸다. 우리는 물을 만들며 꾸벅꾸벅 졸았는데, 아래에서 들려온 외침에 무기력으로부터 빠져나왔다. 일본 친구 둘이 모습을 드러냈다. 네 번의 비박에도 불구하고 그들은 데이지 꽃처럼 생생했다. 그들은 몇 주일 만에 워커Walker를 올라온 첫 번째 등반조였다. 우리는 서둘러 등산화 끈을 매고 장갑을 낀 다음, 그들과 경쟁하듯 정상으로 향했다. 그들은 이 산을 오르려고 수천 킬로미터를 날아왔다. 워커 정상은 마치 크리스마스 같았다.

아, 맞다! 깜빡할 뻔했네.

"그리고 그들 모두는 그 후 오래도록 행복하게 살았습니다."

「달갑지 않은 위로」는 알렉스가 의미 있는 등반에 대해 처음으로 쓴 글인데, 이 글을 읽은 사람들에게 화젯거리를 안겨주었다. 그리고 이 글은 역사와 동지애, 공동체, 유머 그리고 절제된 표현 등이 한데 어우러져 곧바로 고전이 됐다. 1년 후, 알렉스와 나는 아프가니스탄으로 갔다. 그리고 그는 자신의 등반 수련과정을 우수한 성적으로 마쳤다.

12

가야 되나 말아야 되나?

Should I Stay or Should I Go?

폴란드에서의 교환등반 일정이 끝나갈 무렵, 믹 제데스와 버제스 형제 그리고 나는 모르스키에 오코에서 바르샤바로 돌아왔다. 안드제이 자바다는 재주 많고 우아한 아내 안나Anna와 함께 사는 크고 멋진 집으로 우리를 초대해 저녁식사를 대접했다. 영국으로 돌아가야 하는 바로 전날 밤이었는데, 우리는 다음해의 합동 원정에 대해 처음으로 진지한 대화를 나누었다.

"우리는 장비와 교통편을 제공할 수 있습니다. 당신들은 우리가 아프가니스탄에 있을 때 필요한 달러를 가져오면 됩니다."라고 안드제이가 말했다.

간단하면서도 그럴듯해 보였다. 모든 것이 우리 취향에 맞았다. 비용은 영국에서 모든 것을 준비할 경우와 비교하면 믿을 수 없을 정도로 적게 들었다. 폴란드인들은 힌두쿠시에 대해 잘 알고 있었고, 카불에 있는 관리들과 좋은 관계를 유지하고 있었으며, 등반이 가능한 대상지의 목록도 갖고 있었다. 우리는 몇 주일간을 함께 지내며 친구가 됐다. 나는 자바다가 좋았다. 그는 군대의 지휘자처럼 원정을 성사시키기 위해

당국으로부터 필요한 모든 것을 받아낼 수 있는, 오직 동유럽에만 존재하는 등반 사령관의 혈통을 이어받은 것 같았다. 어떤 사람들은 그가 공산주의자들과 지나치게 가깝게 지낸다고 말했지만, 그는 그런 사실을 부인했다. 동유럽에서는 게임의 법칙이 사뭇 다르다는 것을 감안하면, 그는 폴란드의 크리스 보닝턴이었다.

"부패한 정치권으로부터 후원을 받아내는 나와 힘 있는 거대 자본가들에 기대어 원정 후원금을 받는 보닝턴과 무슨 차이가 있습니까?"

자유에 목마른 폴란드인들은 서구에는 잘 알려지지 않은 사치로 욕구불만을 달랬다. 그것은 다름 아닌 조국의 억압된 정치·경제의 역경 속에서 피어난 강한 우정이었다. 나는 폴란드 클라이머들 사이의 이 끈끈한 유대가 거대한 산맥들에서 그들이 거둔 성공의 비밀이라는 것을 직감적으로 이해했다. 나는 똑같은 팀으로 다음해에 다시 돌아와 동쪽으로 간다는 계획을 갖고 폴란드를 떠났다.

결국 일은 쉽게 풀리지 않았다. 그해 겨울 폴란드에 갔던 사람 중 1977년 여름에도 갈 수 있는 사람은 아무도 없었다. 합동 원정대를 꾸린다는 아이디어가 다른 사람들에게는 너무 불확실해 보였다. 대신, 버제스 형제와 믹 제데스는 앨런 라우즈, 브라이언 홀, 랩 캐링턴 그리고 다른 사람들까지 폭넓게 포섭해, 남미로 전설적인 1년짜리 여행을 떠났다. 그 이야기의 일부는 『버제스 형제의 허언집The Burgess Book of Lies』에 실려 있다. 피터 보드맨은 히말라야의 어디론가 가고 없었다. 나는 처음부터 다시 시작해야 했다.

내가 영국등산위원회(BMC)에 도움을 요청하자 일이 걷잡을 수 없이 꼬이고 말았다. 데니스 그레이는 다음 날 나에게 전화를 걸어, 공식적인 교환등반 기간 중 논의가 오고간 합동 원정등반이므로 원정대를 조직하고 대원을 선발하는 것은 BMC의 고유 권한이라고 말했다. 데니스 그레이가 있는 빌딩의 17층에서 관료주의가 나타날 것이라고 한 마이크 톰슨의 예언이 갑자기 현실로 다가왔다. 내가 지금까지 자바다와 상의하고, 또 그는 그것을 바탕으로 폴란드등산협회(PZA)와 협의해온, 현재 진행 중인 합의와 대화에도 불구하고, 나는 팀도 제대로 없이 또한 그럴듯한 공식 지원도 없이 내팽개쳐진 것 같았다.

나는 『마운틴』 지를 그만두고, 내 연구과제에 대해 성과 없는 논문 작업을 하던 레이크 디스트릭트의 더돈강 하구 위쪽에 있는 17세기 농가로 돌아갔다. 그곳은 런던에 있는 나의 삼촌과 숙모가 빌린 곳이지만 어쩌다 한 번 들를 뿐이어서, 그 지역 의회의 프로젝트 매니저 일을 하고 있던 내가 거의 대부분의 시간을 나만의 공간으로 사용할 수 있었다. 나에게는 모아놓은 돈이 조금 있었다. 나는 힌두쿠시로 갈 기회를 잃은 것이 납득되지 않아 데니스와 여러 번 논쟁을 벌였다. 내가 갈 수만 있다면 누가 원정대를 조직하든 상관없었지만, 나는 자바다로 하여금 BMC에 편지를 보내게 할 필요가 있었다.

그 당시 폴란드와 레이크랜드Lakeland에 있는 농가 사이의 통신은 꽤나 복잡했다. 폴란드로 전화하기 위해서는 적어도 하루 전에 예약을 해야 했다. BBC의 여성 아나운서 같은 목소리로 항상 도움을 주는 지역 교환원이 국제전화 교환원을 연결해주면, 월드서비스 진행자처럼 "여기는 런던입니다."라고 또렷이 발음하는 남성이 변함없이 받았다.

"여보세요? 안드제이? 새로운 소식 있습니까? 이번 원정에서 PZA의 지원은 확보했나요? 데니스 그레이에게 편지 보냈습니까?"

"예, 예. PZA는 10명의 원정대를 지원해주기로 했습니다. 5명은 당신네 나라 사람들, 5명은 폴란드 사람들. 그래서 당신네 팀의 세부명단이 필요합니다. 폴란드대사관에 제출할 양식은 받았나요?"

나는 그 양식을 갖고 있었다. 그러나 나는 대원들도 모집하고 BMC의 동의도 받아야 했다. 나는 머뭇거렸다.

"한 달만 시간을 주세요. 그러면 전부 다 마무리될 겁니다."

원정을 성사시키고자 여전히 열정적인 자바다는 나를 연락책으로 삼고 싶어 했다. 그러나 그 사이에 BMC는 희망하는 팀을 모집한다는 공고를 냈다. 나에게, 이것은 도저히 묵과할 수 없는 관료주의적 공격 행위였고, 영국보다는 폴란드에서나 있을 법한 일이었다. 거의 40년이 흐른 지금에 와서 되돌아보니, BMC의 접근방법이 조금은 이해됐다. 나는 알프스에서의 등반으로는 이름이 있었지만, 고산등반은 해본 적이 없었다. 내가 대원으로 끌어들이려 했던 리즈산악회는 조직체로는 형편없는 평가를 받고 있었다. 그리고 이 원정은 동유럽의 한 나라와 함께 소비에트 권역 밖에 있는 대상을 시도하는 첫 번째 합동 원정이 될 터였다. BMC는 대중의 지대한 관심을 받을지도 모르는 그런 사업이 실패하는 것을 원치 않았을 것이다.

원정은 우리가 꾸리고자 했던 방식이 아니라, 엉뚱한 논리로 성사됐다. 다른 한 팀이 신청했으나 대원이 4명뿐이었다. 처음에는 지역별로 한 명씩 모두 5명을 뽑는다는 의도였다. 하워드 랭커셔, 피터 홀든 Peter Holden, 말콤 하웰스는 그전 해에 힌두쿠시에 갔었는데, 만다라스 계곡에서 본 거벽으로 다시 돌아가고 싶어 했다. 공교롭게도 그 지역은 자바다 역시 좋아하는 곳이었다. 훌륭한 알피니스트며 스코틀랜드 동계

등반 전문가로 알렉스와 함께 등반한 적이 있는 테리 킹이 마지막 대원이었다. 1975년 여름, 테리와 알렉스는 그랑드조라스의 쉬라우드와 그랑 샤르모 북벽을 함께 등반했었다. 마지막으로, 이것이 본래 나의 계획이었기 때문에, 데니스의 동의하에 내가 다섯 번째 대원으로 합류했다. 자바다와 내가 그때까지 날짜나 재정, 운송 등에 대해 논의하고 있었으므로, 나는 영국 팀의 리더를 맡은 피터 홀든을 만났다.

비록 고산등반 경험자가 셋뿐이었지만 훌륭한 팀이었다. 그러나 팀 구성은 4월이 되어서야 겨우 마무리됐다. 나는 장거리 여행 계획을 세우고, 후원을 받기 위한 편지를 쓰는 등 행정업무를 담당했다. 우리는 모두 풀타임으로 일하고 있었지만, 나는 근무시간이 탄력적이라서 주말에 일하면 주중에도 시간을 낼 수 있었다. 촐리 경Lord Chorley이 우리를 후원해주기로 약속했고, 크리스 보닝턴도 보증을 장담했다. 1977년 봄, 필요한 식량과 기타 물품들이 담긴 박스들이 레이크랜드에 있는 나의 집으로 배달되기 시작했다. 말콤 하웰스가 화이트호스White Horse[51]는 물론이고 해러즈백화점Harrods Store과도 좋은 관계를 유지하고 있어, 위스키 여러 상자와 특별 음식이 담긴 커다란 바구니 하나도 도착했다.

폴란드 팀은 자바다가 이끌었다. 그 팀은 인상만큼이나 강력했다. 대원들 모두 적어도 한 번 이상 7,000미터 이상을 오른 경험이 있었다. 마렉 코발치크는 1975년 교환등반 때 영국에 왔고, 표트르 야시인스키 역시 마찬가지였다. 이들은 파미르와 힌두쿠시에서 등반을 했는데,

---

51　영국의 위스키 제조회사(White Horse Distillers Ltd.)로서 에든버러 시에 있었던 오래된 여관 이름에서 유래했다. [역주]

또한 몇 개의 대담한 등반으로 이름을 날린 얀 볼프Jan Wolf도 강력했다. 다섯 번째 대원이 보이텍 쿠르티카였다. 그는 그전 해에 크라쿠프 인근에서 나와 함께 암벽등반을 했었다. 그의 매부리코와 강렬한 인상의 얼굴이 생각났다. 물론 그의 이런 모습 뒤에는 주도면밀하지만 배려심이 있는 마음도 있었다. 그 당시에도 그는 폴란드 내에서 가장 훌륭하고 철학적인 클라이머였다. 이 시대의 고산 원정팀을 통틀어, 그는 함께 등반한 동료를 잃은 적이 없는 몇 안 되는 사람이었다.

리즈대학교산악회(LUCC) 회원들이 우르르 몰려들기 시작했다. 존 시렛, 존 파웰, 아드리안 갈릭Adrian Garlick과 다른 친구들이었다. 그들은 레이크스 지역으로 등반을 하러 왔지만, 공교롭게도 원정대를 위한 공짜 '약탈품'이 도착한 시기와 일치했다. 나는 위스키와 식량을 감추어야 했다. 나도 잘 모르는 그들 중 일부가 저녁으로 먹은 피시앤드칩스를 보충하기 위해 나의 삼촌이 숨겨 놓은 희귀한 와인을 찾아냈다. 그들은 또한 고소등반을 준비해야 하는 나를 조롱하듯 자기들끼리 유쾌한 시간을 보냈다.

출발이 몇 주일 남지 않은 6월 말의 어느 날 저녁, 전화벨이 울렸다. 말콤 하웰스였다. "좋지 않은 소식이 하나 있어. 내가 원정대에서 빠져야 해. 아내가 아파서 난 도저히 갈 수가 없네."

말콤은 우리의 작은 팀에서 경험이 가장 많은 사람이었다. 그는 계획을 수립하는 단계에서부터 나를 적극적으로 도와주었었다. 출발이 얼마 남지 않아, 당시로서는 간단한 문제가 아닌 비자 발급까지 마친 상태였다. 나는 곧바로 더그 홀든Doug Holden에게 전화를 걸었다. 1976년의 무척 더운 여름 동안 나는 에스크데일 아웃워드 바운드Eskdale Outward

Bound에서 그와 함께 일한 적이 있었다. 그는 다가오는 가을에 남극으로 돌아가는 계획이 잡혀 있어 일정이 맞지 않는다며 난색을 표했다.

다음 날, 알렉스의 파란색 포드 밴이 앞마당에 도착했다. 우리는 며칠 함께 등반하기로 했었다. 나는 스파게티를 많이 만들어 저녁식사를 대접했는데, 다음 날 그는 내가 예전에 본 것처럼 여전히 등반을 잘했다. 그러면서 그는 알프스에 대한 자신의 아이디어를 꺼냈다.

"닉 콜튼을 비롯해 그와 함께 어울리는 친구들과 계획이 하나 있습니다. 우린 대과제 세 개를 끝낼 작정입니다. 그랑드조라스의 드메종Desmaison과 윔퍼Whymper, 아이거의 할린 다이렉트Harlin Direct 루트. 아, 그리고 다른 것들도 좀 있습니다."

1975년 여름, 알렉스는 닉 콜튼, 테리 킹, 고든 스미스와 함께 당시의 젊은 영·미 클라이머들로서 클린 클라이밍의 윤리와 열정을 갖고 완벽한 자유등반으로 오른다는 목표 아래 루트 체크 리스트를 만들었었다. 소위 말하는 '프랑스식 자유등반French free', 즉 '기존에 박혀 있는in situ' 피톤을 잡고 올라가는 일은 하지 않는다는 것이었다. 그들은 인위적으로 도움을 받는 등반은 철저히 배제하고 있었다. 딱 한 가지 그들의 우려는 이런 클린 클라이밍 윤리가 더 이상 앵글로색슨의 전유물이 아니라는 것이었다. 르네 길리나 장 마르크 부아뱅Jean-Marc Boivin 같은 프랑스와 유럽 클라이머들도 비슷한 등반 대상지 체크 리스트를 만들어, 이 새로운 윤리를 적용하고 있었다. 이런 루트들을 누가 먼저 오르느냐 하는 경쟁이 펼쳐진 것이다.

에스크 버트레스Esk Buttress에서 돌아오면서 술집에 들렀을 때 나는 알렉스에게 계획을 바꾸도록 설득하기로 마음먹었다. 우리는 여전히 한 사람이 더 필요했다. 알프스는 항상 그곳에 있을 것이고, 새로운 대상지도 늘 그곳에 있을 터였다.

"이번 여름에 알프스로 돌아가는 거 확실해?"

알렉스는 한 손에 파인트pint 잔을 들고 테이블에 앉아, 덥수룩한 곱슬머리 밑으로 의심스러운 눈초리를 보냈다.

"다른 게 뭐가 있을까요?"

"대신, 멋진 힌두쿠시 어때?"

그의 얼굴은 머릿속을 스치는 일련의 감정과 생각들로 그림 퍼즐처럼 복잡하게 변했다. 잠시 침묵이 흐른 뒤 그가 물었다. "언제 떠나죠?"

"좋아. 리즈 팀이 알프스로 떠날 무렵이니까, 3주 남았네. 집에 가서 장비 준비해."

나는 자주 게으름을 피우는 알렉스가 남은 기간 동안 원정을 준비하는 모습을 보고 놀랐다. 스코틀랜드 동계등반과 알프스 등반으로 얻은 그의 명성은 로한Rohan과 같은 장비 제조업체와의 관계에 큰 도움이 됐다. 나는 그가 업체들의 장비를 시험하고 개발하는 줄은 전혀 모르고 있었다. 알렉스는 영국 쪽에서 준비해야 하는 최신 샐로펫salopette 바지[52]와 재킷을 후원받았는데, 그가 그 업체와 함께 전문가용으로 개발한 것들이었다. 이 옷들은 질기면서도 따뜻하고 신축성이 있어, 비교적 안정된 날씨지만 건조한 아프가니스탄의 산악지대에 안성맞춤이었다.[53]

알렉스는 또한 장비점을 운영하는 친구들도 많이 알고 있었다.

---

52 넓은 의미의 작업복을 뜻하는 프랑스어로 특히 가슴받이 달린 멜빵 바지를 말하는 경우가 많다.

53 로한은 1978년 창가방 원정 때도 우리 모두에게 황금빛 샐로펫 바지와 옷에 덧입는 재킷을 제공해주었는데, 작열하는 태양에서 휘몰아치는 폭풍설까지의 급변하는 날씨 속에서 등반할 때 아주 이상적이라는 사실이 입증됐다.

그중 맨체스터에서 'YHA'라는 가게를 운영하는 브라이언 쿠퍼Brian Cooper가 가장 유명했다. 그래서 내가 한 사람을 마지막 순간에 바꿀 수밖에 없었던 이유를 설명하고자 자바다에게 전화를 걸었을 때 나는 브라이언 덕분에 최신 아이스스크루와 피톤들 그리고 미국 뉴햄프셔의 EMS가 제공한 마운틴 하우스Mountain House제의 고산용 동결건조 식품을 가져갈 수 있다고 알려주었다.[54]

시간도 없는 데다 모든 것이 불확실했다. 출발 며칠 전, 알렉스는 존 시렛과 함께 와서 마지막 포장작업을 도와주었다. 우리는 모든 짐을 그의 밴에 차곡차곡 쌓아 싣고 레치모어 히스에 있는 그의 부모님 집으로 내려갔다. 폴란드와의 마지막 통화에서 자바다는 동유럽과 아프가니스탄 비자를 받기 위해 3부씩 작성한 수십 장의 서류를 겨우 고쳤다고 투덜댔다. 그가 여러 번 반복한 질문 하나가 바로 이것이었다. "달러를 얼마나 가져올 수 있습니까?

"충분해요, 안드제이! 대략 5천 달러요."

"더 가져올 수 없습니까? 인원수에 비하면 턱없이 부족합니다. 우리의 계획이 어려워, 여행은 몇 개월간 계속될 수도 있습니다."

"해보기는 하겠습니다만…. 안드제이, 그런데 우린 그저 클라이머

---

[54] EMS의 매니저 릭 윌콕스Rick Wilcox가 큰 박스 하나를 보냈는데, 그 안에는 동결 건조아이스크림이 들어 있었다. 그는 도매가격이라도 받기를 기대했지만, 우리에게는 여윳돈이 없었다. 결국 내가 반값으로 타협을 본 것은 원정에서 돌아온 몇 개월 뒤였다. 나는 몇 년 후 에베레스트 동계 등반을 위한 식량을 살 때 많은 양을 EMS에서 구입해, 그때의 빚을 갚았다. 동결 건조식품은 낮은 고도에서는 좋았으나 7,000미터 이상에서는 소화 장애가 발생했다. 다만, 무게가 가벼운 것은 장점이었다. 1977년과 1978년에 있었던 폴란드인들과의 비박은 국수나 인스턴트 감자를 넣은 보르시치borsch를 먹고, 이어 동결 건조식품 하나를 뜯어 돌려가며 먹은 다음, 차나 주스를 물에 탄 탕Tang을 마시는 것이 하나의 관례였다. 미리 숟가락을 하나 집어넣은 동결 건조식품은 1인당 두 숟가락이 정량이었는데, 다 떨어질 때까지 돌려가며 먹었다. 식사는 언제나 핫 초콜릿으로 마무리했고, 커피는 다음 날 아침을 위해 아껴두었다.

들입니다."

그때 자바다가 나에게 말하지 않은 것이 하나 있었는데, 그것은 소비에트 연방을 가로지르는 기차 여행허가가 러시아 당국으로부터 나오지 않았다는 사실이었다. 그는 비행기 편을 이용하기 위해 어떻게든 돈을 더 모으거나, 아니면 막판에 원정대 전체의 일정을 비용이 훨씬 더 적게 드는 파미르나 코카서스 쪽으로 돌려야 하는 절박한 입장에 처해 있었다. 나는 느닷없이 과거 크리스 보닝턴이 후원을 얻어낸 바클레이스은행을 접촉했다. 우리가 출발을 며칠 앞두고 자금을 구하고 있다는 사실을 안 후원자와 데니스 그레이는 나에게 전화를 걸어 불쾌감을 나타냈다. 도대체 내가 무슨 생각을 하고 있었던 것일까? 비록 냉전시대에 보기 드문 동서 합동 원정등반이라 하더라도, 은행이 그와 같은 짧은 시간의 통보로 비교적 잘 알려지지 않은 일단의 클라이머들을 도와줄 것이라는 생각은 순진하기 짝이 없는 것이었다.

나는 대원들에게 전화를 걸어, 우리 모두 개인적으로 이번 원정에 기여하기 위해 최대한 후원을 받아내거나 돈을 빌려야 한다고 말했다. 마침내, 우리는 1천 파운드의 돈을 추가로 긁어모았다.

그리고 그래야만 했다.

13

더 나은 변화

Something Better Change

알렉스는 늘 음악을 들었다. 그는 우리와 함께 암장에 갈 때 들고 다니던 카세트플레이어를 이제 아프가니스탄으로 가는 길에도 들고 왔다. 그는 그것을 손에서 떼지 않았지만 크게 문제될 것은 없었다. 우리 모두 음악적 취향이 같았으니까. 1977년은 펑크의 위대한 해였다. 그러나 우리는 색다른 장르의 음악에도 빠져들었다. 플릿우드 맥Fleetwood Mac, 브라이언 페리Brian Ferry 그리고 ELO. 이들 모두를 좋아하지 않고는 배길 도리가 없었다. 알렉스와 나는 음악으로 얻은 에너지를 발판으로 고산 등반을 처음 음미하려는 참이었다. 나는 베이스캠프에서도 여전히 카세트플레이어를 무릎 위에 올려놓고 모두에게 들리도록 음악을 크게 틀어 놓는 그를 마음에 그릴 수 있었다.

하워드 랭커셔와 나는 영국을 떠나기 전 마지막 날 밤을 런던 교외에 위치한 알렉스 가족의 집에서 보냈다. 저녁 내내 잔소리를 퍼부은 알렉스의 어머니 진은 다음 날 아침 리버풀 스트리트까지 우리를 태워다 주었다. 그리고 이웃 하나가, 말이 끄는 트레일러를 차 뒤에 매달아 개인장비와 우리가 분류해 놓은 공동장비, 식량 그리고 아주 중요한 박스

2개 ― 이번 원정을 위해 후원받은 화이트호스White Horse 스카치위스
키 ― 를 실어다주었다.

우리는 하워드를 오직 명성으로만 알고 있었다. 보기 드물게 강한
암벽 등반가인 그는 이미 힌두쿠시에서 2개의 초등을 해낸 사람이었다.
영국에서 일을 끝내고 고국으로 돌아가는 많은 폴란드 노동자들 사이
에서 짐을 부치기 위해 줄을 서 있었는데, 그들이 짐을 두고 역무원들과
옥신각신하고 있었다.[55] 우리에게 마지막으로 남은 과제는 엄청나게 초
과된 수화물 요금이었다. 하워드는 선배로서 기지를 발휘해, 초과 화물
줄에 서지 않기 위해 짐의 대부분을 재빨리 대기 줄 근처에 있는 2대의
카트 위에 올려놓았다. 그의 아이디어는 멋지게 통했고, 우리는 그가 우
리보다 20분 먼저 출발하는 기차에 올라타도록 도와주었다.

"하리치Harwich에서 보자."

테리 킹은 역에서 합류했다. 그런데 금발에 맨발의 나긋나긋한 네
덜란드 여자 친구도 있었다. 그녀는 시끌벅적한 소란을 재미있어 하는
것 같았다. 테리는 스코틀랜드와 알프스에서 알렉스와 함께 등반한 적
이 있었다. 원정대의 다섯 번째 대원인 피터 홀든은 해야 할 일이 있어,
카불에서 우리와 만나기로 했다. 우리는 여전히 남은 짐으로도 무게가
초과된 상태였지만, 기차가 출발하기 직전까지 영국철도의 수화물 책임
자와 시간을 끌며 말다툼을 했다.

---

55 이때는 또 다른 변칙의 시대였다. 폴란드 노동자들은 어떻게 해서든 영국으로 들어왔는데, 그들
    은 기술도 있는 데다 장시간 노동도 아랑곳하지 않아 영국에서 꽤 괜찮은 대접을 받았다. 2012
    년 런던올림픽이 열리기 전 다음과 같은 농담이 회자됐다. "폴란드 건설 노동자들이 모두 런던
    에 있는데, 2012년 유럽축구선수권대회는 어떻게 준비하지? 저녁에 비행기 타고 집에 갔다가
    다음 날 아침 런던으로 돌아오면 돼."

그는 끝내 우리에게 통과하라는 손짓을 하며 이렇게 뇌까렸다. "그냥 가, 빌어먹을 학생 놈들!"

우리가 기차 문에 매달려 멀어져가는 플랫폼을 바라보는 동안 진과 테리의 여자 친구는 슬픈 표정을 지으며 손을 흔들었다. 우리는 등반장비로 반쯤 막힌 통로를 헤집고 자리로 돌아왔다. 이런 광경은 아마 폴란드까지 남은 기차여행의 특색이 될 터였다. 하워드는 부두에서 우리의 모험 계획을 자랑하며 짐꾼들을 대기시켰는데, 그들은 우리가 짐을 배에 싣도록 기꺼이 도와주었다. 수고비는 우리 모험의 작은 부분을 함께 했다는 것만으로도 충분한 것 같았다. 우리는 서독을 통해 베를린에 도착한 다음 동독으로 들어갔다. 그러자 이제 본격적으로 철의 장막 안쪽에 있다는 느낌이 들었다. 동독은 상대적으로 개방적인 폴란드 사회보다 훨씬 더 최전선인 것 같았다. 반자동소총으로 무장한 군인들이 여권을 일일이 확인하고 또 확인했다. 목줄을 끌어당기는 사나운 셰퍼드 군견들도 킁킁거리며 기차 하부를 냄새 맡았다.

바르샤바에서 자바다는 PZA 임원들과 함께 우리를 마중 나왔는데, 우리는 폴란드 팀의 나머지 사람들이 모일 때까지 여러 사람들의 집에 나뉘어 묵었다. 안드제이와 안나가 사는 집에 머문 알렉스와 나는 융숭한 대접을 받았다. 안드제이 자바다의 아파트는 전에 내가 폴란드에 와서 머물렀던 다른 곳들보다 훨씬 더 고급스러웠다. 안드제이와 안나 모두 알렉스를 좋아했고, 알렉스 역시 최대한의 예의로 화답했다. 그 폴란드인들 역시 영국의 중산층에게 하는 보편적인 예절과 겸손의 미를 보여주었는데, 알렉스는 이를 잘 받아들였다.

관광을 할 시간은 많지 않았다. 바르샤바의 PZA 창고에 모인 엄청난 양의 장비와 식량은 확인과정을 거친 후 종합 장부에 품목별로 기재됐다. 그런 다음, 그 시절 폴란드 원정대들이 주로 사용한 노란색 하드보드 통 안에 조심스럽게 넣었다. 이 통들은 물에 흠뻑 젖으면 흐물흐물해지기 때문에 아프가니스탄에 비가 많이 오지 않는다는 것이 천만다행이었다. 자바다와 보이텍 쿠르티카를 제외한 나머지 3명의 폴란드 대원은 얀 볼프, 표트르 야시인스키 그리고 마렉 코발치크였다. 원정대 의사로 로베르트 야닉Robert Janik이란 사람도 있었다.

나는 1975년의 교환등반 때 웨일스에서 표트르, 마렉과 함께 등반했었다. 우리는 원정대 임무를 수행하면서 서로 사이좋게 지냈다. 화물통의 숫자가 100개를 넘자, 우리는 11명의 대원에 비해 짐이 너무 많은 것은 아닌지 의구심이 들기 시작했다. 그제야 비로소 우리는 10명 남짓한 사람들로 별도 트레킹 팀이 구성되었다는 사실을 알게 됐다. 그중 2명은 몰래 등반하러 가는 알렉 르보프Alek Lwow와 크지슈토프 비엘리츠키Krzysztof Wielicki였다. 그러나 내가 대규모 원정대들이 암시장 거래를 위해 이용되고 있다는 사실을 깨달은 것은 몇 년이 지난 후였다.

가장 큰 문제는 재정이었다. 우리에게는 폴란드 팀이 원한 것처럼 카불까지 비행기를 타고 갈 여윳돈이 없었다. 이제 계획은 단 하나, 소비에트 연방을 기차로 가로지르는 것이었다. 우리는 우리가 갖고 있던 달러의 반을 PZA의 회계담당에게 건네주었다. 아마도 이 돈은 암시장에서 환전이 된 것 같았다. 결과적으로 비싸게 바꿔진 폴란드 돈 즈워티는 마지막으로 식량을 구입하고 기차표를 구입하는 데 요긴하게 쓰였다.

문제는 우리가 소비에트 연방을 가로질러 여행할 수 있는 허가서가 없다는 것이었다. 그 길은 정치적 환경이 가장 좋은 때라 하더라도 서방

사람들에게 쉽게 개방하지 않았었는데, 이제는 보안상의 이유로 아예 금지됐다. 아프가니스탄을 침공하기에 앞서 수많은 군수물자를 운반해, 우리가 아프가니스탄으로 들어가려고 하는 길목에 쌓아놓은 것이다. 폴란드인들은 우리를 밀입국시켜야 할 터였다. 노란색 하드보드 통 속에 몰래 숨는 것이 아니라, 약간의 속임수를 써서! 자바다는 큰 요행을 바라고 기차표를 예매했다. 어느 누가 많은 폴란드 클라이머들과 트레커들 사이에 섞여 있는 5명의 영국인들을 알아볼 것인가? 의심할 여지없이 자바다는 인맥을 동원했고, 여행서류에 적힌 '매킨티오레비치'나 '테리킹스키' 같은 이름에 눈썹이 올라갈 때마다 약간씩 뇌물을 주었다.

모스크바를 경유하는 우리의 6일간 여정은 볼가강을 건너 쿠이비셰프Kuybyshev(지금의 사마라Samara)로, 그리고 다시 아랄해와 카스피해 사이로 내려가 보카라Bokhara를 거쳐, 마침내 우즈베키스탄의 테르메즈Termez에 도착하는 것이었다. 그곳에서 우리는 아무다리야(고대의 옥서스Oxus)강을 건너야 한다.

모스크바에서 우리는 눈이 휘둥그레졌다. 그곳은 마치 오늘날의 많은 중국 도시들처럼, 자신들의 군대에 의해 점령당한 듯했다. 우리는 일반적으로 서방사람들에게 적용되는 제약을 받지 않고, 이틀 동안 돌아다닐 수 있었다. 테리, 하워드와 나는 여기저기를 구경했고, 그러는 사이에 자바다와 다른 폴란드인들은 앞으로 남은 여정을 위해 흥정을 하고 뇌물을 주었다.

모스크바는 아름다운 도시였다. 그러나 억압의 징후는 명확했다. 나는 일기장에 "대도시가 갖고 있는 나쁜 점만 온통 있을 뿐 좋은 점은 하나도 없다. … 더럽고 끈적끈적하고 비싸고 정신없고 난폭하다. 사람들은 자신들의 길 앞에 서 있는 사람들을 아무런 배려심도 없이 밀치고 끼어든다."라고 적었다. 네 귀퉁이에 소비에트 깃발을 단 질$_{Zil}$[56]승용차 행렬이 오토바이의 호위를 받으며 빠르게 지나갔고, 거무칙칙한 창문에 아무런 표식도 없는 트럭들이 뒷거리를 헤집고 다녔다. 이런 트럭들 중 한 대에서 무장 군인들이 뛰어내려 어느 집의 문을 때려 부수는 모습이 보였다. 그러나 우리는 구경하기 위해 주변에 서 있을 수 없었다. 거리의 다른 행인들과 같이, 마치 아무 일도 없는 것처럼, 우리는 가던 길을 재촉했다. 우리는 술에 취한 채 널브러져 있는 사람들의 숫자에 놀랐다. 이런 사람들은 런던에 있는 공원의 술 취한 사람들보다 행색이 더 남루해 보였다.

바르샤바는 모스크바에 비하면 긍정적인 매력이 있었다. 나는 그제야 폴란드인들이 왜 러시아인들을 경멸하는지 알 것 같았다. 자바다는 나를 붉은광장으로 안내했다. 그는 나에게 전에 자신이 어떻게 체포되었고, 자신이 공개적으로 언급한 몇 번의 반러시아 발언에 대해 어떻게 취조당했는지 말해주었다.

"그들은 새벽 3시까지 똑같은 질문을 반복해 물었습니다. 나도 그들에게 아버지는 전쟁 때 러시아편에 서서 싸웠고, 할아버지는 혁명이 일어났을 때 러시아를 위해 싸웠다고 똑같이 반복해서 대답했습니다. 다만, 백러시아를 위해 싸웠다는 말은 하지 않았죠."

우리는 붉은광장의 한복판에서 멈추었다. 레닌 묘의 근위병 교대식은 인상적이었다. 군인들이 과장된 동작을 선보이며 천천히 이동하고 있었다. 자바다가 물었다. "빠진 것이 하나 있는데 무언지 알겠습니까?"

---

56   고관용의 러시아제 고급 승용차 {역주}

나는 사방을 둘러보았다. 커다란 망치와 낫이 그려진 깃발들이 크렘린 궁전의 위압적인 벽 위에서 바람에 날리고 있었다. 가이드들은 한 무리의 서방 관광객들을 데리고 세인트 바실리 대성당Saint Basil's Cathedral으로 향하고 있었다. 나는 좀 엉뚱한 추측을 했다. 해러즈 백화점, 핫도그를 파는 좌판 아니면 광고판?

"아니, 아니, 아닙니다. 그런 것들은 중요치 않습니다." 그는 고개를 절레절레 흔들었다. "폴란드에서처럼 아리따운 여성들이 보이나요? 보세요. 없잖아요? 러시아 공산주의자들은 그들을 모두 죽였거나, 아니면 특별한 목적으로 이용했을 겁니다." 농담을 하고 있다고 생각한 나는 그를 쳐다보았다. 자바다는 격앙되어 있었지만 진지했다. 그리고 짧은 장광설에 목소리 톤이 높아졌다. 가짜 가죽 재킷을 입은 남성 몇몇이 우리를 노려보았다. 나는 이제 돌아가서 다른 사람들과 합류하자고 말했다.

가장 놀라운 순간은 모스크바 메트로에서 일어났다. 우리는 웅장하면서도 거대하게 보이는, 유명한 사회주의의 아르데코art-deco를 구경하러 갔다. 플랫폼 위에 서 있는데, 남녀 한 쌍이 다가와 자기들의 청바지를 줄 테니 우리들의 서양 청바지와 10달러를 달라는 것이었다. 두 번째로 놀라운 순간은 우리들의 장비를 모두 실을 화물열차를 확보하기 위해, 우리가 비싼 스카치위스키 두 병을 건네주려는 것을 안 자바다가 또 한 번 장광설을 늘어놓을 때였다.

"폴란드 보드카가 이런 러시아인들에겐 훨씬 더 좋습니다. 그들에게 스카치위스키를 주는 것은 범죄행위입니다." 그러나 우리는 스카치위스키를 주어야만 했다.

화물차와 30량의 객차가 달린 우리의 기차가 동쪽으로 향했다. 우리는 서방사람들에게 허락되지 않은 길을 여행함으로써 벌어질 수 있는 위험에 대해서는 여전히 깜깜한 어둠 속에 있는 것과 마찬가지였다. 폴란드인들은 우리에게 절대로 먼저 러시아인들에게 말을 걸지 말고, 모든 질문에는 "노르말노нормально!"로 대답하라고 단단히 주의를 주었다. '동의합니다'와 '모두 괜찮습니다'라는 의미가 이 한 단어에 함께 들어 있었다.

우리가 테르메즈에 도착할 때까지 이 말을 써먹어야 될 시간이 5박 6일이나 남아 있었다. 긴 기차는 크고 안락했다. 우리 4명은 밤에는 침대로 바꿀 수 있는 각자의 칸막이 방을 썼다. 객차의 끝에는 커다란 사모바르samovar 주전자와 홍차가 있어, 여행을 하는 사람이면 누구나 공짜로 이용할 수 있었다.

끝없이 긴 기차가 모스크바를 빠져나올 때부터 객실 복도와 모든 칸막이 방의 스피커에서는 붉은군대 합창단이 부르는 군가가 쉼 없이 흘러나왔다. 2시간쯤 지나 모스크바 교외를 벗어나, 붉은군대 합창단의 군가보다 크게 '레드 제플린' 음악을 요란하게 틀어놓고 테리, 하워드, 알렉스 그리고 내가 모여 앉아 카드를 치고 있을 때 자바다가 찾아왔다.

"알렉스! 나에게 보여줬던 신형 피켈 어디 있습니까? 해머가 달린 테러닥틸Terrordactyl[57]이 당신 거였죠?"

알렉스가 일어나 배낭을 뒤지더니, 급진적으로 디자인 된(그래서 손가락 관절을 망가뜨리는) 피켈 — 그가 부상으로 받은 것 중 하나였는데 — 을 꺼냈다. 피켈을 건네받은 안드제이는 고마워하며 무게를 가늠

---

[57] 금속 샤프트에 충격 흡수용 고무소재를 덧씌운 40cm 길이의 짧은 피켈(월간 『사람과산』 2014년 7월호 '신성하의 장비 등산사─영국 피켈' 편 참조) {역주}

해보았다.

"아, 됐습니다. 고마워요. 이걸로 되겠네요."

그것을 갖고, 우리 머리 위에 있는 스피커 밑에 선 자바다는 피크를 휘둘러 스피커를 찍었다. 그러고 나더니 그는 통로를 따라가며, 우리가 쓰는 칸막이 방에 붙어 있는 스피커들을 모조리 결딴냈다. 우리는 놀란 입을 다물지 못하고 멍하니 앉아, 스피커가 작살날 때마다 로버트 플랜트Robert Plant가 붉은군대의 합창단을 압도해나가는 광경을 지켜보았다.[58]

"고맙습니다." 그는 세련되면서도 심술궂은 미소를 띠며 말했다. "폴란드에선 이런 군국주의 음악은 어림도 없습니다."

우리는 6일 동안 카드를 치고, 차를 마시고, 잡담을 하고, 책을 읽고, 잠을 자는 등의 판에 박힌 일상에 빠져들었다. 우리가 유혹을 이기지 못하고 보드카 한 병을 따서 돌려 마신 것은 단 하루뿐이었다. 쿠이비셰프에서 우리는 볼가강을 건넜다. 그리고 기차는 낮은 구릉지대의 숲을 뱀처럼 굽이굽이 지나갔다. 기차가 멈춘 역은 대개 비슷한 풍경의 반복이었다. 플랫폼을 오가며 바구니에 담긴 음식과 음료를 열린 차창으로 들이밀고 파는 장사꾼들을 제외하면, 그 한쪽 끝에는 언제나 집시들이 모여 있었다. 그들이 거기서 살고 있다거나, 아니면 다른 기차를 기다릴 것이라는 생각은 결코 들지 않았다. 그들은 아이들을 보내 모스

---

58 내가 마흔 살 생일을 맞이했을 때 알렉스가 좋아했던 술집 중 하나였던, 브로턴 밀스Broughton Mills의 블랙스미스 암스Blacksmith's Arms에서 우연찮게 레드 제플린의 로버트 플랜트와 맥주를 한잔 한 적이 있었다. 지금은 솔로로 활동하는 그 록 스타는 토요일이던 그날 배로우Barrow의 AFC 홈경기를 보러, 몇몇 수행원들과 함께 그 술집의 테이블에 앉아 있었다. 그는 로즈와 내가 하고 있던 크립crib 카드놀이를 방해해서 미안하다고 사과했다. 만약 내가 너무 놀라지 않았더라면, 나는 아마 이때 있었던 두 밴드의 싸움을 기억해냈을지도 모른다.

크바에서 오는 기차에서나 구할 수 있는 설탕이나 담배 또는 사치품을 구걸시켰다.[59]

이틀 후, 새벽에 눈을 뜨니 차창 밖으로 카자흐스탄의 무미건조한 풍경이 펼쳐졌다. 아주 똑같은 일관성을 가진 채 사방으로 뻗어나간 완벽한 평원이었다. 카스피해 남쪽에 다다르자, 이제 풍경이 서서히 우즈베키스탄의 비옥한 평원으로 바뀌었다. 1시간 정도 간격으로 우리 객차는 한쪽으로 비켜나, 밀과 다른 제품을 가득 싣고 멀리 모스크바로 향하는 화물열차들에 길을 내주었다. 그 열차들을 보니 캐나다의 길고 긴 화물열차들이 떠올랐다. 그러나 러시아 열차들은 길기도 길거니와 궤도의 간격도 넓어서 훨씬 더 육중하게 보였다. 많게는 8개의 기관차가 포효하며 지나간 다음 화물차가 나타나는 경우도 있었다. 어떤 것들은 중간에도 기관차가 있고 끝에도 기관차가 있어, 이런 열차가 지나가면 우리 객차의 창문이 부르르 떨렸다. 많은 열차들이 레닌의 초상과 어디에서나 볼 수 있는 낫과 망치로 장식되어 있었다. 가끔은 우리가, 옆으로 비켜나 길을 양보하며 서 있는 화물열차 옆을 지나가기도 했다. 그제야 우리는 열차들이 가는 방향을 가늠할 수 있었다. 농산물을 실은 열차는 서쪽으로, 트럭과 트랙터를 실은 열차는 동쪽으로 향했다. 그리고 한두 번

---

59   돌아오는 길에, 거의 언제나 문이 닫혀 있던 식당차의 메뉴에서 캐비어를 발견했다. 나는 종업원에게 캐비어를 좀 살 수 있는지 물어보았다. 그는 "только за доллары"라고 말했는데, '달러'라는 말만 귀에 들어왔다. 내가 커다란 빈 꿀통을 갖고 가자 그는 검은 캐비어를 꽉꽉 눌러 채워주었다. 나는 그에게 5달러를 주었다. 나는 그것을 큰 저택을 소유하고 있는 제네바의 삼촌과 숙모에게 선물했다. 그 집은 알프스에서 날씨가 안 좋을 때 아주 그럴듯한 사교장이었다. 숙모는 러시아인이었는데 선물을 받고 어쩔 줄 몰라 했다. 나중에 숙모는 나에게 그 캐비어가 적어도 500달러는 나가는 최상품이라고 귀띔해주었다. 그 선물은 전에 리즈산악회원 일부가 와인과 바닷가재 통조림 같은 고급품이 보관된 비밀 창고를 찾아냈을 때 삼촌과 숙모가 입은 손해에 대한 작은 보상이었다. 그때 시렛이 바닷가재 껍질을 벗기다 손가락 인대를 다쳐 등반하는 데 지장을 받았다.

은 탱크와 대포를 실은 열차가 지나갔는데, 누구나 어디로 가는지 알고 있었다.

보카라에서, 자바다는 행정과 허가문제를 처리하기 위해 우리와 헤어져 곧장 카불로 날아갔다. 얀 볼프는 '의사선생님' 로베르트를 돌보는 역할을 맡았다. 우즈베키스탄에서의 여정 마지막 날, 보이텍이 우리 칸막이 방에 나타나더니 씩 웃었다.

"알렉스!" 그가 말했다. "반다카Bandaka 한 번 시도해보지 않을래?"

"좋지." 알렉스가 대답했다. "뜨겁게 해서 먹는 거야, 아님 차갑게 해서 먹는 거야?"

"아니, 아니 알렉스. 먹는 게 아니고 산 이름이야. 한 번 보면 반할 걸. 여기, 이걸 좀 봐." 그는 우리에게 거대한 삼각형 벽이 있는 흑백사진 한 장을 건네주었다. 규모가 훨씬 더 크다는 것만 빼면 아이거 북벽과 비슷했다. 이는 우리가 폴란드를 떠나기 전부터 보이텍이 품었던 첫 번째 계략이었다. 그는 원정대에서 분리된 별도의 팀을 꾸릴 셈이었다.

보이텍은 자바다를 존경했지만, 대규모 원정대를 고집하는 그의 사고방식은 좋아하지 않았다. 자바다의 계획 그리고 우리가 지금까지 추진한 것은 와칸 중간쯤에 있는 만다라스 계곡으로 들어가, 그곳에서 몇 개의 산을 등반하는 것이었다. 이것이 우리가 카불과 연락을 취해 아프가니스탄 당국으로부터 잠정적 동의를 받아낸 내용이었다. 물론 꼭 필요한 뇌물은 아직 건네지 않았지만…. 그런데 그 계곡에 근사한 것이 하나 있었다. 해발고도 6,400미터의 만다라스에 있는 기술적으로 어려운 1,500미터의 북벽이 바로 그것이었다.

보이텍은 다른 대상지를 마음속에 품고 있었다. 중앙 힌두쿠시 최고봉인 코 에 반다카Koh-e-Bandaka(6,850m)의 2,500미터짜리 미등의 북동벽! 그렇다면 우리는 와칸으로 들어서기 전에 본대와 헤어져 카피리스탄Kafiristan 지방을 향해 남서쪽으로 방향을 틀어야 할 터였다. 그러자 더그 스콧이 일찍이 그 봉우리를 등정했다는 사실이 떠올랐다. 1년 전에는 우리보다 경험이 많은 폴란드 팀이 그 벽에 도전했지만 실패하기도 했었다. 팀을 나누어, 만다라스에서 하나의 목표물을 두고 서로 경쟁하는 것보다는 훨씬 더 그럴듯한 아이디어로 보였다. 같은 북벽에서 10명의 우리들이 서로 경쟁해야 한다면 어쩔 수 없이 극지법을 구사해야 할 터인데, 이는 자바다가 원하는 바일지도 모른다는 생각이 들었다.[60]

"좋아. 됐어. 얀 볼프도 가고 싶어 하니까 두 팀으로 나누면 되겠네. 내가 안드제이를 만나 동의를 구할 테니까, 절대 입 밖에 내지 마."

7월 14일, 기차는 긴 여정의 종착지인 우즈베키스탄 남부의 조그만 도시 테르메즈에 덜컹거리며 들어섰다. 풍요로운 농작물과 기후는 미국의 샌 페르난도 밸리와 비슷했다. 잘 가꿔진 과수원과 밀밭이, 덩굴에 비해 멜론이 아주 많이 달린 것 같은 밭두둑의 버팀대들과 평행으로 달리고 있었다. 드문드문 포도밭도 있었다. 우리가 짐을 내려 플랫폼에 쌓아놓을 때까지만 해도 목가적인 분위기였지만, 이것도 그리 오래 가지는 않았다.

붉은군대의 대위 한 명과 반자동 소총을 어깨에 걸머멘 4명의 병사

---

60   만다라스 팀은 대성공을 거두었다. 테리 킹은 자바다와, 표트르는 마렉과 함께 만다라스 북벽을 초등했다. 전 구간이 기술적으로 어려웠다. 테리는 모든 피치에서 자바다를 이끌었다. 나머지 대원들도 인근 산의 주요 루트를 등반했다.

테르메즈에서 하차하는 아프간 원정대. 우리들은 곧 가택연금 신세가 됐다.

가 플랫폼을 오가며 모든 사람의 서류를 일일이 확인했다. 그가 우리 쪽으로 오자 일이 복잡해지면서 분위기가 비우호적으로 바뀌었다. 어떻게 갑자기 저 무리들 속에 영국인 넷이 있을까? 의사선생님과 얀은 갑작스럽게 출현한 영국인들이 스파이가 아니라고 한참 동안 설명했다. 보이텍도 그 대화에 끼어들어 놀랍도록 침착하고 끈질긴 방법으로 긴장을 누그러뜨리려 노력했다.

"여기서 며칠만 머물면 됩니다. 우리는 아프가니스탄으로 등반을 하러 가는 국제원정대이고, 이것은 폴란드인민공화국의 중요한 사업입니다." 그리고 나서 잠시 뜸을 들인 그는 이렇게 덧붙였다. "죄송합니다만, 우리들에 대해서는 모스크바에 알아보셔야겠습니다. 우리가 여기까지 아무런 문제없이 왔다는 것은 모든 것이 명령에 따라 이뤄진 게 아니고 무엇이겠습니까?" 소비에트 연방에서는 제대로 된 서류를 갖추는 것이 최고다. 그러나 그런 서류를 발급받을 수 없다면, 아예 없는 것이 차라리 낫다.

러시아인들의 입장에서 보면, 테르메즈에 출현한 서양인들이 틀림없이 수상쩍게 보였을 것이다. 아프가니스탄을 침공하기 위한 준비가 치밀하게 진행되고 있다는 사실은 필연적으로 알려질 수밖에 없었다. 우리는 소비에트 연방을 가로지르면서 본 것보다 훨씬 더 많은 군사 장비를 단 몇 분 동안에 보았다. T-72 탱크 행렬이 굉음을 내며 기차역 앞을 지나 강 위의 커다란 진지로 향했다. 무장한 군인들이 도시 곳곳에 깔려 있어, 긴장감이 팽팽했다.[61]

놀랍게도 대위는 보이텍과 대화를 나눈 후 태도를 누그러뜨리고, 우리 짐을 실은 화물열차가 도착했는지 매일 와서 확인해봐도 좋다고 말했다. 그리고 그는 앞으로 일어날 사태에 대해 살짝 귀띔해주었다.

우리는 마치 가택연금을 당하듯 조그만 호텔로 안내됐다. 그곳은 쾌적했다. 그리고 종려나무가 일렬로 서 있는 길 건너편에는 레닌과 스

---

61 1979년 12월 29일 소비에트가 북쪽에서 아프가니스탄을 침공했다. 초기 군사력은 탱크 1,800대, 군인 80,000명, 장갑차 2,000대였다. 아프가니스탄에서 벌어졌던 이전의 전쟁처럼, 부족 연합으로 구성된 레지스탕스는 아프간 정부가 치안을 이유로 붉은군대를 불러들였다는 소비에트의 공식 주장에도 불구하고 격렬하게 저항했다. 미국의 군사적 지원을 받던 무자헤딘과의 전쟁이었는데, 그 '자유의 전사' 중에는 오사마 빈 라덴도 있었다. 전쟁은 1989년 2월 소비에트가 마지막 군대를 철수할 때까지 지루하게 계속됐다. 영국으로 간 나는 테르메즈에서 목격한 상세한 정보들을 갖고 영국 외무성을 접촉했다. 그들은 매우 고마워했지만 "당신 정보는 이미 우리가 아는 것입니다."라고 말했다. 서방에 유리한 뉴스는 소비에트가 아프간 전쟁을 치르기 위해 동유럽에서 탱크들과 8개 사단을 차출했다는 것이었다.

탈린 동상이 있는, 숲이 우거진 공원이 있었다. 우리는 아무 제지도 받지 않고 길을 돌아다녔다. 그러나 우리를 향한 거친 언어는 현지문화에 대한 이해 부족 때문이었다. 우리는 중심가를 향해 있는 발코니에 속옷 빨래를 널어놓았었는데, 얼마 후 체구가 큰 우즈벡 여성들이 나타났다. 그들은 모두 같은 치마를 입고 화려한 색깔의 스카프를 머리에 두르고 있었다. 그들은 호텔 밑의 길거리에서 우리를 호되게 비난했다. 곧 별도의 연락을 받은 우리는 남사스러운 속옷들을 치워버렸다.

그러나 불안하기 짝이 없는 시간이었다. 테리와 하워드는 최악의 시나리오를 예상하고, 실성한 듯 체념 상태에 빠졌다. 심지어는 보이텍까지도 낙관적인 태도를 보이지 않았다. 문제가 심각할 것 같다는 느낌을 받은 나도 우울한 기분이 들었다. 우리는 아프가니스탄 근처에도 가지 못할 것 같았다. 오직 알렉스만이 냉정할 정도로 침착함을 유지했다. 이틀 동안, 우리 영국인들은 요구르트를 마시고 카드놀이를 하며 이 상황을 잊으려 했고, 그러는 사이 폴란드인들은 이런 황당한 일을 담당하는 러시아 관리와 꼬인 실타래를 풀려고 노력했다.

우리는 그에게 볼록소프 대위라는 별명을 지어주었다. 'B' 대위로서는 되도록이면 없던 일로 해야 할 처지였다. 우리를 돌려보내거나 구금하면 사소한 국제 분쟁을 야기할 수도 있었다. 어쨌거나 우리는 데탕트détente 시대[62]의 첫 합동 원정대였다. 자바다는 이런 어려운 문제들을 사전에 충분히 검토했기 때문에 러시아인들의 선택이 하나뿐이라는 것을 알고 있었다. 그것은 최대한 서둘러 우리를 아무다리야강 건너편 아프가니스탄으로 밀어내버리는 것이었다.

---

62   1970년대 미국과 구소련을 중심으로 한 동·서 진영陣營 간의 긴장완화시대를 의미한다. (역주)

둘째 날 아침, 우리는 1시간 이내로 아프가니스탄으로 떠나야 한다는 통보를 받았다. 우리는 짐을 꾸려, 배를 탈 수 있는 선착장까지 우리를 데려다줄 트럭에 실었다. 그러나 이제 가장 큰 문제는 우리들의 장비와 폴란드인들이 물물교환을 하려고 가져온 물건들을 실은 화물열차가 아직 테르메즈에 도착하지 않았다는 것이었다. 모스크바의 화물 야적장 책임자에게 준 위스키 뇌물이 충분치 않았나? 머리를 숨기고 카메라를 감춘 채 우리 영국인들은 보이텍, 의사선생님과 함께 아무다리야강을 건너 마자르 이 샤리프Mazar-i-Sharif[63]로 향했고, 나머지 폴란드인들은 테르메즈에 남아 화물을 기다렸다.

바지선같이 생겼지만 모터가 달린 배를 타고 강을 건널 때 우리는 어마어마한 크기의 부두를 볼 수 있었다. 확실히 일반적인 수상교통용은 아니었다. 관개시설이 잘 되어 있는 경작지 너머의 소비에트 쪽에는 수백 미터마다 기관총 진지가 구축되어 있었다. 그런데 무엇으로부터 주민들을 지키기 위한 것이지? 아, 포로들을 가두기 위한 것이었다. 멍청하게도, 나는 사진을 찍으려 했다. 그 순간 고함과 함께 무장군인 하나가 내 카메라를 잡아챘다. "фотографии запрещаются! Вы потеряли вас камера!(사진촬영은 금지다! 당신 카메라는 압수다!)"

그러자 보이텍이 나서서 그 군인을 구석으로 데려가더니 긴 시간 동안 차분한 대화를 나누었다. 나는 내가 정말 바보 같다는 생각을 하며 갑판 위에 앉아 있었다. 사진촬영을 금지한다는 명백한 명령을 어겨, 상

---

63 15(또는 12)세기에 예언자 무함마드의 사촌동생이며 사위인 알리의 무덤이 이곳에서 발견됐다는 아프간 전설에 따라 붙여진 이름이다. 무덤 발견 이후 티무르왕조가 이곳에 그 유명한 '푸른 모스크(이슬람 사원)'를 건립하면서 암살당한 4대 칼리프 알리와 그 후계자를 이슬람의 정통으로 떠받드는 시아파의 성지가 됐다. {역주}

황을 더욱 어렵게 만드는 것은 아닐까? 그런데 놀랍게도 10분 정도가 지나자 보이텍이 성큼 다가와 카메라를 돌려주었다.

"배낭 속에 깊이 넣어둬. 알았어? 이런 러시아 군인들과 만나면 하는 말이 있어. '재밌지만 소름끼치네. 암컷 호랑이같이 으르렁거리는 빌어먹을 놈들!'"

상류로 거슬러 올라갈수록 아프가니스탄 북부의 끝없는 사막이 점차 눈에 들어왔다. 세관은 약간 뚱뚱한 관리 한 명과 책상 하나가 전부였고, 우리가 여권에 입국비자 스탬프를 받기도 전에 초라한 행색의 민간인 둘이 다가와 마리화나 뭉치들을 팔려 했다. 우리는 '고귀한 자의 무덤'이라는 뜻의 마자르 이 샤리프로 트럭을 타고 갔다. 그곳에는 성스러운 돌로 여겨지는 청금석으로 외벽이 치장된 유명한 푸른 모스크가 있었다. 모든 여성들은 부르카를, 모든 남성들은 신분에 맞는 색깔의 터번을 쓰고 있었다.

우리는 카라반세라이caravanserai(이런 숙소들은 중세시대의 교역을 위해 중국에서 서쪽의 인도로 나 있는 실크로드를 따라 형성됐다.)처럼 구성된 여관에 자리를 잡았다. 사각형의 널찍한 안뜰은 어디서나 볼 수 있는 타타Tata 트럭을 위한 주차공간으로 사용됐다. 3층으로 된 객실은 사각형의 여관 구조에 따라 서로 마주보고 있었다. 낙타들로 이루어진 긴 카라반 행렬이 거리를 지나 도시의 경계선과 그 너머로까지 이어졌다. 이들은 상품을 등에 싣고 느긋하게 걷는 짐승들과 긴 행렬을 이루어 여행하는, 다양한 부족 출신의 유목민이었다. 새까만 차도르chador를 두른 여인들은 짐 꼭대기에 앉아 어린아이를 꼭 붙잡고 라자스탄 Rajasthan, 이란, 중앙아시아 사이에 놓인, 시간이 정지된 사막을 왕복했다.[64] 그 후 여러 날 동안, 트럭 뒤에 올라타 동쪽으로 향하면서, 땅바닥에 붙은 박쥐처럼 보이는 수많은 검은색 텐트 옆을 지나갔는데, 이런 텐트들은 늘 길 옆에 바짝 붙어 있었다.

우리는 거의 일주일 동안 마자르Mazar에 있었다. 낮에는 카드를 치거나 먼지가 날리는 거리를 돌아다니면서 작열하는 태양을 피해 30분마다 멜론을 사먹고, 차이chai 가게로 더위를 피해 허둥지둥 들어갔다. 나는 모스크 밖에 서서 눈을 떼지 못했다. 둥그런 지붕들의 가로세로 무늬와 청금석이 풍부한 표면이 무척 아름다웠다. 어떤 사람들은 그 모스크가 예언자 모하메드의 사촌이며 사위였던 알리 이븐 아비 탈리브Ali ibn Abi Talib의 무덤이라고 믿었다. 이곳에서 멀리 떨어지지 않은 곳에 알렉산더 대왕이 세운 도시 중 하나로, 고대 박트리아인들의 정착지였던 발크Balkh라는 유적지가 있었다. 한때 조로아스터교의 중심지이기도 했다는 그곳을 우리는 가볼 시간적 여유가 없었다. 남은 사람들과 짐이 언제 도착할지 알 수 없었기 때문이다.

며칠 후, 우리는 더위와 걱정으로 지쳐갔다. 테리는 "아프가니스탄 음식은 단 두 가지, 즉 케밥이나 케밥과 밥뿐이고, 노래는 단 하나뿐"이라고 단정했다. 그러나 케밥은 맛있었고, 고기수프에 쌀을 조리한 필라프pilaf의 향신료는 진하면서도 미묘했다. 노래들은 모두 하나같았다. 그러나 그런 노래들에는 두 가지 주제가 있었다. 아리따운 아가씨에 대한 사랑이나 알라의 가호를 바라는 기도. 밤에는 매트리스를 꺼내 지붕 위에 올려놓고 누워 시원한 밤공기를 만끽했다. 이른 시간까지, 말 한 필

---

64   러시아의 침공, 탈레반의 지배, '국경'으로 나뉜 새로운 나라들과 급격한 현대화로 이런 유목민들은 이제 지구에서 완전히 사라졌다.

이 끄는 작은 마차들이 마치 밀통密通이라도 하는 것처럼 서로 방울을 울리며 총총 지나갔다.

일주일이 지났는데도 테르메즈의 짐이 오지 않았다. 자바다는 테리와 나에게 카불로 가서 서류작업을 완결지어달라고 부탁했다. 보이텍은 자바다와의 전화에서 우리들의 반다카 계획을 놓고 입씨름을 했다. 그래서 나도 전화에다 한 마디 보탰다.

"안지Anji, 최상의 계획이 될 겁니다. 당신이 이끄는 원정대가 더 많은 봉우리들을 오를 수 있을 테니까요."

자바다는 잠시 주저하기는 했지만 결국 동의해주었다. 피터 홀든이 영국에서 카불로 와 있었다. 그는 치킨 스트리트에 있는 히피 레스토랑에서 맥주와 음식을 먹으며 우리들의 여행과 현재의 상황에 대한 이야기에 흠뻑 빠져들었다. 호텔로 돌아오는 길에 굵지만 칙칙한 글씨체로 "칼라일 키시트와르 원정대Carlisle Kishtwar Expedition"라고 쓴 배너가 붙은, 영국 번호판의 트럭이 눈에 띄었다. 나는 먼지로 뒤덮인 뒷유리창에 손가락으로 "배로우 홀리건들 최고Barrow Boot Boys Rule OK"라고 낙서했다.[65] 나는 몇 년 후 그 원정대의 대원 한 명을 만났는데, 그때까지도 칼라일 녀석들은 누가 장난을 쳤는지, 그 미스터리를 풀지 못하고 있었다.

우리는 등반 허가서를 놓고 이틀 동안 아프간 관리들과 실랑이를

---

65 축구의 홀리건은 일부 팀들의 폭력적인 추종자들로 인해 1970년대 영국의 커다란 골칫거리였다. 폭력배들이 경기를 보러 오는 것이 아니고 그냥 싸우기 위해 경기장으로 몰려든 것이다. 당시 배로우와 칼라일을 기반으로 하는 두 엘리트 클라이머 집단 간에도 첨예한 경쟁의식이 있었다. 거의 매 주말, 레이크 디스트릭트의 어려운 암장에서는 라이벌 산악회들이 높은 기준을 제시하며, 고난이도 루트를 경쟁적으로 개척했다.

벌였다. 반다카는 ─ 그들의 말로는 ─ 불가능했다. 만다라스 계곡에서의 등반은 적당한 뇌물로 잘 해결됐다. 일단락이 되기는 했지만 우리의 반다카 계획은 물거품이 되고 말았다.

"사필귀정이야." 자바다는 우리의 목표가 단 하나로 집중되는 것에 상당한 만족감을 나타냈다.

짐이 마침내 도착해, 우리의 본대가 동쪽의 파이자바드로 떠나려 한다는 소식이 마자르에서 들려왔다. 우리는 돈을 아끼려고 버스를 타고 북쪽의 쿤두즈Kunduz로 향했다. 자바다는 지프를 빌리고 싶어 했다. 그날이 마침 혼잡한 폴란드 국경일이어서 우리도 좀 더 여유롭게 이동하고 싶기도 했지만, 갖고 있는 현금이 위태로울 정도로 달랑달랑했다.

쿤두즈에서 우리는 현지인들, 수도사들, 율법학자들, 장사꾼, 휴가 나온 군인들과 함께 트럭 뒤에 올라타고 24시간을 달려 파이자바드에 도착했다.[66] 그들은 아프가니스탄의 다양한 부족 출신인 듯했다. 우즈벡Uzbek, 투르크멘Turkmen, 파슈툰Pashtun, 하자라Hazara. 대부분의 외모는 놀라울 정도로 멋졌다. 아이들은, 특히 10대 소녀들은 그르렁거리는 트럭의 소음 속에서 그들의 언어와 재잘거리는 이야기들을 받아들이기에는 너무 벅찰 정도로 큰소리로 떠들었다. 우리는 음식을 나누어 먹고, 강 수십 미터 위쪽에 1차선으로 나 있는 도로를 덜컹덜컹 내달리는 트럭이 아찔한 순간을 연출하면 함께 웃었다. 운전석 쪽에서는 해시시hashish 연기가 모락모락 피어나왔다.

처음으로, 파이자바드의 카라반세라이에 대원들이 모두 모였다. 모

66　탈레반이 최고의 기세를 떨치던 1990년대에도 파이자바드는 결코 그들의 손아귀에 넘어가지 않았다. 그리고 마수드Massud와 북부 동맹이 반격을 시작했을 때는 주요 거점이 됐다.

파이자바드로 가는 아프가니스탄의 트럭(대중교통 수단) 뒤에서

든 짐을 풀고 재정리해, 등반 팀과 트레킹 팀에 배분했다. 코 에 반다카를 하겠다는 보이텍의 계획은 여전히 흔들림이 없었다. 우리는 아프간인 연락장교 안와르Anwar가 도와주면 아주 쉽게 가짜 허가서를 만들 수 있다는 사실을 알고 놀랐다. 큰 나무상자로 된 카메라가 있는 사진관이 하나 있었다. 우리는 카불에서 받은 허가서에서 만다라스라는 글자만 종이쪽지로 살짝 가리고 사진을 한 장 찍었다. 그런 다음 그 사진으로 새로운 허가서를 만들어, 카불에서 승인한 대상지 위에 안와르가 '코 에 반다카'라고 써넣었다. 이는 놀라울 정도로 감쪽같았다.

　일부 노란색 하드보드 통에는 아프간인들에게 팔아 이 지역 화폐를 확보할 물건들이 들어 있었다. 그러나 우리는 거래를 성사시키기 위해 마지막 순간까지 지방 관리에게 상당한 뇌물을 주어야만 했다. 건장

파이자바드에서 연락장교 안와르(왼쪽)의 도움으로 가짜 허가서를 만들고 있다.

한 체구의 그는 밝고 친절하게 보였는데, 안와르는 그가 상당히 교활하고 탐욕스럽다고 넌지시 말해주었다. 칼자루는 그가 쥐고 있었다. 만다라스를 위해 뇌물로 줄 달러는 여유가 있었지만, 코에 반다카를 추가하기에는 역부족이었다. 멀리 떨어져 있는 우리들에게는 상황이 좋지 않아 보였다. 자바다는 4명의 반다카 대원들이 다시 본대에 합류할 터라서 거의 안도하는 듯했다. 협상이 진전을 보지 못하고 있는데, 보이텍이 갑자기 출입문에 나타났다.

"서둘러. 1시간 남았어. 같은 지역으로 들어가는 스페인 팀과 우리 넷이 함께 움직이기로 내가 합의를 봤어." 어떻게 된 일인지 전혀 눈

무엇을 팔고 무엇을 가져갈 것인가? 파이자바드에서 폴란드 식량과 장비를 정리하고 있다.

치 채지 못한 관리가 어리둥절한 표정을 짓는 사이, 나는 그에게 재빨리 경의를 표하고 자리를 떴다. 자바다는 여전히 만다라스를 뇌물로 협상하고 있었다. 보이텍과 나는 먼지가 폴폴 나는 길을 따라 카라반세라이로 돌아와 알렉스, 얀과 함께 스페인 원정대의 트럭에 우리 장비를 실었다.[67] 그리고 우리는 떠났다.

67　이미 뇌물을 건넨 스페인 원정대는 트럭 두 대를 빌려놓고 있었다. 우리가 뒤늦게 안 사실이지만, 그들은 자바다가 두 대에 준 돈의 세 배를 한 대 값으로 지불했다. 스페인인들은 그들이 지불한 한 대 값의 ¼을 우리가 짐삯으로 주자 매우 기뻐했다.

14

개구리와 키스를

Kiss That Frog

우리는 비옥한 계곡 아래위를 계속 오르내리며 거친 산길을 따라 덜컹덜컹 와칸을 향해 앞으로 갔다. 그리고 한 농가의 지붕 위에서 밤을 보낸 다음, 다음 날 새벽 다시 길을 떠났다. 돌멩이들이 많이 깔린 길을 두어 시간 가니, 낮은 산들의 능선과 피어오르는 구름 위로 장엄한 산들이 눈을 뒤집어 쓴 채 처음으로 모습을 드러냈다. 오후 늦게, 우리는 산에서 흘러내려오는 얕은 지류를 건너 제박의 타지크Tajik 마을로 들어갔다.

원정대가 나뉘는 바람에 일부 만다라스 원정대원들은 서로의 우정에 금이 가지 않을까 걱정했다. 즉, 누구는 성공하고 누구는 실패할 수 있다는 의미였다. 어느 쪽이 최상의 목표일까? 나에게 이것은 그리 중요치 않았다. 다만, 우리가 헤어지는 것이 감정적으로 꽤나 서운했는데, 나머지 사람들이 와칸을 향해 험난한 길을 달려가는 모습을 보니 긴장감마저 들었다. 이제 우리 4명은 홀로서기를 해야 했다. 그날 저녁 친구들과 대화를 나누면서 느꼈던 생각을 나는 등반일지에 이렇게 썼다.

"이제부터가 진짜 시작이다. 나는 우리의 성공을 확신한다. 행복한 감정과 외로운 감정이 이곳과 어울리지 않는 것과 마찬가지로 의구심이 사라졌다. 산에서의 감정은 오직 우리 주변의 환경과 우리가 생존하는 데 꼭 필요한 것들 하고만 반응해야 한다. '우린 해낼 수 있을 거야.'라고 얀이 말하자 알렉스가 싱긋 웃었다. 보이텍은 차분한 반응을 보이면서 이렇게 말했다. '우린 좋은 팀이야.'"

다행히 우리가 얻어 탄 스페인 원정대의 트럭은 코 에 반다카에서 그리 멀리 떨어지지 않은 봉우리로 향했다. 우리는 곧 친구가 됐는데, 특히 이들 원정대의 연락장교인 제박 출신의 다오우드Daoud와 친하게 지냈다. 이곳이 고향인 덕분에, 그는 우리가 '카불에서 받은 허가서'를 갖고 반다카로 갈 수 있도록 촌장과의 문제들을 해결해주었다. 나는 그들이 우리가 준비한 종이쪽지 한 장만 믿을 만큼 어리석지 않다는 사실을 깨달았다.

당나귀에 짐을 싣고, 우리는 바다크샨Badakshan 지방과 카피리스탄 지방[68]을 통해 와칸으로 연결되고, 다시 도라 고개를 넘어 파키스탄으로 이어지는 오래된 교역로를 따라 출발했다. 우리는 의기양양했다. 돈도 절약하고 훈련도 할 겸 우리는 각자 25킬로그램의 짐을 졌다. 그러나 건조한 사막의 땡볕 속에서 매일 8시간씩 걸으니, 말수가 줄고 어깨가 축 늘어졌다.

도보로 카라반을 하면서, 다오우드 씨는 스페인 원정대보다는 우리와 더 많은 시간을 보냈다. 그는 자신이 소비에트의 심정적 동조자라서 사회주의 폴란드에서의 삶에 대해 좀 더 알고 싶다고 말했다. 그는 러시

---

68   아프가니스탄의 영토가 된 이후 이슬람으로 강제 개종되었고, 지명도 '교화된 자의 땅'이라는 의미의 누리스탄Nuristan으로 바뀌었다. [역주]

Kiss That Frog

258

아인들이 와서 도로를 건설하고 병원을 짓고 아이들을 위해 학교를 세우겠다고 말했지만, 결국 그 끝이 부패였다는 사실을 알고 있었다. 그 후 거의 40년 동안 전쟁을 겪은 아프가니스탄은 아직도 자신들이 꿈꾸었던 이상향이 무엇이었는지 깨닫지 못하고 있었다. 다오우드 씨는 체스 고수였다. 우리들이 조금씩 상대해봤는데, 얀과 보이텍이 몇 판을 꿋꿋이 버텼다. 그들은 체스를 두며 다오우드 씨에게 러시아인들을 조심하라고 귀띔해주었다. 그러나 그는 공산주의가 아프가니스탄을 구할 것이라는 희망을 버리지 않았다.

계곡을 따라 높은 지역으로 올라가자 훨씬 더 가난해 보이는 마을이 눈에 띄기 시작했다. 우리는 매일 밤 촌장이 정해주는 자리에서 야영했는데, 마을사람들에게는 좋은 구경거리였다. 그들은 자신들의 집을 떠나 꿈을 찾아 산으로 온 이방인들을 구경하러 왔다. 특히 아이들이 알렉스 주위에 모여들어 롤링 스톤스, 더 후The Who, 레드 제플린의 낯선 록 음악에 즐거워하며 괴성을 지르고 몸을 흔들어댔다. 셋째 날이 지나자 파미르 산맥이 소비에트 지역 너머로 멀리 사라졌다. 우리는 점점 계곡 깊숙이 들어가고 있었다.

다섯째 날이 끝나갈 무렵, 우리는 반디칸이라는 고산 초원지대의 고개에 도착했다. 낮은 목초지에 있던 염소나 다른 동물들은 볼 수 없었다. 만일 우리가 계속 나아간다면, 우리는 카피리스탄의 전설적인 땅, 즉 이교도들이 사는 곳으로 들어설 터였다. 그러나 오른편에는 거대한 빙하가 있었고, 그 끝에서 떨어지는 세찬 급류는 서쪽으로 흘러내리고 있었다. 주위를 둘러싼 산들 위로 우뚝 솟은 반다카 정상에서는 하얀 설연이 하늘을 가르며 은혜롭게 흐르고 있었다. 나는 일기장에 이렇게 썼다.

"마침내 하루 정도 떨어진 거리에서, 마치 거울 앞에 선 여인처럼 구름 베일을 벗는 관능적인 우리의 산이 보였다. 우리를 유혹하는 그 산은 무시무시해 보였다. 이곳 사람들이 왜 그 산을 '알라의 주먹'이라고 부르는지 알 것 같았다. 만약 우리가 한 대 얻어맞는다면 그것은 신의 분노일 것이다. 반다카 북동벽은 우리를 거부하지 않겠지만, 그렇다고 호락호락 내어주지도 않을 것 같다. 결국 문제는 우리 자신이다. 죽음에 대한 공포는… 단지 하루하루가 지나가듯, 구름이 산에서 물러나듯, 벽의 저항이 끝나면 해결될 것이다."

다음 날 이른 아침, 우리는 푸석푸석한 모래인 지대를 통해 빙하 위쪽으로 향했다. 그리고 4,300미터 지점에 베이스캠프를 세웠다. 우리에게는 등반을 마치고 제박으로 돌아가, 고국으로 돌아가는 본대와 합류하기까지 25일이라는 시간이 있었다. 빙하의 전방 2킬로미터쯤 떨어진 곳에 거대한 북동벽이 우뚝 솟아 있었다. 3일 동안 고소적응 훈련을 하며, 우리는 그 북동벽의 왼쪽에 있는 가파른 라인을 따라 6,000미터의 콜까지 올라갔는데, 그곳이 바로 우리의 하산 예정 루트였다. 식량과 가스를 남겨두고, 우리는 반대편의 카피리스탄 지방으로 내려가, 다음 날 산을 돌아 베이스캠프로 귀환했다.

일주일이 지나갔다. 그리고 얀 볼프도 내려갔다. 그는 고소적응 훈련 중 감기에 걸려 고생했는데, 나아질 기미가 보이지 않자 보이텍이 그를 내보낸 것이다. 그는 가고 싶어 하지 않았지만 보이텍은 냉정했다. 알렉스와 나는 중립을 지키는 척했다. 그러나 보이텍이 옳았다. 눈물을 보이며 떠난 얀은 와칸 안쪽에 있는 폴란드 캠프까지 걸어갔다. 그곳에 도착할 때쯤 좋아지기를 바란다고 작별인사를 전했다. 그곳까지는 최소

한 2주일이 걸릴 터였다.[69]

우리는 앉아서 사흘 동안 벽을 관찰했다. 산은 이제 보이텍이 가진 사진 속 피사체가 아니라 눈앞의 실체였다. 우리 모두는 서로가 관찰한 조건을 따지기에 바빴다. 2,500미터의 벽은 아래로 잡아당기는 중력과 위로 오르고자 하는 고도의 전쟁터였다. 비록 멀리 떨어진 곳이기는 했지만 낮에는 낙석의 굉음이 들려왔다. 벽은 복잡하기 그지없었다. 처음 900미터는 쿨르와르와 다양한 색상의 썩은 바위지대였고, 그다음 300미터는 벽의 중간까지 치솟아 오른 수직의 암벽이었다. 다시 900미터의 믹스등반 구간이 가파르게 정상설원으로 이어지는데, 그다음 300미터의 정상설원에는 우리가 예상하는 라인 바로 위에 아주 커다란 커니스cornice 2개가 자리 잡고 있었다. 나는 그 2개의 커니스에 "개구리 눈알"이라는 별명을 붙여주었다.

"그런데, 개구리가 눈을 껌뻑이면 어떻게 하지?" 하고 보이텍이 물었다.

쉽게 잠들 수 없었다. 평소에는 차분하기 짝이 없는 알렉스가 모호한 감정에 휘둘리기 시작했다. 보이텍은 그 벽이 마치 책이라도 되는 것처럼 지형을 읽으려 애썼다. 나는 우리 모두가 어느 순간에 대책 없는 위험을 인정하고, 우리의 프로젝트를 포기할까 봐 걱정했다.

---

69 얀은 결국 건강을 되찾았다. 그는 혼자서 만다라스 팀의 베이스캠프까지 흥미진진하게 걸어갔는데, 그곳에는 모두가 등반에 나서서 아무도 없었다. 결국 그는 노샤크(7,492m)를 단독 등정했다. 그 후 몇 년간 나는 그를 가끔 만났는데, 애석하게도 그는 죽고 말았다. 그의 아내 므루브카Mrówka는 1986년 비극적으로 끝난 K2 참사에 휩쓸렸다. 그녀는 앨런 라우즈와 함께 고소캠프에 올라갔지만, 속도가 너무 느려 정상 도전을 포기하고, 대신 라우즈를 기다렸고, 하산 도중 죽었다. 그때 살아남은 사람은 오직 쿠르트 딤베르거Kurt Diemberger와 빌리 바우어Willi Bauer뿐이었다. 짐 커랜Jim Curran의 『K2—영광과 비극K2: Triumph and Tragedy』에 이 이야기가 실려 있다.

등반을 하루 앞두고 상황이 더욱 복잡해졌다. 보이텍은 심각한 의문을 품고 있었다. 진지한 등반을 앞두고 우리는 그를 잘 알지 못했고, 그게 아니라면 서로를 잘 알지 못했다. 신뢰가 없다면 위험을 통제할 수 없다. 보이텍과 내가 보기에 알렉스는 거의 공황상태에 빠져 있었다. 그는 하루 종일 텐트에 틀어박혀 음악을 들으며 몸을 앞뒤로 흔들었다. 그는 나에게 몇 번 낙석에 대한 공포를 설명했지만, 나는 그냥 웃어넘기려 애썼다.

"걱정 마, 인마! 그냥 평소보다 잘 피하면 돼."

하지만 그 말은 그에게 깊은 인상을 주지 못했다. 알렉스가 보이텍에게 내 마음가짐에 대한 염려를 표명하는 것을 우연히 엿들었지만, 나는 이미 내가 가진 모든 의구심을 지워버린 뒤였다. 유일한 본질은 등반 뿐이었다. 지금 이 순간이 아니라면, 내가 간직하고자 하는 나의 과거도, 내가 열망하는 나의 미래도 아무 의미가 없을 터였다. 내 앞에 놓인 것은 산과 교감하면서 주목할 만한 무엇인가를 공유할 수 있는 기회가 전부였다.

나는 텐트 밖에서 보이텍과 대화를 나누었다. 우리는 서로를 안심시키며 벽 등반에 대한 의지를 새롭게 다졌다. 그리고 우리 둘은 함께 텐트 안에 있는 알렉스를 찾아갔다. 우리는 더 이상 아무 말도 없이 우리의 걱정을 묵묵히 떨쳐내고, 실질적인 일들에 몰두했다. 우리는 최종적으로 몇 가지를 조정한 다음, 다음 날을 위해 배낭을 꾸렸다. 배터리 4개를 빼고 비상용 아이스스크루 하나를 넣고, 마스 바Mars Bar 2개 대신 캔달 민트케이크Kendal Mint Cake를 하나 넣었다. 우리는 티백, 코코아, 우유와 가스통의 숫자를 확인하고 스토브를 점검한 다음, 마지막으로

코 에 반다카 북동벽. 우리의 루트는 사진 속 나의 머리 위쪽에서 곧장 치고 올라가, '개구리 눈알'처럼 보이는 곳의 정상 설원에서 끝난다.

반다카 베이스캠프에서 벽에 붙기 전날 장비와 식량을 정리하고 있다.
(왼쪽에서 오른쪽으로) 알렉스, 저자, 보이텍 쿠르티카

확보를 보강하기 위한 피톤 몇 개를 각자의 배낭에 나누어 넣었다.

낙석 소리는 남아 있는 햇빛의 양에 비례해 잦아들었다. 나는 1시간쯤 시간을 내서 베이스캠프 바로 위쪽에 앉아 완벽한 평화를 누리면서, 그 순간과 별들의 향연, 밑에 놓인 인간의 소유물들이 실루엣으로 드러나는 텐트의 밝은 불빛 그리고 고요한 산의 어둡고 광활한 공간을 소중히 간직했다.

등반 1일째

오후 한나절, 우리는 벽 속으로 들어가는 우리의 루트를 작업한다. 내가 '들어간다'고 표현한 이유는 활짝 열려 있는 쿨르와르가 어둠과 공포,

알렉스가 베이스캠프에서 더위를 식히고 있다.

지속적인 위협 같은 지옥의 관문이기 때문이다. 우리 머리 위로 1,800 미터 정도 오버행으로 솟구친 벽은 바위와 얼음의 폭탄을 계속 투하한다. 우리 왼쪽으로 30미터쯤 비껴나, 검게 변한 설원 위에서 터지는 끊임없는 폭발은 — 이것은 단지 게임일 뿐이라고 암시하며 — 우리를 겁주어 산에서 쫓아내려 한다. 우리는 지옥으로 들어가는 이 넓은 고속도로 위에 있는 유일한 여행자들이다. 우리는 안전을 위해 오른쪽 벽 밑으로 숨어든다. 우리는 발걸음을 멈춘 채 자동차만 한 바윗덩어리 몇 개가 눈 위에 떨어져 거대한 구멍을 만들더니, 아주 우스꽝스럽게도 육중한 몸집의 곡예사같이 쿨르와르를 따라 이리저리 구른 후 300미터 아래 빙하로 사라지는 광경을 목격한다.

우리는 해질녘에 쿨르와르 입구 위쪽에 있는 좁은 곳에 다다른다. 이제야 산이 잠에 든다. 우리는 조금 안전해진 왼쪽 설사면을 빠르게 오른다. 헤드램프를 켠 채 밤 9시까지 등반한 우리는 넓은 레지에서 비박에 들어간다. 후에 알고 보니 이 등반에서 가장 좋은 곳이었다. 동결건조 스튜와 함께 보르슈트 차를 연달아 마셔 배를 채운 우리는 오늘 하루에 만족한다.

등반 2일째

바위는 오래되어 부스러지기 쉬운 마블케이크marble cake다. 우리가 지금껏 해온 등반 중 확실히 가장 어렵다. 나는 이중삼중으로 조심하도록 나 자신을 다그친다. 우리는 몇 군데 거대한 바윗덩어리들에서 갑자기 떨어져내려 허공으로 날아가지 않도록 조심하라고 서로에게 소리친다. 오늘 우리가 등반한 열 피치 모두가 돌아갈 수 없는 다리이다. 그중

한 피치 끝쯤에서 알렉스의 발밑에 있던 6미터 바위기둥이 갑자기 깨지더니 부스러기가 되어 벽 밑으로 산산이 흩어진다. 다행히 보이텍이 알렉스의 확보를 확실하게 해주어서 그가 바윗덩어리가 떨어져 나간 곳을 통해 등반을 계속한다. 나는 아이젠의 앞 발톱을 찔러 박고, 아래쪽 마블케이크보다 상태가 더 안 좋은 빨강·노랑의 스펀지케이크 트라이플trifle 같은 얼음에 피켈을 휘두르며 마지막 두 피치를 선등한다.

우리는 마침내 중앙 오버행 밑에 다다른다. 안전한 곳에 알렉스를 남겨두고, 나는 보이텍과 함께 아직 훤할 때 두 피치 더 고정로프를 설치하기 위해 왼쪽으로 이동한다. 오후의 공기가 차가워지자 벽은 다시 잠잠해진다. 보이텍은 우리가 캠프에서 살펴보았던 거대한 침니를 향해 램프를 올라간다. 그곳은 기둥으로 지지된 오버행 벽을 나누는 여러 개의 침니 중 하나로, 그나마 가장 곧고 안전하게 보이는 곳이다. 내가 다음 피치 선등에 나선다. 처음에는 좁은 침니였지만 점점 더 넓어져 수직의 협곡이라는 말이 가장 잘 어울릴 듯한 곳의 바닥에 도달한다. 그 뒤 협곡과 산이 만나는 곳에 V자형 침니가 있었다. 어려워 보이기는 하지만 등반은 가능해 보인다. 우리는 아침에 재빨리 움직일 수 있도록 로프 두 동을 걸어놓고 알렉스에게 내려가, 위쪽으로 올라갈 수 있다고 서로를 격려한다. 우리는 울퉁불퉁하게 기울어진 레지 위 3인용 비박색에 들어가 결코 안락하지 못한 밤을 보낸다. 마치 말도 안 되게 경사진 해변에 깔려 있어 계속 미끄러져 내리는 비치타올 위에 누워있는 것 같다. 우리의 해발고도는 대략 5,800미터. 삼 분의 일은 올라온 셈이다. 적어도 다음 날에는 바위가 좀 더 단단할 것이라는 희망이 있다.

등반 2일째 날, 보이텍이 '초콜릿 케이크' 구간에서 트레버스를 시도하고 있다.

등반 3일째

새벽녘, 위쪽에서 돌들이 후두두 떨어지는 소리에 잠에서 깬다. 햇빛이 얼어붙은 표면에 이미 작용해 돌들이 느슨해진다. 그리고 곧 폭우처럼 변한다. 마치 덤프트럭에 도로 포장용 자갈을 쏟아붓는 것 같다. 연약한 인간 3명은 그저 바라볼 뿐, 그것을 받아낼 수 있는 것은 아무 것도 없다. 그러자 제대로 쏟아붓기 시작한다.

우리가 비박한 곳에서 몇 십 미터 떨어진 곳에 있는 중앙 원형극장 같은 지형은 다시 은하수의 고속도로가 된다. 우리는 자주 수많은 낙석이 우리를 지나 떨어지는 것을 꼼짝도 못하고 지켜봐야 하는 소행성대에 사로잡힌다. 큰 바윗덩어리들에는 특유의 소리가 있다. 목표물을 향해 굉음을 내며 급강하 하는 폭격기 슈투카Stuka 같기도 하고, 하늘에서 지상으로 내던져지는 천사 같기도 하다. 우리는 꽤 좁긴 하지만 더 안전한 레지로 황급히 이동해 상황을 살핀다. 알렉스는 썰물 때 블랙풀 Blackpool 해변에 있는 것이 차라리 더 낫겠다고 말한다. 보이텍은 우리가 가진 피톤의 숫자를 세며, 만약의 경우에 후퇴하더라도 피톤이 충분치 않다는 사실을 깨닫는다.

로프가 걸려 있는 우리의 등반라인은 수많은 우주 파편들 중 자신의 몫을 받아낸다. 중앙 침니는 입자가속기처럼 다양한 크기의 입자들이 가속되어 심연 속으로 뿌려진다. 우리는 아침마다 태양을 보고 이곳이 북동벽이라는 사실을 기억해달라고 기도한다. 태양이 서쪽으로 조금만 이동해주면 우리는 그늘진 북동벽에 있을 수 있을 터인데, 태양은 언제나 오후 1시나 되어야 그렇게 이동한다.

나는 전 날 저녁에 걸어놓은 로프를 주마Jumar로 오르는 아주 끔찍한 일로 하루를 시작한다.[70] 그때 존 할린John Harlin을 떠올린다.[71] 상한 데가 없어 보이는 첫 번째 로프는 잘 버텨준다. 수호천사들이 이리로 지나갔음에 틀림없다. 두 번째 로프를 반쯤 오를 때 벽을 건드렸는데 일부가 떨어져 나간다. 마치 수증기가 증발하는 것처럼 사라진다. 아니, 책만 한 바위들이, 마치 도서관의 서가 한 칸을 가득 채운 책들이 쏟아져 내리듯, 우수수 떨어져 첫 번째 로프를 타고 오르려는 보이텍에게로 향한다. 그것들은 그의 머리 위를 아슬아슬하게 비껴가고, 거친 폴란드어 욕지거리가 나를 향해 올라온다.

"미안, 미안, 정말 미안해!" 나는 조심하겠다고 약속한다. 후에 알렉스는 잡석더미 속에서 내 시체를 발견하는 것은 아닐까 했다고 말했다.

기적적으로, 두 동의 로프는 아무 문제가 없다. 온몸을 내맡긴 로프다. 이것들 말고는 알렉스가 주마링 하는 스태틱static 로프 — 선등에는 적합하지 않은 — 한 동이 있을 뿐이다. 선등을 우리에게 맡겨놓은 그는 행복해 보인다. '협곡' 지형에 이르자 보이텍이 배낭을 벗어놓고 거의 대부분을 양다리를 쫙 벌린 자세로 침니를 오른다. 이중화를 신고 등반하기에는 어려운 곳인데도 불구하고 아주 인상적인 장면을 연출한다. 후에 우리는 이 등반이 영국 난이도 5b(5.10a) 정도의 기술적인 등반이

---

70 주마는 로프에 끼워 밀어올린 다음 체중을 실으면 자동으로 잠기는 기계적 등강기다. 하나는 안전벨트에, 다른 하나는 발을 끼울 수 있는 주마스텝에 연결한다. 개구리 같은 자세로 로프를 타고 위로 올라갈 수 있다. 일어서면서 안전벨트에 달린 주마를 밀어올린 다음 그곳에 매달려 주마스텝에 연결된 주마를 위로 올리고, 일어서면서 안전벨트에 달린 주마를 밀어올린 다음 그곳에 매달려 주마스텝에 연결된 주마를 위로 올리는 아주 지루한 작업이다.

71 존 할린은 미국을 대표하는 클라이머였다. 그의 꿈은 아이거 북벽 한가운데에 다이렉트 신루트를 내는 것이었다. 전반적으로 그 루트는 1938년의 초등 루트보다 훨씬 더 어려웠다. 1966년 그들이 벽에 붙었는데, 벽 상단부에서 주마링을 하던 할린이 로프가 끊겨 추락사했다. 반다카를 오른 알렉스는 아이거 북벽 최초의 알파인 스타일 등반을 해냈다.

등반 3일째 날, 보이텍이 사이클로트론에서 HVS(5.9) 난이도의 피치를 선등하고 있다.

라는 데 의견 일치를 본다. 그러나 우리에게 이 정도의 난이도쯤은 별것 아니다. 35미터 위쪽, 보이텍은 머리 위에 있는 커다란 촉스톤chockstone 위로 마치 발레 동작을 취하듯 해 사라지고, 나 역시 배낭을 벗어놓고 뒤따라 올라간다. 산은 이제 완벽한 고요 속에 빠져 있다. 천사들이 모두 다 뛰어 내려버린 것일까? 나는 커다란 촉스톤 위에 올라서서 무거운 배낭 두 개를 손으로 끌어올린다. 보이텍은 알렉스에게 배낭을 맡기라고 소리친다. 나는 알렉스가 배낭을 하나씩 메고 세 번이나 오르락내리락 하는 것보다 이 방법이 시간을 아끼는 것이라고 설명한다. 내 말을 알아들은 알렉스는 6미터 위쪽, 보이텍에게 배낭을 전해준다.

내가 그곳으로 올라가 선등을 이어받을 때쯤 날이 어두워지기 시작한다. 밖으로 불룩 튀어나온 좁은 침니는 주먹만 들어가는 크랙으로 바뀐다. 아뿔싸! 그곳에는 얼음이 가득해서 내가 10미터를 올랐는데 확보할 곳이 마땅치 않아 거의 떨어질 뻔했지만 가까스로 모면한다. 이제 45도의 바위 램프가 오른쪽으로 이어진다. 60미터 위쪽 마지막 저녁 햇살이 마치 총의 가늠자를 통해 보듯 눈에 가늘게 들어온다.

우리는 입자 가속기에서 빠져나오려고 헤드램프 불빛을 이리저리 비추며 출구 램프를 기어 올라간다. 그 꼭대기에서 우리는 무수한 별들이 위쪽으로 펼쳐진 천상의天象儀 속으로 들어간다. 우리는 이 벽의 까다로운 난관들을 돌파해왔다. 우리는 조심하자고 마음을 새롭게 다지고, 밤이 되면 늘 하듯 배낭 속을 뒤지고, 아무것도 떨어뜨리지 않으려 신경 쓰면서, 울퉁불퉁 튀어나온 바닥에 침낭을 깔고, 보르슈트와 국수를 끓이고, 자리를 뒤척이며 편안한 자세를 잡으려 노력한다.

등반 4일째

맑은 하늘의 새벽녘에 눈을 뜬 나는 간밤에 한기를 느낀 이유를 깨닫는다. 내 왼쪽 어깨 너머로 세상과 연결된 1,200미터의 구멍에서 얼음장 같이 찬바람이 불어올라오고 있다. 우리 위로, 600미터의 새로운 벽이 황금색 아이스크림콘 같은 모습으로 아침 햇살을 기분 좋게 쬐며 우리를 기다리고 있다. 슬랩과 짧은 바위 그리고 무른 얼음의 믹스등반 구간을 올라가는 등반은 유쾌하다. 우리는 가끔 등반 속도를 높이기 위해 서로 로프를 묶지 않고 기어오른다. 이런 방법으로 600미터의 높이에 다다른 우리는 안락하고 안전한 레지가 나타나자 이른 비박을 위해 아직 늦은 오후임에도 등반을 멈춘다. 이제 지난 3일 동안 부족했던 식사와 수면을 채울 시간이다. 한 번 더 우리는 3인용 비박색을 함께 쓴다.

등반 5일째

날씨는 여전히 완벽하다. 그러나 벽은 경사가 세지면서 더욱 까다롭다. 아침을 먹으며 나는 심한 열상을 입은 손가락에 테이프를 감는다. 알렉스는 다시 마지막을 맡아 주마링으로 오르고, 보이텍과 나는 세 피치씩 선등을 계속 번갈아 한다. 이런 동작들이 반복되자 산이 우리 발밑으로 사라진다. 우리는 정상 주위에 있는 봉우리들 위로 올라선다. 언뜻 보기에도 끝이 보이지 않는 힌두쿠시의 능선들이 열을 지어 산맥의 동쪽 끝에 있는 2개의 주봉으로 내달리고 있다. 노샤크Noshaq(7,492m)와 티리치 미르Tirich Mir(7,708m). 130킬로미터 정도 떨어진 그 두 봉우리는 독수리가 날아가는 듯한 형상이다.

아직 마지막 설원지대와 두려움의 대상인 정상 부근 커니스는 보이지 않는다. 우리가 지금 등반하는 작은 설원지대 앞쪽의 60미터짜리 암벽에 가린 것이다. 태양이 멀리 달아나자 손에 닿는 바위가 확연히 차가워진다. 우리는 배낭에서 재킷을 꺼내 입는다. 나의 마지막 선등 세 피치는 벽의 중간에서 끝난다. 보이텍은 거대한 오버행의 가장자리를 오른쪽으로 돌아 나아간다. 어스름한 저녁 빛이 남아 있을 때 우리는 65도의 정상설원에 도착해 터를 깎아 비박지를 마련한다. 앉은 자세로 확보를 해놓으면 3명이 지내기에는 충분하다. 음식이 담긴 코펠이 서로에게 전달되며 의례적인 비박이 시작된다. 각자 인스턴트 감자와 치즈를 두 숟가락씩 먹고 다음 사람에게 넘긴다. 그리고 6,550미터 높이에 있는 벤치에 앉아 만족스러워하기도 하고 감탄스러워하기도 한다. 그때 보이텍이 찬물을 끼얹는 말을 툭 던진다.

"저기 파미르 보여? 가장 왼쪽에 있는 저 큰 봉우리 말이야. 작년에 러시아인 둘이 저 거벽을 3일 동안 매달려 올라갔지만, 정상 커니스를 돌파하지 못해 그냥 내려왔대."

"좋아, 보이텍. 그렇다고 우리가 여기서 그냥 내려갈 수야 없지."

등반 6일째

동쪽에 있는 거대한 봉우리들 너머에서 서서히 새벽동이 튼다. 그러더니 점차 속도와 힘을 모아서 파스텔 톤의 스펙트럼을 펼쳐놓는다. 우리가 끓인 죽을 거의 다 먹을 때쯤 태양이 수평선의 너른 공간을 둘로 나눈다.

정상의 설원지대는 그랑드조라스의 쉬라우드 루트와 비슷하다. 바

등반 5일째 날이 끝나갈 무렵, 정상 설원지대로 들어서는 저자 (사진: 알렉스 매킨타이어)

위가 있는 한 곳을 제외하고 가파른 데다 쭉 뻗어 있다. 나는 아이젠의 앞 발톱으로 살금살금 기어오른다. 오버행의 '개구리 눈알'이 처음에는 가만히 있는 것처럼 보여, 우리는 여덟 피치를 올라 그 두 눈 사이에 있는 콧잔등을 지난다. 그러나 원치 않는 마지막 반전이 기다리고 있다. 베이스캠프에서 우리는 개구리 눈이 정상 커니스라고 판단했었다. 그러나 실상은 그 눈들이 지금 우리 머리 위쪽에 위태롭게 걸려 있는 정상 커니스를 가리고 있었다. 나는 전날 밤 보이텍이 한 말을 기억하고 있다. 그러나 아무도 그 말을 입 밖으로 꺼내지 않는다.

이제 얼음은 동계 등반의 벽에서나 볼 수 있는 검은 강철 비슷하게 단단해지고 경사도 더욱 가팔라진다. 알렉스가 우리에게로 올라오자 보이텍과 나는 어디로 갈 것인가를 놓고 입씨름을 벌인다. 보이텍은 왼쪽으로 가는 것이 가능할 것 같다고 하지만, 나는 오른쪽이 궁금하기 짝이 없다. 그러자 알렉스가 아이스스크루에 확보하고 나서 미소를 지으며 위로 소리친다. "이젠 내 차례입니다."

마침내 알렉스가 깨어났다. 이제 우리는 그의 지배 아래에 놓인다.

"우화에 나오는 원숭이 같은데."라고 보이텍이 말한다. "아니면, 배낭 안에 들어 있는 조커일지도 모르지."

알렉스가 아이스스크루를 넘겨받아, 안전벨트의 양쪽에 있는 카라비너에 가지런히 건다. 그는 심호흡을 네 번 하고, 증기를 내뿜는 기관차같이 숨을 내쉰 다음 위쪽에 있는 얼음에 피켈을 정확히 타격한다. 그는 거의 로프 길이만큼 올라 아이스스크루 하나를 확보용으로 박고 자리를 깎아 만든 다음 우리를 동시에 올린다.

우리는 이제 커니스 10미터 아래쪽에 있다. 그곳은 뚫고 올라설 수 없을 것처럼 보인다. 알렉스가 회수된 아이스스크루를 넘겨받아 다시 출발한다. 그가 조금은 원숭이 같다는 생각이 들자 피식 웃음이 나온다. 그는 거의 수직에 가까운 얼음을 흠집도 내지 않고 프런트 포인팅 기술로 가뿐히 오른다. 뜻밖에 커니스 밑에서 동굴을 발견한 그는 그 안으로 들어가 휴식을 취한다. 이제 그의 머리 위로 불룩 튀어나온 6미터 정도의 얼음을 난감한 듯 바라보더니 커니스 한 면을 깊이 깎아내본다. 그러자 오른쪽 위 대각선 방향으로 길이 열리고, 쐐기 모양의 짙푸른 하늘이 모습을 드러낸다.

알렉스는 소리쳐 상황을 알리고, 구멍을 꿈틀거리며 올라 능선의 바깥쪽 가장자리로 올라선다. 모두 9미터를 오른 그는 구멍을 통해 놀란 동료들을 내려다본다. 그에게 우리는 수직의 거울에 붙어 있는 빨간 재킷의 날벌레로 보인다. 이윽고 알렉스는 등을 구부려 자신의 테러닥틸 피켈을 휘두르고, 그것은 위쪽의 단단한 얼음에 믿음직스럽게 박힌다. 그의 엉덩이가 잠시 허공에 매달린다. 그리고 그가 빙그르 돌더니 이내 시야에서 사라진다. 이윽고 환호성이 터진다.

마지막으로 뒤따른 나는 넓은 정상설원에 올라선다. 그리고 마침내 또 다른 지평선과 마주한다. 새로운 산, 새로운 산맥들이 서쪽과 남쪽으로 굽이굽이 이어진다.

"이런 젠장!" 내가 내뱉는다. "여긴 벤네비스[72] 정상처럼 평편하잖아…"

보이텍과 알렉스는 능선 가장자리에서 10미터 정도 물러나 눈 속 깊이 피켈을 박고 확보를 본다. 나는 비틀거리며 그들을 향해 기어 올라

---

72   1,350m. 성스러운 산이라는 뜻의 영국에서 가장 높은 산 [역주]

등반 6일째 날, 정상 커니스에서 기적을 연출하기 직전의 알렉스

코 에 반다카 정상에 선 알렉스와 보이텍

간다. 팔은 질질 끌리지만 기분은 하늘을 날고 있다.

"천국이라도 본 것 같은 기분이지?"

"물론, 아마 여기가 제일 가까울 거야."

우리는 정상에서 꽤나 오래 머문다. 마실 것을 만들고, 티리치 미르 쪽으로 드리운 반다카의 거대한 그림자를 바라보며. 지금으로서는 정상에서 비박하고 이른 시간에 하산하는 것이 남릉에서 무너지는 페니텐테 penitente[73]를 맞닥뜨리는 것보다 훨씬 더 좋은 선택이라고 판단한다. 그날 밤 살을 에는 듯한 추위로 오들오들 떨며 잠을 설쳤지만, 환상적이고도 따뜻한 햇살과 함께 새벽이 다가와 우리는 하루 종일의 하산에 들어간다.

등반 7일째

오후 늦게 우리는 6,000미터의 콜에 도착해, 미리 갖다 놓은 식량과 가스를 찾아낸다. 보르슈트 스프와 국수를 먹으며 산에서의 또 하룻밤을 축하한다. 그리고 8일째가 되는 날 이른 아침에 출발할 때까지 잠을 푹 잔다. 산의 남쪽으로 내려가 계곡의 빙하 급류를 어렵게 건넌다.

가시덤불에 알렉스가 넘어진다. 나는 갈림길에 도착해 그를 기다린다. 사방이 어두침침할 때쯤 우리가 반다카를 처음으로 보았던 고개에 힘들게 도착한다. 그리고 고개 모퉁이를 돌아 반디칸의 평편하지만 빈약한 초원에 다다른다. 아직도 사용 중인 진흙 축사에 이르자 개들이 우리에게 달려들려고 미친 듯이 컹컹 짖어댄다. 마을 사람들이 알아들을 수 없는 질문을 던지며 우리를 반긴다. 양치기 여인네 하나가 말린 염소

---

[73] 설침폭침雪針爆針 (역주)

1977년 코 에 반다카 등반이 끝난 후 영국 친구들에게 작별인사를 하는 안드제이 자바다

똥 숯으로 직접 구운 난naan을 먹으라고 건넨다. 우리는 매트리스를 꺼내고 그 위에 침낭을 펼친다. 나는 맛있는 난의 마지막 한 조각을 천천히 씹는다. 먹을 것이 더 있으면 얼마나 좋을까 하고 바란다. 곧 개 짖는 소리가 잠잠해지고, 이어 내 머릿속의 빛도 꺼진다.

15

스윙의 제왕

Sultans of Swing

이틀 후, 우리는 베이스캠프에서 장비를 정리한 다음 반디칸으로 내려왔다. 1시간 전까지만 해도 우리는 집으로 무사히 돌아갈 수 있을 것 같았다.

"저들이 우리를 죽이려 들까?"

알렉스는 작은 돔형 텐트 안에 털썩 주저앉았다. 그는 매우 피곤해 보였지만 두려움보다는 호기심에 차 있었다. 내 마음속은 불확실성으로 요동쳤다. 보이텍은 번들거리는 침낭 위에서 잠에 취해 널브러져 있었다. 머리에 터번을 두른 사내 셋이 조금 떨어진 곳에 있는, 문명의 경계선을 나타내는 수프 봉투와 정어리 캔 더미 사이에 먼지를 뒤집어쓰고 쭈그려 앉아 있었다. 그들 중 한 명의 손에서 소총이 보였다.

"저 자식들이 무슨 짓을 할지 모르겠는 걸. 좀 불안한데. 저 젊은 놈들이 정말 열 받았나 봐."

그때 육로를 이용해 히말라야까지 온 3명의 영국 클라이머 이야기가 떠올랐다. 그들은 밤얀Bamyan의 반드 에 아미르Band-e-Amir 인근 길가에서 노숙을 했다. 침낭을 꺼내 나란히 깔고 누워 깊은 잠에 빠졌는데, 아침에 깨어나 보니 가운데서 잔 친구와 양옆에서 자던 친구들의 위치가 밤새 바뀌어 있어 당황했는데, 더욱 끔찍한 것은 그들이 머리만 바뀌어 있었다는 사실이다. 이것은 산악계에 떠돌던 실제적이면서도 가장 잔인한 농담 중 하나였지만, 적어도 이 이야기를 전한 사람은 살아서 집으로 돌아온 클라이머였다. 우리는 반드 에 아미르보다 더 외지고 험한 아프가니스탄에 있었다.

반디칸으로 내려와서, 보이텍과 나는 장비와 함께 알렉스를 뒤에 남겨두고 마지막으로 베이스캠프를 정리하러 올라갔다. 빙하를 걸어 올라가려니 맥이 빠졌다. 다만 한 가지 위안은 우리가 올라갈수록 점점 더 모습을 드러내는, 우리가 등반한 거대한 벽을 다시 본다는 기쁨이었다. 베이스캠프는 온전했다. 우리는 혹시 도둑이라도 맞지 않았는지 반신반의했었다.

식량을 담아 놓은 통을 열어 빵과 정어리 통조림, 초콜릿을 꺼냈다. 어렸을 적 보스턴의 WMEX 라디오 방송에 정어리 초콜릿 샌드위치가 얼마나 맛있는지 입에 침이 마르도록 칭찬을 하던 디스크자키가 있었다. 나는 처음이자 마지막으로 그 샌드위치를 하나 만들었다. 우리는 커피를 마시고 나서 알렉스에게 갖다 줄 식량을 배낭 하나에 꾸렸다. 보이텍은 뒤에 남아 텐트를 철수하고 다음 날 올라오기로 한 포터들의 짐을 꾸렸다.

어리벙병한 나는 늘 그렇듯이 길을 잃었다. 그러나 그것이 중요한 이야기가 아니다. 베이스캠프에 생기가 다시 돌면서 보이텍은 홀로 협상하느라 바빴다. 텐트 두 동, 남은 식량과 로프를 주먹만 한 크기의 청금석 한 덩어리와 물물교환 하는 것이 협상 내용이었다. 푸른빛이 도는 우아한 청금석은 상당히 가치가 있는 것으로 마자르 이 샤리프의 모스크에서 외부 장식에 사용된 것을 나는 본 적이 있었다. 잊을 수 없을 정도로 멋진 광경이었다. 바다크샨 광산에서 캐낸 이 성스러운 돌은 투탕카멘의 데스마스크에 상감된 군청색 색소의 원료로 사용되어, 티치아노 베첼리오Tiziano Vecellio와 요하네스 베르메르Johannes Vermeer의 찬사를 받았다. 보이텍 입장에서는 좋은 거래였다. 나는 이 거래가 몇 개월 전 바르샤바에서 계획되었던 원정 일정의 일부라고 추측했다. 1970년대 사회주의 국가에서는 이런 방식으로 등반을 하면서 생계를 유지했다.

그러나 보이텍은 이제 위험한 상황에 처하고 말았다. 아프간 사람들이 그대로 놔둘 리가 만무했다. 의기양양한 보이텍이 반디칸에서 우리를 다시 만났을 때도 우리는 그 거래에 대해 아는 바가 없었다. 3명의 포터가 우리 근처에 짐을 부려놓고, 거래성사품을 가득 진 또 다른 3명의 포터가 먼지투성이 발뒤꿈치를 드러내며 돌로 된 축사로 달려갔다. 우리는 수프 한 사발과 캔에 든 폴란드 빵 그리고 더 많아진 정어리와 초콜릿으로 재회를 축하했다.

우리가 편히 쉬고 있을 때 험상궂은 개 같은 표정의 파탄Pathan 사람이 다가왔다. 그의 더러운 재킷에 줄무늬 세 개가 박혀 있는 것으로 보아 관리인인 듯했다. 근처에는 머리에 터번을 두른 심복이 사제 소총을 들고 서 있었다.

"그 돌 내놔." 그는 한 손으로는 손짓을 하고, 다른 손으로는 줄무늬를 가리키며 파시토어로 말했다.

"무슨 돌을 말하는 겁니까?" 보이텍이 시치미를 뚝 떼고 영어로 말했다. 알렉스와 내가 멍하니 바라보고 있는 사이에 사람들이 모여들기 시작했다. 우리는 무슨 일인지 전혀 알지 못했지만, 폴란드인들과 두 달을 함께 지내면서 배운 바로는 뜻밖의 일이 벌어졌다는 것을 알 수 있었다. 그리고 곧 사달이 났다.

"그 돌!" 파탄 사람이 보이텍의 재킷 안쪽으로 손을 뻗으며 말했다. 게임이 끝났음을 직감한 우리의 폴란드 친구는 표정이 일그러지면서도 상황을 순순히 받아들이지 않았다. 그때 동쪽의 유목민을 제압하는 슬라브족의 분노가 일었다.

"아, 이거요?" 보이텍이 주머니에서 아름다운 돌을 꺼내며 말했다. 그는 모든 사람들이 볼 수 있게끔 그 돌을 높이 쳐들더니 공중으로 가볍게 던져 올렸다. 그러고는 잽싸게 다시 잡아 빙하에서 쏟아져 내려오는 우레와 같이 거친 급류 속으로 가능한 한 멀리 던져버렸다. 그러자 마치 이 손실이 얼마나 영원히 갈지를 강조나 하는 것처럼 청금석은 빙하 위로 튀어나온 바위에 맞더니 군청색 파편이 되어 흩어졌다. 파편들이 불투명한 강 속으로 사라지자 우리의 희망도 산산이 부서졌다.

모여 있는 사람들의 탄성이 강물의 굉음을 압도했다. 일부 모자라 보이는 젊은 사람들은 사라진 보물을 찾으려 물속으로 뛰어들려 했다. 내가 달려가 물에 휩쓸리려는 한 아이를 낚아챘다. 줄무늬 남자가 손가락으로 그의 목을 긋는 시늉을 하자 소총을 든 남자들이 오두막을 향해 내달렸다. 그러자 아이들을 황급히 집 안으로 숨기는 여인네들도 있었다. 우리도 텐트 안으로 몸을 숨기고, 돌아가는 상황을 관망했다. 알렉스는 우리가 과연 죽을 것인지 궁금해했다.

"만일 어떤 이교도가 우리 마을의 전 재산을 세찬 급류 속으로 던져버린다면, 우리라도 엄청 화가 나지 않을까요?" 알렉스의 말은 옳았다.

그것이 바로 보이텍이 저지른 짓이었다. 두 사람은 곧 잠에 빠졌다. 어찌 이렇게 태평할 수 있을까! 극도의 피로는 효과적인 마취제가 될 수도 있고 이와 같은 상황에서는 잠이 최선이겠지만, 나는 어쩔 수 없이 잠을 자지 못하고 사방을 경계했다.

바로 그때 수염을 기르고 터번을 쓴 노인들이 황량한 초원을 가로질러 우리에게 다가오는 것이 보였다. 그들은 우리 텐트 바로 위에 솟아 있는 모레인 지대에 둥그렇게 자리 잡았다. 그들의 이야기가 길어지면 길어질수록 우리의 운명은 더욱 더 그들의 손에 달려 있다는 사실을 나는 깨달았다. 그들은 재판을 열고 있는 중이었다. 바로 우리의 재판을….

나는 텐트 밖으로 기어 나온 다음, 대화가 들릴 정도로 가까이 다가가 그 장로들 밑에 공손히 앉았다. 비록 낯선 언어라도, 눈을 감고 그 뉘앙스를 파악하려 애쓴다면 이해할 수 있는 경우가 종종 있지 않을까? 이런 경우가 바로 그때였다. 대다수는 우리가 신성하고 귀중한 청금석을 파괴하여, 알라는 물론이고 그들 씨족에게도 죄를 지었다고 주장하는 듯했다.

그들 중 두 사람이 — 특히 한 사람이 더욱 더 — 다른 견해를 갖고 있는 것 같았다. 그 둘은 잉글레시Inglesi와 폴레스키Poleski 중 청금석을 소유하면 안 된다는 사실을 누가 모르고 있었는지 구별할 만큼 상황을 잘 파악하고 있었다. 그들 모두가 외국인은 청금석을 소유하면 안 된다고 주장했다. 이에 대한 반론은 그들의 형제가 신뢰 속에서 이루어진 거래에서 잘못을 저질렀다는 것이었다. 그러나 가장 나이가 어린 사람이 우리를 고려해서는 안 되고, 우리는 이교도이므로 우리의 재물을 모두 취해도 된다며 그 의견을 일축했다.

추측컨대, 모여 있는 사람들 중 최고 연장자는 이슬람교 율법학자 mullah였다. 그는 나에게 가까이 다가오라 손짓했다. 그러더니 텐트 밖에 놓여 있는 내 부츠와 피켈을 가리켰다. 나는 그것들을 들고 그에게로 갔다. 그는 몸짓과 서로 알아들을 수 있는 몇 마디 말로 '알라의 주먹'을 올라가는 우리를 보았었다는 사실을 나에게 이해시키려 했다. 그러더니 그도 젊었을 때 신의 말씀을 찾기 위해 그 산으로 순례를 간적이 있다고 설명했다.

그는 우리가 내려온 그 산 측면의 대략 6,000미터가 되는 콜을 가리켰다. 비록 몇 마디밖에는 알아듣지 못했지만, 나는 그가 하려는 말을 이해했다. 눈에서는 잡을 것이 하나도 없어 발이 미끄러져 거의 얼어 죽을 뻔했다며, 그는 우스꽝스럽게도 내 얼굴에 입김을 훅 불어 그가 맞닥뜨렸던 눈보라를 설명했다. 우리에게 산의 그 지점까지 올라가는 것은 어려운 일이 아닐지 모르지만, 이 율법학자는 옷가지 정도만 든 봇짐을 등에 메고 반다카를 오르려 시도했고, 결국 실패한 것이었다.

내가 그에게 부츠와 피켈을 주며 말했다. "이것들이 있다면 당신은 성공할 수 있을 겁니다." 그는 고맙다는 듯 고개를 끄덕였다. 그는 그것들을 받아 이리저리 살펴보더니 값이 얼마나 나가는지 물었다. 그러더니 빙그레 웃으며 몸짓을 했는데, 그것은 "난 너무 늙었소."라는 뉘앙스였다.

그들은 나를 물리쳤다. 그리고 쉰 목소리로 속삭이듯 잠깐 더 논쟁을 벌였다. 그러더니 모두 일어나 한 마디 말도 없이 남루한 옷자락을 휘날리며 자신들을 기다리고 있는 마을 사람들에게로 갔다. 험상궂은 얼굴의 줄무늬 남자가 다시 돌아와 자신의 목을 손가락으로 긋는 시늉을 하며 으르렁거렸다. 태양이 지평선 너머로 사라지면서 가장 높은 산의 정상에 덮인 하얀 눈을 잠깐 동안 황금색으로 물들였다. 알렉스와 보이텍은 여전히 잠에서 빠져나오지 못하고 있었다. 나는 남아있는 원정 대용 통들을 텐트 입구로 끌어 모은 다음, 있는 힘을 다해 침낭 속으로 간신히 기어들어갔다. 내가 어둠 속에서 무의식으로 빠져들 때 거친 강물 소리가 귓전을 때렸다. 마지막으로, 나는 우리의 삶은 이제 끝장이라고 생각했다.

늦은 아침 태양의 열기로 우리는 결국 잠에서 깨어 텐트 밖으로 기어 나왔다. 청명하고 아름다운 날이 이어졌다. 한 무리의 양치기들이 근처에서 서성였고, 조랑말과 당나귀를 몰고 오는 사람들도 보였다. 이제 각자 본업으로 돌아갈 시간이었다. 우리는 곧 하루에 10센트씩 아끼기 위해 짐 운반비를 흥정하기 시작했다.

장로 한 명이 다가왔다. 그는 율법학자가 우리에게 유리한 파트와 fatwa[74]를 선언했다고 어렵게 설명했다. 신이 우리를 보내 사람들을 시험했다는 것이다. 우리는 알라의 가호를 받으며 반다카를 올랐고, 우리를 속이려 했던 것은 마을 사람들의 욕심이었다. 그들은 교훈을 하나 얻은 것이다. 그때 보이텍이 끼어들었다.

"그 사람이 원한 게 뭐였을까? 우린 이제 줄 돈도 없어. 더욱 조심해야 해."

"네 말이 맞아, 보이텍. 더욱 조심해야지. 암, 그렇고말고."

우리의 등반은 이제 종착역을 향해 달려가고 있었다. 산을 넘고 먼지가 이는 도로를 달려 소비에트에서 폴란드로 돌아가는 긴 여정을 시

---

74   이슬람의 권위 있는 기관이나 학자들이 내놓는 견해나 해석 (역주)

작해야 할 터였다. 우리는 아침 일찍부터 하루 종일 금식을 해야 하는 라마단 기간 중에 산에서 걸어 나왔다. 한 가지 사건만 아니었다면, 대체로 무난한 여정이었다고 할 수 있다. 마지막 날 오후, 제박에 이르기 1시간 전에 나는 잠시 멈추어 서서 조랑말 행렬을 비롯해 알렉스와 보이텍이 거친 물살의 강을 건너는 모습을 지켜보고 있었다. 이윽고 뒤따르던 내가 강을 가로지르는 밧줄을 놓쳐 급류에 휩쓸렸다. 알렉스와 아프간 운전사들은 100미터쯤 떨어진 건너편 강둑에 앉아 이 광경을 지켜보고 웃고 있었는데, 곧 알렉스가 상황이 심상치 않다는 것을 알아차렸다.

"저 사람이 아프가니를 갖고 있어." 그가 조랑말꾼들에게 말했다. 이는 현지 화폐를 의미했는데, 사실 내가 남은 돈을 몽땅 갖고 있었다. 그들 중 3명이 강으로 뛰어들어, 물살을 헤치고 20미터 정도를 건너왔다. 그리고 이가 다 빠진 얼굴에 해죽한 미소를 띠며 나를 끌어당겼다.

본대의 트럭은 우리가 아프간 대령과 다시 만난 그날 오후 제박에 도착했다. 우리는 닷새 걸려 카불로 돌아왔고, 다시 일주일을 기다리자, 러시아인들조차 마음이 누그러져 우리가 구 소비에트 연방 내의 기차에 오르는 것을 허락했다.[75] 결국 우리 모두 기차표를 구할 수 있었다.

포즈나니에서 빵을 사려 난리법석을 떤 탓에 나는 원정대의 다른 사람들보다 하루 늦게 리버풀 스트리트역에 도착했다. 알렉스는 어머니를 모시고 나와 나를 맞이했고, 저녁식사에 초대했다. 알렉스의 어머

---

75   우리가 테르메즈로 돌아왔을 때 반자동 소총을 든 젊은 러시아 경계병 하나가 내 재킷 주머니에서 미국 시집을 꺼내더니 위협적으로 째려보았다. 나는 웃으며 고개를 끄덕이고, 나의 오른 손바닥을 허리춤 아래로 가져갔다. 그는 나의 제스처를 알아채고 다른 사람들이 눈치 채기 전에 재빨리 그 시집을 자신의 재킷 속에 집어넣었다.

니 진은 아프가니스탄에서 겪은 우리들의 이야기를 듣고 웃기도 했지만, 머리를 가로저으며 물었다. "왜 그런 짓을 하지?" 다음 날 아침 나는 레이크 디스트릭트로 가는 기차에 올라탔다. 알렉스는 곧바로 알프스로 갈 것이라고 말했다. 반다카 원정을 끝낸 다른 사람들은 아마 쉬고 있었을지 모른다. 그러나 알렉스에게 그 등반은 아이거 북벽에서 미완의 등반을 끝내기 위해 잠시 서 있었던 플랫폼에 지나지 않았다. 원기 왕성한 그는 런던의 가을 하늘에 비구름이 몰려드는 것처럼 무기력에 빠지는 것을 결코 용납하지 않았다.

알렉스는 영국으로 돌아오자마자 여기저기에 전화했다. 그는 고든 스미스와 토빈 소렌슨Tobin Sorenson이 불과 2주일 전에 그랑드조라스의 드메종 루트를 재등했다는 소식을 비롯해 샤모니에서 이루어진 위대한 성과를 전해 들었다. 비슷한 시기에 로저 백스터 존스와 닉 콜튼은 웜퍼 스퍼를 자유등반으로 올랐다. 이는 알렉스가 아프가니스탄으로 끌려가 있는 동안 그의 체크 리스트에 있던 루트 3개 중 2개가 사라졌다는 의미였다. 이제 남아 있는 것은 아이거 북벽의 할린 다이렉트뿐이었다.

콜린과 스미스는 함께 갈 수 있는 사람들이 아니었다. 고든은 그랑드조라스에서 걸린 동상으로 고생하고 있었다. 그러나 젊고 대담한 미국인 토빈 소렌슨은 여전히 샤모니를 기웃거리며 등반을 더 하고자 몸이 달아 있었다. 알렉스는 곧장 샤모니로 달려갔고, 그 둘은 10월 초순 그린델발트로 이동했다. 소렌슨은 다음과 같은 기록을 남겼다. "스위스 사람들에게 응원을 바랄 수는 없는 노릇이었다. 그들은 자신들의 산을 오르려는 애송이들에게 눈살을 찌푸렸다." 열흘 동안 그 둘은 날씨가 좋아지기를 기다렸다. 그런데 10월 12일 아침이 되자 날씨가 개고 북벽이 하얗게 얼어 있었다.

할린 다이렉트는 이전에 겨우 세 번 등반됐는데, 등반 방식도 모두 극지법, 즉 고정로프를 설치하며 오른 것이었다. 완벽에 가까운 얼음 상태는 난이도나 등반의 지속성과는 상관없이 빠르게 오를 수 있다는 의미였다. 그 둘은 기술과 훈련이라는 측면에서 서로 호흡이 잘 맞았다. 소렌슨은 여름 시즌을 바쁘게 보냈다. 드메종 루트에서의 서사시적인 등반 말고도 그는 몇 개의 주요 빙벽등반 루트를 파트너를 바꿔가며 등반했는데, 그중에는 드류 쿨르와르의 다이렉트도 포함되어 있었다. (이 루트는 왼쪽으로 돌지 않고 가운데의 어려운 라인을 통해 상단 쿨르와르로 진입해야 한다.)

『아메리칸 알파인 저널American Alpine Journal』에 실린 소렌슨의 보고서는 등반의 묘미를 불러일으킨다. 그는 이렇게 회상했다. "전에는 3~4주일이 걸린 곳이었는데, 단지 5일분의 식량과 피톤 몇 개만을 챙기니 기분이 묘했다. 그러나 우리는 — 다른 사람보다도 더 — 마땅한 방법이 없다고 생각했다." 알렉스를 비롯해 그와 마음이 통하는 친구들은 등반의 변화를 재빨리 받아들이고 있었다. 아이거 북벽 등반을 위해 그는 고든 스미스로부터 8밀리미터 직경의 65미터 로프 한 동만을 빌렸다. 적어도 그 시대에는 직경으로 보면 비상식적으로 가늘고, 길이 역시 비상식적으로 길었다. 그러나 그는 이미 그때 똑같이 가늘고 긴 폴란드산 로프로 등반한 경험이 있었다.

등반이 쉽지는 않았지만 그들은 빠르게 올라갔다. 둘째 날, 융프라우 철도의 아이거반트역에서 북벽으로 나 있는 창문을 통해 스위스 가이드 한 명이 '단 둘이 등반하는 것은 위험하다'며 그들에게 안으로 들어오라고 말했다. 그들은 이에 개의치 않고 큰 번잡스러움 없이 교대로 선등에 나서, 10월 17일 오후 정상에 도착했다. 그러고 나서 알렉스는 집으로 돌아가 잠깐 휴식시간을 가졌다.

내가 전화를 걸어 아이거가 어땠느냐고 묻자 그는 그냥 무덤덤하게 대답했다. "반다카와 비슷했지만 더 추워서 그만큼 안전했습니다. 폴란드 친구들과의 내년 계획은 어떻게 되어가고 있습니까?"

우리는 두 달 전 바르샤바역에서 보이텍과 작별인사를 나누며 가서 브룸4봉(G4, 7,925m) 등반을 약속했었다.

"보이텍이 어제 전화했는데, G4를 위해 노력했지만 우리가 너무 늦었대.[76] 이미 등반허가가 끝났다는 거야. 하지만 좋은 소식은 그가 다른 계획을 갖고 있다는 거지. 창가방! 어때? 이미 세 번이나 등정돼 약간 때가 묻은 산이기는 하지만, 우리는 어떤 식으로든지 곧 동의할 필요가 있어."

"벽은 어떻게 생겼는데요?" 하고 알렉스가 물었다.

"아직은 잘 몰라. 보이텍 말로는 엘 캐피탄 같은 벽에 워커 스퍼 Walker Spur 같은 믹스등반의 거대한 리지가 이어지는데, 등반 시작지점이 6,000미터래."

"재밌겠네. 이번 주에 갈게요. BMC 인터뷰를 해야 하는데 양복 좀

76 　보이텍은 1985년 여름 로베르트 샤우어Robert Schauer와 함께 '빛나는 벽', 즉 G4 서벽을 등반했다. 9일이나 걸린 극도로 어려운 믹스등반 루트는 아직까지도 재등이 되지 않았다. 그들은 정상 직전에서 악천후에 발목이 잡혀 며칠을 간신히 버틴 후 계속되는 폭풍을 뚫고 북릉을 통해 기적 같은 탈출을 감행했다. 정상에 이르지 못했다는 사실에도 불구하고, 이 등반은 거대한 히말라야에서 펼쳐진 최고의 업적으로 평가받고 있다.

가르왈 히말의 창가방. 오른쪽의 깎아지른 벽을 돌면 남벽이 나온다. (사진: 크리스 보닝턴 사진 도서관)

빌려줄 수 있어요?"

알렉스는 공석이 된 BMC의 사무국장 자리를 원했다. 두걸 해스턴이 죽자, 피터 보드맨이 스위스 레징Leysin에 있는 국제등산학교로 자리를 옮겼기 때문이다. 인터뷰는 그다음 주에 있었다. 문제는 나 역시 그 자리에 지원했다는 것이었다.

"넌 내가 양복을 두 벌이나 갖고 있다고 생각해? 우린 복도에서 갈아입어야 할 거야."

나는 내 직업에 대해 두 가지 복안이 있었다. 나는 에스크데일의 전원마을 부트Boot에서 살고 있으면서 그 지역 의회의 프로젝트 매니저라는 아주 좋은 일자리를 갖고 있었다. 레이크스에 비하면 맨체스터는 변변치 않은 두 번째 선택이었다. 나는 주로 저녁에 달리기나 등반을 하고, 주말에는 어쨌든 등반에 나섰다. 그래도 사무국장이라는 직업은 급여도 좋았고, 계약조건에는 1년에 한 번씩 원정등반에 나설 수도 있었다. 누가 그 자리를 차지하든, 클라이머로서는 확실히 전문가의 반열에 오를 수 있었다.

"좋아! 해보자. 인터뷰 리허설도 같이 해볼 수 있잖아?"

우리는 그 주말 함께 등반했다. 그리고 보이텍에게 전화를 걸어 창가방 원정에 동의했다. 사실 나에게는 양복이 두 벌 있었다. 둘 다 삼촌으로부터 물려받은 것이었다. 알렉스는 너무 커서 잘 맞지 않는 더블 단추 양복 한 벌을 챙겨 떠났다. 그러나 양복을 입은 그의 모습은 최신유행과 너무 동떨어져서 대단히 인상적이었다.

인터뷰 도중 우리는 잠깐 서로를 보았다. 그가 들어올 때 내가 나간 것이다. 데니스 그레이와 밥 페티그루Bob Pettigrew가 인터뷰를 반쯤 진행했을 때 나는 레이크 디스트릭트를 떠나지 않겠다고 결심했다. 인터뷰는 그렇게 끝났다. 알렉스는 그다음 날 전화를 걸어, 자신이 그 자리를 꿰찼다고 기뻐 날뛰었다. 우리 둘 다에게 잘 된 일이었다. 그는 이제 수입은 물론 원정등반을 갈 수 있는 휴가까지 생겼다.

16

오해하지 마

Don't Get Me Wrong

이제 영국등산위원회(BMC) 본부는 마이크 톰슨이 「그 친구들과 다시 나가다」에서 묘사한 것처럼 데니스 그레이 타워의 17층에 있지 않았다. 그 본부가 위치한 곳은 맨체스터대학교 소유의 6층짜리 건물 1층의 음침한 곳이었다. 그곳은 몇 개 안 되는 창문이 그나마 주차장 쪽으로 나 있어, 운이 좋으면 도둑이 차를 훔쳐 달아나기 전에 현장을 목격할 수도 있었다. 혼잡한 거리와 개성 없는 빌딩들로 둘러싸인 그곳은, 심리적으로는 지구의 어느 곳보다도 더 멀리 산과 떨어져 있다는 느낌을 주었다. 알렉스는 되도록 사무실에 머무는 시간을 줄였다.

알렉스가 BMC 사무실에 있었던 기간은 우리가 창가방에 가려고 델리에 도착하기 전까지 몇 개월이 전부였다. 보이텍은 알렉스의 새로운 직업에 무척 호기심을 보였는데, 아마도 인도 당국과의 긴 협상에서 어떤 도움을 기대하는 것 같았다. 아침의 첫 일과로, 테리 킹과 나는 인도 관리들로부터 등반에 필요한 허가서를 받아내기 위해 나섰다. 그러는 동안 알렉스는 한낮의 무더위 속에서 캠프 침대에 누워 자신의 독서를 방해하는 모기들을 찰싹찰싹 때려잡고 있었다. 언제나 그의 옆에 붙어 있는 카세트플레이어에서는 크리시 하인드Chrissie Hynde와 더 프리텐더스The Pretenders의 음악이 흘러나왔다. 듀라셀Duracell 건전지의 후원이 없었다면, 우리는 아마 적막 속에서 여행했을지도 모른다.

"그래서 말인데, 알렉스. 도대체 사무국장이 하는 일이 뭐야?"

침대에서 겨우 몸을 일으킨 알렉스는 잠깐 고민하더니 보이텍에게 짓궂은 미소를 던졌다.

"여기서 보기와는 달라요, 보이텍. 맨체스터에서 나는 사무실도 있고 비서도 있습니다. 그리고 일을 대신 해줄 사람도 많아요. 여기선 모든 사람들이 다 바빠서 내 일을 대신해줄 사람이 없는 게 유감입니다."

마리아 코피는 알렉스가 BMC에 근무할 때 상당 기간 거주했던 하숙집 주인이었다. 마리아의 글을 읽어본 사람이라면 그녀의 이 역할이 상상이 안 되겠지만, 알렉스는 거의 2년 동안 그녀의 하숙생이었다. 그리고 그녀는 얼마 남지 않은 그의 인생에 깊은 영향을 끼쳤다. 그녀의 연인 조 태스커가 피터 보드맨과 함께 죽은 이후의 상실감은 그녀의 책 『아슬아슬한 경계』에 슬프고도 아름답게 묘사되어 있다. 그런데 그녀를 조에게 소개한 사람이 바로 알렉스였다.

마리아는 켄 윌슨이 『마운틴』지를 팔자 편집장을 떠맡은 팀 루이스의 전화를 받고 알렉스를 만났다. 마리아에게 세놓을 방이 남아 있다는 사실을 안 팀이 전화로 방 하나를 공짜로 쓸 수 있는지 물은 것이다.

"아주 좋은 녀석입니다."라고 팀이 그녀에게 말했다. "그리고 정말 똑똑하기도 하고요. 맨체스터에서 막 일자리를 하나 얻었습니다. 아마 좋아하게 될 거예요. 이름이 더티 알렉스입니다."

"그가 왔는데, 훌륭한 친구라는 생각이 들었습니다." 몇 년 후 마리아는 이렇게 회상했다. "시건방지면서도 넘치는 에너지와 곱슬머리까지 난 좋았어요. 그래서 그가 이사를 왔는데, 글쎄 곧바로 이름에 걸맞은 생활을 하더라고요."

마리아는 그가 등반을 떠난 후 그의 방에 들어간 순간을 기억하고 있었다. 그녀는 깔끔하게 치우고 싶었다. 하지만 그녀는 대신 자신이 본 것을 '쥐구멍'으로 묘사했다. "더러운 옷가지를 한데 모으다가 점점 더 많아지자 생각했죠. '차라리 다 빨아주는 게 낫겠어.' 그래서 침대 시트를 끄집어 당겼는데 반쯤 먹다 만 콘플레이크 그릇을 발견했지 뭐예요. 곰팡이까지 잔뜩 난…."

나는 그녀와 함께 술집에서 술을 한잔 하면서 이런저런 이야기를 들었다. 알렉스의 관리인concierge[77] 역할을 하던 지난날을 회상하던 그녀의 검은 눈동자는 우수에 젖어 있었다. 그리고 그녀가 웃자 곧고 새까만 머리카락들이 흔들렸다. "내 집은 곧 알렉스 친구들의 아지트가 됐어요. 아침에 부엌으로 내려갔을 때 게슴츠레한 눈의 클라이머 무리들을 만난 게 몇 번인지 기억도 안 나요." 그녀는 잠시 말을 멈추고 와인으로 입술을 적셨다. "몇 년이 지난 후, 나는 그의 맨체스터 친구들 중 한 명인 니키 코넬리Nicky Connelly와 우연히 마주쳤어요. 그가 그러더군요. 아침마다 공짜 식사를 할 수 있어서 알렉스의 침대에서 지내는 게 얼마나 즐거웠는지 모른다고. 자기들에게 아침식사를 준비해준 게 나라는 사실은 전혀 몰랐던 모양이에요."

알렉스와 친구들은 난장판을 벌일 때가 많았다. 마리아는 그 즈음

---

77 concierge는 호텔에서 안내는 물론, 여행과 쇼핑까지 투숙객의 다양한 요구를 들어주는 서비스를 말한다. (역주)

1975년 헤이필드에서 열린 진흙싸움 축제가 끝난 다음 포즈를 취한 마리아 코피와 잰 브라운소트Jan Brownsort, 귀네스 룰

맨체스터에서 강의를 시작했지만 여전히 학생처럼 살아서 알렉스와는 서로 잘 맞았다. "알렉스와 나는 금방 친해졌습니다. 그건 알렉스가 자신의 어머니 진으로부터 여자를 상대하는 법을 배웠기 때문에 가능했는데, 그는 자신이 좋아하는 여자들과 터놓고 자유분방하게 이야기하는 능력을 지녔습니다. 그리고 사람들의 생각을 존중할 줄도 알았죠. 감수성까지 항상 그런 것은 아니었지만…"

마리아는 말을 계속 이었다. "그는 정말 매력적이었는데, 이따금 나에게 조언도 해주었습니다. 마치 오빠라도 되는 것처럼. 나도 때로는 진심으로 이야기할 누군가가 필요했는데, 그는 하던 일을 멈추고 귀를 기울여줬어요. 그러면 숨어 있던 법률가 기질이 나왔죠. 가끔 그는 노골적인 질문을 퍼부었습니다. 이렇게요. '그 사람과 정말 행복합니까?'"

마리아가 견딜 수 없던 한 가지는 알렉스가 습관적으로 논쟁을 벌이는 것이었다. 그런 분위기에서는 누가 무슨 말을 하든 그는 항상 반대 시각을 고집했다. 아마 그가 받은 법학 수련 결과인 것 같았다. 그는 하나의 이야기에 내포된 다양한 면을 들여다볼 줄 알았다. 따라서 그는 어떤 논쟁에서도 자기 입장을 고수할 수 있는 능력이 있었고, 이는 BMC에서도 중요한 능력이 됐다. 보이텍에게 한 말과 달리 그는 BMC에서 결코 게으름을 피우지 않았다. 아니, 그와 정반대였다. 정치인들이 스포츠의 기본적인 자유에 대한 간섭을 고려할 정도로 전환점에 선 영국 산악계에서 그는 상당한 재능을 발휘하며 창의적으로 일했다.

알렉스의 임기는 과거의 한 사건에서부터 시작됐다. 사무실에 출근한 첫 날, 과거 리즈대학교에서의 행적이 그를 난처하게 만들었다. 데니스 그레이가 리즈대학교산악회의 신임 회장으로부터 온 편지를 개봉했는데, 그 안에 BMC 가입신청서가 들어 있었던 것이다.

"이것 좀 봐, 알렉스." 하고 그가 말했다. "이거 완전히 자네 영역이네. 이 편지에 환영한다는 답장을 보내게."

알렉스가 산악회에 그 유명한 회계 보고를 한 지 겨우 3년, 부회장이 된 지 겨우 1년이 지났을 때였다. 그러나 지금은 새로운 집행부가 산악회를 운영해, 전과는 많이 달랐다. 대학교가 산악회 간부들에게 무질서한 재정, 서면 기록의 부재 그리고 텅 빈 장비 창고 등을 바로잡을 마지막 기회를 준 것이다. 리즈대학교산악회(LUCC)는 여전히 지원금을 받을 자격이 있다는 사실을 학생회에 설득해, 공식적으로 등록된 선의의 동아리로 캠퍼스 내에서 살아남아야만 했다. 우리도 매년 같은 트라우마에 시달렸었지만, 신임 간부들은 그때마다 새로운 이미지의 필요성을 분명하게 인정했었다.

그들은 우리가 펴낸 여러 권의 회지에서 산악회 명의로 밝힌 반 BMC 정서를 포기하고, 대신 회비 전액을 납부하는 정회원이 되고 싶어 했다. 알렉스에게는 심각한 모멸의 순간이었을지도 모르지만, 그는 아무렇지도 않게 처리했다. 그는 신임 산악회장에게, 이제 LUCC가 BMC에 정식으로 가입되었으며, 회비를 내줘서 상당히 기쁘다는 답장을 보냈다.

그렇다 해도, 알렉스는 자신의 이미지 때문에 BMC 내에서의 위험부담이 매우 컸다. 하지만 그는 이제 프로 클라이머의 반열에 올라섰으므로, 그것은 기꺼이 받아들여야 하는 위험부담이었다. 그는 BMC에서 경력을 계속 쌓을 생각이 별로 없었다. 그는 보드맨이 BMC를 떠난 이유가 클라이머로서 자신의 이미지와 산악계를 공식적으로 대변해야 하는 업무 사이에서 불가피했던 타협에 갈등을 느낀 것도 일부 원인이라는 사실을 알고 있었다. 그러나 그 자리는 두 사람 모두에게 중요한 디딤돌이었다.

『클라이머 앤드 램블러Climber and Rambler』는 1978년 3월호의 장비 섹션에 알렉스의 사무국장 임명에 대한 산악계의 냉소적인 분위기를 패러디해서 실었다. 그들은 알렉스의 사진 밑에 "프로가 되다"라는 제목을 달고, 이렇게 풍자했다. "BMC가 선호했던 구식이 아니어서 예전보다는 더 친근감이 느껴지는 프로 모델이다. 암벽등반은 별로지만, 큰 산에서는 계속 잘해나갈 것으로 기대된다. … 그렇다고 해서 과연 덜떨어진 아류들이 프로가 되고 스타의 반열에 오를 수 있을 것인가?"

'덜떨어진 아류들'이라고 빈정거린다면, 알파인 스타일 왕좌를 노리는 사람으로 보이지 않기 위해서 과연 무엇을 해야 하는지 궁금하다. 사실 그는 이미 스타의 반열에 올라 있었다. 그의 직업은 또한 등반 능력과는 아무 상관이 없었다. BMC는 소관 업무를 대폭 확장했다. 따라서 정부와 산악계에 대한 영향력이 더 커졌다. 데니스 그레이가 리즈대학교산악회 출신들에게 붙인 '리즈 마피아'의 일원으로서, 알렉스는 젊고 무정부적인 경향에 더해 신뢰성과 진실성까지 있었다. 그리고 의심할 여지없이 그것이 알렉스가 임명된 결정적 요인이었다.

데니스는 이렇게 말했다. "물론, 알렉스가 리즈대학교산악회원으로 활동하고 있었기 때문에 그가 BMC에 들어오기 전부터 나는 그를 알고 있었지. 그 당시 알렉스와 당신들이 개척한 알파인 스타일을 다른 산악인들이 어떻게 계승하는지 지켜보는 건 흥미로운 일이었어. 지금의 앨 파웰Al Powell, 켄턴 쿨Kenton Cool, 리치 크로스Rich Cross, 존 브레이시Jon Bracey가 모두 리즈 출신이잖아."

보드맨 역시 BMC의 신뢰성을 높이는 데 일조했다. 그러나 그는 말을 아주 잘했고, 변변치 못한 배경에도 불구하고 당시 막 떠오르던 거침없는 신세대 일급 클라이머들과도 잘 통했다. 알렉스의 조잡한 무정부주의적 경향도 이런 집단과 제법 잘 어울렸다. 그의 개성과 접근방법은 보드맨의 그것과 사뭇 달랐다. 데니스에 따르면, '보드맨은 외교적인 데다 자극을 받지 않으면 좀처럼 반응하지 않는 유형이었지만, 알렉스는 자기주장이 강하고 논쟁적이며 빈틈이 없었다'고 한다.

1978년의 BMC는 꼭 임원들과 개인회원 숫자를 들먹이지 않더라도, 오늘날과 같은 권위는 없었다. 여전히 많은 클라이머들은 전국적인 네트워크를 가진 조직에 거부반응을 보였다. 그들에게, 등반은 '스포츠'가 아니라, 모험이며 다소 무정부주의적인 라이프 스타일이었다. 따라서 산악계의 이익을 대변한다는 관료주의적 사고방식은 모순이었다. 이는 단순히 개인뿐만 아니라 LUCC 같은 유서 깊은 단체들의 의견이기도 했다. 일반적으로 클라이머들은 말이 많기도 하지만 때때로 어떤 사안에 대해 호불호를 분명히 한다. BMC의 사업 추진을 위한 내부 방침은 터무니없는 수준이었다.

BMC는 언제나 필요악으로 간주됐다. 그러나 그 존재의 당위성은 산악계의 동향을 잘 아는 사람들 사이에서도 점점 더 분명하게 인식됐다. 당시 노동당 정부의 일부 정치인들 — 특히 초대 체육성 장관인 데니스 하우웰Denis Howell이 그랬는데 — 가운데 확고한 지지자들이 있었다. 하우웰은 모든 스포츠 단체들을 관리하는 데 관심이 많았고, 스포츠 단체를 스포츠를 관리하고 발전시킬 목적의 도구로 삼았다. 1930년대의 램블러스ramblers 운동[78]은 자연으로의 좀 더 자유로운 접근이라는 유산을 남겼다. 그러나 1970년대의 암장들은 대부분 사유지에 있어서, 접근에 제한을 받거나 어떤 경우에는 아예 불가능했다. 따라서 BMC는 대개 지역 산악회에서 선발한 열정적인 자원봉사자들로 지역위원회를 구성한 다음, 접근성을 높이고자 토지 소유주들을 비롯한 관련 기관들과 협상을 진행했다.

또한 동식물을 보호해야 하는 환경 보호지역을 드나드는 클라이머

---

[78] 영국에서 일어난 걷기운동으로 이를 추진하는 단체 '더 램블러스The Ramblers'는 100년 이상의 역사를 갖고 있다. (역주)

들을 교육해야 할 필요성이 대두됐고, 클라이머들과 다른 그룹들 간의 이해관계에서 균형을 찾을 필요성도 있었다. 이런 문제에 민감한 클라이머들은 많지 않았다. 알렉스의 주요 업무 가운데 하나는 균형 잡힌 사례들을 산악회에 제시하는 것이었다. 중앙과 지방정부는 어떤 암장에서든지 등반할 수 있다는 일부 클라이머들의 주장에 별 관심을 기울이지 않았다. 이는 알렉스의 임기 중 출범한 대처 정부에 대한 도발일 수 있었다. BMC가 몇 년도 넘게 피해 온 총탄 중 하나가 모든 클라이머들을 대상으로 하는 구조보험 의무가입이었다.

그러나 알렉스의 재임기간 중 있었던 가장 큰 이슈는 훈련과 교육 분야에서의 BMC 역할이었다. 분야별 전문가들 사이에서는 10년도 넘게 모험이 교육에서 차지하는 역할을 놓고 격렬한 논쟁이 벌어지고 있었다. 클라이머들은 젊은이들이 산에서 심신을 단련하는 것에 동의하면서도, 그 수련이 내적 '모험의 결정체'에서 나오는 것이지, 틀에 박힌 학교 프로그램에서 나오는 것은 아니라고 주장했다. 클라이머들은 모험은 당연히 개인적인 선택이며, 산악회가 모험적인 젊은이들에게 기회를 주고 있다고 생각했다. 가장 중요하게는, 클라이머들은 시행착오를 겪으면서 기술을 익히기 때문에 실수를 저지르고 사고를 당하는 것은 개인이 이미 깨닫고 있는 내재된 위험이라는 것이었다. 당시 『아메리칸 알파인 저널』의 편집장이던 애드 카터Ad Carter는 미국 클라이머 잭 태클Jack Tackle이 한 유명한 말을 상기시켰다. "좋은 판단은 대부분 나쁜 판단을 하고서도 살아남은 결과다." 이것이야말로 스스로의 책임과 안전을 배우는 필수과정이라고 볼 수 있다. 이런 인식은 켄 윌슨에 의해 가장 효과적으로 전파되었지만, 어떤 방법과 계기로 등반을 시작해야 하는지에 대한 요점이 빠져 있었다. 그런데 아이러니컬하게도 알렉스에게 그 계기는 바로 학교였다.

정책 수립은 최종적으로 BMC 연례총회에 참석한 정회원들의 결정 사항이었다. 그리고 정책의 추진은 전문적인 직원들이 이끌어나갔다. 훈련과 등반 등에 대한 전문위원회가 있어, 직원들이 제출한 정책 서류들을 승인하거나 거부하는 것은 그들의 몫이었다. 조직은 비대했지만 민주적이었다. 그 당시 회원은 주로 자체적으로 선출된 임원이 돌려가며 맡는 가입 산악회 대표자들로 구성됐다. 누구든 쉽게 예상할 수 있듯이, 대부분의 산악회는 자신들이 있는 지역의 이익을 대변했다. 따라서 핵심적인 정책 결정은 동의를 이끌어내는 데만 몇 년이 걸렸다. 산악회가 자체 회원들에게 동의를 받아야 하는 과정 역시 시간이 걸렸다. 정치색을 띤 산악회 대표들은 — 많은 사람들이 강력한 사회주의 색채를 갖고 있었는데 — BMC의 보수적인 유급 직원들에 대항하는 노동조합 대표 역할을 자처했다. '산의 자유를 찾아서freedom of hills'를 어떤 식으로든지 규제해서는 안 된다는 매우 강력하고 조리 있는 주장들이 여러 방면에서 제기됐다. 알렉스의 날카로운 토론 기법은 공익을 위한 입장을 대변하는 데 꼭 필요했다.

산악계가 자중지란에 빠져 있는 동안, 등반에 반대하는 여론이 비등했다. 엘리트주의적이고 구태적인 관행들이 BMC의 조직에 스며들었고, 영국산악회를 비롯한 전통 있는 산악회들은 구시대적이고 낙후된 모습을 보였다. 이런 태도는 1971년 케언곰스Cairngorms에서 발생한 비극의 후유증으로 잉태됐다. 겨울에 산속으로 탐사를 간 6명의 어린 학생들이 동사한 것이다. "이런 비극은 막을 수도 있었다."라며 언론이 들

끊었다. 그리고 다들 그렇게 생각했다. 클라이머들은 모두에게 해당되지도 않는 탐사과정을 교육 프로그램에 넣으려 한 교육전문가들로 인해 어린이들이 오히려 위험에 빠졌다고 주장했다. 산악지도자훈련위원회(MLTB)를 움직이는 것은 BMC가 아니라 오히려 교육전문가들이었다.

논란은 몇 년 동안 계속 이어졌고, 자주 웃음거리로 전락했다. 심지어 한 상원의원은 "크리스 보닝턴 같은 소수의 클라이머들만이 스코틀랜드의 야간 캠프에서 살아남을 수 있다."라고 주장하기도 했다. 겨울철에는 입산을 아예 금지해야 한다는 기사도 등장했다. 오늘날에도 이런 이슈들은 존재한다. 그러나 더욱 강력해진 BMC가 견제 역할을 한다. 그때는 — 지금도 그렇지만 — 타블로이드판들이 '일반적인 통념'에 기대어 그들이 잘 알지도 못하는 활동을 공격했다. 어떤 기사들은 자신들의 입맛에 맞게 꾸며지기도 했다. 보통 사람들을 위험에 빠뜨려서 얻는 것이라고는 아무것도 없으며, 개인이 그렇게 선택하는 것은 사회적 혐오를 불러일으키고, 다른 사람까지도 위험에 빠뜨릴 수 있다는 맥락이었다.

케언곰스 비극을 둘러싼 부정적 여론으로 인해 대중은 교사들뿐만 아니라 자기 스스로 등반을 원하는 클라이머들까지 비난했다. 그러자 정부도 산으로 아이들을 데려가는 교사들을 위한 자격증 제도를 도입하자며, 이런 사회적 우려에 부응했다. 회장, 운영위원과 자문위원 같은 BMC의 수뇌부들은 의회를 통해 흘러나오는 변화의 바람을 감지했고, 스스로가 딜레마에 빠졌다는 사실을 알아차렸다. 그들은 주요 스포츠와 교육의 가치관이 산악인들과 모험적인 클라이머들의 그것과는 사뭇 다르다는 것을 알았다. 그렇다 해도, BMC가 정부의 입법 테이블에서 산악계를 대표하는 위치에 있지 않았다면, 수중에 든 모든 것을 잃었을지도 모르며, 만약 그렇게 됐다면 산으로 가는 접근로가 아예 막혔을지도 모르고, 모든 클라이머들은 구조보험에 의무적으로 가입하고, 자격증을 따야 했을지도 모른다. 따라서 BMC의 역할은 극단주의자나 엘리트주의자로 보이지 않게끔 하면서 클라이머들의 입장을 대변하는 것이었다.

알렉스가 BMC에 들어갔을 때 자격증의 필요성에 대한 논쟁이 등산잡지들의 지면을 꽉 채울 정도로 치열하게 벌어지고 있었다. '자격증 마인드'는 모험을 약화시키는 것으로 간주됐다. 이런 논쟁을 경험하지 못한 세대들은 대체 무엇에 관한 소란인지 알기가 쉽지 않을 것이다.[79] "영국 산악계 역사상 가장 뜨거운 논쟁이었지."라고 데니스 그레이가 말했다. "케언곰스의 비극으로 많은 산악인들이 더 적극적인 관심을 갖고 주류 산악계가 주도하는 산악훈련의 현대화가 필요하다고 느꼈으니까."

BMC는 존 헌트 경Lord John Hunt을 위원장으로, 데니스 그레이를 총무로 하는 전문가 그룹을 구성했다. "돌이켜보면 우리가 좀 순진했어. 다른 사람들의 생활을 간섭해 대립을 유발하는 입장 같은 것이 없었거든." 헌트가 확고부동한 지원자였다면, 잭 롱랜드 경Sir Jack Longland은 헌트의 결론적 보고서에 반대하는 세력을 이끌었다. 그레이의 말을 빌리면 '계란으로 바위치기'였다. 롱랜드는 MLTB 위원장으로서 불신임 투

---

79 동·하계를 위한 산악지도자 자격증이 지금은 좋은 취지로 받아들여지고 있다. 그러나 싱글 피치 자격증 같은, 다른 자격증들은 MLTB의 강요에 의해 BMC 훈련위원회가 억지로 만든 것이다. 당시 이미 일부 대학산악회는 BMC와는 관계없는 국가직업자격증NVQ과 유사한 범국가적 자격증을 만들고자 했다. 다른 스포츠와 비교하면, BMC는 등반을 비교적 안전하게 이끌어왔다. 비록 알렉스 재임기간 이후이기는 하지만, UIAA의 가이드 조건을 완전히 만족시키는 등산강사 자격증부터 시작해 다양한 종류의 자격증들은 클라이머들이 직업으로 나서는 데 사다리 역할을 했다. 오늘날에는 자격증에 의해 좌우되는, 위험을 회피하는 교육제도에 대한 논란이 잠잠해졌다. 그러나 언제든 사고가 나면 다시 시끄럽기 마련이다.

표에 직면했고, BMC는 스포츠위원회의 보조금을 받지 못해 파산 직전까지 갔다. "그러자 영국산악회가 중재안을 내놓았는데, 양쪽 모두 재빨리 받아들였어."라고 데니스 그레이가 말했다.

알렉스는 모든 이슈들뿐만 아니라 파벌적인 정책까지 신속하게 파악했지만, 어디까지나 민주적으로 남았다. 그는 산악훈련심판원이라 불리는 중재위원회에 제출할 BMC의 입장을 사안별로 정리하는 임무를 맡았다. 결국 심판원은 2개의 기구, 즉 교육주의자들에 의해 운영되는 것과 BMC에 의해 운영되는 것을 통합하라고 권고했다. 따라서 BMC는 계속해서 주된 역할을 맡고 있던 산악센터 관리자들을 비롯한 전문가들과 함께 모든 산악훈련을 위한 정책을 자체적으로 개발할 수 있었다.

알렉스에게는 새롭고 흥미로운 일이었다. 그는 정치를 다루고 정책을 개발하는 데 법대 졸업생으로서의 능력을 마음껏 발휘할 기회를 잡았고, 그의 의견대로라면 '당장 단기적으로는 무시할 수 있지만 만약 그것들을 잃는다면 장기적으로는 나쁜', 클라이머 집단 속에 파고든 관료주의에 대한 소란스러운 불만을 처리하는 데 있어서 클라이머로서 자신의 신뢰를 높여갔다.

알렉스는 논쟁이 벌어지면 결코 물러서는 법이 없었다. 그는 모든 활동에 '안전'이라는 잣대를 들이대려는 시도에 직면한 등반활동의 존립이 전적으로 BMC의 역할에 달려 있다고 믿었다. 그는 정기적으로 집에 가서 어머니 진에게 자신의 역할을 설명했다. 진은 알렉스가 영향력 있을 뿐만 아니라 자신의 일에도 만족하고 있다는 사실을 굉장히 자랑스러워했다. 그는 또한 여동생 리비와도 자주 연락을 주고받았다. 어머니로부터 총기와 활력을 물려받은 리비는 알렉스로부터 결단력을 배웠

다.[80]

알렉스는 대체로 도전적이며 지적인 여성을 좋아했고, 어머니에게 가졌던 사랑과 존경을 친구라고 여긴 여성들, 즉 마리아 코피와 BMC의 리타 할람 같은 사람들에게 보여주었다. 그는 리타를 무한히 존경했는데, 그녀는 BMC 내에서 강력한 영향력을 갖고 있었다. 조직을 다루는 요령이라든가 상식적인 측면에서 리타는 알렉스에게 어머니를 연상시켰다. 그는 리타에게 자신의 일을 위임하며 시간을 짜내 등반을 가곤 했다.

그러나 마리아 코피와의 관계는 전혀 달랐다. 그들은 서로를 알아가면서, 산악계 친구들을 서로에게 소개시켜주었다. 한번은 마리아의 당시 남자친구가 업무로 한동안 외국에 나가 있었는데, 알렉스는 마리아가 너무 오랫동안 혼자 지낸다며 누구인가를 소개시켜 줄 필요가 있다고 판단했다. 그는 자신의 친구 콜린 브룩스Colin Brooks에게 한 번 들르라고 전화했다.

"콜린이 도착했는데 알렉스는 정말 직설적이었어요. 마치 '이제 콜린을 만나요. 그럼 모든 게 정리될 거예요.'라고 하듯이. 그는 대인관계에서 상당히 실용적이었습니다. 적어도 나하고는 말이죠." 마리아는 이런 점이 그의 중요한 성격의 일단이라고 생각했다. 그는 누군가가 불행하다고 느끼면, 보호본능을 발휘하며 그것을 치유해주려 노력했다. 마리아가 동시에 여러 사람을 사귀며 좋지 못한 시간을 보내고 있을 때 알렉스는 올바른 행동이 아니라고 판단했다.

---

80   리비는 성공적인 비즈니스우먼과 라이더가 됐다. 요사이 그녀는 자신이 하고 싶은 일을 해왔다. 아마도 알렉스는 여동생의 성공에 대해 누구보다도 자랑스러워했을 것이다.

그가 마리아에게 말했다. "다 정리하고 다른 사람을 만나요." 그는 조 태스커를 마음속에 품고 있었다. 그래서 그는 어느 주말 마리아를 차에 태우고 웨일스로 가서, 앨 해리스Al Harris가 조가 참석할 것이라고 귀띔해준 파티에 참석했다. "내가 조와 사귀고 있을 때 알렉스는 여느 때와 마찬가지로 직설적이었습니다. 그는 이렇게 말했습니다. '조가 원정을 갈 때마다 죽을 확률이 열에 하나라는 사실을 깨달아야 해요. 다시 말하면, 당신이 조와 함께 있는 시간이 많으면 많을수록, 그가 죽을 확률이 높아진다는 말입니다.' 이 말을 듣고 나는 고민에 빠졌어요. 진지한 히말라야 등반가를 남자친구로 사귀어본 적이 없었거든요. 나는 귀네스 같은 사람에게 물어보기 시작했습니다. 애인이 멀리 갔을 때 어떻게 견디느냐고요."

마리아가 뒤에 남겨진 여성이 느끼는 불확실과 불안정을 처음으로 경험한 것은 1979년 조가 칸첸중가에 갔을 때였다. 그때 알렉스와 귀네스는 헤어지기 일보직전이었다. 마리아는 술에 취한 그가 육체적 관계를 요구한 어느 날 밤을 기억하고 있었다. 그때 알렉스는 자기 생각에서, 조가 없는 잠깐 동안만 함께 지내는 것이 어떠냐고 제안했다.

마리아는 이렇게 회상했다. "알렉스가 말했죠. '자, 당신은 애인이 없고 나는 여자 친구가 없습니다. 그래서 말인데, 우리 함께 지내는 것이 어때요? 당신은 내 차를 쓸 수도 있어요. 보기보다는 좋은 차예요.' 이게 정확히 그가 한 말입니다. 나는 테이블에 앉아 있었는데, 웃지 않을 수 없었습니다."

마리아는 알렉스에게 자신은 정말 그런 생각이 추호도 없고, 특히 지금은 조와 사귀고 있다고 말했다. 조가 칸첸중가에서 돌아왔을 때 마리아는 그를 맨체스터까지 데려다주며 그저 '수다'로 이런저런 이야기를 들려주었는데, 그가 웃어넘길 것이라고 믿고 알렉스가 치근댄 이야기를 꺼냈다. 그러나 정반대의 일이 벌어졌다.

"그는 이성을 잃을 정도로 화를 냈습니다. 몇 달 후 알렉스와 새라가 식사를 함께 하려고 왔을 때 그는 알렉스를 본 척도 안 하고 밖으로 나가버렸습니다. 남은 인생 동안 둘 사이에는 팽팽한 긴장감이 감돌았죠."

17

날 붙잡지 마

Don't Take Me Alive

파키스탄 카라코람의 가셔브룸4봉 원정에 참가하지 못하게 된 우리는 보이텍에게 다른 곳을 추천해달라고 부탁했다. 그에게는 자신이 원하는 대상지를 정리한 목록이 있었다. 코 에 반다카가 물론 그 첫 번째였다. 그가 등반허가를 신청해놓은 창가방(6,864m)은 인도 제2의 고봉이었는데, 우리의 친구 테리 킹은 한 발 먼저 난다데비Nanda Devi(7,817m)를 목표로 삼고 있었다. 그러자 인도산악재단(IMF)Indian Mountaineering Foundation이 우리에게 창가방을 대안으로 제시했다.

창가방은 익숙한 이름이었다. 1974년 크리스 보닝턴이 이끈 영국-인도 원정대가 초등을 이루어낸 곳이기도 했고, 1975년에는 조 태스커가 인근의 두나기리(7,066m)를 등반하며 매우 도전적인 서벽을 찾아낸 곳이기도 했다. 그다음 해 그와 피터 보드맨은 그 서벽을 경이로운 캡슐 스타일로 올랐다. 이는 엄청난 등반이었는데, 좋지 않은 날씨로 벽에서 전진과 후퇴를 거듭한 끝에 이루어낸 성취였다. 또한 그 등반은 결연하고 실력 있는 2명이 거벽등반 전략을 구사하면 제법 높은 봉우리에서도 성공을 거둘 수 있다는 것을 보여주었다. 따라서 그 남벽을 알파인 스타일로 등반해낸다면, 이는 기념비적인 획을 한두 단계 더 올려 긋게 될 터였다.

창가방 남벽에 도전할 우리의 영국-폴란드 원정대를 위한 스폰서를 찾고 자금을 모으는 일이 나의 몫이었다. 물론 영국 측이 맡아야 할 원정 조직업무의 대부분도 마찬가지였다. 알렉스는 BMC 일로 무척 바빴지만, 나는 저녁에는 어느 정도 시간을 낼 수 있었다. 이번의 협상 파트너는 안드제이 자바다가 아니라 보이텍이었다. 우리의 반다카 등반은 폴란드 내에서 큰 주목을 받았고, 보이텍은 클라이머로서뿐만 아니라 알파인 스타일 원정대의 조직자로서도 충분한 인정을 받았다. 이번 원정의 주요 스폰서는 폴란드등산협회(PZA)가 아니었다. 그들은 장비를 기꺼이 빌려주었지만, 보이텍은 자신의 지역 산악회는 물론이고 폴란드 타트라의 등산 수도라 할 수 있는 자코파네Zakopane의 시의회와 이미 지원 협상을 마무리지어놓고 있었다. 의회가 설립된 지 400주년이 되는 해라서 — 자세한 이유는 모르겠지만 — 우리의 국제원정대가 이를 기념하기에는 안성맞춤이라고 여긴 것이다.

모든 면에서 인색하게 굴 수밖에 없었던 그전 해 원정의 굴욕적인 경험을 토대로, 나는 창가방을 위해서 재정확보를 단단히 할 생각이었다. 그러나 우리가 장비와 식량을 개인적으로 후원받기 위해서는 우선 에베레스트재단(MEF)과 BMC의 자금 지원이 필요했다. 이들의 서명만 받아낸다면, 추가적인 지원 기회가 활짝 열릴 터였다. 우리 각자에게는 여윳돈이 별로 없었다. 폴란드에서는 인도로 가는 기차가 없어 항공편을 위한 현금도 상당히 필요했다.

알렉스는 MEF에서의 제안서 발표에 자기보다는 내가 더 적합하다고 우겼다. 잘 맞는 양복도 있고, 집에 전화도 있으며, 자기보다도 덜 바쁘다는 것이 이유였다.

"이봐요, 존! 작년에 원정대를 꾸려본 경험이 있잖아요."

나는 알렉스가 날 속이려고 듣기 좋은 소리를 하고 있다는 것을 알았다. 하지만 그의 다음 말이 결정적이었다.

"게다가 나는 BMC 사무국장으로서, MEF의 지원금이 결정되면 일부를 떠맡아야 하는 BMC 행정 관리에 책임이 있습니다."

명백한 이해충돌이었다. 그러나 알렉스처럼 나도 매일매일 해야 하는 내 일로 무척 바빴다. 계획서에 있는 창가방 사진을 보기는 했지만, 관심을 가질 시간조차 없었다. 서벽과 북벽, 남벽이 거의 수직에 가까운 창가방은 세계에서 가장 아름다운 산 중 하나로, 초등을 할 때 등반 라인이었던 동릉과 남서릉만이 비교적 쉬운 대안일 뿐이었다. 레이크스의 강력한 팀 하나가 그전 해에 도전을 했었지만 실패했다는 사실을 나는 또한 알고 있었다. 이것이 내가 아는 전부였다. 나는 "가라, 그러면 기회가 생길 것이다."라는 옛 사략선원들의 격언만 믿었다. 아무튼 우리는 등반 경력만을 내세워 지원을 받아내야 하는 상황이었다.

나는 MEF에서 발표할 제안서를 준비해, 5월 어느 날 하이드파크와 앨버트국립묘지 건너편 왕립지리학회에서 열리는 심사위원회에 참석하러 런던으로 향했다. 나는 전에 이런 일을 해본 경험이 없었고, 잘 준비해야 한다고 조언해주는 사람도 전혀 없었다. 켄싱턴 고어 쪽에 들어서자 탐험이 국가의 영광이던 시절부터 면면히 내려오는 제국의 위풍당당함을 상징하는 빌딩이 눈에 들어왔다. 그곳은 대영제국의 허세를 간직하고 있는 런던의 한 지역으로, 근처에는 앨버트 홀과 진귀한 소장품을 갖고 있는 빅토리아-앨버트박물관이 있었다.

하이드파크의 높은 좌대에 앉아 있는 빅토리아 여왕은 내가 쇠로 된 문을 몇 개 지나는 동안 나의 뒷모습을 물끄러미 쳐다보았다. 내가 그곳에 온 이유를 설명하자 수위는 퉁명스럽게 고개를 끄덕였다. 나는 그 수위가 보통의 클라이머들이 한 달 동안 먹는 풍성한 저녁식사의 횟수보다도 더 많은 고관대작들이 지나가는 것을 보았을 것이라는 추측을 나름대로 해보았다. 누군가는 나에게 수많은 유명 원정대의 발자국 소리가 그 복도에 유령처럼 희미하게 울려 퍼진다는 이야기를 들려준 적도 있었다. 그 복도를 걷자니 갑자기 압도당하는 기분이 들었다. 빅토리아 시대 영웅들의 초상화가 곳곳에 걸려 있었다. 그들의 표정에는 결단력과 탁월함뿐만 아니라 알지 못할 신비함도 있었다. 제국의 시대에 대단한 사람들끼리 탐험했을 때 나올 광기와 약탈 그리고 미지의 세계에 대한 열망이 한데 뒤엉켜 있음을 느낄 수 있었다. 데이비드 리빙스턴 David Livingstone, 프랜시스 영허스번드 경Sir Francis Younghusband, 브루스 장군General Bruce 같은 이름으로 둘러싸인 상황에서 그 분위기에 압도당하지 않는다면 과연 누가 그들에게 경외심을 갖겠는가?

나는 계단을 따라 묵묵히 올라갔는데, 이는 거의 존경심의 표시나 다름없었다. 나는 주변 상황을 받아들이는 것에만 너무 몰입해 있었다. 영국 탐험의 영광을 위해, 런던의 번잡스러움을 50미터쯤 뒤에 남겨두었을 때 나는 나의 제안서가 구체적이지도 않고, 잠재적인 실패의 위험성까지도 갖고 있다는 사실을 너무나 뒤늦게 깨달았다. 감동을 주는 것이 필요했다. 입구에는 젊은이 몇 명이 깔끔하게 정리된 두꺼운 파일을 움켜쥔 채 앉아 있었는데, 무릎 위에는 반듯하게 말린 지도들이 겹겹이 쌓여 있었다. 내가 가져온 것은? 아무 것도 없었다. 그러자 불현듯 시험 전에 반드시 제출해야 하는 숙제를 깜빡했던 학창시절의 악몽이 떠올랐다.

MEF를 찾은 것은 이번이 처음이었다. 1년 전 영국-폴란드 힌두쿠시 원정대는 피터 홀든이 설명을 맡았었다. 그는 이 방면의 베테랑이었다. MEF에 대해 내가 아는 것이라고는 상당히 권위적이어서 거의 합리적 대화가 불가능한 조직이라는 것이었다. 사실은 내가 우리의 대상지에 대해 아는 것도 이 정도뿐이었다. 당시 알렉스와 나는 우리의 오만스러운 태도에 자긍심을 느꼈으며, 그것이 비정상이라는 것을 깨닫지 못할 정도로 기고만장했다. 왜 들어가기도 전에 겁부터 먹은 것일까? 35년이 지나고 나서 보니, 그와 같은 태도는 우둔하고 심지어는 무례하게까지 보이지 않을까 싶다. 나는 심사위원이 누구며 어떤 질문을 할지 전혀 알지 못했다. 나는 혼자 생각했다. '최대한 정직하게 보이고 질문에는 공손하게 대답하자. 그러면 큰 지원금을 받을지 누가 아나? 그리고 한두 시간 후면 나는 북쪽으로 올라가는 기차를 타고 있을 테고.'

나는 틀에 박힌 질문에 대해서만 제대로 대답했다. 내가 방에 들어가자 옛날 같으면 에베레스트 원정대를 꾸릴 정도로 많은 인사들이 광택 나는 긴 테이블에 앉아 나를 쳐다보고 있었다. 그들이 누구인지는 제대로 알아보지 못했지만, 그들 대부분은 내 어린 시절의 영웅임에 틀림없었다. 내가 아는 얼굴은 더그 스콧과 밥 페티그루였는데, 그들은 1921년 에베레스트 원정대에 참가하지 않은 사람들이었다. 나는 약삭빠르게도 정직하고 공손한 태도보다 허풍이 더 중요할지 모른다고 생각했다.

인터뷰 초반은 만족스러웠다. 나는 이름과 목적지를 제대로 댄 다음, 여러 가지 비용을 적어놓은 구겨진 종이 한 장을 호주머니에서 꺼냈는데, 알렉스가 돈을 쓰는 데 익숙하지 않아 액수가 그리 많지는 않았다. 우리는 우리가 모아놓은 달러와 파운드를 암시장에서 환전하기만 하면 폴란드 친구들이 우리를 비행기에 태워 데려갈 것이라고 가정해야 했다. 그러나 우리는 입산료와 포터들의 임금을 비롯해 베이스캠프에서 쓸 식량 구입비용도 필요했다. 우리는 비행기에 실을 수 있으면 무엇이든지 더 실은 다음 그것들을 팔아 인도 루피를 학보하고 인도 암시장에서 달러를 환전해 조금이라도 이득을 봐야 할 터였다. 이는 다분히 노골적이기는 했지만 우리가 갖고 있는 달러를 최대한 활용하는 방법이었다. 갑자기 심사위원들의 근엄한 표정이 그 방에 걸려 있는 권위적인 탐험가들의 초상 속 표정과 오버랩되었다. 나의 이야기는 폴란드 원정대와 합동등반을 해보지 않은 사람이라면 누구든 이해하기가 어려웠을 것이다. 왜냐하면 나를 빼고, 그 방에 있던 사람들에게는 모든 것이 비영국적이었으니까.

그때 상황이 더욱 꼬였다. "루트가 어디 있나요, 젊은이?" 흑백 사진 한 장을 테이블 끝의 내게 밀며 더그 스콧이 물었다. 내가 사진을 집어 드니 드류와 비슷하지만 높이가 거의 두 배나 되는 이미지가 눈에 들어왔다. '빌어먹을, 경사가 바싹 섰네.' 나는 갑작스러운 당혹감을 애써 숨기며 속으로 생각했다.

나는 펜을 빌려, 대충 벽 밑의 어디쯤에서 시작해 위쪽으로 선을 그려나갔다. 마치 숫자도 세지 못하는 세 살배기가 종이 위에 있는 점들을 서로 이으려는 것처럼. 동시에 나는 테이블 끝에 앉아 있는 상당히 품위 있는 신사가 질문한, 델리에서부터의 수송 문제에 신경을 빼앗기지 않으려 노력했다. 그는 엄청난 거리와 내가 상상하는 지붕에 화물선반이 달린 택시로는 어림도 없을 난관을 암시했다. 낙서를 끝낼 시간이 됐다고 판단한 나는 사진을 더그에게 슬그머니 밀었다. 내가 그린 루트가 인상적이었을까? 그는 인터뷰가 끝날 때까지 침묵을 지켰다.

나는 우리의 능력, 경량 스타일의 선구자로서의 역할 그리고 세계적인 위기의 순간에 동서화합의 중요성 등을 부풀려 요약하는 것으로 마무리 지었다. 나는 미소를 지으며 그들을 상대로 내가 이겼다고 내심 기뻐했다. 몇몇은 낮고 짧은 감탄사를 내뱉으며 고개를 끄덕여 나의 노력에 격려를 해주었다. 제안서 발표는 그렇게 끝났다. 내가 가볍게 목례를 하고 나오자 더그가 복도까지 따라 나왔다.

"아주 좋아, 젊은이." 하고 더그가 나직이 속삭였다. "자네들은 추락이 곧 사망인 루트를 제대로 골랐네."

나의 치부가 드러나는가 싶어 깜짝 놀라 멈칫했다. 기회를 완전히 날려버리든 말든, 나는 더그로부터 어떤 언질을 받고 싶었다. 그러나 그는 알 듯 모를 듯한 미소를 지으며 방으로 돌아갔다. 지도와 서류 뭉치를 든 일단의 프로 클라이머들이 나를 밀치듯이 지나갔다. 심사위원들은 그들을 따뜻하게 환영했고, 서로 익숙한 인사를 나누었다. 나는 낙담한 채 기차역으로 향했다.

그때는 미처 몰랐지만, MEF의 지원금 예산 규모는 우리의 원정 규모에 '딱' 알맞았다. 그리고 나는 그다음 해에도 내가 MEF 앞에서 더 큰 바보짓을 할 것이라는 사실을 예감하지 못했다. 그 당시 우리의 소망은 오직 기회를 잡는 것이었다. 거대한 산에 가면서 계획을 세운다는 것은 정말 아무런 의미가 없다. 너무나 많은 것이 잘못될 수 있기 때문이다. 가장 중요한 것은 일단 그곳으로 가는 것이다.

"만약 우리가 해낸다면, 그것은 모두 기적이다." 나는 1978년 7월 27일의 내 일기장에 이렇게 적었다. 우리가 밀럼Millom을 떠나는 날이었다. "우리는 불가능에 살짝 못 미치는 하나의 명백한 등반을 하러 가는 강력한 팀이다. … 일단 간다는 사실보다 더 중요한 것이 있을까?"

그래서 두 번째 데탕트 원정대가 성사됐다. 비록 동서 간의 긴장이 높아지는 바람에 '데탕트'라는 선전효과가 퇴색되기는 했지만. 소비에트사회주의공화국연방(USSR)이 아프가니스탄을 침공할 것이라는 소문 ― 우리가 이미 직접 본 ― 이 언론을 중심으로 나돌고 있었다. 나의 좋은 벗 피터 클락과 당시의 아내 줄리에가 나를 크라쿠프까지 차로 데려다주기로 했다. 그곳에서 나는 보이텍을 만나 원정에 필요한 폴란드 측 서류를 마무리할 참이었다. 그리고 우리가 열흘 먼저 인도로 날아가 다른 대원들이 도착하기 전에 서류절차를 끝낸다는 계획이었다. 알렉스는 BMC로부터 2달 동안의 연례적인 원정등반 휴가를 받아낼 것이다. 나는 지역 의회와의 계약이 끝나 등반에만 전념할 수 있었다.

나는 피터와 줄리에에게 나를 폴란드까지 데려다주면 철의 장막 너머에서 여름휴가를 보낼 수 있는 절호의 기회를 잡을 것이라고 설득했다. 우리는 피터의 알파로메오 차에 식량과 장비, 위스키 등 원정대가 약탈하다시피 한 물건들을 가능한 한 많이 쑤셔 넣었다. 뒷좌석에 한 사람이 짐 더미에 둘러싸여 겨우 앉을 수 있는 작은 공간을 만들었는데, 우리는 크라쿠프로 가는 동안 운전석 2시간, 조수석 2시간 그리고 뒷좌석에 2시간씩 돌아가며 앉기로 했다. 나는 동독과 폴란드로 들어갈 때 세관에서 심각한 문제가 발생할지도 모른다는 사실을 애써 감추었다. 원정대의 전체 예산 3,500달러가 내 지갑 안에 있었다. 나는 뒷좌석에 앉을 때마다 뇌물로 얼마를 건네야 할지 고민했다.

밀럼에서 크라쿠프까지는 나흘이 걸렸다. 동독 국경통과에서는 무작위 검문 덕을 보았다. 낡은 왜건들과 트라반트Trabant 자동차들 뒤에 줄을 서서 8시간을 초조하게 보냈는데, 우리는 한 대 걸러 검문하는 방식에 힘입어 약식으로 통과할 수 있었다. 반대 방향의 차들은 철저한 검문을 받았다. 장사를 하기 위해 동독에 올 사람은 아무도 없을 것이라는 논리적 추론이 가능했다. 우리는 1930년대에 히틀러가 재건계획의 일환으로 만든, 자갈로 포장된 자동차도로를 달렸다. 1939년 나치의 베르마흐트Wehrmacht는 바로 이 길을 이용해 폴란드를 침공했었다.

폴란드 국경에서 다시 5시간을 하릴없이 기다렸는데, 생기 넘치는 초병 하나가 다가와서 우리는 '특별 비자'를 갖고 있어 전혀 기다릴 필요가 없다고 설명했다. 우리가 런던의 폴란드대사관에 여권과 함께 제출한 자코파네의 서류에 이런 특별 요청이 포함된 것이 틀림없었다. 그래서 우리는 늦은 밤인데도 아무런 문제없이 폴란드로 들어갈 수 있었다. 뇌물도 주지 않았고, 압수된 물건도 없었다.

1시간을 더 달려, 산길로 접어들자 조리Zory라는 작은 요새 마을이 나왔다. 우리는 먹을 것과 머물 곳을 찾을 수 있으리라는 희망에 부풀었다. 자갈이 깔린 좁은 도로는 어둠이 짙게 깔린 채 적막했다. 그때 커다란 홀이 얼핏 보였는데 알고 보니 결혼식 피로연이 열리고 있었다. 술에 취해 즐거워하는 하객들이 문에서 서성이는 영국인 3명을 발견하고, 우리의 등을 두드리며 따뜻하게 맞아 상석에 앉혔다. 우리 앞에는 음식과 많은 보드카가 놓여 있었다. 노인 몇몇은 폴란드와 영국은 특별한 관계라고 힘주어 말했다. 영국에서 일한 사람도 있었고, 폴란드해방 공군에서 정비사로 일한 사람도 있었다. 멋진 환영이었다.

다음 날 우리는 남동쪽으로 차를 몰아 야트막한 야산지대를 구불구불 지나갔고, 정오가 되자 연기를 내뿜는 높은 굴뚝들이 많은, 지옥 같은 풍경이 눈앞에 나타났다. 끝없이 늘어선 제철소와 공장, 고층빌딩이 즐비한 카토비체Katowice였다.[81] 카세트플레이어에서 흘러나오는 핑크 플로이드의 '애니멀스Animals'는 주변 환경과 잘 어울리는 선곡이었다.

그날 저녁 크라쿠프에서 우리는 보이텍을 만났다. 지난 원정 때 몰래 숨겨놓았던 즈워티가 거의 다 떨어져, 나는 피터와 줄리에게 주 광장의 세인트 마리 바실리카Saint Mary's Basilica 근처에서 서성이는 가죽 잠바를 입은 남자에게 다가가 파운드화 일부를 환전하도록 부탁했다.[82] 계속 여행을 해야 하는 그들이 돈을 날리지 않기 위해서는 암시장에서 환전 연습을 해둘 필요가 있다는 것이 내가 둘러댄 핑계였다. 비밀경찰

---

81 높은 굴뚝과 공장에서 일하면 돈을 많이 받을 수 있었지만, 폴란드 클라이머들에게는 이런 일자리마저도 구하기가 쉽지 않았다. 그들은 돈을 더 많이 벌기 위해 카토비체로 몰려들었는데, 당시 한창 떠오르던 스타 예지 쿠쿠츠카도 그중 하나였다.

82 1976년 겨울 교환등반에서 돌아오던 중, 중간 기착지인 크라쿠프에 착륙하던 우리의 비행기가 그만 얼음이 덮인 활주로에서 미끄러져 얼어붙은 목축지로 들어갔는데, 창문을 통해 아래를 내려다보고 있던 내 눈이 "다시는 이러지 말아요."라는 듯한 표정의 암소 한 마리와 마주쳤다. 공항 청사로 들어간 우리는 다음 안내가 있을 때까지 출국장 라운지에서 머물러야 했다. 먹을 것과 마실 것을 파는 스낵바가 있었지만 그들은 즈워티만 받았다. 우리는 갖고 있던 즈워티를 바르샤바 국제공항에서 모두 환전해 즈워티가 전혀 없었다. 그때 라운지 바에서 일단의 젊은이들이 맥주와 샌드위치를 즈워티로 사는 모습이 눈에 들어왔다. 그들은 폴란드, 웨일스, 잉글랜드 출신이었다. 버제스 형제가 그들에게 끼어들어 대화를 나누기 시작했고, 우리는 곧 맥주를 실컷 마실 수 있었다. 그들은 폴란드를 순회 중인 폴란드-웨일스 합동 럭비 팀이었다. 왜 그렇게 많은 즈워티를 갖고 있느냐는 질문에, 그들은 비행기의 지연이나 사고에 대비해 얼마간의 즈워티를 항상 비상으로 갖고 있어야 한다고 대답했다.

에 내가 체포될 수는 없지 않은가?

보이텍이 와서, 우리는 지하 레스토랑에서 집시의 바이올린 연주를 들으며 식사했다. 우리는 즈워티로 환전해야 하는 달러의 금액을 결정했고, 인도에서 현금과 바꾸기 위해 꼭 들고 가야할 물건들과 어느 암시장에서 다시 환전할 수 있을 것인지 등에 대해 논의했다. 폴란드에서는 공식 환율의 10배를 받을 수 있었다. 인도에서는 은행 환율보다 약 20퍼센트 높게 받았지만 그만큼 위험했다. 좋은 소식은 봄베이까지 운항하는 폴란드 항공사 LOT가 원정대원 모두에게 상당히 좋은 할인율을 적용해주기로 했다는 것이었다.

다음 날 우리는 자코파네로 가서 다른 폴란드 대원들을 만났다. 작고 야무지며 힘이 넘쳐 보이는 크지슈토프 쥬렉은 조 브라운을 연상시켰다. 그는 7천 미터급 봉우리인 노샤크를 11시간 만에 올라갔다 온 기록을 갖고 있었다. 헝클어진 그의 검정 머리는 알렉스와 약간 비슷했다. 그는 우쭐해하거나 잘 보이려 애쓰지 않는 솔직한 성격의 소유자로 금세 호감이 가는 인물이었다. 우리의 의사 레흐 코니쉐브스키Lech Korniszewski는 영리하고 지적인 남자로 위엄 있는 태도를 보였다. 레흐는 그 나름의 히말라야 등반가로, 자바다처럼 폴란드 상류층이었다. 상당히 유명한 그는 존경받는 의사였는데, 후에는 의학연구로 국제적인 명성도 얻었다.

자코파네 시의회의 400주년 기념행사의 일환으로, 정성스럽게 준비한 시민 환영회가 의회 회의실에서 떠들썩하게 열렸다. 우리가 인사말과 첫 번째 코스 요리를 기다리며 앉아 있을 때 레흐가 큰 주전자를 손에 들고 다가왔다. "오렌지주스 마실래요?" 우리는 따분하고 긴 연설을 예상하고 인근 카페에서 이미 맥주를 몇 잔 마시고 온 터였다. 그러나 우리의 예상은 보기 좋게 빗나갔다. 레흐는 의미심장한 미소를 지으며 우리의 잔을 채워주었다. 오렌지주스는 50도의 독주였다. 저녁시간 내내 수많은 축사가 이어졌고, 그럴 때마다 보드카가 한 병씩 비워졌다. 나는 어쭙잖은 폴란드어로 시장과 시의원들의 호의에 고맙다는 인사말을 했다. 다행히, 우리는 며칠 동안 타트라에서 등반을 하며 컨디션을 조절할 수 있었다.

보이텍과 나는 폴란드—인도 사이에 유일한 직항 항공으로 봄베이로 날아갔다. 그리고 다음 날 완행열차를 타고 델리로 향했다. 8월의 몬순으로 열기가 찌는 듯했다. 우리는 또한 몹시 허기가 졌다. 낯선 환경과 세균에 적응하기 위한 보이텍의 작전은 처음 36시간 동안 아무것도 먹지 않는 것이었다. 이틀을 굶다시피 한 우리는 뉴델리에 있는 폴란드 대사관에서 처음으로 제대로 된 식사를 할 수 있었다. 우리는 그전 해에 카불에서 그랬던 것처럼, 대사관에서 지낼 수 있을 것으로 기대했다. 그러나 이제는 동서 간의 팽팽한 긴장으로 분위기가 예전 같지 않았다. 나는 코노트광장Connaught Square 바로 옆에 있는 싸구려 호텔로 들어갔다.

보이텍은 '마칼루 트럭Makalu Truck'에 실려 폴란드에서 육로로 오는 우리들의 장비를 대사관에서 기다렸다. 나흘 뒤 내가 우연히 대사관에 있을 때 트럭이 도착했는데, 나는 그만 보지 말아야 할 것을 보고 말았다. 운전수가 봉인을 뜯더니, 우리의 장비를 내리고 대신 네팔로 계속 가는 동안 필요한 다른 물건들을 실었다.

"보통 이래." 하고 보이텍이 태연스럽게 말했다. "여러 나라를 지나야 하는 우리 운전수들은 아예 각 나라 봉인들을 갖고 다녀." 이런 공사관을 통해 물건을 수출입 한다면 분명 아무 제한이 없을 것 같았다. 마칼루 트럭 덕분에 우리 장비는 온전했고, 통관 절차에 얽매이지 않고 다른 대원들이 도착하자 곧바로 가르왈로 떠날 준비를 할 수 있었다. 그러나 창가방 입산허가를 받기 위한 인도산악재단(IMF)과의 협상이 지지부진했다. 폴란드인들이 수단과 방법을 가리지 않는 것은 10여 년 전 난다데비에 감청 장치를 설치하려 했던 CIA의 협잡에 비하면 아무것도 아니었다. 우리의 원정은 이제 그 음모의 여파에 휩쓸려, 시작도 하기 전에 끝날 처지에 놓이고 말았다.

나는 다음 날 뉴델리역에서 알렉스와 크지슈토프, 레흐를 만났다.

"언제 떠나요?" 알렉스는 만나자마자 이렇게 물었다.

"아마, 못 갈지도 몰라. 일이 꼬였어. 일단 호텔로 가자."

릭샤의 소란스러움과 사방에서 부르릉거리는 델리의 교통소음 속에서 나는 알렉스에게 1965년과 1966년에 있었던 미국 난다데비 원정에 대해 들어본 적이 있느냐고 물었다. 그는 고개를 가로저었다.

"그러니까, 당시 원정대원들은 중국의 원자폭탄 실험을 감시하기 위한 플루토늄 연료의 방사능 측정 장치를 설치하려는 CIA의 비밀작전에 동원됐지. 그러나 1965년 원정은 악천후로 중도에 포기할 수밖에 없어 그들은 그 장치를 바위 턱에 볼트로 고정시켜 놓았는데, 그다음 해에 가보니 장치가 흔적도 없이 사라진 거야. 눈사태로 갠지스강 상류로 휩쓸려 가버린 거지. 비밀은 여기 인도에서 새어 나갔는데, 죄책감을 느낀 대원이 시애틀의 한 신문에 제보해버린 거야. 갠지스강이 방사능에 오염됐을지도 모른다는 기사는 엄청난 후폭풍을 일으켰지. 그러자 인도 당국이 난다데비 성역을 아예 폐쇄했어. 그래서 보이텍이 IMF 직원들에게 무척 화가 나 있는 거야."

알렉스는 이렇게 말했다. "흠, 어제 비행기에서 만난 러시아인이 나에게 한 말이 무슨 뜻인지 이제야 알겠습니다. '당신이 타고 있는 비행기는 일류신Ilyushin이고 당신이 인도에서 등반을 하겠다는 생각은 일루전 Illusion(환상)입니다.' 그래서 내가 '진행이 순조로운데 이상하군요.'라고 말했는데, 그는 내 말귀를 알아듣지 못했습니다. 얼마나 심각한가요?"

"아주. 하지만 테리 킹과 나에게 복안이 하나 있어."

테리 킹과 그의 등반 파트너 폴 '메이티' 스미스Paul 'Matey' Smith도 똑같은 상황에 몰려 있었다. 그들은 난다데비 북동릉에 신루트를 개척하려 했다. 우리들처럼, 그들 역시 자신들의 루트로 접근하기 위해서는 난다데비 성역 안으로 들어가야 했다. 인도 국회의사당 빌딩인 산사드 바반Sansad Bhavan 근처에 있는, 좁아 터져 숨이 막힐 듯한 사무실에서 IMF의 총무인 람 씨Mr. Ram와 소득 없는 첫 면담을 끝낸 테리와 나는 전략을 세웠다. 작은 몸집의 그는 예의바르고 조금은 허약하고 내성적인 사람이었다. 보이텍처럼 테리도, 일단 허가서를 발급하고 나서 우리들의 귀책이 아닌 사유로 허가를 취소해버리는 제도에 대해 일말의 인내심이나 동정심을 갖고 있지 않았다. 이것은 너무나 불공정했다. 그래서 우리는 이 점을 물고 늘어졌다.

"우린 좋은 의도로 여기에 왔습니다. 이미 우리의 돈을 받아놓고 이제 와서 허가를 취소한다는 게 말이 됩니까? 우린 영국산악회와 BMC 그리고 모든 언론에 이 사실을 알리겠습니다. 또한 앞으로 영국 산악인들이 인도에 오는 일은 결코 없을 겁니다. 어쩌고저쩌고 …" 하며 우리는 계속 큰소리를 쳤다. "아카Accha!(알겠습니다!) 대신 데비스탄

Devistan[83]으로 가면 어떨까요?" 그러나 그 산 이름을 언급하는 것은 마치 블랙풀의 해변에 있는 어떤 대상지를 추천하는 것처럼 아주 엉뚱한 것이었다.

그때 별안간 테리가 폭발했다. 그는 IMF 총무의 멱살을 잡아당기며 욕설을 퍼붓더니 의자 위로 내동댕이쳤다. 그러고선 돌아서서 사무실 밖으로 뛰쳐나갔다. 테리의 쿵쿵거리는 발자국 소리가 계단통에 울려 퍼지자 사무실의 여기저기에 쌓여 있던, 누렇게 색이 바랜 서류들이 눈사태처럼 쏟아지려 했다. 나는 너무나 놀란 나머지 잠시 어안이 벙벙했지만, 곧 이렇게 입을 뗐다.

"킹 씨의 무례를 용서해주십시오. 아시죠? 테리 킹은 스트래트포드 어폰 에이본Stratford-upon-Avon에 있는 로열 셰익스피어극단Royal Shakespeare Company의 유명한 배우입니다. 아시겠지만, 배우란 게 본래 성질이 좀 더럽습니다." 이 말의 반쯤은 사실이었다. 테리는 로열 셰익스피어극단을 포함한 많은 극단의 비슷한 레퍼토리에서 싸움 연기를 지도하고 있었다.

이 말에 람 씨는 귀를 쫑긋했다. "아, 배우라고 하셨나요?" 마치 긴 격론에서 빠져나갈 방법이라도 찾은 듯 그 총무의 얼굴에 환한 빛이 돌기 시작했다. 그는 종이 한 장을 꺼내더니 이름과 전화번호를 적었다. "내일 내무성의 싱 씨Mr. Singh를 찾아가 만나세요. 그는 영국 배우들을 아주 좋아합니다. 아마 그가 도움을 줄 수 있을 겁니다."

그렇게 선한 자와 악한 자의 진부한 스토리가 약간 변형된 우리의 소박

---

83   6,676m. 난다데비 남쪽 능선에 위치하며 1961년 6월 16일 인도원정대가 동면으로 초등했다.

한 연기가 시작됐다. 우리는 거의 일주일 동안 이른 아침마다 릭샤를 타고 관청으로 향했고, 한 단계씩 사다리를 타고 올라가며 정부 관리들을 만났다. 우리는 그럴 때마다 다른 사람을 소개받았는데, 숨 막히는 오후의 열기를 견디며 문 앞에서 기다리면 다음 날 아침 다시 오라는 말을 듣곤 했다. 우리가 청사 밀집지역에서 더 넓은 사무실로 올라갈수록 테리의 명성도 그만큼 더 널리 퍼졌다. 그는 '가혹한 운명의 돌팔매와 화살'에 맞먹는 연기력으로 로열 셰익스피어극단의 차기 작품 햄릿Hamlet에서 주연급에 캐스팅되는 것이 확실해 보일 정도였다. 그리고 나는 3일 후에 우리가 수상 집무실에서 최고위층과 만나는 약속이 잡혔다고 알렉스와 나머지 대원들에게 알렸다.

그날 이른 아침 테리와 나는 모라지 데사이Morarji Desai 총리의 관저 밖에서 기다리다가 조용한 경내에 있는 집무실로 들어갔다. 안내원의 말에 따라, 우리는 의례적인 장시간의 대기를 예상하며 앉아 기다렸다. 그러나 몇 분도 채 되지 않아, 칼라가 없는 멋진 흰색 정장을 입은 큰 키의 품위 있는 남자가 나타났다. 그는 수상의 개인비서였다.

"좋은 아침입니다, 신사 여러분. 오늘은 더 이상 어설픈 연기가 필요 없습니다, 킹 선생님! 우리는 당신들이 계속 소란을 일으키는 것보다 차라리 이곳에 오는 것이 더 나을 것 같다고 판단했습니다. 당신들의 원정대는 가까운 미래에 난다데비 성역에 들어가는 마지막 원정대가 될 것입니다. 귀국하면 당신들의 잡지에 이 사실을 밝혀도 좋습니다."

우리의 연기가 간파 당했음을 안 우리는 진심 어리고 다소 유순한 표현으로 감사의 인사를 전했다. 그리고 각자의 등반 루트에 도장이 새로 찍힌 허가서를 들고 나왔다. 산의 상쾌한 공기를 마실 날이 얼마 남지 않았다는 기대감에 부푼 우리는 드디어 해결해냈다는 승전보를 들고 원정대로 돌아왔다. 그날 오후 늦게, 20대 중반의 호리호리한 인도군 대위 한 명이 델리의 북쪽 끝에 있는 우리의 야영지로 찾아와 자신을 소개했다.

"안녕하십니까? 신사 여러분! 저는 원정대 연락장교 K. T. 가드그리아Gadgria입니다." K. T.는 우리가 만난 가장 훌륭한 연락장교였다. 우리의 성공에 꼭 필요한 그와의 협의는 즐거웠다. 그날 저녁 그는 크지슈토프와 나를 안내해 올드 델리에서 열린 디왈리Diwali 축제를 구경시켜주었다.

다음 날 아침 나는 그와 함께 IMF를 마지막으로 방문해 우리의 최종 계획서를 제출했다. 나는 오랫동안 괴롭힘을 당한 람 씨에게 작별인사를 하고 작은 선물인 영국 초콜릿을 전했다. "다냐바드Dhanyabhad. 당신들이 그 산에 가게 되어 나도 기쁩니다. 티크, 티크Thik, Thik." 나는 그가 예상치 못한 결과와 마지막 인사치레에 기뻐한 것이라고 생각했다.

우리는 갠지스강이 평원과 만나는 곳에 자리 잡은 성스러운 도시 하리드와르Haridwar로 가는 야간열차에 올라탔다. 그리고 다음 날 아침 알렉스와 크지슈토프 그리고 나는 택시를 잡아타고 곧장 히말라야 기슭에 있는 조시마트Joshimath로 향했다. 우리가 먼저 가서 식량과 연료를 구입하고 포터들을 모으면, 보이텍과 의사 선생은 많은 장비를 트럭에 싣고 나중에 도착한다는 계획이었다.

그때까지, 자금사정은 빠듯했지만 델리에서 허비한 시간이 그리 치명적이지는 않았다. 우리 누구도 서둘러 집으로 돌아가야 할 사람은 없었다.

그리고 우리는 곧 지루한 몬순이 산간도로에는 재앙을 불러온다는 사실을 깨달았다. 우리 택시 팀은 조시마트를 70킬로미터 남겨둔 지점에서 폭 400미터의 산사태를 만나 가던 길을 멈출 수밖에 없었다. 복구에는 일주일 정도가 걸릴 터였다. 우리는 뒤따라오는 일행을 기다릴 것인지 고민했지만, 그냥 밀고 나가기로 결정했다. 뒤따라오는 사람들이 우리가 비운 트럭을 사용하도록 하고, 우리는 산사태가 난 반대쪽으로 걸어가 새로운 이동수단을 알아보기로 한 것이다. 우리는 나중이 되어서야 우리가 보이텍과 의사 선생에게 떠넘긴 문제가 얼마나 큰지 알게 됐다. 하루 뒤에 그곳에 도착한 그들은 짐을 지키는 동시에 막힌 구간을 겨우 돌아 300킬로그램의 식량과 장비를 새로운 트럭에 옮겨 실어야 했다. 두 번의 산사태를 더 만난 우리는 이틀 후 조시마트에 도착했다. 우리보다 이틀 늦게 도착한 장비 트럭은 곧장 라타Lata라는 마을로 향했다. 트럭 뒤에 올라타고 있던 보이텍은 알렉스와 내가 자신을 버렸다고 화를 내며 지나갔다.

날씨로 보면 조시마트는 샤모니의 늦여름과 비슷했다. 설선雪線은 안개 낀 마을 수십 미터 위에 있는 소나무 숲까지 덮을 정도로 아래쪽으로 내려와 있었다. 우리는 포터들을 위한 쌀, 밀가루, 달dal[84], 차와 잎담배bidi 구입과 함께 베이스캠프에서 적어도 4~5주일은 버틸 수 있는 주요 물품을 확보했다. 우리는 바드리나트Badrinath로 가는 버스 지붕에 구입한 짐을 싣고, 2시간 먼저 간 보이텍과 레흐를 따라잡기 위해 라타로 향했는데, 그곳은 성역으로 걸어 들어가는 길이 시작되는 마을이었다. 깊은 갠지스강의 잿빛 급류가 으르렁대는 소리는 비가 그치기를 기

---

84   마른 콩류에 향신료를 넣고 끓인 인도의 스튜를 총칭하는 말이다. {역주}

다리는 3일 동안 계곡 3,000미터 위쪽까지 밤낮으로 울려 퍼졌다.

3일 동안 우리는 마을 아래쪽에 있는 길옆에서 야영했다. 9월 5일 태양이 첫 햇살을 비추며 파리한 모습을 드러내자 안개가 사방으로 흩어졌다. 새로 임명된 사다 셰르 싱Sher Singh은 마을에서 모집한 포터들을 지휘하고 있었는데, 그는 2년 전 조 태스커와 피터 보드맨을 위해 일한 적이 있었다. 우리는 황급히 짐을 꾸려 각자 맡은 대로 포터들에게 짐을 배분했다. 우리는 단 6일간의 카라반을 위해 모집한 포터들의 식량을 나를 또 다른 포터들을 너무 많이 모집했다는 사실을 깨달았다. 보이텍은 리쉬강가Rishi Ganga에 있는 고소 목초지까지 양을 몰고 올라가면 돈을 아낄 수 있다고 주장했다. 아주 튼튼한 양은 5킬로그램의 짐을 질 수 있어 일당으로 대략 5달러를 지불해야 하는 포터들보다 훨씬 더 싸게 먹힌다는 것이었다. 갖고 있는 현금이 부족해 우리도 각자 25킬로그램 이상의 짐을 져야 했다.

알렉스와 나는 1,800미터쯤 위에 있는 다음 캠프까지 포터들이 올라오는 것을 확인할 요량으로 앞에 서서 출발했다. 우리가 마을을 지나갈 때 노파 하나가 자신의 집으로 오라는 손짓을 했다. 작은 발코니에는 10대 소녀 두 명이 앉아 있었다. "창가방? 창가방?" 노파는 이 말을 몇 번 반복했는데, 그때마다 억양이 달라 "창 오아르 방Chang or Bang?"으로 들렸다. 놀랍게도 알렉스는 고개를 끄덕이더니 "둘 다 부탁합니다."라고 말했다. 그러고 나서 그는 염소우리가 있는 검은 구멍 속으로 사라졌다. "오늘 밤 안에 따라잡을게요."라는 말을 남기고…. 그는 나에게 어떤 사실도 밝히지 않았다. 그러나 그의 심한 두통은 라타부터 라타카락Lata Kharak에 있는 능선 꼭대기까지 쉼 없이 곧장 치고 올라온 것도 원인이겠지만, 그날 밤 마신 창 때문인 것이 분명했다.

오후 늦게 우리는 짐이 2개 없어졌다는 사실을 알았다. 10대 포터 2명이 우리가 있는 고소 목초지까지 올라오지 않았는데, 이미 날이 저물고 있었다. 그러자 그들의 형이 직접 찾아 나서겠다고 자청했다. 나는 프레임이 있는 켈티Kelty 배낭을 비운 다음 헤드램프 2개를 집어넣고, 그와 함께 진흙으로 미끄러운 로도덴드론rhododendron 군락지를 거쳐 가파른 길을 내려갔다. 우리는 거의 600미터 아래에서 그들을 만났다. 그런데 그중 한 명이 몹시 힘들어하고 있었다. 그는 독감에 걸렸는데도 두 배나 되는 60킬로그램의 짐을 지고 있었다. 그때 알렉스가 나타났다. 우리는 짐을 서로가 나누어진 다음 헤드램프 불빛을 비춰가며 풀이 무성한 능선을 따라 캠프로 돌아왔다. 그들의 친구들은 늦은 저녁식사 시간에 때맞추어 도착한 그들을 보고 환호성을 질렀다. 다음 날, 그들은 계속 짐을 지어 나를 수 있을 만큼 상태가 호전됐다.

둘째 날 아침 우리가 즐거운 마음으로 고산지대의 능선을 따라가고 있을 때 안개가 밀려왔다. 1시간이 지나자 폭우가 쏟아졌고, 다시 1시간이 지나자 눈이 내리기 시작했다. 그날의 운행은 대부분 3,900미터 고도를 유지하다가, 4,200미터의 다란시Dharansi 고개를 넘어 리쉬 강가 입구까지 2,400미터를 내려가는 것이었다. 포터들에게는 힘든 하루였다. 고소와 추위, 두 배나 되는 짐 그리고 한 번에 두 배의 거리를 가야 하는 강행군이 맞물리면서 뒤처진 사람들은 결국 자정이 다 되어서야 데브루게타Debrugheta에 도착했다.[85] 다음 날 아침 결국 포터들이 파

85　포터들은 짐을 두 배로 지면 임금을 두 배로 받았다. 그러나 하루에 두 배의 거리를 가면, 단지 식량과 잎담배를 조금 더 받을 뿐, 임금을 두 배로 받는 것은 아니었다.

그들의 여신 난다데비 앞에 모여 있는 라타 출신의 거친 젊은이들. 카메라를 바라보며 웃고 있는 왼쪽의 3명이 우리가 베이스캠프에 들어간 바로 다음 날, 잃어버린 로프와 장비들이 든 통을 갖고 나타나 원정대를 구했다.

날 붙잡지 마

업을 일으켰다.

K. T.와 셰르 싱이 아침나절 내내 협상했다. 그 과정에서 우리는 한 발 뒤로 물러났다. 다행히도 깊은 계곡 위로 해가 올라와 대기가 빠르게 따뜻해져갔다. 포터들은 텐트, 옷가지와 담요 등을 말리며, 그들의 여신 난다가 이제 3일 후면 소원을 들어줄 것이라고 믿었다. 우리는 하루의 거리를 이틀에 가고 입담배를 추가로 지급하는 것으로 합의를 보았다. 다행스럽게도, 양들은 담배도 피우지 않고 파업도 하지 않았다. 포터들이 이른 점심을 먹어, 정오쯤 우리는 유명한 리쉬 협곡Rishi Gorge이 시작되는 곳의 남벽을 굽이굽이 돌아 들어갔다.

강을 건넜다. 그러나 다음 야영지인 라마니Ramani를 지나자 예상치 못한 문제가 일어났다. 협곡의 양쪽 벽이 너무 가팔라 양들이 더 이상 갈 수 없게 된 것이다. 우리는 이 지점에서 돌려보내기로 한 포터 몇 명을 다시 고용했고, 우리 각자의 짐을 40킬로그램으로 늘렸다. 이제부터는 가파른 오르막을 올라 1934년 빌 틸먼이 처음으로 탐험한 슬랩 지대를 가로질렀다. 이곳은 으르렁거리는 강가의 높은 절벽 위를 아슬아슬하게 건너가야 하는 곳이었다. 그때 캘커타까지는 3,200킬로미터가 떨어져 있다는 생각이 들었다. 그곳까지 가장 빨리 가려면 300미터 아래 강물로 뛰어내리기만 하면 된다.

이틀 후, 우리는 화강암 바윗덩어리들이 드문드문 널려 있는 사이로 화사한 꽃들이 잔뜩 피어 있는 목초지에 도착했다. 난다데비의 인상적인 북동벽 바로 건너편이었다. 빙하가 만든 물줄기가 우리 캠프와 건너편 난다데비 빙하 사이로 힘차게 흘러내렸다. 우리로부터 임금을 받아 싱글벙글한 포터들은 서둘러 집으로 돌아가기 시작했다. 통 안에 들어 있던 물건들을 말리기 위해 꺼내어 널어놓자 초원이 더욱 형형색색으로 변했다. 밀가루와 달이 들어 있던 통 하나가 없어졌지만 우리는 나머지만 갖고도 충분했다. 그러나 우리는 곧 로프와 장비가 들어 있는 아주 중요한 통도 없어졌다는 사실을 알았다. 이토록 장엄한 곳에 도착했다는 의기양양함이 오후의 안개처럼 공중으로 사라졌다.

다음 날 이른 아침, 세 사람이 우리를 향해 서둘러 오는 모습이 보였다. 그중 한 사람이 통을 지고 있었다. 그것은 우리가 바로 첫 날 밤에 도와주었던 2명의 10대와 그의 형이 가져오는 로프와 장비들이 든 통이었다. 천만다행으로 생각한 우리는 크게 웃으며, 차와 밥을 대접하고 하루치 일당을 보너스로 주었다. 그 통이 어떻게 뒤에 남게 되었는지는 물어볼 필요도 없었다. 그들은 집을 향해 잰걸음으로 돌아갔다. 반나절밖에 남지 않았지만, 그들이라면 아마 사흘거리는 너끈히 갈 수 있을 터였다.

이후 3일 동안 우리는 휴식을 취하며 장비를 점검했다. 우리는 알렉스가 디자인하고 트롤Troll 회사가 무료로 만들어준, 아직 검증되지 않은 해먹을 근처의 바윗덩어리 사이에 매달았다. 해먹에 올라앉고 내려오는 것은 결코 쉽지 않았다. 우리는 갖고 갈 물건의 무게와 예상 등반 일수를 놓고 입씨름을 벌였다. 더 많이 갖고 갈수록 더 많은 시간이 걸리고, 그러면 다시 더 많이 갖고 가야 하는 악순환의 고리를 끊기 위해 등반에서는 절묘한 절충점을 찾을 필요가 있다. '경량'이라는 개념은 등반이 일주일 이상 걸리는 루트에는 어울리지 않는다. 고소에서 35킬로그램의 짐을 메고 등반하면 결코 가볍다고 느낄 수 없다.

둘째 날, 나는 창가방 빙하로 걸어가 처음으로 벽을 관찰했다. 우리

소위 말하는 '경량' 스타일. 우리는 각자 30킬로그램의 짐을 지고 벽으로 향했다.
(왼쪽에서 오른쪽으로) 저자, 크지슈토프 쥬렉, 보이텍 쿠르티카와 알렉스

모두 각자 움직이며 마음을 가다듬었다. 하늘을 향해 단아하게 치솟아 오른 화강암 침봉 창가방은 빙하 위에 말없이 서 있었다. 나는 소형 쌍안경으로 등반이 가능한 루트가 있는지 살펴보았다. 지난 번 내가 왕립지리학회에서 사진 위에 그렸던 분명한 라인이 왼쪽으로 비스듬히 나 있었다. 나는 곧 더그가 의미한 바를 알아차렸다. 그 라인은 이어져 있지도 않고 주봉에서도 너무 왼쪽으로 치우쳐 있었다. 그러나 이 거리에서 본 벽의 중앙은 상당히 반질반질했다. 더그가 나에게 건네준 바로 그 사진에서 알렉스는 정상 능선으로 연결된 헤드월의 중간부터 나 있는 일련의 침니들을 찾아냈다. 등반이 가능해 보였다. 또한 그 침니들이 시작되는 곳 근처에서 중앙 벽의 상단부, 즉 오른쪽으로 비스듬히 이어지는 가느다란 라인도 있었다. 오른쪽으로 가는 것이 최상의 선택일 듯 보였지만, 상황은 그곳에 가보아야 알 수 있을 것 같았다.

이틀 동안 우리는 정강이에 생채기가 나도록 모레인 지대를 넘나들며 벽 밑까지 고소적응과 정찰을 하러 다녔다. 우리는 다른 방안을 놓고 좌고우면할 시간이 없어, 버트레스 밑에서 등반을 시작하기로 결정했다. 1976년에 패퇴한 레이크스 팀이 슬랩의 오른쪽 어느 곳에서인가 출발했다는 사실을 우리는 알고 있었다. 우리는 다른 선택을 할 필요가 있었다. 보이텍은 초반의 축축한 오버행을 완벽한 스타일로 선등했다. 그런 다음 우리는 쿨르와르로 된 믹스등반 지대를 네 피치 올라갔다. 그날 저녁, 우리는 장비를 벽 밑에 남겨두고 환한 보름 달빛을 받으며 빙하를 재빨리 내려왔다.

이틀 동안 우리는 실컷 먹고 마셨다. 그리고 등반 중 겪게 될지 모르는 공포를 애써 외면하고 상상의 나래를 펼쳤다. 비와 눈이 오락가락

했다. 어둠이 찾아들면 우리의 꿈은 걱정으로 얼룩졌다. 뜻밖에도 돌풍
이 산 쪽에서 아래로 불어 닥쳤다. 나는 침낭 속에 드러누워, 두려움과
소화불량으로 잠을 이루지 못했다. 다음 날이 우리가 벽으로 출발하기
로 한 날이었다.

18

태양은 언제나

Always the Sun

10월 6일, 레흐와 나는 장비 일부를 짊어지고 빙하 위를 오랫동안 걸어 저녁 어스름이 깔릴 무렵 벽 밑에 자리를 잡았다. 나는 거실 소파에 누워 있는 것 같은 편안함을 느꼈다. 우리의 고립은 완벽했다. 벽은 차가운 별빛을 받아 반짝반짝 빛났다. 새벽에 우리는 두 팀으로 출발했다. 보이텍과 나 그리고 크지슈토프와 알렉스가 팀을 이루었다. 첫날은 제비뽑기를 잘못해, 우리 팀이 짐을 끌어올려야 했다. 우리가 이미 등반했던 첫 다섯 피치와 그다음 일곱 피치에서는 각자의 배낭이 두 개씩이나 되어 두 번씩 끌어올려야 했다. 우리는 자정이 다 되어서야 저녁을 먹고 텐트 안으로 기어 들어갔다.

아침이 되자, 반쯤 펼친 책처럼 보이는 아름다운 핑크빛 화강암이 오른쪽으로 비스듬히 뻗어 올라있었다. 이제 우리가 선등할 차례였다. 첫 번째 피치에서 장비를 회수하는 동안 내가 건드린 돌멩이 하나가 15미터 밑에 있던 크지슈토프의 어깨를 스치고 빙하로 떨어졌다. 그는 고통스러워하며 비명을 질렀다. 나는 미안하다고 소리쳤다. 그가 배낭을 옮길 수 없어 나는 로프를 이용해 다시 내려가야 했다. 그날 우리는 여섯 피치만 등반을 할 수 있었고, 밤 10시가 되도록 잠자리에 들지 못했다. 무슨 일이 일어날지 모른다는 심각함을 곱씹으며 나는 참담한 심정에 빠졌다. 커다란 낙석으로 인한 사망 사고율은 얼마나 될까? 나는 크지슈토프에게 다시 한 번 사과했다. 그는 괜찮았다. 보이텍은 나에게 마음을 진정하고, 아침에 해야 할 일에 집중하라고 격려해주었다.

등반 4일째

이제 익숙한 일들이 자리 잡기 시작한다. 선등이 최고다. 더구나 흥미진진하기까지 하다. 짐을 끌어올리는 일은 그저 고통스럽고, 힘들며, 선등에 나선 사람들이 과연 가장 좋은 라인을 따라가는지 걱정만 하는 불확실성의 연속이다. 매일 정오쯤이 되면 구름이 몰려들기 시작해 오후가 되면 눈이 내리기 때문에 동작들이 까다롭고 로프가 얼어붙는다. 주마링이 힘들고 두려워질 정도로 로프가 뻣뻣하다. 그러나 아침이 되면 다시 하늘이 깨끗해지고 난다데비 성역을 둘러싼 봉우리들의 어지러운 군상 위로 태양이 불쑥 나타난다. 알렉스와 나는 장비를 정리한다. 그러면서 얼지 않은 손가락으로 다루게 된 것을 감사히 여긴다. 우리는 얼마 되지 않는 영광스러운 시간 동안 편하게 등반할 수 있다. 그러나 정오도 되기 전에 바람이 구름 속에서 불어오고, 눈발이 날리기 시작한다.

알렉스는 버트레스 꼭대기에 이르는 초반의 가파른 믹스등반 지대를 선등하고, 나는 그 위쪽에 있는 어려운 슬랩 두 피치에서 선등에 가세한다. 화강암은 믿기지 않을 정도로 매끈하고, 확보물 설치는 매우 까다롭다. 알렉스는 내가 매달린 피톤 3개 중 하나를 해머로 툭툭 두 번 쳐서 회수한다. 그리고 세 번째 피톤은 손가락으로 뽑아낸다. 우리는 밑에 있는 두 사람에게 주마링을 할 때 출렁거리지 말라고 주의를 준다. 그날 밤 우리는 5시간의 수면을 취한다. 정상에서 비박하기 전 마지막으로 근사한 잠자리다.

나는 단계적으로 잠에서 깬다. 한쪽 눈을 뜨고 나서 다른 쪽 눈을 뜬다. 그리고 엄지손가락을 뻗어 침낭 후드의 얼어붙은 구멍을 살짝 연다. 그것은 얼어붙은 밤바다 속에 나 있는 나의 숨구멍으로, 숨쉬기에 딱 알맞은 공기만 들어올 뿐 영하 20도에서 성에는 많이 끼지 않는다. 새벽빛이 유혹의 손길을 내민다. 탈바꿈의 시간을 아는 유충처럼, 나는 침낭 속에서 이리저리 몸을 비틀며 바스락거린다. 물기를 말리기 위해 침낭 속 깊숙이 넣어둔 부츠와 장갑, 물병 그리고 옷 등의 물건을 꺼낸다. 누에고치에 생긴 넓은 구멍을 통해, 900미터 높이로 아스라이 솟아오른, 아이스케이크 같은 벽이 보인다. 꼭 마천루 같다. 모든 것이 단단히 얼어붙어 있다. 태양이 에너지를 모아갈수록 벽은 분홍색에서 흰색으로 변해가고, 햇빛은 우리를 향해 벽을 타고 내려온다. 이제 움직일 시간이다.

슬랩 꼭대기에서, 보이텍이 헤드월로 들어선다. 오버행 위쪽으로 나 있는 넓은 크랙 하나가 가야 할 길인 것 같다. 그것은 마치 수직의 벽이라는 문에 나 있는 거대한 열쇠구멍 같다. 크지슈토프 옆에 선 나는 좋아 어쩔 줄 몰라 한다.

"이건 최고의 등반이야!" 웃음을 터뜨리며 내가 말한다.

"그렇게 생각해? 하지만 아직은 아닐 걸."

그러고 나서 나는 다음 짐을 끌어올리기 위해 로프를 타고 내려간다. 언제나 그러하듯 시간은 동일하게 흐른다. 실수를 하지 않고, 절망

등반 5일째 날, 보이텍은 상단의 헤드월로 이어지는 유일한 크랙 시스템을 찾아냈다.

의 순간들을 물리치며 판에 박힌 일을 반복한다. 폴란드 친구들이 네 피치를 끝내자 눈이 엄청 내리기 시작한다. 이로 인해 상황이 미묘해진다. 알렉스와 나는 폴란드 친구들의 장비가 든 2개의 보라색 배낭을 메고 얼어붙은 로프를 힘겹게 주마로 오른다. 초저녁에 그들이 오버행 밑에서 기다린다. 해먹을 써서 비박을 하기에는 처음으로 안성맞춤인 자리다. 우리는 2개의 로프 길이만큼 내려가 남아 있는 배낭을 메고 헤드램프 불빛에 의지해 주마로 다시 올라온다.

헤드램프 불빛을 받은 눈송이들이 불나방처럼 춤춘다. 주마는 얼어버린 로프에서 마찰력을 잃고 연신 미끄러져 내린다. 나의 심장은 두려움으로 고동친다. 3미터 정도 무중력을 느끼다가 주마의 톱니가 로프를 다시 무는 순간 가까스로 제동이 걸린다. 이렇게 하기를 여러 차례, 그럴 때마다 나는 더욱 놀란다.[86] 마침내 비박지에 도착한 나는 오버행 너비만큼 만들어 놓은 로프 고리에 배낭을 매달고, 줄사다리 위에 서서 알렉스와 내가 마실 물을 만든다.[87] 보이텍과 크지슈토프는 콩깍지 모양의 해먹 속으로 이미 사라지고 없다. 해먹 위에 쌓인 눈이 스르륵 소리를 내며 미끄러진다.

"여기 앵커 확실해?" 초조해진 내가 가장 가까운 콩깍지에게 묻는다.

"바위가 아주 웃겨. 좋은 크랙이 하나도 없어." 보이텍이다. 그는 자신의 아늑한 침대에서 말하고 있다.

---

86 주마가 이탈할 경우를 대비해, 우리는 항상 위쪽 주마 위 줄에 푸르지크 매듭을 하고 주마링 했다. 초창기에 이렇게 한 이유는 주마가 쉽게 열리는 것에 대비하면서 로프를 연결한 매듭 위쪽으로 주마를 안전하게 옮길 수 있기 때문이었다. 우리가 높이 올라갈수록 매듭이 더 많아졌는데, 이는 해어진 로프를 잘라내고 남아 있는 끝부분을 서로 묶었기 때문이다.

87 줄사다리는 3~4개의 고리를 발판으로 만들어 사용하는 긴 슬링이다. 주로 인공등반에 사용하는데, 더 높은 곳에 손이 닿을 수 있도록 한 개씩 위쪽으로 밟고 올라선다.

"안심시켜줘서 고맙네, 그려."

저 아래쪽에서, 알렉스의 헤드램프 불빛이 눈발 속에 어슴푸레 흔들린다. 마치 선로를 바꾸어 위쪽으로 향하는 장거리 화물열차 같다. 3시간 후, 자정에 이르러 나는 분말감자로 수프와 핫 초콜릿을 만들고 해먹 속에 있는 알렉스에게 마지막 마실 거리를 건넨다. 추위에 오들오들 떨며 나는 머리 위 썩은 오버행 바위에 있는 벙어리 크랙에 피톤 대신 '프렌드'를 하나 설치하고 해먹을 매단다. 프렌드를 설치해본 것은 이번이 처음이다. 이것은 기적 같은 장비다.[88] 해먹을 정리하고 플라이시트를 친 다음 내 배낭에서 안락과 생존을 위한 나의 모든 희망 — 매트리스, 침낭과 여분의 옷가지 등 — 을 꺼내 카누처럼 생긴 덮개 안으로 조심스레 옮기는 데 30분이 걸린다. 안쪽으로 비집고 들어가자, 해먹은 속이 빈 튜브 폴들이 열린 상태로 잡아주어 따뜻하고 안전하다. 앞으로의 며칠 밤 동안, 이 튜브 폴들은 조립하는 동안 떨어져 핑핑 소리를 내며 벽 밑으로 사라질 것이다. 그 순간 터져 나오는 탄성은 — 분명 폴란드어나 영어 중 하나일 텐데 — 어느 해먹에서 튜브 폴이 사라졌는지를 알려줄 것이다. 운이 좋게도, 우리는 딱 하나만 떨어뜨린다. 부츠 한 짝이나 스토브 또는 아이젠을 떨어뜨린다면 우리에게 재앙이 될 것이다.

등반 6일째

우리는 못난이 황새들처럼 둥지에서 기어 나온다. 나는 복통으로 고통

---

88   멋지고 혁신적인 이 확보 장비는 레이 자딘Ray Jardine이 고안했고, 와일드 컨트리Wild Country 회사의 마크 발란스Mark Vallance가 스프링을 장착해 시장에 소개했다. 프렌드는 수평 크랙이나 벙어리 크랙에서도 사용이 가능하다.

스러운 밤을 보냈지만, 크지슈토프는 더 심각하다. 알렉스와 나는 우리 모두가 합의한 명확한 루트인 침니를 향해 올라간다. 알렉스가 스코틀랜드 등급으로 5~6 정도인 매우 가파른 빙벽 피치를 선등해, 지저분한 동굴 속으로 들어간다. 둥그런 톱날 같은 얼음장들이 가속이 붙은 채 떨어져, 주마링 로프 주위로 스쳐 지나가자 보이텍이 소리 높여 우려를 나타낸다. 알렉스가 피톤 하나를 박을 때 갑자기 아이스해머의 날카로운 피크가 부러져 총알처럼 그의 얼굴에 튀었지만 눈에 맞는 것은 가까스로 피한다. 그는 운이 좋다. 내가 확보지점에 도착하고, 우리는 깨져나간 오버행 바위의 갈색 바위 띠를 올려다본다. 막다른 곳이다. 일주일 전쯤 쌍안경으로 벽을 살펴볼 때 보았던 가는 크랙이 생각나, 나는 불안정한 플레이크를 건너 오른쪽으로 향한 후, 홀드로 사용할 적당한 구멍이 뚫려 있는 완벽한 화강암 벽으로 진입한다.

10미터를 횡단해 크랙에 도착한다. 그리고 그 크랙을 따라 100미터를 위로 오르자, 거의 수직에 가까운 벽이 층층이 형성된 혼란의 연속이다. 그다음 피치가 결정적이다.

불편한 이중화 대신 암벽화라면 얼마나 좋을까 하면서 나는 E1 정도의 자유등반과 러프RURP, 나이프 블레이드 피톤 그리고 스카이훅을 사용한 인공등반으로 처음 30미터를 간신히 밀어 붙인다.[89], [90] 나는 세 번 떨어지고, 두 번은 작은 피톤에 걸린다. 다른 피톤들은 다 빠져서 내

---

89 RURP와 나이프 블레이드 피톤은 요세미티와 콜로라도의 블랙 캐니언Black Canyon에서 개발된 소형 인공등반 장비다. 이 장비들은 가는 크랙에서 체중만 잡아줄 정도이지 추락을 잡아주지는 못한다. 스카이훅은 훨씬 더 위태롭다. 클라이머들은 보통 작은 플레이크에 훅을 걸고 줄사다리를 매단 다음, 훅이 터지지 않기를 간절히 바라면서 살금살금 체중을 옮긴다.

90 RURPRealized Ultimate Reality Piton는 이본 취나드가 주한 미군으로 한국에 있을 때 고안해, 경기도 안양 인근의 바위에서 실험했다. (역주)

등반 6일째 날, 아침식사를 준비 중인 저자 (사진: 알렉스 매킨타이어)

등반 6일째 날 아침, 알렉스가 디자인한 해먹을 사용하고 있다.

가 추락을 멈추자 로프를 타고 내 무릎 위로 떨어진다. 이 피치의 훨씬 더 위쪽에서, 나는 힘이 빠진 상태로 움푹 들어간 아주 어려운 부분을 자유등반으로 돌파하려다 마지막으로 길게 추락한다. 화강암 결정체 구멍 속으로 손가락 한 마디만큼 박아 넣은 작은 앵글 피톤 하나가 어쨌든 빠지지 않고 버텨 나를 잡아준다.

"존, 정말 조심해야 해."

보이텍이 말한다. 아래쪽에 모여 있는 사람들이 나의 괴상한 몸놀림을 올려다보고 있다. 나의 줄사다리 하나가 검은 빙하를 아래에 둔 1,500미터의 허공에서 뱀처럼 가볍게 흔들린다. 충분히 그럴 만하다. 어둑어둑해질 무렵 알렉스가 나를 내려준다. 팔뚝에서 흐르는 피와 뼈가 보일 정도로 움푹 까인 손등을 보고, 나는 나의 잘못을 깨닫는다. 다행히도, 조그만 레지에는 저녁식사를 만들 만큼의 눈이 있다. 기분이 좋아

5급의 빙벽을 어렵게 오르는 알렉스. 여기서부터 우리는 빈약한 라인을 따라 오른쪽으로 갔다.

진 우리는 음식과 차가 담긴 코펠들을 이 해먹에서 저 해먹으로 돌린다. 그때 세상은 포근히 내리는 눈 속에서 조용히 막을 내린다.

등반 7일째

태양이 우리를 파란 하늘 속으로 내쫓는다. 먼 동쪽에, 성역의 외곽 위로 솟은 봉우리들이 반짝거리며 빛난다. 알렉스와 내가 해먹에서 빈둥거리는 동안 크지슈토프는 내가 전날 도달했던 최고점에서 12미터를 더 올라 확보지점을 구축한다. 그가 몸을 앞으로 당기는 순간, 확보용 피톤 다섯 개가 그대로 뽑혀, 그는 허공 속으로 빙글빙글 돌며 떨어진다. 가속이 붙은 피톤들이 핑 소리를 내며 내 옆을 지나가자 나는 바보같이 하나를 잡아채려 한다.

"앗!"

"이제 우리가 지고 갈 짐이 가벼워졌군요." 하고 알렉스가 느릿느릿 말한다.

욕설을 퍼부으며, 크지슈토프는 다시 크럭스crux에 붙고, 이번에는 안전한 스탠스가 보일 때까지 더 높이 올라간다. 보이텍이 크지슈토프가 있는 곳까지 주마링으로 오른 다음, 계속해서 그 위쪽의 가파른 바위를 선등하는 동안 나는 음식을 만든다. 우리는 구름이 몰려오기 전에 침낭을 꺼내 말린다. 오늘은 진도가 느리다. 확실히 지금까지 중에서 가장 어려운 등반이다. 다음 스탠스에서 안전한 주마링용 고정로프를 설치하기 위해 크지슈토프가 피톤 몇 개를 갖고 오른다. 마침내 그는 좋은 크랙을 찾고 로프 두 동을 묶어 우리가 올라올 수 있도록 내려준다.

등반 7일째 날 아침, 보이텍이 저자의 전날 최고점으로 올라가고 있다. 6,000미터에서 빙벽화를 신고 영국 난이도 5b/c를 올라야 한다.

9밀리미터 폴란드산 로프는 겁이 날 정도로 늘어난다.[91] 로프에 주마를 걸고 20미터를 당겼음에도 나는 여전히 레지를 벗어나지 못한다. 로프가 연필 굵기 정도로 가늘어지자 나는 갑자기 레지에서 허공으로 튕겨 나간다. 그리고 과감한 출발을 하기 전까지 요요처럼 출렁인다. 내가 주마를 밀어 올릴 때마다 로프는 마치 칠판의 분필처럼 끽끽 소리를 낸다. 매우 당황하지 않을 수 없다.

"폴란드만의 특별한 기술이야. 아주 정상이지!" 크지슈토프가 위에서 소리친다.

매일 오후에 밀려오는 폭풍은 우리가 첫 번째 짐을 스탠스에 올리자 벽 주위를 휘감아 둘러싼다. 바람이 하강로프가 늘어진 곳으로 불자, 로프가 혹시 어디에 걸려 잘리지는 않을까 하는 생각이 들 정도로 시야 밖으로 벗어나 크게 춤을 춘다. 알렉스와 나는 로프를 끌어올려 사린 다음 피톤에 묶어 놓는다. 위쪽에 있는 폴란드 친구들이 시야에서 사라진다. 오늘의 마지막 피치를 오르는 보이텍을 확보 보는 크지슈토프가 있는 그다음 스탠스로 우리는 계속 오른다.

알렉스와 나는 1년 전 스키 사고로 목숨을 잃은 두걸 해스턴의 이름을 딴 2개의 '해스턴' 배낭을 가져오기 위해 하강한다. 우리는 그와 서로 알고 지낸 사이다. 그는 아이거 다이렉트, 안나푸르나 남벽과 에베레스트 남서벽 등반으로 몇 년 동안 영국의 알피니스트 차트에서 최고의 위치에 올라 있었다. 최고의 기술이 적용된 그 보라색 배낭들은 스탠스

---

91 결국 폴란드산 로프는 제 몫을 다했다. 우리는 30미터짜리 주마링용 로프 두 동을 갖고 등반을 시작했는데, 두 동 모두 상하고 해졌다. 그러나 아주 잘 늘어나서, 우리가 얼마만큼 잘라내도 여전히 30미터 역할을 톡톡히 해냈다.

와 배낭을 넘겨주는 지점에서 아주 신중하게 다루어진다. 만약 하나라도 떨어뜨린다면 이는 곧바로 재앙이다. 우리가 거친 화강암 오버행 위로 배낭을 끌어올리는 모험을 하지 않고 등에 메고 주마를 하는 이유가 바로 이것이다.

마지막 하강에서 알렉스는 끔찍한 실수를 저지른다. 그는 로프가 바람에 날려 하강 라인에서 벗어나는 것을 피하기 위해, 내려가면서 풀 요량으로 우리가 사려서 걸어놓은 로프에 하강기를 걸었는데, 그만 맨 끝부분에 하강기를 연결했고, 실수를 깨달았을 때는 이미 심연으로 내디딘 후다. 단말마의 비명과 함께 그가 사라진다. 로프는 바위 가장자리에서 마찰음을 내며 미끄러져 떨어진다. 끔찍한 순간이다. 몇 초 동안 시간이 초당 10미터의 속도로 흐른다. 로프 떨어지는 소리가 저 아래 허공을 가른다. 로프가 레지에서 완전히 사라지자, 로프가 고정되어 있는 피톤은 알렉스의 추락에 빠질 듯한 충격을 받고 "탕!" 하고 울린다. 피톤이 버티며 잡아준다. 나는 즉시 미친놈처럼 아래의 빈 구름 속으로 소리친다. 그러나 알렉스가 무사하다 해도 강풍으로 인해 그가 들을 수 없다는 사실을 깨닫는다. 나는 로프를 끌어올리려 하지만 알렉스의 체중이 걸린 로프는 꼼짝도 하지 않는다. 잠시 기다렸다가 다시 해보고, 또 기다렸다가 다시 해본다. 로프는 여전히 팽팽하다. 10분이 흐른다. 갑자기 로프가 느슨해지자 나는 내려가기 위해 슬링으로 푸르지크 매듭을 만들어 로프에 건다. 그는 로프 끝에서 빠져 떨어졌거나, 아니면 어딘가에 부딪쳐 심하게 다쳤을 것이다. 가능한 한 빨리 내려가 찾아보는 것 외에 할 수 있는 일이 없다.

로프의 끝부분 근처에는 알렉스의 흔적이 없다. 오직 로프 끝에 해

저자가 해스턴 배낭을 메고 주마링을 시작하려고 하자, 오후의 폭풍이 몰려들고 있다. (사진: 알렉스 매킨타이어)

놓은 안전 매듭만이 벽을 살랑 살랑 두드릴 뿐. 그러나 그때 그가 눈에 띈다. 짧은 펜듈럼을 해야 하는 지점에서 나머지 해스턴 배낭 2개를 메고 있다. 그는 주변을 둘러싼 눈안개처럼 창백하다.

"제기랄! 알렉스? 괜찮아?"

그는 나를 올라다보고 힘들게 속삭인다. "내 이름을 딴 배낭을 만들게 하고 싶진 않아요."

등반 8일째

마침내 제대로 된 화강암 크랙이다. 나는 툭 튀어나온 바위를 인공등반으로 돌파하기 위해 몇 개의 너트를 써가며 HVS나 E1급에 해당하는 세 피치를 무난히 선등한다. 일련의 선등을 끝내고, 위험스러워 보이는 고드름이 매달린 오버행이 이제 차례에 따라 알렉스의 몫이 되자 나는 기뻐한다. 그의 아이젠 바닥을 올려다본 나는 등반이 아주 필사적이라고 자신 있게 말할 수 있다. 알렉스는 인공등반으로 넘어서기 위해 피켈에 슬링을 하나 걸고 그것을 밟고 일어선다. 걱정스러울 정도로 그의 몸이 흔들리지만, 쭉 일어나서 고드름 높은 곳에 테러닥틸 피켈을 단단히 박고 매달릴 때까지 잘 버틴다. 그는 한 팔로 간신히 끌어당겨 그 너머로 나아간다. 고드름이 무너져 나를 때리자 무지 아프다. 이제 우리는 벽의 중앙 꼭대기, 해발 6,600미터에 있는 가파른 설사면 '외눈 거인 키클롭스의 눈Cyclops' Eye'에 들어선다. 우리는 왼쪽 대각선 방향으로 올라, 까다로운 믹스등반 지대를 빠져나간 후 로프를 고정시킨다. 그리고 보이텍이 단단한 눈을 파서 만든 비좁은 비박지로, 오후의 폭풍 속에 내려선다.

"문제가 있어." 하고 그가 말한다. "크지슈토프가 오늘은 더 안 좋아. 그는 자기가 폴란드에 있다고 생각해." 밤은 춥고 별은 총총히 빛난다. 등반을 시작한 이래 처음으로 우리는 비박색 안에 옹기종기 모여앉아 서로에게서 온기와 힘을 모은다.

등반 9일째

보이텍은 정상 능선까지 믹스등반 구간 다섯 피치를 선등한다. 그곳의 일부는 기술적으로 가장 어렵다. 나는 크지슈토프 바로 뒤에서 주마링 하면서, 그의 동작을 일일이 지켜보고 최선을 다해 도와주고 격려한다. 오후 4시경 우리는 정상 능선에 도달한다. 그러자 지평선이 거대한 산들을 조망할 수 있을 정도로 넓게 펼쳐진다. 주로 수직이라는 2차원에 집중했던 여러 날 이후에 맞닥뜨리는 엄청난 수평의 공간이다. 거대한 히말라야의 풍경이 사방에서 펼쳐진다. 트리술Trisul(7,120m), 데비스탄Devistan(6,678m), 두나기리Dunagiri(7,066m), 칼랑카Kalanka(6,931m) 그리고 현존하는 여신인 거대한 난다데비Nanda Devi(7,816m). 우리는 정상을 거쳐 창가방과 칼랑카 사이에 있는 가파른 능선의 푹푹 빠지는 눈으로 내려온다. 크지슈토프는 비이성적으로 행동한다.

"이제 우리는 글리세이딩으로 내려가야 해. 훨씬 빨라." 그는 1,800미터 아래 빙하를 가리킨다. 빙벽과 암벽, 크레바스가 널려 있는 그곳이라면 우리는 건조기 안의 빨래처럼 뒹굴다가 그 안쪽으로 빨려 들어갈 것이다. 그러나 그는 고통과 환각상태로 인해 55도 경사의 설사면에서 오직 30미터 앞만 볼 뿐이다.

난다데비 성역을 둘러싸고 있는 외곽 너머로 멀리 정중앙에 보이는 봉우리가 아피(7,213m)다.

베이스캠프를 출발한 지 9일째 되는 날 알렉스가 '외눈거인 키클롭스의 눈'에 있는 비박지를 떠나고 있다.

우리가 '엑시트 쿨르와르exit couloir'에 진입하기 전 보이텍이 까다로운 믹스등반 구간을 선등하고 있다.

창가방 정상에 선 알렉스

    화가 난 보이텍은 폴란드어로 크지슈토프를 나무란다. 알렉스가 잠
금 카라비너를 로프에서 빼내 다시 걸었지만 개폐구가 완전히 닫히지
않은 것을 내가 발견한다. 만약 크지슈토프나 우리 중 누구라도 미끄러
진다면 그는 로프에서 곧장 이탈될 것이다. 나도 그대로 따라한다. 우리
는 창가방과 칼랑카 사이에 있는 콜에 안전하게 내려선다. 그리고 오버
행 바위 밑을 다져 며칠 만에 처음으로 휴식을 취한다. 우리는 지금 식
량과 연료가 부족해 저녁식사는 먹는 둥 마는 둥이다. 처음으로 눈이 내
리지 않는다. 황금빛 석양이 난다데비 아래쪽에 조용히 머물고 있는 구
름들을 물들인다. 눈부시게 아름다운 보상이다.

    다음 날 우리는 창가방과 칼랑카 사이의 능선으로 내려온다. 1974

년의 초등 루트를 어느 정도 따르는 셈이다. 늦은 오후 우리는 빙하에 도착한다. 알렉스와 나는 벽 아래를 가로질러 미리 놓아둔 식량을 가져온다. 우리의 식량은 정상에서 바닥났다. 빙하는 곳곳이 틈이 벌어져, 우리 둘은 그 틈 속으로 살짝 떨어지기도 한다. 보이텍과 반쯤 환각상태인 크지슈토프에게 돌아와 우리는 푸짐한 음식을 만들고, 지난 열흘 동안 자지 못한 잠을 실컷 잔다. 드디어 해방이다.

베이스캠프까지는 이틀이 걸릴 터였다. 빙하로 내려선 두 번째 날 나는 제비뽑기에 걸려, 이제는 상당히 쇠약해진 크지슈토프를 돌보기 위해 뒤에 남았다. 다음 날 아침, 레흐와 연락장교 K. T.가 따뜻한 차가 담긴 보온병과 죽을 들고 모레인 지대에 있는 우리의 비박지로 올라왔다. 이제는 모두가 건강을 되찾았다. 크지슈토프도 회복된 듯했다. K. T.는 내 배낭을, 레흐는 크지슈토프의 배낭을 대신 멨다. 우리는 마지막 몇 시간 동안 간신히 베이스캠프로 내려갔다. 목초지는 가을색이 완연했고, 큰 무리의 푸른 양들은 우리가 지나가는 모습을 무심히 바라보았다.

우리는 도취감과 피로감에 싸여, 이틀 동안 아무것도 하지 않고 빈둥거렸다. 산은 우리에게 많은 노력을 요구했지만, 시간은 예상보다 훨씬 더 적게 걸렸다. 하행 카라반을 위해 포터들을 예약한 날까지 20일이 남아 있었다. 이 정도라면 봉우리 하나를 더 등정할 수도 있지 않을까. 그러나 시원치 않은 몸 상태는 이제 내 차례였다. 나는 엿새 동안이나 음식을 삼키지 못했고, 극심하게 고통스러운 위경련에 시달려 끙끙거리며 텐트 안에 누워 있었다. 레흐에게는 벅찬 일이었지만, 그는 어느 날 밤 나를 진정시키기 위해 내 엉덩이에 모르핀 주사 한 방을 놓아주었다.

저녁 어스름이 내릴 무렵 창가방의 초등 루트로 하산하고 있다.

창가방 정상 아래의 마지막 비박지에서 바라본 난다데비

태양은 언제나

그러자 효과가 나타났다. 지난 이틀 동안 나는 난다데비 성역을 떠날 수 있을지 진심으로 걱정했었다. 하루는 주변을 가볍게 걸었는데, 마치 뜬 눈으로 나를 바라보고 있는 듯한, 전혀 손상되지 않은 산양의 머리를 발견했다. 몸뚱이는 어디에도 없었다. 근처에 눈 표범이 있는 것이 틀림없었다. 우리 캠프에서 200미터도 떨어지지 않은 곳이었다.

알렉스와 보이텍은 난다데비 북서벽을 시도하기 위해 출발했지만, 중간에서 정말 어려운 곳을 시작하려 할 때쯤 그들은 가져온 장비가 충분치 않다는 것을 깨달았다. 그들은 또한 피로감도 극심했다. 그들이 없는 동안 나는 내 위경련의 원인이 무엇인지 알았다. 우리는 빙하에서 떠온, 침전물이 가득한 물로 그냥 음식을 만들었었다. 내가 작은 샘을 발견해, 그곳에서 나온 깨끗하고 맑은 물로 만든 음식을 먹자 빠른 회복세를 보였다. 그렇다면 다른 친구들은 왜 괜찮았을까? 나는 내가 건강하다고 생각했는데….

출발한 지 나흘째가 되는 날 저녁, 알렉스와 보이텍은 캠프로 돌아와 침낭 속으로 쓰러졌다. 다음 날 아침 우리는 진지하게 계산을 해보았다. 식량은 바닥이 나고 있지만 포터들이 올라오기까지는 12일이 남아 있었다. 따라서 누군가가 내려가 그들을 데리고 올 필요가 있었다. 크지슈토프는 여전히 비실거렸고, 대벌레처럼 보이는 것을 제외한다면 내가 가장 많은 휴식을 취한 상태였다. 결국 내가 홀로 걸어 내려가기로 했다. 올라올 때 8일이 걸린 거리였다. 따라서 내려가려면 4일은 족히 걸릴 터였다.

산에서 혼자 먼 거리를 걸으면 정신건강에 좋고, 자신을 돌아볼 수 있는 시간을 가지며 컨디션도 회복할 수 있다. 우리의 창가방 등반은 이

때껏 히말라야에서 이루어진 가장 어려운 기술적 등반일지 모른다. 그러나 나는 이런 사실을 가능하면 빨리 내 뒤에 내려놓고 싶었고, 위험이 없는 산을 받아들이고 싶었다. 나는 하루에 네 개의 구간을 끝낼 셈으로 새벽같이 출발했다. 틸먼 슬랩을 반쯤 가로지를 때까지도 어둠이 내 뒤를 따라붙어, 헤드램프의 불빛에 의존해 30미터 정도를 불안정하게 기어올라 풀이 난 작은 레지에 닿았다. 돌연 표범의 포효가 협곡 안에 울려 퍼져, 리쉬강가의 연속적이고도 애매한 길이 실감났다. 내가 알기에 리쉬는 "신성하게 기록을 남기는"이라는 뜻이다. 강가는 세상과 연결되는 길을 새기고 있었다. 나는 사탕 몇 개를 깨물어 먹고 깊고도 깊은 잠에 빠져들어, 이처럼 낮은 고도의 풍부한 공기를 마음껏 들이마셨다. 그러자 형형색색의 꿈들이 마음속으로 흘러들었다.

다음 날 아침, 나는 허둥지둥 데오디Deodi로 내려갔다. 저녁 겸 아침 거리를 만들고 있을 때 고양이족 제비mongoose 한 마리가 내 옆까지 다가와 유심히 지켜보더니 슬그머니 사라졌다. 이틀 뒤 나는 우리의 첫 번째 야영지였던 라타카락으로 돌아왔다. 여기서 나는 환각상태에 빠졌는데, 그것이 아니라면 거의 그런 상태에 있었던 것 같다. 사방의 언덕에서 팬파이프 소리가 난 것이다. 나는 목양의 신인 팬Pan이 나타나기를 고대하며 나무들 사이를 뚫어지게 바라보았다. 왜 그리스 신화에 나오는 야생의 신이 인도에 등장할까 하는 의구심은 전혀 들지 않았다.

풀이 무성한 가파른 능선을 내려가 로도덴드론 군락지로 향하자 팬파이프 소리가 더욱 커졌다. 라타는 여전히 수백 미터 아래쪽에 있어 다소 작고 검은 지붕들만 보일 뿐이었다. 계단식 산비탈에 모여 있는 집들 주위로 수확을 앞둔 황금색 보리밭이 넘실거렸다. 흑색과 백색 그리고 청색의 고산지대에서 여러 주를 보낸 후에 눈에 들어오는 양탄자 같은 색의 향연은 가히 충격적이었다. 잠시 멈추어 귀를 기울이자, 팬파이프 소리가 사실은 멀리 떨어져 있는 스피커에서 흘러나오는 왜곡된 고음이라는 사실을 깨달았다. 우리의 사다 셰르 싱이 10월 말에 난다데비 축제가 열린다고 말한 적이 있었다. 축제기간 중에는 마을사람들로부터 도움을 받을 생각을 하지 말라고 한 그의 말이 생각났다. 라타에 도착하자 나는 그 이유를 알 것 같았다.

미친 듯 열광적이고, 약간은 놀라운 축제가 곳곳에서 벌어지고 있었다. 염소와 양들이 피로 얼룩진 채 끝없이 희생되고 있었다. 그런 다음에는 잔칫상을 위해 가죽이 벗겨졌다. 탁발승들은 벌겋게 달궈진 석탄 위를 걸었고, 분명 누가 잡아끄는 것도 아닌데 로프들이 위로 올라가는 듯 흐느적거렸다. 나는 자신의 배에 칼을 찔러 넣는 한 탁발승을 보았는데, 피가 나기는커녕 상처의 흔적조차 없었다. 인도의 흔한 신비주의와 마법이 모두 여기에 모여 있었는데, 모든 것들이 베다Vedas 이전에 존재했던, 위대한 여신 난다데비를 찬양하는 축제 분위기 속에 이루어졌다. 여신으로부터 흘러나오는 물은 현재 힌두교의 대동맥인 갠지스강을 형성하는 성스러운 물 중 하나다.

셰르 싱은 집에서 기분 좋게 반쯤 취해 있었다. 나는 고맙게도 창을 한 잔 받아들고, 베이스캠프에 남아 있는, 지금은 놀랍게도 멀리 떨어져 있고 마음속에서도 희미해져버린 친구들이 철수할 때 필요한 포터의 숫자와 시기를 협상했다. "사다, 너는 내일 포터들을 데리고 올라가야 해." 하고 내가 설명했다. "나는 델리로 가서 2주일 뒤의 우리 항공편을 잡을 거야. 타이밍이 아주 중요해."

"예, 예. 내일, 축제가 끝난 다음에 그렇게 하겠습니다." 나는 일정이 지연되는 것에 개의치 않는 그들의 시간개념과 싸우고 있었다.

"그럼 축제는 내일 분명히 끝나는 거야?"

"물론입니다. 내일. 그렇지 않으면 며칠이 더 걸릴 수도 있는데, 길 어야 6일입니다."

나는 그 시점, 즉 6일 후부터 모든 것을 계산했다. 포터들이 숙취를 해소하려면 하루가 필요할 것이고, 걸어 들어가는 데 4일, 걸어 나오는 데 5일, 델리까지 3일, 델리에서 2일 그리고 봄베이까지 하루. 지금부터 3주일 하고 하루. 나는 그 날짜를 기준으로 해서 항공편을 마련해야 했 다. 혹시 지금 델리로 가지 않고 베이스캠프로 돌아가야 하는 것은 아닐 까? 나는 계속 가기로 했다. 항공편을 마련하고 관청업무를 해야 하니 까.

"그냥 여기에 있으세요. 축제를 볼 수 있잖아요. 외국인에게는 허락 되지 않습니다. 우리 집에 머무르세요." 하고 쉐르 싱이 졸라댔다.

창을 두 잔 마신 나는 귀가 솔깃했지만 그의 제안을 뿌리쳤다. 도로 에 이르는 나선형 길의 마지막 부분을 내려서자 소녀 둘이 나를 불러 세 웠다. 그중 더 예쁜 소녀가 긴 옷자락을 걷어 올려 빛나는 갈색 몸을 보 여주며 유혹의 몸짓과 말을 건넸다. 나는 시선을 돌리고 어깨를 움츠렸 다. 진정한 여신이 존재하는 난다데비 성역에서 막 돌아온 내가 아닌가. 나는 혼자 중얼거렸다. "앙그레즈Angrez(난 영국인이야.)" 그리고 길을 따라 달려 내려갔다.

베이스캠프에 잔류했던 사람들 모두가 마침내 델리에 도착했을 때 보이텍은 나에게 몹시 화를 냈다.

"너는 거의 2주 동안 먹을 것도 없이 우리를 그곳에 방치했어. 도대체 무얼 생각한 거야?"

나는 내가 왜 델리로 계속 가기로 했는지 그 이유와 논리를 조목조목 설명했다. 그러자 알렉스는 즉시 알아들었다. 그리고 다른 사람들도 한 달이 걸릴 비행기 좌석을 3일 만에 내가 확보해놓은 것을 알고 화를 풀었다. 라타에서 내가 창 한 잔을 마시고 계산한 것이 정확하게 맞아떨어졌다.

우리는 하루 시간을 내서 집으로 갖고 갈 양탄자와 장신구들을 구입했다. K. T.가 우리들을 자신의 부모님 집으로 초청해, 우리는 그가 일을 아주 잘했다고 말씀드렸다. 그는 연락장교 그 이상의 역할을 했다. 그는 팀의 일원으로서 짐도 메고 식사 준비도 했다. 그날 오후 늦게 K. T.는 '특별한 차(주전자에 담긴 맥주)'를 주문할 수 있는 프레지덴셜호텔로 우리를 데려갔다. 데사이 수상의 인도에서 공공장소 음주는 불법이었다. 그날 밤, 적당히 취기가 오른 우리는 폴란드에서 가져온 통들을 여러 택시에 나누어 싣고 그와 작별인사를 나누었다. 우리는 모든 짐을 에어컨이 나오는 야간열차에 간신히 싣고 봄베이로 향했다.

알렉스와 나는 하루 동안 도시를 둘러보았고, 폴란드 친구들은 바르샤바에서 주문받은 물건들을 사느라 마지막까지 이리저리 뛰어다녔다. 우리는 LOT 비행기를 타고 돌아왔다. 우리는 영웅 대접을 받았다. 텔레비전과 라디오 인터뷰가 이어졌는데, 알렉스는 미디어로부터 각광을 받았다. 가까스로 생방송 시간에 맞춘 그는 의자에 앉자마자 질문을 받았다.

"원정을 조직해 이 놀라운 일을 해냈는데, 얼마나 어려웠습니까?"

"예, 오늘 저녁에 술을 너무 많이 마셔, 이 스튜디오를 간신히 찾았습니다."

히말라야에서의 대단한 등반이 다 그런 것처럼, 강렬한 경험에 비하면 표면상으로는 덧없는 일이다. 집에 돌아오면, 도취감이라는 일반적인 감정은 고작 몇 주 정도만 계속될 뿐이다. 물론 등반을 하지 않은 사람들에게 설명하는 것은 몹시 어렵다. 그리고 그 결과 자신의 감정이 내면화된다. 일상에 매몰되어 경쟁을 하는 우리 자신들조차 자신의 기대대로 반응하지 않는다. 해로게이트Harrogate에서 개최된 가을 아웃도어 상품전의 한 부스에 있을 때 조 태스커가 내 앞에 불쑥 나타났다.

"어떻게 그 벽을 그렇게 빨리 등반했지?" 그는 의아한 표정을 지으며 나에게 물었다.

나는 이렇게 대답하고 싶었다. "조, 우린 그저 산의 양지바른 쪽을 선택했을 뿐이야."

19

다이아몬드 개

Diamond Dogs

네바도3봉Nevado III 초등을 노리고 알렉스와 나는 페루의 코르디예라 블랑카Crodillera Blanca에 있었다. 그런데 상황이 순조롭지 않았다. 우선 이 산에 제일 먼저 들어간 것이 잘못이었다. 원래의 목표는 이 산이 아니라 카라스1봉Caraz I의 남벽이었다. 그러나 루트가 시작되는 곳에 예정보다 이틀 먼저 가서 보니 캐나다인 가이드 알비 솔Albi Sole과 나이젤 헬리웰Nigel Helliwell이 4일간의 등반을 마치고 휴식을 취하고 있었다. 사실 우리는 그들이 페루에 있는지조차 몰랐다. 약간의 동상을 입은 그들은 매우 지쳐 보였지만 의기양양했다. 그들은 시선을 먼 곳에 두면서도 살아서 돌아온 이야기를 생생하게 들려주었다.

알렉스와 나는 상당히 실망했다. 우리는 카라스1봉을 그해 여름의 주요 등반 목표로 삼고 있었다. 이제 그 산의 등반이 필요 없어진 만큼 우리는 새로 사귄 두 친구들을 축하해주고 식량까지 나눠주었다. 그리하여 갑작스럽게 새로운 목표가 된 네바도3봉 남벽은 1,200미터의 높이에 불과했고, 그 산의 정상이라고 해봐야 기껏 5,700미터 정도였다. 그 산이 등정되지 않아 남벽에 대한 정보가 없었지만, 우리는 하루 정도면 충분할 것으로 판단했다. 따라서 우리는 침낭과 스토브를 빼내고 식량도 덜어낸 다음 불필요한 것들을 과감하게 줄였다. 이렇게 하면 등반이 좀 더 가벼워지고 빨라지면서 훨씬 더 재미있지 않을까 생각하면서.

북반구의 북벽에 해당되는 페루의 남벽을 본 사람들이라면 부서지는 파도의 물마루를 떠올리게 하는 기묘한 형상과 오르간의 파이프처럼 생긴 하얀 벽을 이미지로 간직하고 있을 것이다. 이런 벽들을 보면 어떤 파이프 사이라도 단단한 눈과 얼음이 쌓여 있어 아주 좋은 직등 루트를 형성하기 때문에 큰 어려움 없이 정상, 아니면 그 근처까지라도 곧장 도달할 수 있다는 추정이 가능하다.

하지만 현실은 전혀 다르다. 이런 형상들이 도대체 어떻게 만들어지고, 어떻게 벽에 붙어 있는지 설명하기는 어렵다. 그러나 이런 파이프 사이에 쌓여 있는 눈은 보통 깃털 베개처럼 푹신한 밀도를 갖지만 표면으로 나올수록 설탕가루 같다. 모든 봉우리에 똑같이 적용되는 법칙은 아니겠지만, 적어도 네바도3봉은 그랬다. 거의 날마다 그렇듯 아마존에서 발생한 안개가 산봉우리들을 타고 넘어오면 안개 입자는 결정체가 된다. 또 다른 문제는 정상으로 향할수록 파이프들이 필연적으로 합쳐진다는 것이고, 그다음에는 거의 항상 일정한 양으로 '사방에 파이프들이 형성된다'는 것이다. 눈은 질감이나 굳기, 지지력 등 수직으로 쌓인 분말의 특징을 갖기 때문에 일정한 양으로 형성된다는 것은 하나의 파이프에서 다음 파이프로 차례차례 옮겨가거나, 보다 적절히 '체로 걸러 골고루 뿌려지는 것'을 의미한다. 다져지지 않은 눈이나 크레바스가 아주 많은 빙하를 건널 때는 '요정처럼 가볍다고 생각하라'라는 알렉스의 조언을 받아들여야 한다면, 바로 그곳이 그랬다. 그러나 그의 말이 이상하게도 나에게는 통하지 않았다. 이런 상태에서는 수직으로 기어오르며 눈을 아래로 꾹꾹 다지는 것만이 알렉스를 뒤따라 오르는 유일한 방법이었다.

자정이 조금 지난 시간, 보름달이 떴지만 눈보라를 동반한 구름이 잇따라 몰려와 달빛은 차고 희미했다. 18시간 동안이나 등반한 우리는 피로와 두려움을 느끼기 시작했다. 우리 위쪽은 경사가 더 센 데다 바위같이 안전을 담보할 수 있는 것도 보이지 않았다. 걸터앉아 쉴 수 있는 레지는 리마 인근의 해변만큼이나 먼 나라 이야기였다. 우리는 이미 파이프 3개를 건넜는데 갈수록 까다로웠다. 하나를 건널 때마다 알렉스는 헤엄을 치듯 간신히 떠올라, 파이프가 다시 합쳐질 때까지 그 사이에 있는 빈 공간으로 들어갔다. 눈이 어깨 높이까지 올라왔다.

알렉스는 조심하라고 소리쳤다. "경사가 점점 더 심해져요. 이런 곳에 눈이 어떻게 붙어 있지?" 나의 유일한 확보물은 피켈 두 자루. 그래서 쓸데없는 짓인 줄 알면서도 피켈을 더 깊이 박아 넣었다. 하지만 이런 눈에서 알렉스는 달인이었다. 그랑드조라스의 쉬라우드 루트로 접근하면서 테리 킹이 그렇게 말했었다. 알렉스는 이런 표면에서 버티는 요령이 있었다. "네가 팅커 벨Tinker Bell이라고 생각해." 이 말은 알렉스가 눈에서 허우적거리는 사람들에게 즐겨 하는 말이다.

여기 네바도3봉에서, 우리의 유일한 위안은 어떤 것이라도 무너져 내린다면 아주 순식간에 끝장이 난다는 것이었다. 우리는 흠뻑 젖어 추위에 떨었고 의기소침했다. 밤새 버티려면 에너지란 에너지는 모두 끌어모아야 했다. 새벽 1시. 얼음 결정체로 된 오버행 벽이 우리의 루트를 막았다. 알렉스는 파이프를 잇는 가장자리에 몸을 묻고 오른쪽으로 향

네바도3봉의 오르간 파이프처럼 생긴 눈 속에서 루트를 찾아나가고 있다.

했다. 창백한 달빛은 마치 우리에게 야유를 퍼붓는 듯했다.

그때 갑자기 알렉스로부터 고함이 들려왔다. "얼음입니다. 아주 단단해요. 오, 주여! 비박지네."

나는 그에게 이끌려 천국의 작은 틈새로 들어갔다. 어둠 속에서 우리는 남벽의 동쪽 모서리로 횡단했는데, 그곳에는 아침햇살이 튀어나온 바위 밑에 크레바스를 만들어 놓은 소박한 마법이 일어나 있었다. 우리는 평편한 곳으로 뛰어내렸고, 로프와 서로의 등에서 조심스럽게 눈을 털어냈다. 그런 다음 우리는 배낭 속에 발을 집어넣고 앉아 온기를 나누기 위해 바싹 다가앉았다.

그때까지 알렉스와 나는 단순히 즐기기 위한 것 이상의 등반을 많이 했었다. 그냥 즐기는 등반은 먼 훗날의 일이라는 것을 우리는 알고 있었다. 그런 순간들은 그저 올라가거나, 아니면 내려가거나 또는 앉아서 밤을 지새울 장소를 찾는 것뿐이다. 등반의 많은 부분은 산의 상태와 마음가짐 또는 어쩌면 그날 아침에 무엇을 먹었는지에 달려 있다. 각각의 요소들은 개인에 따라 달리 보이거나, 달리 느껴질 것이다. 그러나 내일 아침 식사는 해당사항이 아니었다. 우리에게는 스토브도 식량도 없었다.

그 순간에는 그냥 앉아 있을 수 있다는 것만으로도 행복했다. 우리가 스토브와 코펠 그리고 비박색을 가져왔더라면 얼마나 좋았을까 하는 상상은 사치였다. 사실 아주 나쁘지도 않았다. 각자에게는 빨아먹을 수 있는 사탕과 얼음 몇 조각이 있었다. 이제 하늘에 떠 있는 달은 웃음 띤 얼굴로 희망을 주면서 시간의 흐름을 알게 해주었다. 밤새 우리는 감당할 수 없는 추위를 이겨내기 위해, 생각이 나는 노래는 모두 불렀다. 주로 존 필립 수사John Philip Sousa가 만든 "성조기여 영원하라Star Spangled Banner"의 곡조에 가사를 붙인 노래였다.

"물갈퀴가 있는 네 친구들에게 잘해줘. 누군가의 어미 오리일 테니. 늪에 사는 고독한 생명들. 그곳은 언제나 춥고 축축해! 이제 나는 이 노래를 끝내려 해. 그리고 빌어먹을 거짓말쟁이가 아니라고 증명하기 위해 다시 한 번 끝까지 불러보겠어. 이번에는 조금 더 큰 소리로!" 그리고 우리는 목소리가 쉴 때까지 노래를 부르고 나서 웃었다. 우리는 살아 있었다. 우리는 어려운 상황을 함께 나누는 진정한 친구였다.

아침이 되자, 햇살이 모서리 근처를 유혹적으로 비추었다. 1시간가량 그 따뜻함을 즐기는 호사를 누리자 의식이 희미해졌다. 그러나 우리는 장비를 꾸렸다.

"어떻게 할래? 올라갈까, 아니면 내려갈까?" 하고 내가 물었다.

"올라가야 더 따뜻해질 겁니다."라고 알렉스가 말을 받았다.

알렉스의 피켈이 벽에 박히면서, 아침햇살에 빛나는 얼음 파편들이 쏟아지는 가운데, 그는 우리가 있던 크레바스 위 얼음 가장자리를 넘었다. 우리는 곧 남벽의 동쪽 측면으로 올라섰는데, 그곳에 그럴듯한 빙벽이 있었다. 수직의 암벽은 내 몫이었다. 우리가 있는 곳과 카라스1봉을 연결하는 가파른 파이프들과 빙벽들은 마치 정교한 크리스털 그릇의 안쪽 같았다. 우리는 이른 오후에 정상에 도달했다. 사실 정상에 오른 사람은 알렉스였다. 알렉스가 마지막 피치를 마치 헤엄치듯 나아가는 동안 나는 이 산에서 마지막으로 단단한 곳에 앉아 그의 확보를 보았다. 사방으로 커니스가 심하게 형성된 능선과 맞닥뜨리자, 그는 조심스럽게 물러났다.

결정의 순간. 우리는 와스카랑 북벽에서 돌아섰다.

"곧장 내려가야 해요. 능선에는 내려갈 길이 없습니다."

우리는 동벽으로 내려오면서 한 차례 더 비박을 했다.

산에서 빠져나오기 전에 우리는 와스카랑 북벽Huascarán Norte의 아주 긴 북서릉 재등에 도전했지만, 그 산을 제대로 오르기 위한 능선에서의 등반이 끝나기도 전에 식량과 가스가 떨어질 것이라는 사실을 깨닫고 3일 만에 포기했다. 우리는 겸허한 마음으로 멋진 페론 호수Laguna Peron 쪽으로 하산했고, 운이 좋게도 스페인 클라이머 몇 명이 내리는 택시를 잡아타고 아름다운 마을 와라스Huaraz로 돌아왔다. 이 마을은 1970년의 대지진으로 마을사람의 반이 죽고 95퍼센트가 폐허로 변했지만, 이제는 그 흔적조차 찾을 수 없었다.

친구들 대부분이 페루에 있어서 마치 여름철의 샤모니 같았다.[92] 우리는 호텔 바르셀로나 옥상에서 일광욕을 즐기는 터트 브레이스웨이트, 브라이언 홀, 테리 무니, 앨런 라우즈 그리고 초이 브룩스와 함께 있었다. 알렉스와 나는 란라팔까Ranrapalca(6,162m) 남벽을 주목했다.

"저게 뭐지?" 멀리 떨어져 있지만 뚜렷하게 높이 보이는 봉우리를 가리키며 내가 브라이언에게 물었다. 브라이언과 앨런은 이곳에 온 지 6주일이 되어 그쪽을 알고 있었다.

"란라팔까!"라고 그는 대답했다. "저건 남벽인데 아직 미등이야."

---

92 우리가 페루에 있는 동안 그곳은 혁명 전야였다. 우리는 너무 순진하고 정보에 어두워, 언제든 상황이 악화될 수 있다는 사실을 알지 못했다. 돌아오는 길에 리마에서 폭동이 일어나 우리는 철제 셔터가 있는 한 상점 안에서 밤을 지새야 했다. 알파마요Alpamayo를 등반하고 돌아오던 터트와 초이가 버스에서 내리자 폭죽 터지는 소리가 들렸다. 무슨 축제가 열리는 것일까 하고 궁금해하는 순간, 광장 건너편에서 공포에 사로잡혀 사방으로 내닫는 학생들이 보였다. 선생들이 학생들을 데리고 데모를 하고 있었던 것이다. 군인들이 군중들에게 발포해 교사와 학생 몇 명이 죽었다. 그러나 1시간도 안 돼 광장은 정상으로 돌아왔고, 거리는 아무 일도 없었다는 듯 다시 관광객들로 붐볐다.

페루의 와라스에서 휴식을 취하는 모습. 알렉스가 지켜보는 가운데 앨런 라우즈(왼쪽)와 브라이언 홀이 이야기를 나누고 있다.

알렉스와 나는 동시에 서로를 쳐다보았다. 근처의 술집에서 택시를 타고 가면 될 정도로 가까운 거리에 거대한 루트가 있다는 것은 멋진 일이었다.

나는 어설펐던 창가방 인터뷰에 이어, 우리의 페루 원정등반 심사위원들 앞에서 훨씬 더 우스꽝스러운 짓을 하고 말았다. 이번에는 마지막 순간의 계획 변경이 문제였다. 내가 출석하기로 한 전날 밤, 알렉스가 전화로 그전 해에 체코의 대규모 원정대가 극지법으로 우리가 목표로 삼은 빌카밤바Vilcabamba의 남벽을 등반했다고 알려주었다.

우리의 어쩔 수 없는 차선책은 와라스에 있는 친구들과 합류하는 것이었다. 하지만 대체 대상지를 찾을 시간이 없다는 것이 문제였다. 당시에는 인터넷도 없었고, 『마운틴』지를 비롯한 클라이머들이 참고할

란라팔까의 아름다운 남벽. 루트는 약간 오른쪽에서 시작해 중간쯤에서 곧장 정상으로 치고 올라간다.

주요 자료들을 소장하고 있는 영국산악회 도서관은 런던에 있었다. 따라서 나의 집이 있는 레이크 디스트릭트에서 할 수 있는 것이라고는 아무 것도 없었다.

이번 심사위원회에는 아는 얼굴이 하나도 없었다. 그러나 이번에 나는 적어도 파일은 갖고 있었다. 비록 모든 자료가 이제 우리의 등반과는 전혀 상관없는 빌카밤바에 관한 것이었지만…. 나는 신청서에 있는 대상지가 왜 더 이상 의미가 없어졌는지, 그리고 우리가 왜 코르디예라 블랑카로 가려 하는지 그 이유를 설명했다. 그곳에는 여전히 멋진 대상지가 많았다. 그러나 내가 알고 있는 이름은 하나도 없었다. 산으로 가는 길이 비교적 간단해, 우리는 신루트 몇 개를 오를 참이었다.

"그러면, 페루에서 코르디예라 블랑카가 어디에 있습니까?" 내 앞에 놓인, 광택이 나는 긴 테이블의 반대쪽에 앉아 심사하던 권위 있는 탐험가들 중 한 사람이 물었다. 나는 잘 알지 못했지만, 빠른 선택을 해야 했다. 빌카밤바가 중앙 안데스에 있다는 것은 알고 있었다.

"페루 안데스 남쪽입니다." 그 신사는 자신 앞에 펼쳐진 커다란 지도를 들여다보더니 더 이상 질문을 하지 않았다. 나는 내가 맞았다고 생각했다.(사실은 내가 틀렸다.)

"그렇다면 베이스캠프까지는 어떻게 이동할 건가요?" 존경 받는 또 다른 위원이 물었다.

그때 브라이언이 나에게 했던 말이 머릿속에서 떠올라, 나는 무심코 이렇게 내뱉었다.

"리마에서 와라스까지는 버스를 타고, 그 다음엔 택시를 탈겁니다." 이것은 그들이 듣고 싶어 한 답변이 아니었다. 등에 실린 짐이 부드럽게 흔들리며 균형 잡히는, 긴 라마llama 행렬이 잉카족들의 계단식 경작지를 굽이굽이 오르고, 팬파이프 음악이 고온 건조한 알티플라노 Altiplano[93]에 울려 퍼지는 그림이 그들이 원하는 것이었다.

"그런 고산에 택시를 타고 갈 수는 없을 텐데요."

"물론이죠. 그렇고말고요, 위원님! 저는 마을에서 그리 멀리 떨어지지 않은 곳까지만 타고 간다는 의미였습니다. 그런 다음 우리는 인디오들과 그들의 라마를 고용해서 긴 카라반을 할 계획입니다." 그의 지적에 얼굴이 붉어진 나는 말을 더듬었다. 상황은 더 나빠졌다.

"코르디예라 블랑카는 내가 찾아낸 곳입니다." 처음 질문한 사람이 목소리의 톤을 높였다. "그곳은 페루 안데스 북쪽입니다." 그는 안경알 밑으로 나를 노려보았다. 그때 나는 앞으로 다른 위원회에는 절대 참석하지 않겠노라고 다짐했다.

내 다음 차례는 터트 브레이스웨이트였다. 겨드랑이 밑에 작은 서류가방을 낀 그는 평소처럼 박식한 열정에 가득 차 있었다. 후에 그는 제일 먼저 받은 질문이 "코르디예라 블랑카는 어디에 있습니까?"였다고 나에게 알려주었다. 그는 정확하게 대답했다. 결과적으로 터트와 초이가 400파운드, 알렉스와 내가 200파운드의 지원금을 받았다. 그들은 결국 2개의 신루트와 2개의 새로운 하강 루트를 개척해, 지원금에 비해 더 좋은 결과를 얻었다.

간접적이기는 하지만, 알렉스와 내가 란라팔까를 등반할 때 영국 에어로스페이스(BAE)British Aerospace가 생명의 은인이었다. 그러나 정

---

93   중부 안데스 고산 지대에 넓게 펼쳐진 고원이며, 남아메리카에서 가장 큰 호수인 티티카카 호를 비롯해 중심 도시인 볼리비아의 수도 라파스가 위치해 있다. (역주)

말로 고마워해야 할 사람은 초이 브룩스였다. 우리의 페루 등반을 위해, BAE를 속여 특별 용도의 스노바들을 최첨단 기술로 만들도록 한 사람이 그였기 때문이다. 초이가 디자인한 이 스노바들은 러시아인들이 카자흐스탄의 항공우주 공장에서 제작한 어떤 종류의 티타늄 장비에도 결코 뒤지지 않았다. 이것들은 가볍고 강했으며 모양도 좋았다. 대략 1미터 정도 되어 갖고 다니기에는 좀 불편했지만, 안데스의 눈 상태를 감안하면 필수불가결한 장비였고, 아이스스크루보다도 훨씬 더 많이 사용됐다. 우리는 등반에 나서기 전에 등반만큼 하강도 신중하게 판단했다. 벽을 따라 몇 번 로프하강을 해야 하는지, 바위에서는 몇 번인지, 아이스스크루는 얼마나 써야 하는지, 스노바는 몇 개를 가져가야 하는지.

"4개는 가져가야 합니다. 둘이서 배낭 양쪽에 하나씩." 이는 알렉스가 거의 언제나 도달하는 불가피한 결론이었다.

알렉스처럼, 초이도 디자인에는 어느 정도 일가견이 있었다. 우리에게는 그가 새롭게 디자인한 타워 스토브도 있었다. 이것은 내가 본 타워 스토브 중 최고였다. 믿을 수 없을 정도로 작은 데다 바람막이도 훌륭했고, 팬은 음식을 만드는 데 전혀 지장이 없을 정도로 컸다. 다만 한가지 치명적인 단점은 작동이 안 된다는 것. 두어 번 사용했는데 분사노즐이 막혔다. 만약 불꽃이 조금이라도 올라왔더라면, 차 한 잔을 끓이는데 밤을 꼬박 새워야 했을 것이다. 물론 스토브 자체를 버리는 것은 아니지만, 스토브가 잘못됐을 때 연료를 덜어내어 짐무게를 줄일 수 있다는 장점도 있다. 고장 난 스토브를 초이에게 돌려주면 그가 고칠 수 있을 것이라는 믿음이 우리에게는 있었다. 실제로 초이가 고칠 때마다 몇 번은 작동했었다. 내 머릿속에는 초이에 대한 이미지 하나가 자리 잡고 있다. 와라스에 있는 호텔 바르셀로나의 양지바른 옥상에 옷을 거의 다 벗고 앉아, 스토브를 분해해 앞에 펼쳐놓은 신문지 위에 작은 부품들을 조심스레 올려놓고 신중히 닦는 모습. 그리고 그의 뒤 동쪽 지평선에 펼쳐진 코르디예라 블랑카의 거대한 봉우리들.

디자인에 대한 초이의 이야기 중 최고는 그가 갖고 있던 폐차 직전의 미니Mini에 대한 것이다. 알프스에서 돌아오는 길에 사람들과 장비를 잔뜩 실은 미니의 서브프레임이 주저앉고 말았다. 그는 잉글랜드 남부 어딘가에 차를 버려야만 했다. 이런 경우, 일반적인 대처는 모든 물건을 꺼낸 다음 번호판을 비롯한 증거를 말끔히 제거한 후 집으로 가서 도난 신고를 하는 것이다. 초이가 보험청구서를 막 작성하고 있는데 전화가 울렸다.

"선생님, 우리가 차를 찾아냈습니다." 경찰이었다. "윈체스터 Winchester로 내려와 차를 가져가시죠."

전화를 끊은 초이는 5센티미터 굵기의 각목을 갖고 내려갔다. 그는 디자인과 건축 일을 하며 각목의 쓰임새를 잘 알고 있었다. "그런데 내가 정비공에게 각목으로 서브프레임을 대체할 수 있는지 물었더니, 그는 웃으며 안 될 거라고 얘기했지. 당연하지, 안 그래? 그는 목수가 아니니까." 초이는 각목으로 서브프레임을 대체하고 그 차를 1년 가까이 더 몰고 다녔다.

아이러니컬하게도, 란라팔까는 탄광이나 수력발전 프로젝트를 위해 닦아놓은 도로가 없는 계곡에 있었다. 아마 이런 이유로 그 멋진 벽이 미등인 채로 남아 있었던 것 같다. 우리는 그 지역의 인디오들과 라마를 고용한 다음, 그의 두 아들과 함께 농가들이 드문드문 있는 고원지

MEF 덕분에 와라스에서 페론 호수의 베이스캠프까지 이렇게 우아한 교통수단을 이용할 수 있었다.

대를 이리저리 돌아가는 카라반에 나섰다. 남녀 모두 커다란 모자에 화려한 색상의 스커트와 판초를 입고 밭에서 일하고 있었다. 이틀간의 카라반 끝에 나무와 꽃들이 우거진 빙하 입구의 아름다운 캠프지에 도착했다. 초이 브룩스와 테리 무니도 인근의 봉우리 하나를 시도하기 위해 우리와 동행했다. 그러나 이틀 내내 우리의 벽 등반을 지켜본 그들은 나흘째가 돼도 우리가 나타나지 않자, 최악의 소식을 집에 전해야 한다며 와라스로 내려갔다.

우리가 네바도3봉과 와스카랑 북벽에서 얻은 교훈은 페루에서의 등반을 과소평가해서는 안 된다는 것이었다. 란라팔까는 우리를 실망시키지 않았다. 몇 군데를 제외하고, 등반은 단단하게 다져진 눈이 거의 없는 알프스와 같은 조건을 갖고 있었다. 우리는 삼 분의 일 지점까지 설사면을 로프 없이 올라, 오른쪽에서 시작해 왼쪽으로 방향을 잡았다. 군데군데 미끄러운 바위가 있는 까다로운 믹스등반 구간이 나타났고, 가로막은 바위 너머는 얼음으로 이어졌다. 낙석과 낙빙에 대한 걱정으로 마음을 놓을 수 없었지만, 우리는 컨디션이 좋아 빨랐다. 벽의 하단 삼 분의 일 거의 다를 로프 없이 등반해서, 우리가 왜 배낭 양쪽에 V자형 삽처럼 생긴 스노바를 2개씩이나 달고 왔을까 하는 의구심이 들기도 했다. 우리는 벌어진 세락과 바위 사이의 침니 구간에서 배낭을 내려놓고 이 배낭을 끌어올리느라 애를 먹었다.

우리는 마치 뉴욕의 크라이슬러빌딩처럼 생긴 거대한 빙탑 위에서 비박하며 안락한 밤을 보냈다. 그러나 머리 위에서 무엇이 떨어질지 몰라 벽에서 최대한 멀리 떨어져 있어야 했다. 우리는 하늘에 찍힌 작은 점이었다. 안전했고 잘 먹고 편히 잘 수 있었다. 정상까지는 여전히 엠

파이어스테이트빌딩의 높이만큼 남아 있었다.

등반은 지속적으로 어려웠다. 하지만 별다른 것은 없었다. 우리는 스노바를 두어 번 사용해 다음 날 오후 3시쯤 정상에 도달했다. 하늘에 구름 한 점 없는 날, 우리는 안데스의 척추 위에 섰다. 대부분의 산봉우리들은 아마존이 만들어내는 구름을 뚫고 솟아 있었다. 우리는 초콜릿을 조금 먹고 원래의 계획을 확인했다. 낙석의 위험도 있고, 우리가 가진 너트와 피톤도 별로 없어 남벽으로 하강하는 것은 고려할 가치조차 없었다. 반대쪽으로 내려간다면 완전히 다른 계곡으로 내려서기 때문에 비싼 택시요금을 물어가며 먼 거리를 돌아가야 한다는 문제점이 있었다. 출발하기 전의 우리 대안은 미등의 서릉을 통해 하산하는 것이었다.

이어진 것은 고산에서의 사뭇 기괴하고 독특한 경험이었다. 두 번째 비박은 나무랄 데가 없었다. 정상에서 얼마 내려오지 않은 곳의 비박지에서는, 북쪽으로 톱니 같은 커니스가 2킬로미터 정도 펼쳐진 끝자락에 있는 아름다운 옥샤팔까Ocshapalca(5,881m)가 내려다보였다. 유일한 옥에 티는 작은 불꽃이 탁탁 소리를 내는 스토브였다. 결국 국수와 핫 초콜릿 메뉴의 저녁식사는 야식이 됐다. 은은한 달빛 아래, 아마존에서 피어오른 안개가 느린 쓰나미처럼 동쪽에서 몰려와, 우리는 곧 차디찬 안개에 둘러싸였다.

새벽이 되자 안개가 1시간 만에 걷혔다. 우리는 차가운 탕Tang 주스를 타서 마실 정도의 눈만 녹이고 짐을 꾸렸다. 그리고 직선으로 뻗은 능선의 시작부분을 내려갔다. 우리는 곧 짙은 안개 속으로 들어섰지만 1시간 후 평편한 설원지대에 도착했다. 그곳은 상당히 넓은 서릉을 찾

네바도3봉 남벽의 하단에 있는 설사면을 알렉스가 단독으로 오르고 있다.

비박한 다음 날, 유명한 BAE의 스노바를 배낭에 매달고 첫 피치를 오르고 있다. 뒤쪽에 보이는 봉우리가 피라미드 Pirámide봉

아야 하는 콜임에 틀림없었다. 서릉은 란라팔까와 옥샤팔까 사이의 중간쯤에서, 우리가 있던 빙하와 완만한 곡선으로 연결된 곳이었다. 나침반이 없어 추측에 의존할 수밖에 없었지만, 추측을 할 때마다 우리는 나락으로 떨어지는 것 같았다. 한낮의 햇빛으로 안개가 점차 걷히기 시작했다. 결국 우리 눈앞에 펼쳐진 것은 바닥이 훤히 들여다보이는 깊고 넓은 크레바스 안으로 떨어지는 급사면이었다. 돌아설 수 없는 지점이었다. 만일 우리가 로프하강을 결정한다면, 하강이 불가능했을 때를 대비해 대안을 찾아야 했다. 다행히 로프가 가까스로 바닥까지 닿았다. 우리는 장비를 회수할 도리가 없어 귀중한 스노바 하나를 버렸고, 그곳에서 비박했다. 스토브는 물이 미지근해지기도 전에 멈추어버렸다.

아침이 되자 스토브는 아예 고장이 났다. 하지만 우리는 수리해서 다음에 다시 쓸 요량으로 배낭에 집어넣었다. 크레바스 안의 미로를 이리저리 돌아내려가자, 마침내 폭이 줄어들면서 왼쪽으로 올라갈 수 있는 벽이 나타났다. 여전히 짙은 안개가 감질나게 순간적으로 갈라지며 주변을 둘러싼 봉우리들이 보였는데, 다행스럽게도 옥샤팔까가 우리 오른쪽 뒤에 있었다. 우리는 올바른 방향으로 가고 있었다. 다시 크레바스의 불확실한 심연 속으로 로프하강을 할 때 두 번째 스노바가 희생됐다. 그곳에서 우리는 위쪽으로 기어 나와, 능선을 완벽하게 둘로 나누는 거대한 오버행 빙벽의 가장자리에 이르렀다. 어느 쪽이든 가장자리를 돌아 내려가려 했지만, 눈이 깊은 데다 그 아래쪽이 뚝 떨어지는 곳이어서 위험했다. 그래서 우리는 다시 한 번 스노바를 이용해 로프하강을 했다. 세 번을 하강했는데 한 번이 더 남아 있었다. 그날 밤의 비박은 춥고 불안하고 지겨웠다. 우리는 운명과 권력자를 찬양하는 바보 같은 노래들

정상 직전 마지막 스탠스에서의 저자. 카리모어 배낭과 게이터gaitor 그리고 로한의 살로페트는 모두 알렉스가 디자인한 것이다.

란라팔까의 중단에 있는 가파른 빙벽을 선등하고 있는 저자 (사진: 알렉스 매킨타이어)

식량도 침낭도 없이 밤새 노래를 부른 후 여명을 맞이한 알렉스

을 불렀다.

　다음 날 아침, 밝은 태양이 우리를 따뜻하게 해주었다. 우리는 안개 바로 밑에 있었기 때문에 넓은 설릉이 연속적으로 펼쳐지는 마지막 150미터의 하강 루트를 뚜렷이 볼 수 있었다. 피곤하기는 했지만 안심이 된 우리는 무릎과 허리까지 빠지는 깊은 눈을 헤치며 내려갔다. 그러자 기절초풍할 정도로 무서운 마지막 장애물이 나타났다. 또 하나의 오버행 빙벽이 능선을 가로막은 것이다. 좋은 점은 그 아래쪽을 통해 빙하로 내려설 수 있을 것 같다는 것이었고, 나쁜 점은 그 빙벽이 우리의 로프보다 30미터 이상 길어 보인다는 것이었다. 그 아래쪽에는 빙하가 떡하니 입을 벌리고 있었다.

　우리는 우선 로프 두 동을 연결해 내려가 보자는 아이디어를 놓고 고심에 고심을 더했지만, 그 아래쪽의 빙하가 크레바스로 수놓은 멍석처럼 보였기 때문에 그렇게 하지 않기로 했다. 로프는 여전히 필요할 수 있었다. 우리의 마지막 스노바가, 뽑히지 않고 하중을 견뎌낼 올바른 각도로 완벽하게 박혔다. 그것은 더 높은 곳에 남겨진 자신의 형제들처럼, 안데스 산맥의 창공을 높이 나는 날개의 일부가 되어야 하는 운명의 아름다운 알루미늄 작품이었다. 그러나 그것의 운명은 뒤에 홀로 남겨진 채 다가올 수백 년 동안 아주 천천히 내려와야 하는 것이었다. 우리도 곧 그 느린 여정에 합류하게 되는 것일까?

　알렉스가 먼저 내려가겠다고 나섰다. 그는 배낭을 메지 않고 내려가다가, 여차하면 푸르지크 매듭을 이용해 다시 올라올 생각이었다. 우리는 운이 좋았다. 비록 로프의 끝이 바닥에 닿지는 않았지만, 그 끝에 있는 크레바스의 가장자리가 보기보다는 높아 알렉스가 오버행 빙벽에

마침내 안개 밑으로 내려왔지만 거대한 구멍들이 계속 나타났다. 아무도 간 적이 없는 란라팔까의 동릉을 내려가는 모습

서 로프에 의지해 옆으로 이동한 다음 피켈을 휘두르며 로프 끝에서 뛰어내리면 부드러운 눈 속으로 안착할 수 있을 것 같았다. 나는 로프를 끌어올려, 그 끝에 알렉스의 배낭을 매달아 내렸다. 그러나 가벼워진 하중으로 로프가 덜 늘어나 알렉스가 있는 곳까지 보내려면 로프가 더 필요했다. 그래서 나는 두 로프의 길이를 똑같이 정확하게 맞춘 후 8자 하강기를 걸었다. 나는 세 번씩이나 모든 상황을 확인하고 나서 허공으로 몸을 던졌다. 나는 알렉스 옆에 퍽 하고 떨어졌다. 우리는 로프를 회수한 다음 서로를 보고 씩 웃었다.

"멋진 등반입니다. 안 그래요?"

"불행 중 다행이지. 맥주와 음식이 우리를 부르고 있어."

내가 빙하를 앞장서서 내려갔다. 처음에는 고조된 기분 속에 한 발자국씩 앞으로 내디뎠다. 훤히 드러난 회색빛 침수지역들이 사방으로 어지럽게 얽혀 있었다. 그리고 최악의 아이스폴 지대를 통과할 때 피로가 몰려왔다. 세심한 주의와 관심을 기울이지 않으면 안 되는 장소로, 우리 가까이에 재앙이 도사리고 있었다. 굳은 눈 위를 밟는 순간 나는 갑자기 거대한 크레바스의 어둠 속으로 10미터나 떨어졌다. 내가 다치지 않고 떨어진 곳은 아래를 가늠하기 어려운 어둠 속에서 솟아 오른 원뿔 모양의 눈 위였다. 위쪽 구멍으로 파란 하늘이 보였다. 거대한 틈을 덮은 얼음 표면의 약한 부분이 부서지며 떨어진 것이었다. 일반적인 크레바스는 아니었다.

그때 다음 상황이 벌어질 조짐이 보였다.

그림자 하나가 얇은 스노브리지가 걸쳐 있는 구멍 가까이로 상황을 살피기 위해 다가오고 있었다. 나는 알렉스에게 돌아가라고 고함쳤다.

그러자 그림자가 멈추더니 다른 방향으로 살짝 움직였고, 다시 그 반대 방향으로, 그러고 나서 내 위쪽에서 빛을 들여보내고 있는 천정 너머로 물러섰다. 나는 안도의 한숨을 내쉬었다. 몸이 점점 추워지기 시작할 때쯤 알렉스가 로프를 세 번 크게 잡아당겼다. 푸르지크 매듭으로 올라오라는 신호였다. 나는 로프에 슬링을 감았다. 팽팽해진 로프는 마치 치즈를 자르는 와이어처럼 천정을 자르더니 결국 얼음이 있는 곳에 걸렸다. 나는 이리저리 몸을 흔들며 위로 올라가 천정에 구멍을 뚫었다. 알렉스는 내가 구멍을 빠져나올 수 있도록 아이스스크루 2개를 거대한 세락에 든든하게 박아놓고, 그 옆에 앉아 있었다.

"아찔했겠는데요." 그는 마치 "다시는 그러지 마세요."라고 말하려는 듯 힘겹게 씩 웃었다. 나는 우리 사이의 로프가 팽팽했다면 내가 어떻게 10미터나 떨어질 수 있느냐는 힐책은 하지 않았다.

"내 고함을 들었어?"

"들리기는 했는데 북소리 비슷했습니다. 어쨌든 나는 곧 어떤 조치가 필요하다고 생각했습니다."

"더 이상 신에게 매달리지 말고, 어서 내려가자!"

우리는 로프를 팽팽하게 유지하면서 빙하를 이리저리 돌아내려갔다. 나는 여전히 신경이 날카로웠다. 비박지에는 초이와 테리가 써 놓은 쪽지가 있었다. "이것을 읽는다면 너희들은 정말 운이 좋은 놈들이야. 살아 있다는 말이니까." 그러나 더 중요한 것은 그들이 식량과 함께 완벽하게 작동되는 스토브 하나를 남겨놓았다는 것이었다. 우리는 실컷 잔 다음, 다음 날 저녁 늦게 와라스로 돌아와 우리의 등반을 자축했다.

20

완벽한 날

Perfect Day

클라이머들과 그들의 파트너들 사이에는 뚜렷한 긴장감이 존재한다. 장기간의 이별, 커다란 위험 그리고 사랑하는 사람이 집으로 돌아올 수 없을지도 모른다는 현실적인 가능성. 이들 사이에는 항상 "왜?"라는 공허한 질문만이 남는다. 이곳에 함께 있을 수도 있는데 왜 생명을 위험 속으로 몰아넣는가? 등반을 떠나고 없는 동안에는 다른 의문들도 떠오른다. 언제, 어디서 또 누가 희생될까?

　최악의 상황이 일어나면, 몇 달 또는 몇 년 뒤에 자신 역시 똑같은 아픔을 겪게 될지도 모른다고 느끼기 때문에 친구들은 죽은 클라이머들의 미망인들과 파트너들을 위로한다. 사람들은 흔히 등반을 폐쇄적이라고 말한다. 하나의 공동체로서 자아도취적인 그 세계는 암장에서의 아드레날린과 저녁의 술자리로 지탱된다. 위험한 삶을 사는 작고 긴밀한 다른 집단과 별반 다를 바가 없다.

　알렉스가 조 태스커를 마리아에게 소개한 지 몇 개월이 되지 않아, 그녀는 알렉스에게 새라 리처드를 소개해주었다. 리즈대학교에서 귀네스를 만난 알렉스는 거의 5년 동안 그녀와 함께 살았었다. 그녀는 때때로 불같은 성격을 내보이기도 했지만, 세상에 대해 진지한 견해와 훌륭한 유머감각도 갖고 있었다. 그녀는 또한 알렉스가 빠져든 혼란에도 완전히 익숙해진 것 같았다. 이런 점에서 그들은 완벽한 커플이었다. 그러나 결국 귀네스는 사우스 웨일스South Wales로 잠시 돌아갔고, 높아만 가는 알렉스의 명성은 그의 앞길에 새로운 유혹으로 작용했다. 그가 귀네스와 친한 친구 몇몇과 바람을 피우자 사태가 악화됐는데, 그는 평소와 같이 즉흥적인 방법으로 잘못을 인정했지만, 귀네스가 받아들이기에는 상처가 너무 컸다.

"네가 내 친구들을 모두 건드리면, 나도 네 친구들을 가만 놔두지 않겠어."라고 그녀는 독설을 퍼부었다. 실제로 귀네스는 알렉스의 친구들과 함께 미국 여행을 가기도 했다. 이 마지막 독설이 그의 머릿속에서 맴돌고 있었고, 우리 중 어느 누구도 집에 아무런 약속을 하지 않은 연유로 우리의 1976년 페루 등반은 어느 정도 불이 붙어 있었다. 각자의 파트너와 헤어진 우리는 우리를 뿌리 내리게 할 어떤 유대관계도 갖지 못했다.

남미에서 돌아온 지 얼마 지나지 않아 알렉스는 마리아에게 새로운 사람을 소개시켜 달라고 졸라댔다. 마리아는 약간 두려움을 느끼기는 했지만, 자신의 친구 새라 리처드가 알렉스의 좋은 짝이 될지도 모른다고 생각했다. 마리아는 맨체스터 미술계 친구들을 통해 그녀를 알고 있었다. 그녀가 남자친구와 함께 집에 와서 이야기를 나누는 동안 알렉스는 그녀에게 곧바로 빠져들었다.

몇 년이 지난 후, 나는 새라를 만나 커피 한 잔을 마셨다. 그녀는 예전 모습 그대로였다. 아름다운 얼굴에는 여전히 따뜻한 미소가 가득했고, 적갈색의 머리는 어깨에 닿을 정도로 길었다. 그녀는 직설적이고 솔직했으며 속내를 드러내는 것을 두려워하지 않았다. 새라는 도전을 피한 적이 없었다. 그들은 만난 바로 그다음 날부터 서로 한마음이 됐다.

"그때 마리아가 내 남자친구와 함께 한잔 하자며 집으로 초대했어요. 그 집에는 방을 하나 빌려 하숙하는 알렉스라는 혈기왕성한 청년이 있었죠. 그는 나의 모든 것을 알아내려 촉각을 곤두세웠습니다. 어디에 사는지, 왜 일을 하지 않는지…. 그런데 다음날 누가 현관문을 두드려 나가보니 알렉스였습니다. '점심에 한잔 어때요?'"

새라가 이에 동의해 대화가 이어지자, 그녀는 알렉스가 얼마나 놀라운 청년인지 알게 됐다. 술을 몇 잔 마시자, 알렉스는 그만의 독특한 방법으로 재빨리 작업을 걸며, 여름 동안만 잠시 스쳐지나가는 인연을 만들어보는 것이 어떻겠느냐고 제안했다.

"그는 그냥 이렇게 이야기했어요. '나와 사랑에 빠지거나 그 비슷한 것을 할 필요는 없어요. 난 여자 친구가 있는데 그녀는 가을에 돌아옵니다. 그러니까 이건 그냥 여름나기용이지요.'" 새라는 알렉스와 귀네스의 오랜 관계가 여전히 계속되고 있음에도 불구하고 모험을 해보기로 했다. 그리하여 알렉스의 양다리 걸치기가 시작됐다.

마리아는 새라에게 알렉스와 관계가 엮이면 큰 곤경에 빠질 수 있다고 주의를 주었다. 그러나 새라는 뜻을 꺾지 않았다. 이렇게 2년 반이라는 짧고 강렬했던 그들의 만남이 시작됐다. 그들은 때로 정반대의 입장을 보이면서도 서로 잘 지냈다. 새라는 친절했으며, 결점에는 동정적인 태도를 보였고 매우 예술적이었다. 그녀는 인생을 거칠게 접근하는 알렉스를 돋보이게 하는 사람이었다. 그녀는 무대 디자이너여서 전국의 극장을 돌아다녔다. 그녀는 극적인 상황에 익숙했다. 그러나 반대를 이겨내려면 단순한 복종 이상이 필요한 법이다. 즉시 드러난 것은 아니지만, 새라는 알렉스와 지적으로 잘 맞아떨어졌고, 그가 옹고집을 부릴 때 그를 올바로 이끌어주어 그가 기댈 수 있는 사람이었다.

"며칠도 되지 않아 알렉스와 나는 함께 여행을 떠났고, 아주 좋은 시간을 보냈어요. 우리는 글래스고까지 올라가 미술전시회에 갔습니다. 그리고 나서 도니골Donegal로 건너갔는데, 벨파스트에서 테리 무니의 BMW를 빌려 멋진 여행을 했습니다.[94]

아일랜드에서의 그 여행 어디에서인가 알렉스는 새라와 사랑에 빠졌다. 그는 그녀에게 먼 여행에 나섰을 때 자신을 보살펴줄 수 있는 누군가가 있는 것이 얼마나 중요한지 설파했다. 그리고 그는 자신의 야망은 가능하면 빨리 그녀로 하여금 자신을 사랑하게 만드는 것이고, 자신이 다음 등반에 나설 때 그녀가 바로 그 누군가가 되어주는 것이라고 말했다.

새라와 알렉스는 여행에서 돌아오자 곧바로 동거에 들어갔다. 알렉스를 알고 있던 마리아와 모든 사람들은 그가 갖고 있던 고지식한 대인관계가 변하고 있음을 확실히 느낄 수 있었다. 물론 그렇다고 해서 그가

---

94   알렉스와 테리 무니를 겉모습만 본 사람들은 그들이 정반대의 스타일이라고 생각했다. 북아일랜드의 벨파스트에서 법정 변호사로 성공한 테리는 알렉스가 1년 동안 벌 수 있다고 상상하는 것보다 훨씬 더 많은 돈을 한 달에 벌었다. 테리는 프로 클라이머로 성공한 알렉스의 인생에서 후원자이자 멘토였다. 그들이 원하는 바는 매우 비슷했지만, 라이프 스타일은 사뭇 달랐다. 법조인의 견해로 세상을 바라본 그들은 어떤 사안도 반대 입장을 주장할 수 있었다. 그들은 빈틈없이 예리한 관찰력을 지녔지만, 사람들의 결점을 늘 같은 마음으로 받아들이지는 않았다. 또한 즉시 드러나지는 않았지만, 그들은 서로 다른 시기에 극한의 위험을 함께 나누었다. 알렉스는 매순간 위험을 무릅쓰는 큰 등반에 나섰고, 검사였던 테리는 아일랜드 독립전쟁이 절정에 이르렀을 때 매순간 위험을 무릅쓰고 벨파스트에 있는 자신의 아파트를 나서야 했다.

1981년 여름, 비가 내리는 가운데 와스데일 헤드 인Wasdale Head Inn을 나서는 우리들.
(왼쪽에서 오른쪽으로) 알렉스, 저자, 존 파웰, 새라 리처드, 로즈 태비너Rose Tavener, 재닌 프레이저Janine
Frazer, 다나 파웰Donna Powell (사진: 버나드 뉴먼)

하루아침에 낭만주의자로 변한 것은 아니었다. 새라는 그의 내면에 잠
자고 있던 낭만적인 성격을 일깨웠는데, 한참 뒤 안나푸르나에서 죽기
직전 두려움에 떨던 때 그는 나에게만 자신의 낭만을 드러냈다. 우리가
원정등반을 하는 동안 알렉스는 어머니에게 자주 편지를 썼지만 다른
사람에게는 거의 편지를 쓰지 않았다. 안나푸르나에서 나는 그가 어머
니 진에게 편지를 쓴 다음, 새라에게도 편지를 쓰고 있다는 사실을 알아
챘다.[95]

---

95   원정등반 기간 중에 편지를 쓰면 정신건강에 좋다. 일단 도로가 끝나는 곳을 지나면 더 이상 우
     체국이 없다. 지나가는 사람이나, 혹은 포터들이 베이스캠프를 떠날 때 미리 우표를 붙이고 주
     소를 쓴 편지를 맡겨도, 이것이 제대로 전달될지 안심할 수 없다. 집에서 보내는 우편물은 보통
     산으로 출발하기 전에 짐을 보관해두는 호텔로 배달되기 때문에 두 가지 점에서 좋다. 사랑하는

"그해 여름 어느 주말에 찰스 황태자와 다이애나의 결혼식이 열렸어요. 그때 우리는 웨일스에서 열린 왕실 반대 집회에 참석했죠. 우리는 앨해리스호텔에 묵었는데, 나는 알렉스를 따라 이드월 슬랩Idwal Slab에서 난생처음 암벽등반을 했어요. 알렉스가 원정에서 돌아오면 우리는 거의 언제나 함께 등반했습니다. 그는 동료들의 압박에서 벗어나 등반의 즐거움을 만끽할 수 있는 기회를 정말 좋아했어요. 알렉스는 재미있는 사람이었습니다. 그는 하나의 완전체였는데 예측이 불가능해 항상나를 웃게 만들었죠. 우리는 정말 잘 어울렸습니다."

새라는 자신도 모르게 알렉스와 사랑에 빠진 것 같았다.

"우리가 함께 지낸 이후 나는 귀네스의 존재가 두려웠어요. 알렉스가 그녀에게 돌아갈지도 모른다는…. 나를 만나기 전, 그는 그녀와 6년이라는 긴 시간을 함께 보냈으니까요. 물론 그녀는 늘 주변에 있었습니다. 하루는 내가 그녀를 찾아가 큰 포옹을 해야겠다고 결심했어요. 대화를 나누던 모든 사람들이 일순간 조용해졌죠. 귀네스는 내 포옹을 그냥 받아주었고, 사람들은 다시 대화를 이어갔습니다. 사람들은 훌륭한 일이며 옳은 일이었다고 생각했어요. 그러자 귀네스와 친한 친구 한 명이 다가와 정말 좋았다고 말해주었습니다. '너희 둘은 이제 잘 지낼 수 있을 거야.'라고 하면서. 알렉스는 두 여자를 동시에 사랑하는 것이 얼마나 힘든 일인지 자주 이야기했습니다. 정말 고마워, 라고 나는 생각했죠."

사람과 연락이 닿지 않는 것은 무척 애석한 일이지만, 무슨 일이 일어나는지 알지 못하면 자신의 일에만 집중할 수 있다. 심지어 정기적인 메일러너들이 있는 에베레스트 지역에서도 우편시스템이 잘 작동할 것이라고 장담하지 못한다. 1980~1981년에 있었던 나의 에베레스트 동계원정 때 BBC 뉴스나이트Newsnight 프로그램에 보낸 필름 뭉치들이 여러 해가 지난 후 우연히 버제스 형제 중 한 명에 의해 카트만두의 한 호텔 벽장에서 발견되기도 했다.

새라와의 관계가 깊어질 무렵 알렉스는 여전히 BMC에서 두각을 나타내고 있었다. 그는 특유의 권위주의적인 본능에도 불구하고 민주적인 절차를 신봉했다. 그는 BMC를 장악한 사람들 중에서도 공화주의자라고 알려져 있었다. 그는 다음과 같은 기록을 남겼다. "여론과는 달리, BMC의 정책은 개구쟁이(데니스 그레이)가 좌지우지하는 원맨쇼가 아니다. 이것은 (일반회원들로 구성된) 운영위원회에서 만들어지고 관리된다. 이를 보면 '프로들'이 해야 할 일이 무엇인지 알 것이다."

이 문장은 알렉스가 '민주주의Democracy'라는 제목으로 『클라이머 앤드 램블러』에 쓴 기고문의 서론 중 일부다. 이 글은 그가 BMC를 그만둘 무렵 발표한 것으로 미래를 위한 비전의 선언이기도 했다. 그는 이 기고문을 통해 BMC는 풀뿌리 클라이머들에게 봉사하기 위해 조직 내부에 지속적이고 사려 깊고 통제되는 변화가 필요하다는 견해를 밝혔다. 그는 혁신이 필요하다며 새로운 정관을 제안했다. 그리고 그는 많은 클라이머들이 지역 위원회 모임을 통해 BMC 내에서 목소리를 내고 있다고 지적했다. 잉글랜드와 웨일스는 8개 지역으로 나누어 현안을 논의해 BMC의 운영위원회에 피드백을 제공했다. 알렉스는 — 드러내놓고 말하지는 않았지만 — 이 지역 위원회들이 일반적으로 편협하다고 암시했다. 지역의 현안들만큼이나 중요한 것은 지역 위원회와 이를 구성하는 산악회들이 향후 지역의 현안뿐만 아니라 국가적인 이슈들도 함께 다루어야 한다는 것이었다. 그는 자신의 주장을 밀고 나가는 수사적修辭的인 질문 목록을 작성해 제출했다.

"BMC가 웨일스의 불흐이모흐Bwlch-y-Moch와 같은 암벽을 인수하려고 노력해야 하는가? 자격증 남용에 맞서는 캠페인을 벌여야 하는가?

보험 설계를 해야 하는가? 산장에 대한 상호 간의 권리를 취득하려고 노력해야 하는가? 산악사고에서 형사고발로 위협받는 불운한 사람들 편에 서야 하는가? 가장 좋은 동계시즌에 일간신문과 가끔은 국회의원들을 통해 유포되는 '산악지대 폐쇄'와 맞서 싸워야 하는가?"

알렉스는 여가를 목적으로 산을 찾는 사람들의 숫자가 증가하는 것이 궁극적으로는 토지 소유주들이나 또는 같은 자원을 이용하기 위해 경쟁하는 다른 종목들과의 갈등을 야기할 것이라고 믿었다. 그러면 필연적으로 정부는 등반은 위험하며 반사회적인 활동이라는 속설에 부담을 느끼게 될 터였다. 알렉스가 믿었던 해결책의 기반은 산악회든 개인 회원이든 광범위하고 활동적인 BMC 회원들이었다. 그는 투표권을 행사하는 개인이 중요하다고 여겼는데, 오늘날의 BMC도 여전히 그 가치를 소중하게 여기고 있다.

아이러니컬하게도, 1970년대에 논의된 많은 이슈들이 오늘날의 등반과 연관이 있는 반면, 산악계의 본질과 성격은 클라이머들의 사고와 행동방식을 바꾸어놓았다. 저렴한 항공료와 위험을 피하려는 움직임으로 인해 사람들은 인파로 북적대는 영국 내 암장을 피해 프랑스나 스페인 또는 태국의 암장으로 옮겨갔고, 그 결과 영국의 많은 암장들은 이끼가 무성하게 끼었다. 1970년대에는 어떤 종류의 등반도 보험가입이 불가능했지만, 지금은 많은 사람들이 보험 혜택을 누리고 있다. 심지어는 6천 미터급 이상의 봉우리에 대해서도 보험가입이 가능하다.[96]

---

96 1970년대의 유일한 보험은 통상적인 수화물 분실과 항공편 취소에 따른 것뿐이었다. 등반장비를 분실하면 보상을 받기가 어려웠다. 지금은 사망한 클라이머의 시신을 고국으로 운구할 수 있는 보험도 있다. 알렉스가 죽었을 때 그의 시신을 네팔 밖으로 운구하는 것은 사실상 불가능했다.

결국 알렉스의 행동 요구는 올바른 것으로 드러났다. BMC의 회원이 폭발적으로 늘어나면서 관심도 크게 증가했다. 전반적으로 보면, BMC는 그가 사무국장으로 있을 때보다 지금이 더 민주적이고 책임 있고 전문적으로 운영되는 조직이다.

알렉스는 새라와의 교제를 통해 영향을 받은 바가 크지만, 산의 어떤 양상에 대한 낭만적 무정부주의 가치에 대한 신념은 절대 포기하지 않았다. 그는 여전히 BMC의 종식을 요구하는 사람들이 틀렸다고 믿었다. 타협도 없이 지역적인 협상으로 회귀하는 것은 대처 수상이 권력을 중앙 집중화하면서 지역적 기반이 없는 새로운 정치계층이 패권을 장악한 당시에는 전국적인 대표성을 포기하는 것을 의미했다. 많은 클라이머들이 그의 아이디어에 대해 저주를 퍼부었음에도 불구하고, 만약 국가적인 관료주의가 산에서의 모험과 활동을 장악하게 된다면, 대안적인 목소리의 부재는 재앙이 될 수도 있었다. 이것은 복잡한 줄타기같이 민감한 사안이었지만, 알렉스는 영리하게 조율했다. 그는 지역 위원회 모임에서 권위와 지식 그리고 사안에 대한 열정을 바탕으로 회의론자들을 물리쳤고, 그때까지 BMC의 토대가 된, 사람들의 마음을 얻는 전략을 통해 승리했다.

BMC에서 일하던 마지막 해에 알렉스는 훈련과 관련된 현안들을 중재하는 동시에 다른 힘든 업무들도 떠맡았다. 그중 하나가 등반과 법적 책임을 주제로 논문을 쓰는 것이었다. 이런 주제가 다루어진 것은 그때가 처음이었다. BMC는 이 프로젝트를 통해 자립과 책임 정신이 등반의 핵심 가치로 자리매김할 수 있기를 희망했다. 이 프로젝트의 주요 목적은 산악계에 만연한 소송의 가능성을 줄이는 것이었다. 소송은 이미 영국 생활의 일부로 파고들었고, 북미에서도 횡행했다.

또 하나의 커다란 현안은 벤네비스의 고지대에 짓고자 한 국립 산장을 둘러싼 뜨거운 논쟁을 해결할 방도를 찾는 것이었다. 일부 가이드들은 이를 지지했는데, 황량하게 노출된 벤네비스에서 사망사고의 가능성을 줄일 수 있다는 것이 그 이유였다. 알렉스는 찬성과 반대에 대한 균형 잡힌 글을 썼고, 이는 그 계획에 반대하는 반향을 광범위하게 불러일으켰다. 그러나 사실 그 글은 벤네비스의 어딘가에 잉글랜드와 웨일스 클라이머들을 위한 산장이 필요하다는 것이었다. 벤네비스 아래쪽에 있는 CIC 산장은 스코틀랜드 클라이머가 아니면 사용하기가 힘들었다. 아이러니컬하게도, 최종적으로 선택된 대안은 오니크Onich에 있는 산장이었는데, 지금은 그곳이 알렉스 매킨타이어 추모 산장이라는 이름으로 불리고 있다. 알렉스가 BMC에 근무하는 동안 그곳은 임대산장이었다. 그러나 알렉스가 죽은 다음 해인 1983년 BMC와 스코틀랜드 등산위원회가 전국적인 모금운동을 벌인 끝에 필요한 자금을 마련해 산장을 구입했다.

알렉스는 또한 국립산악센터 플라시브레닌의 미래에 대한 논쟁에도 깊은 관심을 갖고 있었다. 그는 만일 BMC가 훈련에 관한 정책적인 결정을 내리고자 한다면, 플라시브레닌에서 직접 교육을 하면 안 된다고 조언했다. 알렉스는 산악센터의 이사이자 친한 친구인 존 배리와 BMC의 켄 윌슨 그리고 데니스 그레이 사이에서 가교 역할을 했다. 비록 다소 시간이 걸리기는 했지만, 결과적으로 산악센터는 별개의 조직으로 독립했고, 그 결과 사고가 발생했을 때 생길 수 있는 잠재적인 법적 책임에서 벗어날 수 있었다.

대단한 성공을 거둔 데니스 그레이는 알렉스를 존경했음에도 불구하고 몇 년 전 어느 행사에서 나에게 이런 말을 했다. "알렉스는 가벼운 난독증이 있었어. 그는 토론에서 아주 훌륭하게 자신의 의견을 표현했지만 때론 글을 쓰는 데 어려움을 겪었지. 리타와 내가 많은 시간과 공을 들여 그가 작성한 보고서와 제안서를 좀 더 읽기 쉬운 영어로 다시 작성해야 했으니까."

데니스로부터 이 말을 듣고 나는 웃었다. 그러나 크게 웃지는 않았다. 그의 가족을 포함하여 그와 가까운 어느 누구도 그의 난독증을 눈치채지 못했다. 그는 자신의 글을 다양한 방법과 독특하고 생생한 스타일을 동원해 미묘하게 차이가 나도록 썼다. 데니스는 알렉스의 난독증이 눈앞에 닥친 상황을 해결할 수 없을 때 나타나는 지표라고 설명했다. 그러나 새라와 내가 내린 결론은 알렉스가 자신이 쓴 글의 편집을 끝내야 하는 고된 작업을 회피하는 기만술로 '난독증'을 이용했다는 것이었다. 그는 일단 아이디어가 떠오르면 한 장의 종이 위에 그것을 모두 쏟아냈다. 그리고 정교하게 정리하는 일은 남에게 떠넘겼다. 이런 방법으로 그는 등반을 위해, 그리고 사무국장에게 요구되는 사회활동을 위해 보다 많은 시간을 할애할 수 있었다.

BMC에서 알렉스가 선호했던 업무는 국제적인 교류, 특히 스코틀랜드에서 열리는 동계등반 모임을 주선하는 것이었다. 이런 행사를 통해 알렉스는 르네 길리니, 장 마르크 부아뱅 같은 대륙의 클라이머들과 긴밀한 우정을 유지했다. 그는 또한 잠재적인 후원자들, 새로운 파트너들과도 관계를 이어갔다. 예를 들면, 그는 살레와Salewa의 사장 헤르만 후버Hermann Huber와 함께 벤네비스의 오리온 페이스 다이렉트Orion Face

알렉스는 BMC에서 사무국장으로 일할 때 교환등반을 많이 성공시켰다. 1979년 3월 프랑스와의 교환등반에 참가한 산악인들 (왼쪽에서 오른쪽으로) 닉 도넬리Nick Donnelly, 알렉스, 르네 길리니, 장 마르크 부아뱅, 도미니크 줄리앙Dominique Julien, 레이니에 문쉬Rainier Munsch 그리고 닉 콜튼 (사진: 브라이언 홀)

Direct를 두세 시간 만에 등반하기도 했다. 이런 행사와 산악 국가나 세계의 여타 지역에서의 교환등반에서 나타난 영국 클라이머들의 역량은 영국을 방문한 가이드들과의 우정으로 연결됐고, 영국의 가이드들이 국제가이드연맹에 가입하는 데 큰 도움이 됐다.

데니스 그레이는 자신 밑에서 사무국장을 역임한 사람들에게 약간의 향수를 느끼고 있었다. 그들이 자신들만의 방식으로, 냉철한 이성이 필요했던 변화와 논란의 시대를 거치며 BMC를 만들어가는 데 이바지했다는 것이다. "피터는 나이에 비해 성숙했고, 알렉스는 워낙 날카로운 생각과 말재주를 갖고 있었기 때문에 그를 능가하려면 상황을 완전히 숙지해야 했어. 그런 이유로 그 두 사람은 일상의 근무시간보다 더 많은 시간을 쏟아 부었고, 전국 방방곡곡을 돌아다니며 열심히 일했지. 그들은 단 한 번도 호텔이나 아침식사를 제공하는 숙박을 요구한 적이 없었어. 그들은 항상 친구나 아는 사람들 집에서 지내려고 했고, 필요하면 마루에서 자는 것도 마다하지 않았지." 프로의 반열에 올라선 후였지만 그들에게는 사략선원의 습관이 오랫동안 남아 있었다.[97] 친구들의 입장에서 보면, 출장을 온 알렉스와 함께 지내는 것은 큰 즐거움이었다. 그는 온갖 가십거리와 산악계의 음모를 많이 알고 있었지만, 너무 깊은 이야기는 꺼내지 않았다.

1980년 초 알렉스는 다울라기리 동벽 등반을 위해 잠시 휴직했다. 알렉스는 우체국이 있는 곳이면 어느 곳에서나 새라에게 열심히 편지를 썼다. 새라가 받은 마지막 편지는 알렉스가 베이스캠프로 들어가기 전 포카라에서 보낸 것이었다.

"사실을 그대로 옮기면 이랬어요. '바로 그거야. 네가 날 이겼어. 난 지금 네 것이고, 그래서 우린 지금 함께 있는 거야.' 그가 떠나기 전, 나는 언제든 상황이 변해 그가 귀네스에게 돌아갈지도 모른다고 두려워했었죠. 그런데 그 편지를 받고 행복했어요. 그저 상황을 수동적으로 받아들인 것에 불과했지만, 나는 우리의 사랑을 믿었습니다."

나는 알렉스가 새라와 함께 있을 때 다른 어떤 관계에서보다, 또는 사실상 다른 사람들과의 관계에서보다 덜 논쟁적이었다는 것을 알게 됐다. 새라와의 관계가 위험했던 유일한 순간은 알렉스가 어떤 여자를 데리고 원정에서 돌아왔을 때였다. 새라는 그가 그 여자와 잠자리를 함께

---

97   지금의 BMC에는 대략 25명의 직원이 있다. 그중 한 명이 알렉스의 옛 친구 '블랙Black' 닉 콜튼이다. 1970년대에 알렉스는 그와 함께 그랑드조라스의 중앙 쿨르와르를 비롯한 루트를 많이 등반했다.

했다고 의심했다. 새라의 말에 의하면 그것이 클라이머들과 벌여야 하는 게임의 일부라는 것이었다. 새라가 화가 난 것은 그가 그녀를 데리고 집에 왔다는 사실이었다.

"나는 새로운 무대 디자인을 위해 밤늦게까지, 정말 열심히 일했어요. 그런데 다른 여자가 내 집에 있다는 사실을 도저히 받아들일 수 없었습니다. 내가 오해를 했을지도 모르지만, 너무나 명백한 것은 그들이 함께 있었다는 것이었습니다. 하지만 어쨌든 나는 뒤로 물러섰습니다. 내가 말했어요. 만일 나를 원한다면 네가 노력을 해야 한다고. 그리고 그는 노력했어요. 그게 우리 관계에서 가장 위험했던 유일한 순간이었습니다. 모든 것이 빠르게 치유됐습니다. 아주 조용하고 평화로웠어요. 알렉스는 좀처럼 등반을 입 밖에 꺼내지 않았고, 나는 그가 등반과는 멀리 떨어진 안전한 장소로서 우리의 관계를 필요로 하고 있다고 생각했습니다."

BMC를 그만둔 알렉스는 더비셔Derbyshire의 헤이필드 산꼭대기에 있는 작은 집을 하나 빌렸다. 그리고 그 집은 곧 '오두막'이라는 귀여운 별칭으로 불렸다. 헤이필드는 1970년대 후반과 1980년대에 산악인들이 몰려 살던 곳이었다. 알렉스와 새라는 현관문을 나서면 곧바로 킨더 스카우트Kinder Scout와 주변의 구릉지대로 천천히 걸어 올라갈 수 있었다. 목가적인 그곳은 알맞은 은신처였다. 브라이언 홀과 그의 아내 루이지는 2킬로미터도 떨어지지 않은 헤이필드 시내에 거주하면서 '트웬티 트리스Twenty Trees'라는 카페를 운영하고 있었다. 나는 주말에 여자 친구 로즈Rose와 그곳을 자주 찾았다. 우리는 토요일 낮에 등반이나 산책을 하고, 저녁에 조지호텔에 모여 당구를 치거나 여행계획을 짰다.

마리아 코피에 의하면, 새라와의 눈먼 사랑 외에도 알렉스에게는 또 다른 변화가 있었다고 한다. "그는 내가 조와 사귀고 있는 동안 나의 일거수일투족을 살피고 있었습니다. 더 높이 날고 더 힘든 것을 해내려는 야망이랄까요. 나는 등반에 대해 정말로 무지했지만, 조와 피터가 하는 일이 선구적인 일이었다는 것쯤은 알았어요. 그러고 나서 나는 알렉스에 대해 좀 더 잘 알게 됐는데, 나는 그의 계획과 생각이 야망 그 이상의 것이라는 것을 깨닫게 됐습니다. 특히 순수주의자 입장에서는 말이죠. 그는 정말로 그 순수성을 믿었습니다. 그는 여러 차례 내게 자신은 유명해지고 싶었다고 말했어요. 사실 그건 말이 안 돼요. 그가 원하지 않아도 그는 유명해질 수밖에 없었으니까요. 그는 자신을 의심하지 않았습니다. 아주 확신에 차 있었죠."

알렉스가 자신을 부유하고 유명하게 만들 것으로 기대한 것은 단지 등반만이 아니었다. 그는 자기 자신과 자신의 방법론에 대단한 믿음을 갖고 있었다. 안나푸르나로 걸어 들어가며, 그는 자신이 등반 외에 다른 경력을 쌓을 때 좋은 기초가 되리라는 신념으로 법률가 수련을 쌓았다고 나에게 말했다. 그는 유명해지고 부자가 될 수도 있었다. BMC에서의 성공, 새라를 만난 행운 그리고 그의 성공적인 고산등반 경력이 이런 점을 증명했다. 그는 a를 하고 난 다음 b를 하고 다시 c를 하면, 그 결과 또한 차례차례 x, y, z가 될 것이라는 방법론을 신봉했다. 그러나 이런 논리를 되돌릴 수 있는 것은 오직 운명뿐이었다.

21

엉터리 영어

Broken English

안데스에 갔다 온 후 1년여 동안 나는 알렉스와 조금 소원하게 지냈다. 그는 BMC 사무국장 업무에 전념했고, 나는 초이 브룩스Choe Brooks와 함께 미국 뉴햄프셔에서 EMS와 IME의 암벽등반 강사로 일하며, 가을과 겨울의 시간 대부분을 보냈다. 존 파월이 임대업을 하는 작은 건설 업체를 운영해, 초이와 나는 강의가 없으면 존의 회사에서 일하기도 했고, 바렛Bartlett에 위치한 그의 작은 오두막 마루에서 잠을 자기도 했다. 물론 수입이 생기면 우리 인건비를 지불했다. 이 모든 일들이 하루살이 생활이어서, 그다지 흡족하지는 않았다.

1월에 나는 영국의 쿰브리아 지역 의회로부터 뜻밖의 전화를 받았다. 그들은 나에게 일자리를 제안했다. 예전에 나는 페루 원정에 필요한 돈을 벌기 위해 주택 재개발 계획의 프로젝트 매니저로 일했었는데, 그것이 그들에게 좋은 인상을 심어준 것 같았다. 그들은 내가 그 지역의 경제와 환경을 새롭게 하는 정책에 필요한 역할을 맡아주기를 원했다. 나는 쿰브리아의 남쪽 도시 밀럼을 기반으로 하는 일을 맡게 됐다. 그곳은 내가 반다카에 원정을 가기 전 몇 년 동안 살았던 허름한 집과 멀지

동이 틀 무렵 푼힐Poon Hill에서 바라본 다울라기리. 매킨타이어와 폴란드 산악인들이 오른 루트는 동벽의 오른쪽이다.
매킨타이어의 등반은 다음 세대에 영감을 주었는데, 그중 한 명이 이 남벽을 단독으로 오른 토마주 후마르다.

않았다. 밀럼은 10년 전 철광석 광산과 제철소가 문을 닫은 이후 경제적 불황에 시달리고 있었다. 나는 변화를 주고자 최선을 다했다.

영국으로 돌아오자마자 나는 알렉스에게 전화했다. 그는 알프스에서 마지막 대과제들에 도전하고, 스코틀랜드에서 신루트를 개척하느라 바쁜 겨울을 보내고 있었다. 그해 겨울 이따금 의기투합한 우리는 앨런 라우즈, 브라이언 홀과 함께 북쪽으로 올라가 믹 제데스를 비롯한 다른 친구들과 합류했다. 알렉스는 대단히 재능 있는 클라이머인 고든 스미스, 테리 킹과 함께 많은 등반을 하고 있었다. 그의 믹스등반과 빙벽등반의 기술 수준은 계속 발전하는 것 같았다.

그해 알렉스의 계획은 다울라기리 동벽을 시도하려는 보이텍과 르네 길리니에게 합류하는 것이었다. 한편 앨런 라우즈는 나에게 산소와 셰르파를 쓰지 않는 에베레스트 서릉 동계등반의 대규모 원정대에 합류하지 않겠느냐고 물었다. 나는 다울라기리 원정에 참가할 수도 있었지만 에베레스트를 선택했다. 세계의 최고봉에서 펼쳐질 믿을 수 없을 정도로 과감한 도전이 주는 유혹이 너무나 컸기 때문이다. 알렉스는 난이도가 높은 벽을 최선을 다해 경량 스타일로 등반하는 길을 고수했다. 잠시 우리는 서로 다른 길을 걸었다.

나는 보이텍과 함께 등반하는 알렉스가 약간 부럽기도 했다. 그러나 한편으로는 우리의 국제적인 우정이 손상되지 않은 채 발전하고 있어 기뻤다. 그들의 동벽 등반은 — 비록 정상을 밟지는 못했지만 — 히말라야 경량 스타일의 발전과정에서 위대한 이정표가 됐다.

알렉스가 다울라기리로 떠나기 얼마 전, 마리아 코피는 계단에 앉아 전화기에 대고 언성을 높이는 그를 목격했다. 상대는 보이텍이었다.

그는 폴란드 억양이 짙게 밴 영어로 말하고 있었다. "그래야 보이텍이 알아듣는대요." 매리언 페이스풀Marianne Faithfull의 「엉터리 영어Broken English」는 1979년 발표된 이후 몇 년 동안 우리의 애창곡이었다. 우리는 1982년 안나푸르나로 들어가며 카세트 플레이어로 이 노래를 계속 들었다. 이는 또한 『마운틴』 지의 기사 중 고전으로 꼽히는 알렉스의 등반보고서 제목이기도 했다.

「엉터리 영어」

"이번 여름에 어디 가요?" 벽돌 벽을 오르내리는 사람이 물었다. 좋은 질문이었다. 그 순간 어딘가 떠돌다 왔을지도 모를 하얀 초크가루가 안개처럼 날리더니 다시 바닥에 내려앉았다.

"다울라기리"라고 내가 말했다.

"그게 어딘데요?" 그 젊은 녀석이 물었다. 그는 이제 힘들이지 않고 물 흐르듯 그리고 조용히 손톱만한 홀드들을 맴돌고 있었다.

다시 한 번 좋은 질문이었다. 네팔에서, 이 정도는 엽서에 찍힌 우체국 소인만으로도 판단할 수 있다. 아무튼 나는 엄마의 책장에 꽂혀 있던, 리프린트 소사이어티Reprint Society가 펴낸 에르조그Herzog의 고전 『초등 안나푸르나Annapurna』에서 그 산을 처음 보았다.

"안나푸르나 근처"

알아듣지 못한 표정이 역력했다. 나는 좀 더 알기 쉽게 말을 바꾸었다.

"히말라야에 있어."

그 녀석은 짝힘을 이용한 핑거 록finger lock에서 완벽한 십자 버티기로 자세를 바꾸었다. 불끈 솟아오른 근육에 몹시 흥분한 시선이 꽂혔다. 그는 깔끔한 한 손 턱걸이로 발코니에 안착했다. 그는 놀리는 듯한 표정을 지으며 아래를 내려다보았다.

"볼턴 근처죠?" 그 녀석이 웨이트트레이닝 기구들이 있는 쪽으로 가며 말했다.

* * *

내 오른쪽에 있는 숙녀가 던진 퉁명스러운 인사 '굿 애프터눈!'은 '굿 모닝!'이라는 나의 유쾌한 인사에 대한 의례적 답변이지만 여자에 굶주린 사내의 마음을 흔들기에 충분했다.[98] 어서 오세요! 하지만 이곳에 편안함 따위란 없다. 최근 새로 임명된 접근 및 보존Access and Conservation 담당 사무관의 끊임없는 웃음은 불행하게도 그가 오전 10시 이전에 사무실에 출근했음을 알려주고 있다. 이 체셔 고양이의 새로운 거주지 뒤쪽 자리, 곰팡이가 잔뜩 핀 커피 잔들과 쓰레기더미들로 이루어진 철의 장막같이 주위와 훌륭하게 고립된 자리, 마치 내 침실과 아주 흡사한 자리에 사실상 사무국장인 나의 영역이 놓여 있었다. 최근에 설치된 전화기는 이 자리가 얼마나 중요한지, 그리고 두 대의 전화기를 소유하고도 무례하다 싶을 정도로 숙녀에게 받아 적기를 요구하는 개구쟁이의 다음 지위임을 세계만방에 알리고 있었다. 안쪽의 거처에서 흘러나오는 요크셔 콧노래는 그 안에 개구쟁이가 서식하고 있으며, 곧 다른 일거리가 우리들의 골머리를 썩일 것이라는 것을 암시했다. 스포츠위원회는 대

---

98   알렉스가 맨체스터의 BMC 사무실에 지각한 것을 묘사한 이 장면에는 동료 몇 사람이 카메오로 등장한다. 숙녀는 BMC의 비서였던 리타 할렘, 체셔 고양이는 마크 허친슨Mark Hutchinson 그리고 개구쟁이는 데니스 그레이다.

개 반대편을 지지하고 있었기 때문에 집행위원회의 이런 충복들이 이따금 사무국장의 고용 계약서를 살펴보기도 한다. 그런 이유로, 그 사무관은 노골적으로 노출된 개구쟁이의 성소聖所를 향해 발끝으로 살금살금 다가가 한 번 더 녹색 와이어의 3단 서류함과 마주했다. 이 절망의 오브제는 고속증식로의 특성을 지녔는데, 폐지함이나 바닥에 자유롭게 버릴 수 있다는 내부지침에도 불구하고, 그 식욕은 만족을 몰랐다.

이 특별한 날, 산더미처럼 쌓인 우편물의 꼭대기에 있는 깔끔하고 작은 엽서 한 장이 내 눈길을 사로잡았다. 지금으로부터 몇 년 전 나는 옛 친구의 눈에 콩깍지를 씌우게 했던 아가씨의 침실 벽에서 같은 종류의 엽서를 본 적이 있었다. 그때도 나는 16절지 크기의 엽서에서 튀어나와 씩 하고 웃음 짓는 미등의 거벽에 매료됐었다. 그런데 그 벽은 이제 많은 선과 높이, 화살표 그리고 발신자에게나 의미가 있을 느낌표들로 어지럽혀져 있었다. 힌트는 뒷면에 있었다.

알렉스, 네가 엽서에서 본 벽에서 위대한 나날들을 보낼 수 있는 엄청난 기회. 3월 10일에 카트만두에서 보자. 너를 사랑하는 보이텍. 추신: 파트너 데려와.

전기기사로도 일하는 보이텍은 훌륭한 클라이머로, 1975년 워커 스퍼 정상에서 보여준 그의 신속한 조치 덕분에 존 부샤드John Bouchard는 자손들을 위해 피아노 연주를 계속할 수 있었다. 이제는 세계의 이목이 집중된 테르메즈 항구와 아무다리야강 그리고 아프가니스탄의 황야로 가던 러시아 기차 안에서 나는 처음으로 그의 음모적이고 반권위주의적인 웃음을 알게 됐다. 우리는 만다라스 계곡으로 향했다. 그러나 보이텍은 '2000년대의 과제'로 알려진 코 에 반다카 북동벽 이야기로 나를 열광시켰다.

처음에 우리의 대장은 우리와 비전을 함께 공유하는 것조차 거부했다. 그러나 2주일 동안의 끈질긴 설득 끝에 우리는 그들의 축복을 받으며 등반 팀을 따로 꾸릴 수 있었고, 우리 팀의 얼빠진 공동 대장 덕분에 그 벽에서 우정을 다질 수 있었다. 여기까지가 폴란드 파派에 대한 설명.

크리스마스여서 나는 그 엽서를 들고 어머니와 여동생과 함께 샤모니로 갔다. 친구들이 그곳에 있었기 때문이다. 무시무시한 계획들은 대마초 연기가 자욱한 지하실에서 진화했다. 그리고 작전 하나가 실행에 옮겨졌다. 우리는 그랑드조라스 북벽과 전쟁을 벌이기로 했다. '우리'는 나와 엉클 초이Uncle Choe, 블랙 닉Black Nick이다. 그때 이 지역 로컬인 르네가 문 앞에 나타났다. 물론 그는 즉시 합류했다. 그가 스키를 탈 줄 알고, 프랑스어로 된 일기예보를 읽을 수 있고, 나침반을 사용할 줄 안다는 것은 매우 소중한 자산이었다.[99]

흥미진진한 소풍이었다. 미디 북벽 아래로 스키부츠 한 짝을 떨어트린 블랙 닉은 그다음 곤돌라를 타고 숙소로 내려가야 했다. 운이 없는 나머지 셋은 이틀이나 걸려 벽 밑까지 스키로 이동했다. 우리는 다섯 피치 정도를 등반한 후 클라이맥스를 맞이했다. 해먹이 두 개뿐인 세 남자가 얕은 눈구덩이에서 참혹한 밤을 보낸 것이다. 예상대로 일기예보

---

99 '엉클 초이'는 초이 브룩스Choe Brooks를 말한다. 그리고 니키 도넬리Nicky Donnely나 블론드 닉 Blond Nick과 혼동을 피하기 위해 닉 콜튼Nick Colton을 블랙 닉Black Nick이라고 썼다. '르네'는 르네 길리니René Ghilini다.

도 어긋났다. 서사적인 후퇴에서 르네는 눈부신 재주를 선보였고, 우리는 눈이 먼 것처럼 그를 뒤따르며 허우적거렸다.[100] 그는 달인의 솜씨를 발휘하며 우리를 샤모니로 데리고 내려왔다. 시내의 술집에서 나는 사진이 위로 보이게, 그 엽서를 테이블에 올려놓았다. 그 사진에는 여전히 많은 선들과 점들, 물음표들 그리고 고도 표시들이 있었는데, 아마도 이런 것들은 그렇게 표시한 사람에게만 의미가 있었을 것이다. 우리는 가장 굵은 검정색 선을 놓고 골똘히 생각했다. 나는 결심을 굳히고 르네에게 같이 해보지 않겠느냐고 말했다. 그는 따뜻한 와인과 우편엽서 그리고 어렵지 않을 것이라는 확신의 힘을 빌려 내 제안을 받아들였다. 모든 프랑스계 이탈리아 사람들 마음속에는 튀어보려는 영국인 하나쯤 들어앉아 있지 않았을까?

1980년 3월 14일, 마침내 이 팀이 카트만두 보세창고 앞에 모였다. 네 번째 대원은 보이텍의 폴란드 친구 루드빅 빌치인스키Ludwik Wilczyński였는데, 그는 음악가이자 고전문헌 학자였다. 이 얼마나 멋진 팀인가! 문헌 학자에 가이드, 컴퓨터 기술자, 사무국장으로 구성된 영국-이탈리아-폴란드의 첫 합동 원정대라니. 현재 히말라야 고산등반의 과학은 지식으로 가득한데, 그 주된 교훈 중 하나는 이런 인종적 혼합이 어쩔 수 없이 제3차 세계대전의 불가피성을 강조해야 한다는 점을 시사한다. 그러나 우리는 이런 분야에 대한 교육을 받은 적이 없다. 우리는 원정등반을 온 것이 아니었다. 우리는 오히려 나의 사무실 직원들이 항

---

100 알렉스는 "In an epic retreat René played a blinder while we blindly wallowed in his wake."라고 표현해, blinder와 blindly를 발음은 비슷하지만 의미는 다른 수사법으로 썼다. (역주)

상 일컫듯 여행 또는 휴가 중이었다.

　다른 측면으로 보면 우리는 원정대, 즉 최초의 닉 에스트코트 추모 원정대다. 원정 기금은 매년 '특별히 도전적인 프로젝트'를 수행하고자 하는 한 팀에 수여되는 것으로, 닉이 죽은 다음 그를 기리기 위해 조성됐다. 우리는 그를 추모하기 위해 우리의 루트를 그에게 바쳤다.

　다울라기리는 네팔 중부의 칼리간다키Kali Gandaki강 서쪽에 있는데, 그 계곡은 고대 왕국 무스탕의 교역로였다. 그리고 또한 그곳은 멀리 묵티나트Muktinath까지 가는 순례자의 길이기도 했다. 세계에서 7번째로 높은 다울라기리는 "무참한 산" 또는 "폭풍의 산"으로 불린다. 우리의 목표는 북동릉과 남동릉으로 둘러싸인 채 혼란스러운 남동쪽 빙하 위에 가파르게 솟은 그 산의 동벽이다.

　다울라기리의 전통적인 베이스캠프로 가는 길은 두 가지가 있다. 1980년의 프리 몬순 시즌이라면, 짧지만 어리석은 길과 길지만 현명한 길로 나뉜다고 표현할 수 있을 것이다. 당연히 우리는 짧지만 어리석은 길을 택했다.

　인도 평야지대와 무스탕 왕국을 잇는 고대 교역로에 있어 한때 번창했던 마을 투쿠차Tukucha 위로 몇 시간을 올라가자, 일주일 내내 눈이 내렸다. 우리는 텐트를 친 다음 포터들을 돌려보내고 나서 스키를 탔다. 둘째 날, 우리 연락장교는 자기 텐트가 사라지자 자신의 안전을 위해 도망쳤다. 바로 그전에는 우리 사다가 도망쳤고, 연락장교 바로 뒤는 폴란드 친구들이 따랐다. 프레임 텐트 지붕이 작고 하얀 눈송이들로 덮여 사라지자 날씨가 좋아진다면 계곡을 따라 하산하고 싶어 하는 흔들림이 전염병처럼 원정대를 휩쓸었지만 실행이 되지는 못했다. 다양하게 부상을 입은 그들은 영혼 없는 미소를 띠며 주방장 카상Kasang의 차분한 냉정을 믿고 버텼다. 카상은 결국 이 지역 라마승이 준 신비한 약의 도움에 제동을 걸었다. 모든 것이 실패할 것같이 보이자 그들은 칠흑 같은 밤에 사방으로 뿔뿔이 흩어졌고, 우리는 칼을 손에 쥔 채 부츠를 신고 잤다. 그리고 마음속에 맴도는 매리언 페이스풀의 허스키한 목소리.

"도대체 무슨 짓들을 한 거야?" 하고 그녀가 물었다.

마침내 날이 갰다. 대담하지만 유례없이 비싼 포터들과 함께 우리는 절반의 장비를 갖고 사흘 뒤 베이스캠프로 천천히 들어갔다. 담푸스 고개Dhampus Pass와 프렌치 콜French Col의 눈은 허벅지까지 빠졌고, 고맙게도 일찍이 리오넬 테레이Lionel Terray가 '가장 상서롭게 보이는 장소'라고 하며 마음에 들어 했던, 아주 쾌적한 곳에 도달했다.

기민하거나 날카로운 위트를 지녔다면, 또는 BMC에서 일하는 사람이라면, 최소한 체중이 많이 나가는 대원들이 합류한 '알파인 스타일' 원정은 그들의 모국에서 그리 환영받지 못한다는 사실을 알아챘을 것이다. 사실 이 문제는 고소순응 훈련과 관련이 있다. 산으로 출발하기 전 고소순응 훈련에 가장 도움이 되는 것으로 보통 상호 배타적인 두 가지 방법이 거론되곤 한다. 첫째는 오늘날까지 전해오고, 가장 경제적인 비방秘方이기도 한데 엄청난 양의 마늘을 먹는 것이고, 둘째는 공짜 일본제 미니 카세트플레이어에서 흘러나오는 바그너의 음악에 맞춰 두 주먹을 쥐고 팔굽혀펴기를 몇 세트 반복한 다음 섹스를 하거나, 발가락 하나를 이용해 높은 언덕을 껑충껑충 뛰어오르는 것이다. 육체는 바로 이런 것으로 단련된다.

의학적 소견이 아니라면, 합리적인 대체 접근법은 뇌에 초점을 맞추는 것이다. 뇌 훈련은 가볍게 해서는 안 된다. 누군가 그랬다, 결국 이익을 보는 사람은 양조업자들뿐이라고. 그렇지 않습니다, 선생님! 고산등반은 어느 정도 무시무시한 숙취와 비슷하다. 일단 그런 조건 아래에서 움직이는 기술이 숙달되면, 문제는 해소된다. 또한 이 접근법에는 다른 장점들도 있다. 죽음의 지대에 도달하기 전 발생하는 뇌세포의 대량 파괴는 비대기권에서 움직이는 데 별 문제가 없도록 하며, 1년 내내 이루어진 건강 악화는 몸이 거의 질식 상태라 할 수 있는 산소결핍 개념에 잘 적응하도록 보장한다. 그러나 불행하게도 이러한 뇌 훈련은 비용이 많이 든다.

우리의 다양한 이론을 평가하기 위해서 우리는 무엇인가 조치를 취할 필요가 있었다. 어떤 결과적인 희생 — '건강 악화'를 의미하는데 — 도 무릅쓸 만큼 다울라기리는 충분히 거대하고 유일했기 때문에 우리는 현명한 방법에 이르는 예지력을 구사해 빙하 아래쪽 몇 분 거리에 텐트촌을 이룬 이웃 스위스 원정대에 접근했다. 그들은 북동릉을 등반하고자 들어왔고, 우리는 관광성으로부터 그들과 접촉해 북동릉에서의 고소순응에 대해 동의를 구해도 된다는 허가를 이미 받아놓은 상태였다. 처음에 그들은 썩 내켜하지 않았지만, 곧 자신들의 능선에 우리가 출현하고, 그로 인하여 우리가 자신들에게 보답해야 할 큰 빚을 졌다는 사실을 받아들였다.

최고의 전통이라는 측면에서 보면 우리의 계획은 간단했다. 우리는 이런 목적으로 카트만두 시내에서 구입한 두 개의 말쑥한 나일론 조각을 북동쪽 안부에 올려놓고 '전진 베이스캠프'로 삼으려 했다. 이렇게 하면 언제나 좋다. 알파인 스타일 등반에서 제1캠프의 존재는 수치스러올 수 있다. (그러나 상상력이 풍부한 명명법을 사용한다면 그럴듯한 명분은 상당히 많다. 휴식과 레크리에이션을 위한 캠프, 수송 작전본부, 빙하 캠프, 전진캠프 등.) 우리는 '전진 베이스캠프'를 출발해, 희박한 공기로서는 충분히 적합하다고 선언할 때까지 북동릉 위로 진출했고, 그 결과 벽을 잠재우고 집으로 돌아갈 수 있었다.

베이스캠프 생활은 동서 진영 사이에 끼어 있는 식당텐트 덕분에 더할 나위 없이 훌륭했다. 우리가 공동의 적에 대해 음모를 꾸미는 동안 데탕트 시대의 활발한 교역이 잇따라 일어났고, 일반적으로 수평적이고 정적인 입장에서, 한쪽 눈은 스위스인들의 진행상황을 따라갔고, 다른 쪽 눈은 체리브랜디에 꽂혔다.

정적인 고소순응 기간은 — 기회가 있을 때마다 — 스위스 녀석들이 가까스로 콜에 진출한 것과 거의 동시에 끝이 났다. 콜은 고약한 아이스폴의 반대쪽이고 눈사태 위험이 상당한 긴 빙하 계곡이다. 그곳은 화이트아웃에 걸리면 텐트를 찾아 몇 시간을 헤매야 할 정도로 넓고 평평하며 특색 없는 장소다. 아무도 나침반을 가져오지 않았다는 사실을 언급할 필요도 없이 결과적으로 우리는 헤맸다. 아마도 전통적인 피라미드식 수송 개념에 대한 우리의 멸시 때문이었는지 모르지만 콜에서 우리가 건 첫 번째 마법은 죽과 스파게티의 일반적인 풍요와 소금과 설탕의 일반적인 빈곤으로 활기를 띠었다. 그다음의 몇 주일 동안 능선에 대한 습격이 진행되어, 등반 팀이 조망에 적당히 익숙해질 무렵 (그리고 내 경우는 적어도 심각한 소화불량과 두통에 익숙해질 무렵), 거의 그리고 대부분 이 정도면 벽 등반 준비가 충분하다고 선언했다.

벽 등반을 위해 우리는 분투해야 했다. 콜에서, 저녁도 되기 전에 우리는 진격 전야의 통찰력으로 그리 불룩하지 않은 배낭을 풀어 온갖 종류의 필수품들을 꺼냈다. 자정이 막 지났을 때 우리는 설탕을 입힌 프로스티Frosties 콘플레이크에서 힘겹게 벗어나, 달빛 가득하고 세상 끝까지 깨끗한 절세미인의 밤 속으로 빨려 들어갔다. 특별한 이벤트를 위해 잘 차려입은 동벽은 차갑고 시퍼런 모습으로 손짓했다. 으스스한 바람이 안부를 휘감았다. 우리는 즉시 텐트 속으로 다시 사라져, 꺼내 놓은 물건들이 사라지기 전에 다시 배낭을 꾸렸다. 갱영화 「와일드 번치The Wild Bunch」 풍으로, 넷은 설원으로 나란히 내려가, 우리의 등반을 찾아서 원형극장 뒤로 사라졌다. 동틀 녘은 조밀한 바위 버트레스에서 꾸물거리고, 은빛이 나는 얇은 얼음구간에서 발버둥치는 우리를 붙잡았다. 얼음은 모두 너무 빨리 녹아버렸지만 충분히 빠르지는 않아 우리는 그 위쪽의 슬랩 지대로 진입했고, 이후 대부분의 시간은 눈 고랑과 이랑, 설원 등을 이용해 이 작은 암벽지대를 누비며 나아가는 데 썼다. 작은 바위 턱 위에서 누린 한낮의 티타임은 이 벽의 나머지 부분과 어울리지 않게 즐거웠다.

높고 흰 조각구름들이 서쪽에서부터 몰려들었다. 우리는 '예측 가능한 것은 오로지 오후의 기상악화'라는 우리의 지식을 꺼내어 스스로를 위로했고, 불안정하고 위험한 상황이 벽의 상단에서 조성되는 동안에도 계속 올랐다. 천둥이 찾아오더니 조망이 드러났다. 그리고 눈이 내리기 시작했다. 엄청나게 많은 눈이 위쪽 벽으로 떨어졌고, 그중 한 덩어리가 우리 머리 위로도 쏟아졌다. 이에 때맞춰 바람이 광풍으로 바뀌었다.

성스러운 피난처는 낙석이 주로 떨어지는 곳에서 오른쪽으로 벗어나, 쓸모도 없고 보호도 되지 않는 작고 부실한 바위 밑에 마련됐다. 미숙한 얼간이들은 같은 장소에서 몇 시간을 보내고 나서야 자신들이 잠자리 위에 서 있다는 것을 깨달았다. 타일 같은 형태의 바위에 붙어 있는 얼음이 많지 않았기 때문에 열렬히 바라기는 했지만 거처라고 할 만한 것은 만들어지지 않았다. 두 팀 모두, 경사진 캠프지가 일반적으로 갖고 있는 이런 문제점에 대한 확실히 유용한 해결책을 위해, 1954년 집을 만들려고 다이너마이트를 사용했던 아르헨티나 녀석들의 예지력 또는 1958년 플랫폼을 구축하기 위해 침대 프레임을 사용했던 스위스인들의 창의력을 떠올리며 변변치 않은 밤을 즐겼다. 실로 변변치 않은 밤이었다. 하지만 돌이켜보니 그리 나쁘지도 않았다.

다음은 절대적인 공포. 하루는 무난하게 시작됐다. 햇살이 드러나며 동이 텄고, 파란 조각들이 지나가며 근근이 버텼지만, 날씨가 상당히 빨리 악화되더니 스코틀랜드인의 짓궂은 겨울 휴가 패러디로 변했다. 저녁의 크레센도crescendo로 인해 루드빅과 나는 높은 곳에 고립됐다. 그러나 너무 건조하지 않은, 가파르고 깨지기 쉬운 얼음 위에서, 폭포처럼 떨어지는 성난 눈보라를 맞아가며, 올라갈 수도 없었지만 내려가기도 싫었다. 움직임이 없는 상태에서, 40이라는 숫자는 손가락이 얼어버리는 분分을 의미한다. 그러고 나서 우리는 소강상태를 틈타 움직였고, 힘든 투쟁을 통해 오른쪽 믹스등반 지대로 올라섰다. 그곳에서 우리는 괜찮은 잠자리를 마련할 속셈이었다. 그러나 아무것도 없었다. 얼음도, 레지도, 침대도. 있는 것이라고는 그저 조금 푸석푸석한 눈과 조밀한 바위뿐.

우리는 혹독한 밤 속으로 녹아들려 했지만 소용이 없었다. 결국 르네와 루드빅 그리고 나는 산소도 부족하고 폐쇄 공포증도 유발하는 2인용 비박색에 함께 들어가 다양하게 구겨지고 비틀리는 자세를 참아내야 했다. 가운데에 끼어, 나일론으로 인해 질식할 것 같았던 나는 비박색에 구멍을 내어 공기를 통하게 한다는 기막힌 아이디어가 떠올랐지만, 불행하게도 칼을 찾을 수 없었다. 나는 르네에게 부탁해 칼을 받았고, 아이디어를 실행에 옮겼다. 신선한 공기와 함께 피할 수 없는 눈보라도 들어왔지만 끝내줬다! 보이텍은 오직 한 가지만 할 수 있었다. 그는 무너지는 눈 위에 자리를 잡은 다음, 머리 위의 비박색에 달린 슬링들 사이로 몸을 반쯤 구부렸지만, 침낭 속으로 들어가지 못했다. 그의 얼굴은 바람에 날린 분설로 온통 뒤범벅이 됐다.

새벽빛의 첫 번째 징후로 새로 생긴 구름층의 달갑지 않은 모습을 알게 된 우리는 그 자리에서 탈출했다. 헐떡거리며 신설을 뚫고 올라, 우리가 가야 할 루트 왼쪽에 있는 커다란 바위 버트레스의 바람이 없는 피난처로 이동했다. 이곳에서 우리는, 이른 아침에 졸린 눈을 비비며 따뜻한 차를 홀짝홀짝 마시는 출근길의 사람들처럼 서서 차를 끓여 마셨고, 위로 몸을 질질 끌며 움직여, 마침내 마지막 저녁 햇살 속에 벽을 벗어나, 혼합지대에서 더듬거리다 능선 위에 있는 거대한 바윗덩어리 아래 비박지에 이르렀다. 그리고 다울라기리의 광포한 바람.

정상등정 준비는 일찍 시작됐다. 우리는 수분 섭취를 보충하기 위해 밤새 차를 끓여 마셨고, 여명과 함께 텐트 밖으로 나섰지만 시도는 위태로웠다. 한때 거대한 판상눈사태가 시작된 곳에 서 있었던 우리는 그와 비슷한 것이 또 있지는 않을까 하고 희미한 어둠 속을 응시했다. 더 많은 구름이 몰려들어, 위쪽에 있는 이 균열 선이 결국 낙타의 등을

다울라기리 동벽의 하단 설사면에서 자신이 새롭게 디자인한 비박색의 조립상태를 살펴보는 알렉스 (사진: 보이텍 쿠르티카)

다울라기리 중단의 알렉스 (사진: 보이텍 쿠르티카)

부러뜨릴 지푸라기가 될 것이라는 현실을 직시한 우리는 등반이 끝났음을 선언하고, 능선을 따라 탈출해 카상과 양배추[101] 그리고 파라핀이 반기는 품속으로 돌아갔다.

우리는 일주일 뒤, 즐거우면서도 완전히 생존이 가능한 상태로 산으로 돌아갔고, 파란 하늘과 깨끗한 조망 속에 정상에 섰다. 그러고 나서 좀솜Jomsom으로 돌아와, 세계에서 가장 신뢰할 만하다고는 할 수 없는 항공 서비스를 기다렸다.

---

101   양배추는 동상치료의 민간요법에 사용된다. (역주)

22

수직의 낙서

Vertical Graffiti

1980년 여름 내내 여자 친구 로즈와 내가 헤이필드의 오두막에 머물거나, 아니면 새라와 알렉스가 우리와 함께 시간을 보내기 위해 밀럼으로 찾아오곤 했다. 알렉스가 다울라기리에서 돌아온 지 얼마 되지 않은, 청명하고 쌀쌀한 어느 주말에 그들이 처음으로 찾아왔다. 나는 그를 만나 등반의 뒷이야기를 들을 수 있다는 기대감에 한껏 들떠 있었다. 토요일 아침에 만난 우리는 곧장 등반에 나섰다. 그때 나는 그가 더 이상 과거의 알렉스가 아니라는 사실을 깨달았다. 눈에 띄게 달라 보이지는 않지만 새로운 깊이가 있었다. 그리고 활기차고 자신감이 넘치는 것은 거의 두 배나 된 듯했다. 게다가 어수선한 불안과 새로운 목표도 있었다.

"나는 시대를 초월하는 위대한 산악인이 되고 싶습니다." 우리가 다우 암장Dow Crag에서 등반하기 위해 커니스턴Coniston으로 차를 몰고 갈 때 그가 입을 열었다.

처음에는 너무 어이가 없어 나는 대꾸조차 하지 못했다.

"뭐라고? 그럼 메스너Messner라도 되겠다는 거야?"

그는 나를 향해 찡그리더니 조울증 환자처럼 히죽히죽 웃었다. 그

웃음은 "그러면 당신은 정확히 무엇을 하고 있나요?"라고 말하고 있는 것 같았다. 나는 인생과 새라 그리고 그가 하고 있는 일로 화제를 돌렸다.

"나는 어떤 것이든 할 수 있지만, 등반을 제일 사랑합니다. 내가 하고 싶은 일이 바로 그거죠."

내가 등반이 위험하지 않느냐고 묻자 그는 커브 길에서 차 한 대를 추월하는 것으로 대답을 대신했다. 나는 숨을 죽이고 본능적으로 차의 팔걸이를 꽉 붙잡았다. 브로턴Broughton과 토버Torver 사이의 산간지대에 구불구불하게 난 도로는 대부분 차 한 대가 겨우 지날 수 있을 정도로 좁았다. 그는 내가 겁먹은 표정을 짓자 곧 웃음을 터뜨렸다. 우리는 운이 좋았다. 반대편에서 달려오는 차가 한 대도 없었으니까.

"봤지요? 나는 지금 불사조입니다." 그렇게 말하고 그렇게 행동하는 것은 어리석은 짓이었고, 알렉스도 그것을 잘 알고 있었다. 그러나 '위험을 더 무릅쓰겠다'는 그의 의지는 이제 뚜렷했다. 오래지 않아 우리는 다우 암장에 도착했다. 알렉스의 등반 실력은 여전했다. 다우는 단단하고 경사가 센 바위가 있는 멋진 암장이다. 10월말까지 지속된 늦더위로 인해 동쪽 버트레스는 오후 늦게까지도 따뜻했다. 우리는 어려운 6급의 고전 루트 2개를 끝냈다. 세 번째 루트를 오를 때 검푸른 호수에서 불어 올라온 찬바람과 맞닥뜨린 우리는 A 버트레스 꼭대기로 걸어 올라가, 아일랜드해로 지는 해를 바라보았다. 그리고 하산 길이 나 있는 골짜기로 뛰다시피 내려와, 지역 클라이머들과 한잔 하기 위해 곧장 술집으로 향했다.

그 주말에 알렉스와 새라가 떠났지만 무엇인가 변화의 기운이 여전히 남아 있었다. 9시에서 5시까지 일하며 월급을 받아서 먹고 사는 나는 실제로 무엇을 하고 있는 것일까? 우리 중 누가 운명에 도전하고 있는 것일까? 내가 질투를 하고 있는 것일까? 보이텍과 알렉스 그리고 르네는 다울라기리 등반에 성공했지만, 나는 그해 들어 앨런 라우즈를 도와 에베레스트 동계등반의 식량과 재정 문제를 해결한 것 외에는 아무 것도 한 것이 없었다. 에베레스트 등반은 최소 비용에도 한참 모자라는 재정 상태로 전망이 불투명했다. 알렉스가 야망을 '드러낸' 것을 존경해야 할까, 아니면 두려워해야 할까? 그의 친구들은 — 어쩌면 누구보다도 나는 — 알렉스가 이미 목표를 달성했다고 믿었다. 그러나 그는 친구들의 존경심만으로는 마음에 차지 않았다. 그는 이미 그 경계선을 넘고 있었다. 그는 프로의 세계에 진입했는데도 좀 더 높은 위치에 오르려 노력하고 있었다.

그 위치에 도달하고 유지하는 유일한 방법은 수준 높은 등반을 계속하는 것이다. 그리고 언제나 직전의 등반보다는 더 잘해야 한다는 숙명을 안고 있다. 이제부터는 어디를 가고, 누구와 함께 갈 것이냐 하는 자신의 미래에 대한 결정은 단순한 친구 사이 또는 일시적인 기분과는 다른 요소들에 의해 형성되고 관리될 것이다. 알프스의 마지막 대과제를 분류했던 것처럼, 알렉스는 히말라야의 거벽들에 대한 계획도 꼼꼼히 수립했다. 그가 변화의 시기에 BMC를 떠난 것은 우연이 아니었다.

10월 말, 우리는 에베레스트 원정 준비의 마지막 순간에 재정적 행운을 잡았다. 뉴이러New Era라는 건강보조식품 업체가 2,500파운드를 지원하겠다고 나선 것이다. 우리들 8명이 3개월 동안 에베레스트를 등반하는 데 소요되는 총 비용은 12,000파운드로 상당한 금액이었다. 나는 알렉스에게 소식을 알려주려고 전화를 걸었다.

"야, 나 출발해. 조심하고. 오는 봄에 무슨 계획 있어?"

"내년 프리 몬순에 보이텍, 예지 쿠쿠츠카와 함께 마칼루 서벽을 할 겁니다." 다시 한 번, 질투심이 섞인 전율이 파도처럼 밀려왔다. 그것은 대단한 프로젝트로 다른 어떤 것과도 차원이 달랐다. 나는 일주일간 휴가를 내, 업무와 원정 준비에 매달렸다.

1981년 알렉스는 보이텍과 함께 마칼루에 두 번 갔다. 등반 자체만 놓고 보면 두 번의 도전은 모두 실패였다. 그러나 알렉스는 이 두 번의 등반으로, 그의 인생 마지막 해의 등반 전략을 수립할 수 있었다. 알렉스는 마칼루 서벽을 다음과 같이 묘사했다. "프랑스 필라 오른쪽에 위치한 미등의 거벽은 아이거 북벽과 흡사하지만 난이도와 높이는 반다카보다 어렵다." 프리 몬순의 원정등반은 다소 실망스러웠다. 벽으로 다가가기 위한 어프로치는 주로 긴 모레인 지대를 터덜터덜 걸어가는 것뿐이어서 고소순응을 위한 충분한 고도가 되지 못했다. 7,000미터 정도까지 두 번 올라갔지만, 악천후로 등반을 포기해야 했다.

보이텍, 예지 쿠쿠츠카와 함께 간 포스트 몬순의 원정은 성공할 뻔하기도 했지만, 경량등반의 몇 가지 근본적인 취약점으로 인해 실패하고 말았다. 등반은 그전 해의 다울라기리 등반보다 훨씬 더 어려웠다. 그들은 벽 상단에서 난관에 부딪혔는데, 3~4일을 더 버티는 데 필요한 장비와 식량이 부족했다.

알렉스는 이제 히말라야의 작은 봉우리들을 졸업한 후 8천 미터급 미등의 거벽에 자신의 기술을 적용하고 있었다. 비슷한 과정을 거쳤지만 고소 경험이 더 많은 사람이 보이텍이었다. 단순히 도전의 규모만 변

마칼루 서벽에서 비박 중인 예지 쿠쿠츠카와 알렉스 (사진: 보이텍 쿠르티카)

한 것이 아니었다. 이 두 클라이머는 대규모 원정대라는 사고방식에서 완전히 벗어나려 했다.

이 점에 있어서는 알렉스보다 보이텍의 처지가 더 곤란했다. 보이텍은 폴란드라는 국가적인 시스템의 획일적 틀에서 빠져나와야 했다. 그러나 그의 반다카와 창가방 등반은 공산당으로부터 지속적으로 지원금을 확보하는 데 있어서 매우 중요한 부분, 즉 새로운 등반 스타일도 국가에 명성을 가져올 수 있다는 것을 PZA에 입증했다. 보이테의 명성 역시 점점 높아만 갔다. PZA는 그의 업적을 감안해 별도의 입회신청 없이 정회원 자격을 부여해야 했다. (이로써 그는 PZA와 당 정치국원들의 비판에서 조금 벗어난 듯했다.) 그는 쿠쿠츠카나 알렉 르보프, 크지슈토프 비엘리츠키 등과 같은 폴란드 정상급 클라이머들의 롤 모델이 됐다.

보이텍에게 알렉스는 알파인 스타일에 대한 애정을 함께 발전시킬 수 있는 완벽한 파트너였다. 보이텍은 알렉스를 이렇게 평가했다. "그에게는 아우라가 있습니다. 그는 두 가지 측면에서 용감했는데, 하나는 겁이 없다는 것이고 다른 하나는 전통을 깼다는 것입니다."

알렉스는 ─ 보이텍과 마찬가지로 ─ 가장 험난한 도전에 자신만의 방법을 적용시켜보고자 하는, 불타오르는 야망을 갖고 있었다. 그러나 알렉스의 성공은 자신의 야망과 자아실현이라는 측면에서 상승궤도로 진입하는 발판이었다. 이는 오로지 등반을 위해 등반을 하는 보이텍과는 확연히 다른 점이었다.[102, 103] 그러나 보이텍에 의하면 알렉스는 산에 있을 때 자신의 자아를 거의 드러내지 않았다고 한다.

"그는 필요한 순간에는 항상 존재감을 드러내는 사람이었습니다. 그럴 때면 아주 특별한 어떤 것을 끄집어내곤 했죠. 조커와 같이 결정적인 카드였다고나 할까요."

보이텍은 자바다의 대규모 원정 스타일과 영원히 결별했다. 알렉스는 1982년의 벅스턴 회의에서 자바다를 만나 마칼루를 함께 시도하는 것에 대해 상의했다. 자바다는 알렉스에게 마칼루 등반의 실패가 자신의 생각이 옳았다는 것을 입증한 것 아니냐고 말했다. 자바다는 성공을 담보하기 위해서는 대규모 원정대가 필수라고 강조했다. 사실 자바다의

---

102 보이텍은 아직 자신의 이야기를 쓰지 않았다. 그에 대한 책은 아주 매혹적일 것이다. 그에 관한 폴란드 기록영화들을 본다면, 그의 강점에 대해 놀라움을 금치 못할 것이다. 버나데트 맥도널드는 『프리덤 클라이머스Freedom Climbers』에서 그의 '고통의 예술'을 수세기에 걸쳐 러시아와 독일과 싸우면서 얻은 용기와 국가적인 자부심 그리고 실패나 어떤 망설임보다도 명예로운 죽음을 선택하는 사무라이의 전통이 융화된 것으로 묘사했다.

103 버나데트 맥도널드가 보이텍에 대해서 쓴 책 『Art of Freedom』이 2017년 9월 발간됐다. 한국어판은 2018년 하루재클럽을 통해 발간된다. (역주)

의견으로 보면, 8천 미터급 고봉을 소규모 알파인 팀으로 도전하는 것은 어리석은 짓이었다.

"왜 그 많은 자원을 낭비하면서 실패를 무릅쓰지요? 중요한 건 성공입니다."라고 그는 알렉스에게 말했다.

그러나 당시에는 대규모와 소규모 원정의 상대적인 안전성을 둘러싸고 치열한 논쟁이 벌어지고 있었다. 위험에 노출된 고소에서 더 많은 시간을 보내야 하는 대규모 원정대를 선호하는가, 아니면 알파인 스타일로 고소에서 더 빠르게 움직여 머무는 시간이 짧은 소규모 원정대가 본질적으로 더 안전한가?

이 의문에 대한 알렉스의 반응은 매우 현실적이었다. 그는 이 같은 논쟁에 대해 자신 스스로의 연구를 통해 충분한 검토를 끝냈음에도 대규모 원정에 대한 어떠한 냉소적인 비난을 하지 않았다. 실제로, 알렉스는 자바다나 유고슬라비아의 알레스 쿠나베르Ales Kunaver, 또는 일본의 카토 야수오가 이끈 대규모 국가 원정대를 반대하지 않았고, 그들을 폄하하지도 않았다. 쿠나베르가 이끈 팀은 일련의 눈부신 성공을 거두었다. 그중 하나가 거의 완등에 가까웠던 로체 남벽 등반이었는데, 알렉스의 의견에 따르면, 그 등반은 가장 위대한 도전이었다.[104] 그는 쿠나베르의 접근방법에 대해 다음과 같이 평가했다.

"이 유고슬라비아 팀은 아주 영리하고 경험이 많아서 마칼루 남벽

---

104 세계에서 가장 거대한 로체 남벽은 그 높이와 존재뿐만 아니라 다른 이유들로도 악명 높았다. 1989년 10월24일 예지 쿠쿠츠카는 성공을 눈앞에 두고 추락사했다. 다음 해 프리 몬순 기간에 슬로베니아의 토모 체센Tomo Cesen은 단독으로 초등을 했다고 주장했지만, 포스트 몬순 기간에 등정한 러시아 원정대가 자신들이 진정한 초등을 이뤘다며 의혹을 제기했다. 체센이 자신의 것이라며 제시한 사진도 그의 주장에 도움이 되지 않았다. 그 사진은 사실 실패한 등반 도중 친구가 능선에서 찍은 것이었다.

과 에베레스트 서릉 직등같이 주요 프로젝트를 성공적으로 해냈다. 이런 정도의 '훈련'을 거친다면, 그들은 로체와 같은 험악한 거벽 환경을 보다 잘 받아들일 것이다. 그들은 등반환경과 이성적으로 가장 안전한 때가 언제인지를 많이 알고 있다. 그들은 로체에서 거의 성공할 뻔했는데, 내려올 때를 알고 기꺼이 후퇴해 아무런 인명 피해도 입지 않았다."[105]

그러나 알렉스를 비롯한 경량등반 옹호자들이 가졌던 가장 큰 우려는 대규모 국가 원정대들이 최후의 대과제들을 먼저 해치우는 것이었다. 마칼루 서벽은 보이텍과 마찬가지로 알렉스의 체크 리스트에도 있었다. 그리고 그들은 두 차례의 기회가 남아 있는 것에 즐거워했다. 이 벽은 다울라기리보다 훨씬 더 어려워서 전략은 절대적으로 옳아야만 했다.

포스트 몬순 시즌에, 알렉스와 그의 폴란드 동료들은 본격적으로 벽에 달라붙기 전 두 가지 고소순응 시나리오를 갖고 있었다. 첫째는 북릉의 초등 루트로 7,800미터까지 오르는 것이고, 둘째는 그들이 서벽을 통해 정상에 도달한 후 북릉 루트로 내려올 경우 하산에 필요한 식량과 장비를 북릉에 미리 갖다놓는 것이었다. 그들은 북릉 8,000미터 조금 넘는 곳에서 하룻밤을 보냈다. 이제 서벽을 등반하기 위한 고소적응을 완벽히 마쳤다.

서벽은 가파른 설원지대들과 여러 개로 갈라진 바위지대로 구성되어 있고, 등반의 난이도는 레 드루아트 북벽과 비슷한 수준이었다. 등반을 하는 데 4일이 걸린 1,800미터의 설원지대는 바위로 된 헤드월로 연

---

105   이 사실과 이 22장의 모든 인용은 1982년도 『마운틴』 지의 인터뷰에서 따온 것이다.

"잠깐 동안 얼음에 매달리면, 곧바로 화강암 벽에 코를 비벼야 했다." (사진: 보이텍 쿠르티카)

마칼루 서벽의 헤드월 바로 밑에 있는 빙벽지대. 알렉스는 이곳을 레 드루아트 북벽에 비유했다. (사진: 보이텍 쿠르티카)

결됐다. "세 번째 설원지대 끝에서 우리는 곧장 헤드월로 진입했습니다. 잠깐 동안 얼음에 매달리고 나면, 곧바로 화강암 벽에 코를 비벼야 했습니다."

그들은 오른쪽 대각선 방향으로 오르면 헤드월을 올라설 수 있을 것으로 생각했다. 그러나 알렉스는 다음과 같이 보고했다. "중단까지 잔머리를 너무 굴렸다. 우리는 헤드월을 넘어서 서릉의 8,300미터 지점에 이르는 라인을 머릿속에서 억지로 꿰어 맞췄다. 헤드월은 300미터의 높이였지만 난이도는 우리가 상상했던 D-가 아니라 ED-였다. 루트를 확실하게 끝내기 위해서는 며칠이 더 필요했다. 우리는 8,000미터 이상에서 매일 밤 비박할 각오를 했다. 일단 서릉 위에 올라서도 정상까지는 여전히 400미터가 남아 있다는 것을 우리는 알고 있었다. 하지만 우리에게는 그에 필요한 장비와 식량, 연료가 없었다."

셋이서 가져간 등반용 로프는 8.2밀리미터 직경의 60미터 한 동뿐이었다. 알렉스는 "딱 알맞았다."라고 표현했다. 다른 사람들 같았으면, 이는 그와 같은 거벽에서 기술적으로 힘든 등반을 위한 여지가 거의 없기 때문에 심각한 추락이나 낙석으로 인한 로프의 손상 가능성을 고민했을지도 모른다. 셋으로 이루어진 등반 팀의 경우 선등자는 더블 로프로 올라가고, 나머지 둘은 각각 싱글 로프로 따라가는 것이 일반적이다. 이 방식이 일반적이기는 하지만, 그렇다고 해서 그와 같은 기술적 영역에서 위험이 전혀 없는 것도 아니다.

알렉스는 자신들의 후퇴 이유를 이렇게 설명했다. "나는 죽음이나 영광스러운 도전으로 발가락을 잃으려고 기를 쓰는 것이 아니다. 나는 히말라야에 몇 번이고 다시 가기를 원한다. 그리고 이것이 나의 본능적

마칼루 서벽을 배경으로 포즈를 취한 보이텍과 알렉스 (사진: 보이텍 쿠르티카)

마칼루 팀은 마침 그 산의 북릉에 있던 라인홀드 메스너를 우연찮게 베이스캠프에서 만났다.
(왼쪽에서 오른쪽으로) 알렉스, 아리안느 지오벨리나Ariane Giobellina, 보이텍, 예지 그리고 라인홀드

인 등반욕구를 제어한다. 뚫고 나갈 수 없을지도 모르는 극한상황은 피
해야 한다. 그렇지 않으면 결국에는 무엇인가를 잃게 될 것이다. 나는
영웅이 아니다."

　　마칼루 이후 내가 알렉스를 만나는 데는 몇 주일이 걸렸다. 내가 그
를 만났을 때 그는 더욱 침착하고 여유로워 보였다. 새라로 인해 그의
인생이 달라진 것일까?

　　마칼루에서 하강하던 알렉스는 낙석에 맞았다. 다행히 그 돌은 아
슬아슬하게 스쳤고, 헬멧이 충격의 대부분을 흡수했다. 집으로 돌아온
그는 사람의 품에 안겼고, 보살핌이 필요한 상처 입은 맹수였다. 그는

서벽에서 패퇴한 다음 베이스캠프에서 쉬고 있는 세 사람
(왼쪽에서 오른쪽으로) 보이텍 쿠르티카, 알렉스 매킨타이어, 예지 쿠쿠츠카

새라에게 낙석의 충격으로 정신을 어떻게 잃었는지 여러 차례 이야기했다. 새라는 조금 당황했다. 알렉스는 석 달 전 산으로 떠난 건방진 불사조가 아니었다. 그 짧은 기간 동안 서로의 역할이 바뀌었다. 새라는 알렉스의 불확실성을 감당해야 했다. 그때까지는 알렉스가 가끔 일어나는 새라의 우울증과 자신감 결여를 어루만져줘야 했었다.

"알렉스가 그저 이야기를 하고 행동하면서 내 안의 뭔가를 끄집어 냈을 때 난 기분이 좋았어요." 그러나 이제 역할이 바뀌면서 새라는 그 사건을 그저 웃어넘기려 했고, 그럴 때마다 알렉스는 매우 화를 냈다. 그는 그녀에게 그 사건이 얼마나 심각했는지 전혀 모르고 있다고 투덜댔다. 그녀는 알렉스가 우울해졌다는 사실을 깨달았다.

"그는 우울증을 겪는 것이 처음이라고 말했어요. '이제 그 기분이 어떤 것인지 알 것 같아.' 보통 그는 불행하다거나 우울하다고 말하는 사람에게 화를 냈었습니다. 그건 모두 스스로 자초한 것이기 때문에 스스로 그 구렁텅이에서 빠져나와야 한다고 말했습니다. 그런데 이제 그에게 새로운 시각이 생긴 거죠."

그런데 어느 날 아침, 그는 마치 하룻밤 사이에 완전히 다른 사람이 된 것처럼 잠에서 깨어났다. 그는 과거의 자신의 모습으로 돌아갔고, "자, 당장 뭐라도 하자."라고 말했다.

새라는 이야기를 계속 이어갔다. "하는 일이 마음대로 안 될 때 알렉스가 항상 했던 말이에요. 그는 그때 그 자리에서 무언가를 했고, 더 이상 우울증을 보이지 않았습니다. 그는 그것을 이겨내려 노력했죠. 우리 모두는 알렉스가 마음이 깊은 사람이라는 것을 알고 있었습니다."

새라에게 보인 친절한 태도가 이제는 모든 친구들에게까지 확장된 것 같았다. 그의 신랄한 비판이 한동안 사라졌다.

어느 토요일 점심시간, 랜버리스Llanberis 의 파단 레이크에 있는 술집에서 나는 알렉스와 새라 그리고 존 파웰을 만났다. 우리는 오후에 술집이 문을 닫는 시간까지 술을 마시며 이야기를 나누었다. 그리고 어둑어둑해질 때까지 낮은 구릉지대의 축축하게 젖은 길을 함께 걸었다. 알렉스가 다음 해 가을에 안나푸르나에 가자고 한 것이 바로 그때였다. 나는 정말 흥미롭기는 하지만 이미 버제스 형제와 프리 몬순 시즌에 등반을 가기로 거의 다 계획을 짜놓은 상태라고 말했다. 12월 초 그 계획이 어그러지자, 나는 곧바로 알렉스에게 전화를 걸었다.

"안나푸르나에 가자는 말 아직 유효하지?"

"물론입니다. 환상적이네요. 라우즈와 이야기하고 있었는데, 그도 가기로 했습니다. 르네는 프랑스에서 이미 후원사를 물색해놓았고요. 우리 넷이 그 벽에서 두 조로 등반하면 최상일 것 같습니다."

우리는 2주일 후 알파인클라이밍그룹(ACG)Alpine Climbing Group 만찬에서 만났지만 우리의 계획을 심도 있게 논의하기에는 시간이 충분치 않았다. ACG 만찬은 두 가지 특징이 있었다. 하나는 거의 모든 분야에 걸친 영국의 정상급 클라이머들(거의 남성들)이 한자리에 모인다는 것이고, 다른 하나는 그들은 필연적으로 매우 소란스럽고 때로는 성질을 부린다는 사실이었다.[106]

그해의 '만찬'은 더비셔 어딘가에 있는 중세 스타일의 연회장에서 열렸다. 분위기가 한창 무르익을 때 어느 눈치 없는 작자가 벽에 걸려

---

106 ACG 만찬에서 어떤 요리가 나왔는지는 생각나지 않는다. 이전에는 피시앤드칩스나 다음날 아침까지 튀김요리였다.

있는 창과 방패들을 발견했다. 그가 창을 꺼내들어 그 자리에 있던 술 취한 무리들을 겨누자, 모두가 "마상결투, 마상결투!" 하고 외쳤다. 마상결투는 흔히 하는 놀이였다. 한 사람이 동료의 등에 올라타고 상대편으로 돌진해 목말 탄 사람을 떨어뜨리는 놀이였다. 하지만 이번에는 처음으로 진짜 창이 등장했다. 알렉스는 라우즈 어깨에 올라타 상대편 기사騎士에게 돌진했다. 한데 그중 한 사람이 우연찮게도 배리 커쇼Barry Kershaw였다.

커쇼는 ACG 내에서 악명 높은 싸움꾼이었다. 그의 영웅적인 명성은 그날 이른 저녁 바텐더가 일을 끝낸 다음에 일어난 사건으로 더욱 높아졌다. 커쇼는 폭주족 그룹 헬스 에인절스Hell's Angels가 바로 옆방에서 맥주를 짝으로 쌓아놓고 술을 마시고 있다는 사실을 알았다. 그는 곧바로 행동에 돌입했다. 그는 칸막이 문을 박차고 들어가며 외쳤다.

"지금 당장 열 놈 밖으로 나와. 그리고 다음 열 놈. 싫으면 네 놈들 맥주 다 내놔." 폭주족들은 뒤로 물러났다. 상상할 수 있듯이, 결과를 기다리며 서 있는 ACG 회원들은 100명 남짓이었다. 그날 저녁 ACG 회원들은 새롭게 획득한 그 맥주를 마시며 저녁시간을 이어갔다.

하지만 그날 저녁의 문제는 알렉스가 커쇼의 명성을 알지 못했거나, 아니면 너무 취해서 신경 쓸 겨를이 없었다는 것이었다. 바닥으로 나뒹군 알렉스는 벌떡 일어나 자신을 비웃으며 서 있는 커쇼에게 대들었다. 그때 어느 구석에 있던 돈 윌런스가 튀어나와 알렉스를 바닥에 넘어뜨린 다음 머리채를 잡고 구석으로 끌고 갔다. 그 모습을 지켜본 사람들은 알렉스가 모욕을 당했다고 생각했다. 그러나 사실 윌런스의 의도와는 다르게 잘된 일이었다. 가이 리Guy Lee는 윌런스가 구석에서 알렉스를 일으켜 세운 다음 얼굴에 침이 튈 정도로 그를 설득했다고 회상했다.

"이봐, 애송이! 넌 네가 아주 대단한 산악인이라고 생각할지 모르지만, 살고 싶으면 커쇼 열 받게 하지 마. 알았어?"

이것은 돈이 진심어린 우려를 보일 만큼 알렉스와 가깝다는 증거였다. 경력을 쌓아가고 있던 돈이 1975년 에베레스트 원정대에서 탈락해 보닝턴과의 사이가 결정적으로 틀어졌을 때 알렉스가 내보인 반체제적 성향, 즉 보닝턴 부류에 대한 반기를 그는 좋아했다.

알렉스가 윌런스에게 잡혀 있는 동안 다음 라운드 벨이 울렸다. 이제 ACG 참가자들이 두 패로 나뉘어 홀 양쪽에서 서로를 노려보고 있었기 때문에 제법 심각한 충돌이 일어나리라는 것은 불을 보듯 뻔했다. 그때 예기치 않게 두 번째 중재자가 끼어들었다. 보기에 따라서는 싸움을 피하는 사람일 수도 있고, 아니면 양쪽 편일 수도 있는 존 바커John Barker가 마상결투의 두 무리 한가운데로 뛰어들었다.

"도대체 무얼 하고 있는 거야? 여기 있는 우리 모두는 동료잖아, 안 그래? 이건 ACG 모임이지, 안 그래? 오늘 ACG 모임이 뭔데? 마시자는 거잖아, 안 그래? 우리가 동료가 아니고 만약 난장판을 만들기 시작하면, 저 사람들이 어떻게 할 것 같아? 술집을 당장 닫을 거라고!"

바커의 훌륭한 논리에 감사의 박수와 찬사가 쏟아졌다. 그날 저녁은 처음의 분위기로 돌아가 우호적으로 끝났다. 1981~1982년 겨울은 레이크 디스트릭트도 등반 환경이 좋았다. 화창한 봄날이 이어지자, 프리 몬순의 시샤팡마 등반에 나서기 전의 알렉스는 주말에 몇 번 새라와 함께 나에게로 왔고, 로즈까지 합류한 우리는 함께 등반을 즐겼다. 나는 부러웠다. 그들은 더그 스콧, 로저 백스터 존스, 터트 브레이스웨이트로 이루어진 강력하고 확고부동한 '프로'들이었다.

알렉스가 죽고 난 후, 나는 새라에게 매 시즌 큰 원정등반을 떠나고 겨울에는 알프스로 달려가는 그의 인생에 대해 의문을 품은 적은 없었는지 물었다. "아니요, 그런 적은 결코 없었습니다. 그러나 나는 사람들이 자신이 하는 것으로부터 해방되어야 한다고 믿었습니다. 알렉스는 그런 나의 사고방식을 좋아했던 것 같습니다. 그의 어머니나 귀네스도 등반에 대한 그의 야망을 진정시키려 무던히도 애썼죠. 그러나 문제는 알렉스였습니다. 나는 그의 앞길을 막으려 하지 않았습니다."

23

놀랍고 또 놀랍다

Surprise Surprise

'알렉스 매킨타이어'로 구글 검색을 해보면 내용이 많지 않다. 그러나 그 검색 결과들도 그를 제대로 알려주기에는 역부족이다. 대부분의 링크는 '알렉스 매킨타이어 추모 산장Alex MacIntyre Memorial Hut'으로 연결되어 있고, 그곳에 머물렀던 클럽이나 사람들의 후기가 고작이다.[107] 알렉스가 BMC에 있을 때 매입했던 이 산장은 오니크에 있다.

소수이기는 하지만, 견문이 넓은 현대 클라이머들이 그의 대범한 스타일과 명료한 아이디어에 경의를 표하는 웹사이트도 있다. 웹사이트 유케이클라이밍닷컴UKCliming.com은 그랑드조라스의 콜튼-매킨타이어 Colton-MacIntyre 루트의 역사를 간략하게 소개하고 있다. 최근의 영국 등반대 영상 다음에는 율리 스텍이 2시간 10분 만에 그 루트를 단독 등반하는 놀라운 소식이 이어진다. (알렉스와 닉 콜튼은 12시간의 야간등반 끝에 올랐었다. 그들은 손등에 피멍이 드는 테러닥틸 피켈과 쉽게 구부러지는 아이젠을 사용했었다. 1970년대의 아이젠은 앞 발톱이 자주

---

107 그 산장은 BMC에 있던 데니스 그레이의 노력과 알렉스를 따르고 존경했던 몇몇 자원봉사자들에 의해 지어졌다. 오니크에 있는 그곳은 글렌 코Glen Coe나 벤네비스를 등반할 때 훌륭한 베이스캠프 구실을 한다.

부러지거나, 그렇지 않으면 구부러져 거의 무용지물이었다. 그런 일은 우리 모두 똑같았다. 그러나 요즈음은 그렇지 않다.)

마운티니어스 북스Mountaineers Books의 웹사이트에도 기록이 있다. 이 기록은 알렉스가 더그 스콧과 함께 나머지 대원들의 지원을 받아 쓴 책, 『시샤팡마 원정The Shisha Pangma Expedition』에 대한 서평이다. 이 책은 1984년 제1회 보드맨-태스커 산악문학상을 받았다.

등산장비의 발전에서 '변화의 원동력'을 생각할 때 나는 생명에 대한 애착을 최우선으로 꼽는다. 다시 말하면, 모험에 내재된 위험에도 불구하고 안전의 경계를 확장시켜주는 장비가 필요하다는 말이다. 등반 기술, 의류, 로프, 하드웨어, 접근과 훈련 등 등반의 모든 측면에서 이루어진 발전은 경험을 통해 배우는 과정이자, 일의 진행방법을 향상시키기 위해 배웠던 교훈들을 적용해나가는 과정이다. 변화에는 유레카 eureka[108] 같은 깨달음의 순간이 거의 없다. 변화는 대개 공유된 경험과 개인의 실험이 합쳐진 것이다. 이본 취나드, 제프 로우Jeff Lowe, 토니 하워드, 랩 캐링턴같이 기술에 아이디어를 접목해 앞서나간 클라이머는 얼마 되지 않는다. 그들은 주목할 만한 등반 경력을 쌓았고, 이를 바탕으로 혁신을 이루어냈다.

장비의 디자인과 소재, 제작과 응용 사이의 관계를 이해한 산악인들에 대한 논문도 쓰일 만하다. 그리고 더욱 중요하게는, 그 장비를 적합하게 사용할 수 있는 비전과 정신적·육체적 능력 개발에 관한 논문이 쓰여야 한다. 몇 년 동안, 나는 카리모어의 사장이자 이 업계를 이끌고

---

108 European Research Coordination Action의 약칭으로, 아르키메데스가 목욕 중 비중의 원리를 발견한 후 외쳤다고 전해지는 그리스어의 "알았다.", "알아냈다."라는 뜻이다.

있는 마이크 파슨스와 여러 차례 토론을 벌였었다. 그는 1970년대 후반과 1980년 초반에 알렉스를 디자인 컨설턴트로 고용했었다.

"알렉스는 다른 사람보다도 더 많이 나에게 경량등반에 대해 알려 줬습니다. 그는 그것이 의무라고 주장했습니다."라고 마이크는 말했다. "경량등반을 하면서 알렉스는 사람들이 생각하는 것보다 더 많은 정신적 부담을 느꼈습니다. 나는 그의 대담함에 놀랐는데, 그것이 그를 독보적인 존재로 만들었다고 생각합니다."

만일 알렉스가 자신의 기술적인 터득을 잘 다듬을 수 있을 정도로 오래 살았다면, 그의 이름은 당연히 장비 디자인의 진보를 이룬 사람들의 명단에 올랐을 것이라고 나는 확신한다. 어쨌든 그는 분명 그 명단에 있었을 것이다. 마이크의 의견 또한 그랬다.

"나는 돈 윌런스나 두걸 해스턴같이 위대한 산악인들과 어울려 일하는 데 익숙했습니다. 배낭을 기술적으로 발전시키기 위해 그들을 압박했는데, 결국은 어느 정도 그럴듯한 아이디어가 나왔죠. 고리는 어디에 있어야 하며, 특히 잘 해어지는 부분은 어디인지 등의 제안을 받아 나는 그들의 이름을 붙인 배낭을 디자인했습니다. 하지만 그것이 다였습니다. 돈이나 두걸은 제품을 계속 향상시키는 데는 관심이 없었습니다."

다양한 요구를 들어주어야 하는 대규모 원정대의 경우 마이크는 더 난감했다. "돈이 크리스 보닝턴의 1970년 안나푸르나 원정대에서 장비를 맡아, 카리모어는 많은 장비를 제공했습니다. 나는 그들의 주문에 따라 돈과 몇 번 나눈 모호한 의사소통을 바탕으로 장비를 디자인해야 했습니다. 두걸이라고 나을 게 없었죠."

마이크는 아웃도어와 관련된 모든 일을 매우 열정적으로 사랑하는 사람이었다. 또한 그는 적당한 장비 하나로는 만족하지 않는 엔지니어이자 디자이너였다. 그는 제품을 개선하려 항상 애썼고, 매년 발행하는 기술적 카탈로그를 통해 자신의 비전을 제시하려 노력하는 사람이었다. 이런 것들의 전반적인 주제는 보다 좋은 장비가 어떻게 보다 나은 등반에 기여하는지에 대한 것이었다. 그러나 마이크처럼 클라이머가 아닌 제조업자들과 산악계의 관계가 처음에는 냉랭했다. 피터 보드맨은 마이크가 카탈로그를 전달하고자 하는 의도를 이해하지 못한다며 "클라이머들은 이런 걸 읽지 않을 텐데 왜 헛수고를 하지?"라고 말했다.

"1978년 어느 날 알렉스가 내 사무실을 방문한 건 놀라운 사건이었습니다."라고 마이크는 말했다. "마침내 내가 제품을 어떻게 개선해야 하는지에 대해 말이 통하는 사람을 만난 겁니다. 그는 똑똑하고 분석적이었습니다. 또한 제품을 자신이 필요한 입장에서 보았을 뿐만 아니라, 시장의 시각으로 바라보면서 특별한 클라이머들이 아닌 일반인들에게 접근하는 방법도 알고 있었습니다."

알렉스는 마이크의 머릿속에 있던 많은 아이디어들을 구체화해 판매가 가능한 제품으로 바꾸어놓았다. 그 결과 알렉스의 아이디어와 디자인이 최종적으로 반영된 OMM이라는 경량 배낭 시리즈가 탄생했다. 무게가 800그램에 지나지 않는 80리터 배낭 맥색Macsac의 오리지널 버전은 알렉스의 디자인에 힘입어 출시되었는데, 전 세계의 많은 원정대들이 이 제품을 찾았다. 하지만 마이크의 문제는 그들이 항상 공짜로 원한다는 것이었다.

"알렉스는 크기와 무게를 최소화하면서도 본래의 기능을 유지하도록 디자인을 단순화할 때 놀라운 재능을 발휘했습니다. 내가 정말 놀란 건 그가 다른 스포츠의 전문성을 분석하고, 그들의 욕구에 맞게 디자인을 해보인 것이었고, 그것이 내가 그를 높게 평가하는 가장 큰 이유입니다."

다른 스포츠의 요구사항을 이해한다는 것은 디자인을 고려하고 그 활동에 참여한다는 의미였다. 그는 두어 시간 동안 노르딕스키 강습을 받고, 다음 날 독일 오버아머가우Oberammergau에서 열린 42킬로미터 경주, 쾨니히 루트비히 라우프König-Ludwig-Lauf에 참가해 완주했다. 알렉스는 그에 대해 마이크에게 이렇게 말했다. "30킬로미터까지는 상당히 처져 있었습니다. 그렇지만 어느 정도 요령을 터득한 다음 많은 사람들이 놀랄 정도로 추월해 결승선에 도착했습니다."

독일 가이드협회 훈련대장인 오토 비데만Otto Wiedemann이 알렉스에게 노르딕스키를 가르쳐주었다. 그래서 알렉스는 답례로 그를 데리고 벤네비스의 슬라브Slav 루트를 등반했다. 오토는 그 경험을 이렇게 회상했다. "우리는 8.8밀리미터 로프 한 동, 확보를 위한 데드맨deadman 하나 그리고 아이스스크루 두 개를 갖고 갔습니다. 매우 가파른 쿨르와르에서 아무런 확보도 없이 얇은 얼음을 올라가는 알렉스를 올려다보며, 알렉스가 만일 나를 끌고 떨어진다면 저 아래 쿨르와르의 완만한 설사면이 우리가 떨어지는 속도를 늦춰줄 만큼 길까 하는 의구심을 갖지 않을 수 없었습니다."

그러나 알렉스는 추락할 의사가 전혀 없었다. 오토가 아니라 알렉스가 오히려 편안한 곳에 있었다. 등반을 마치고 오토는 알렉스에게 그렇게 어려운 상황에서 확보물 설치도 없이 어떻게 평정심을 유지했는지 물었다. 그러자 알렉스는 이렇게 대답했다. "나는 그저 안전에 대한 일상적인 생각과 감정의 스위치를 껐을 뿐입니다. 확보는 가장 좋은 때라도 상대적인 개념이죠. 그리고 대부분의 경우 안전은 개인의 능력과 그의 정신력에 상당히 좌우됩니다."

마이크와 나는 그가 우리 원정에 제공했던 제품들에 대해 이야기를 나누며, 알렉스가 카리모어에서 했던 일에 대한 회상을 끝맺었다. "원정을 가는 사람들에게 장비를 제공하는 것은 나에게 상당한 책임과 걱정을 불러일으켰습니다. 이렇게 된 데는 알렉스의 역할이 어느 정도 있었다고 믿습니다. 난 알렉스에게 테스트 기계의 기본적인 작동법을 설명해주고 나서 그에게 개발팀을 맡겼습니다. 단, 그가 만든 제품을 갖고 나가기 전에 내가 마지막으로 확인한다는 조건으로요. 알렉스가 처음으로 배낭을 만들었을 때 바느질까지 하나하나 손으로 꼼꼼히 만지며 디자인에서 결함이 있는지 확인했던 기억이 납니다. 그런데 전혀 하자가 없었습니다."

마이크는 또한 알렉스의 비전이 가진 미래지향적 특성과 앞을 내다보는 능력을 인정했다. "카트만두에서 온 편지를 받았을 때를 되돌아보면, 특히 미래에는 미디어가 등반에 개입할 것이라는 부분에서 그가 얼마나 예언자적이었는지는 충격으로 다가왔습니다. 인터넷이나 위성전화, 디지털 카메라 등 지금은 우리의 일상이 된 것들이 나타나기 훨씬 전에 온 편지였습니다. 그는 앞으로 무엇이 변할 것이며 어떤 일이 일어날지에 대해 위대한 비전을 갖고 있었습니다."

알렉스가 카리모어하고만 일한 것은 아니다. 그는 로한Rohan이 의류를, 트롤Troll이 텐트와 해먹을 개발하는 것을 도왔다. 성능이 전혀 시험되지 않은 장비와 의류를 갖고 베이스캠프를 떠나 그 위쪽으로 올라가는 것은 약간 당황스러웠지만, 항상 어느 정도 역할은 한 것 같다. 알렉스는 클라이머이자 비범한 혁신자였다.

그는 오늘날의 산악계를 어떻게 생각할까? 나는 그가 '스타일'이라는 말이 더 이상 개인적인 선택의 문제가 아니라고 느낄지 어떨지 궁금하다. 왜냐하면 후원을 받는 클라이머의 다음 사진이든가, 또는 원정대의 다음 대상지가 종종 상업주의에 물들기 때문이다. 루트의 순수성이 떨어졌을까? 이 물음에 대한 대답은 어느 정도까지는 '그렇다'이다. 만약 후원받기를 원하는 클라이머가 되기를 원한다면, 멋지게 보여야 하고 지속적으로 매우 높은 수준의 체력과 기량이 요구되는 수준의 등반을 해야 한다. 나아가 성과를 기록과 숫자로 판단하는 상업 세계를 이해할 필요가 있다. 바로 이것이 아웃도어 업계와 대중이 기대하는 것이다. 그렇지 않다면 그 밖의 어떤 방법으로 회사가 영상물을 제작해서 브랜드 경쟁에 도움을 줄 수 있는 미디어의 주목을 받을 수 있다는 말인가? 과장보도에서는 이따금 순수성과 현실성이 실종된다. 모험의 세계에는 더그 스콧이 'TV 타입'이라고 표현한 사람들이 어느 정도 존재한다. 그들은 등반을 거의 하지 않지만, 어떻게든 자신을 클라이머로 내세워 그 허상으로 생계를 유지한다.

알렉스는 숫자로 표현되는 기록을 내세우고, 8천 미터급 고봉 14개나 7대륙 최고봉 완등을 수집해서 미디어의 주목을 받고, 최초로 스키 하강을 하고, 가장 빨리 단독 등반하는 것에 대해 어떻게 생각할까? 알렉스는 바로 이런 것들로 인해 메스너가 진정한 모험의 길에서 벗어났다고 생각한 것 같다. 그러나 미디어와 대중들로 하여금 등반을 스포츠의 한 종목으로 이해하게 만든 것이 바로 이런 '성취들'이다. 난이도 나 높이 또는 등반 시간은 인지가 가능한 스포츠적 성취들이다. 가장 크다거나, 가장 어렵다거나 또는 가장 대담하다거나, 첫 번째냐 아니면 두 번째냐 하는 등등이 바로 그렇다. 이런 것들이 1970년대나 심지어는 1870년대와도 많이 다를까? 아마 그렇지는 않을 것이다.

알렉스는 다가올 많은 변화를 좋아했을지 모른다. 그리고 시간이 흐르면서 그의 태도도 변했을 것이다. 과거를 되돌아보니, 그의 마지막 해에 우리가 앞으로 어떤 변화가 얼마나 빨리 올 것이냐를 놓고 자주 토론했던 기억이 난다. 나는 사람들이 헬리콥터를 타고 베이스캠프까지 날아가리라고는 예상치 못했다. 더욱이 원정대가 그렇게 원하리라고는 상상조차 하지 못했다. 또한 텔레커뮤니케이션 혁명이 일어나고 미디어가 기회에 편승하리라고는 알지 못했다. 또한 나는 사람들이 베이스캠프에서 전화를 사용하거나 비디오를 보는 이유를 알지 못했다. 이런 것들은 모험에 방해가 될 뿐으로, 집에 있는 걱정거리를 끼어들게 만들어 당장 눈앞에 닥친 일에 몰입하지 못하게 만든다.

나는 알렉스가 다가오는 미래를 내다보고 그것이 빨리 일어나기를 바랐다는 것을 이제야 깨닫게 되었다. 이것은 아마도 그의 계획과 스타일의 일부였을 것이다. 등반으로 생계를 유지하는 것이 그의 안전 계획의 일부가 아니라, 안전한 계획을 세워 등반으로 생계를 유지해나가는 것이 그의 비전의 일부였다. 그는 몸을 따뜻하고 건조하게 해줄 좋은 의류를 만들어내고, 손등을 보호하기 위해 샤프트가 굽은 피켈을 디자인하는 데 능숙해지기 시작했다. 알렉스가 가장 원했던 것은 산을 쉽게 접근해 구조와 생존 가능성을 높이는 것이었을지 모른다. 하지만 이런 것들은 하루아침에 이루어질 수 없다. 무엇보다도 그는 프로페셔널하고 훌륭한 디자인을 가진 오늘날의 아웃도어 제품을 보고 즐거워했을지 모른다. 인생에 대한 그의 비전은 오늘날의 세계에 부합되는 것이었다.

알렉스가 급변하는 시대의 한가운데에서 격랑을 헤쳐나갈 수 있었던 데는 적어도 두 가지 핵심 요소가 자리 잡고 있다. 하나는 도전을 올바르게 한 것이고, 다른 하나는 시기를 놓치지 않은 것이다. 알렉스는 우연히 그 순간 그 주변에 있었다. 1970년대 말과 1980년대는 8천 미터급 고봉 중 미등으로 남은 주요 능선과 벽들을 먼저 등반하려고 모든 클라이머들이 집중적인 노력을 쏟아 붓던 시대였다. 나침반의 바늘은 많은 대상지를 가리키고 있었고, 1970년대 중반까지 경쟁은 숨 가쁘게 진행됐다. 바로 그 경쟁에 알렉스가 뛰어든 것이다.

오늘날의 미디어는 등산을 바라보는 우리의 시각을 바꾸어 놓았다. 1970년에는 몇 개 안 되는 전문 잡지들과 손가락으로 셀 수 있는 영상물이 있었다. 지금은 등반이 도처에서 행해지고 있다. 노스페이스 같은 브랜드들은 자사 소속의 클라이머들에 대한 영상물을 제작한다. 그리고 레드불Red Bull은 자체 방송국까지 소유하고 있다. 잡지들이 온라인 무료 콘텐츠로 대체되면서, 결과적으로 정보가 넘쳐난다. 프로 클라이머들이 대중과 만날 수 있는 등반경기가 세계 곳곳에서 열리고 있다. 이제 등반은 엔터테인먼트 산업의 확고한 분야가 됐다.

그렇다 해도, 등반의 순수한 모험은 여전히 이를 추구하는 사람들을 위해 그 자리를 지키고 있다. 6천 미터가 넘는 봉우리들 중 아직까지도 미등된 봉우리가 이미 등정된 봉우리보다 더 많이 남아 있다. 원로 클라이머들 중에는 지난 30년간 산악계에서 이루어진 변화를 탐탁지 않게 여기는 사람들도 있을 것이다. 어쩌면 나 역시, 등반이 스포츠의 덫에 아주 심하게 걸려 있고 상업적인 이익에 지나치게 좌우된다고 믿는, 그런 부류일지 모른다. 이런 문제에 대해 알렉스는 당연히 나와 논쟁을 벌였을 것이다. 그러면 1980년의 켄달 마운틴페스티벌Kendal Mountain Festival과 2011년 스티프에지닷컴SteepEdge.com(두 행사 모두 알렉스와 나의 리즈대학 시절 친구였던 브라이언 홀과 함께 만들었다.) 창시자인 나는 그를 이길 재간이 없었을 것이다.

나는 이 장의 서두에서 알렉스를 구글로 검색하면 나오는 몇몇 웹사이트를 언급했다. 엔이클라임스닷컴NEClimbs.com은 미국 뉴잉글랜드 산악계의 웹사이트이다. 이 사이트를 만든 사람들은 알렉스가 뉴잉글랜드 출신 클라이머들에게서 얼마나 많이 배웠는지 알고나 있을까? 이 사이트를 살펴보다가, 알렉스가 등반에 대한 접근방법을 자신의 언어로 가장 잘 정리한 문구를 발견했다. "벽은 야망이었고 스타일은 집착이었다." 이 문구는 그의 책 『시샤팡마 원정』의 두 번째 문단에서 가져온 것이다. 그 의미를 제대로 이해하기 위해서 좀 더 인용하는 것이 좋을 것 같다.

"그 남쪽 산줄기에는 거의 알려지지 않은, 파악하기 어렵고 좀처럼 단언할 수 없는 고도 미상의 산이 거대하고 장엄하며 외경심을 불러일으키는(그래서 결과적으로 보는 이의 애간장을 태울 정도로 매력적인) 2,500미터의 높이와 그 두 배의 폭을 지닌 벽이 의기양양하게 버티고 있다. 지금까지 등반되지 않고 시도조차 되지 않은 등반의 놀이터…. 그 벽을 오르는 것이 야망이 됐다. 그러나 그저 오르기만 하지는 않을 것이다. 우리는 우리만의 가볍고, 빠르고, 깔끔한 스타일로 올라야 한다. 탯

줄과 보급으로부터 벗어나야 한다. 전통적인 히말라야 등반의 진부함을 철저히 배제한 채.”

알렉스는 야망에 따르는 위험을 잘 알고 있었다. 그러나 스타일은 위험을 피할 수 있는 경량등반 전략과 정신적인 헌신의 조합이다. 경량 등반으로 얻는 속도를 통해 고산등반은 보다 더 안전할 수 있다. 많은 사례를 통해 볼 수 있듯이 이는 사실이다. 그는 스타일과 야망의 조합으로 세계에서 가장 높은 산들에서 찬란한 성공을 이루어냈다. 그리고 그 시작은 시샤팡마였다.

24

지금은 날 막지 마

Don't Stop Me Now

산은 높을수록 위험하다. 그리고 고소에서 머무는 시간이 많으면 많을수록 위험의 폭도 그만큼 늘어난다. 모든 취미활동 중에서 고산등반이 가장 위험하다고 해도 과언은 아닐 것이다. 등반에 참가하는 사람들은 어쩔 수 없이 죽음의 액세서리가 되기 쉽다. 동굴 다이빙, BASE점프, 윙슈트 비행 등 몇 가지 다른 활동을 제외하면 등반은 이점에서 다른 스포츠와 확연히 다르다.

지금도 고산등반에 대해서는 적지 않게 오해한다. 상대적으로 안전해졌다고 말하는 사람들도 있다. 2010년, 불필요한 장비들을 모두 제거한 프랑스제 AS350 B3헬리콥터(에베레스트 정상에 착륙한 것과 동일한 종류)가 안나푸르나1봉의 거의 7,000미터 지점에서 조난자를 한 번에 한 명씩 구조하는 데 성공했다. 현재까지 이것은 가장 높은 곳에서 이루어진 구조작업이다. 세계에서 가장 높은 산들의 베이스캠프부터 정상까지 곳곳에 고정로프를 설치하는 대규모 상업등반대는 고객들로 하여금 알프스에서의 비아페라타via ferrata 등반과 비슷한 경험을 하게 하면서 안전하다는 인식을 심어주고 있다. 알프스와 다른 점이 있다면 텐트를 치거나 음식을 만드는 일을 돕는 셰르파가 있다는 것뿐이다. 산소를 사용하면 체감 고도는 8,000미터 이하가 된다.

모험적인 등반과 관광 삼아 산을 오르는 행위를 구별하는 것은 꽤나 간단하다. 1970년대와 1980년대의 고산등반과 오늘날 대중들이 등반활동이라고 여기는 상업적 모험 여행, 즉 돈을 내고 에베레스트를 오르거나, 8천 미터급 고봉 14개 수집에 뛰어들거나, 또는 7대륙 최고봉 완등과 같은 것들이 같을 수는 없다. 신용카드 한 장으로 이런 여행에 참가할 수 있는 웹사이트는 많다. 1982년 프리 시즌 알렉스가 시샤팡마에 갔을 때 그곳은 손에 꼽을 정도로만 등반됐었고, 남서벽을 시도한 사람은 아무도 없었다.[109] 지금은 시샤팡마를 구글에서 검색하면 그 산의 정상까지 안내하겠다는 회사가 여럿 뜬다.

상업적 등반도 모험임에는 틀림없다. 하지만 홍콩행 비행기 표를 사는 방식으로 돈을 주고 정상을 사는 행위에서 진정한 개인적 가치를 추구할 수 있을까? 그리고 개인의 건강과 안전에 대한 위험과 더불어 개인 스스로가 건강과 안전에 대한 책임을 떠안지 않음으로써 인식하지 못하는 위험이라는 두 가지 측면에 내재된 근본적인 위험은 무엇일까?

그 당시부터 좋은 친구 사이였던 폴 눈Paul Nuun은 개인의 진정한 등반 가치를 다음과 같이 간단명료하게 정리했다. "어느 지점에서는 돌아서서 되돌아가는 여정을 시작해야 한다는 것을 알고, 아주 먼 거리와

---

109 알렉스와 더그, 로저 백스터 존스가 남서벽을 초등한 이후 그곳에는 신루트가 많이 생겼고, 때로는 어느 정도 호기심을 자극하는 이벤트들도 열렸다. 1990년 보이텍 쿠르티카는 에라르 로레탕Erhard Loretan, 장 트로이에Jean Troillet와 함께 어려운 신루트를 개척했다. 그리고 비엘리츠키와 쿠쿠츠카는 단독등반을 했다. 1999년 알렉스 로우Alex Lowe와 데이브 브리지스Dave Bridges가 눈사태로 목숨을 잃은 곳이 그 남서벽 아래였고, 거의 필연적으로 2011년에는 율리 스텍이 20시간 기록으로 그 남서벽을 오르내렸다.

대단한 높이를 향해 한 발 한 발 앞으로 내딛는 것이다." 책임감이 결여되면, 원정의 역동성과 개인의 심리가 변한다. 히말라야로 향하는 원정대들의 상업적 속성과 고객 대 가이드의 관계는 현대 등반의 성격을 바꾸어놓았다.

내딛는 걸음걸이 하나하나에 배어 있던 주인의식과 책임감은 이제 서명한 계약조건의 일부가 됐다. 황금만능주의가 많은 것을 바꾸었다. 게다가 편리한 접근, 장비, 산소, 헬리콥터 그리고 의료캠프 등과 같은 현대화의 덫으로 인해 경험이 더욱 얕아졌다. 물론 긍정적으로 해석한다면 등반에서 강력한 힘을 발휘하는 일부 셰르파들의 덕분이기는 하지만, 그렇다 해도 그들은 아주 위험한 상황에서 고객들의 요구를 들어주는 피고용인에 지나지 않는다.

이런 등반에서 사망자가 발생하면 언론으로부터 비난을 받는 사람들은 관련된 가이드들이나 셰르파들이다. 그들은 그저 자신들의 일을 했을 뿐인데도 말이다. 법적으로는 가이드들에게 살인죄를 뒤집어씌울 수도 있겠지만, 대부분의 사고는 고소와 악천후로 발생한다.

베스트셀러에 오르고 다양한 상을 받은 존 크라카우어Jon Krakauer의 『희박한 공기 속으로Into Thin Air』는 좋은 책이다. 그러나 무엇에 대한 것인가? 클라이머가 아닌 사람들에게 이 책의 주제는 등반과 관련된 것으로 보일지 모르지만, 정확하게 말한다면 『희박한 공기 속으로』는 진정한 등반 모험에 대한 것이라기보다는 여행 중인 관광객들을 집어삼킨 재앙에 관한 것이다. 알렉스는 『시샤팡마 원정』의 서두에서 이 주제를 날카롭게 언급했다. 그는 변화가 일어나고 있다는 것을 감지했고, 이에 대해 사뭇 양면적인 태도를 취했다.

"접근이 가능한 세계의 고산 지역에서, 등반은 현재 중년의 위기 같은 것을 겪고 있다. 문제는 이름이 있는 거의 모든 산들이 이미, 또 어떤 곳은 아주 다양한 루트로 등반됐다는 것이다.[110] … 이제는 정보가 넘쳐나 모험 정신을 유지하는 것이 점점 힘들어지고 있다. 원정을 계획하기에 훨씬 앞서 등반허가를 받아야 하고, 베이스캠프에는 어쨌든 한두 팀이 있으며(그리고 자신이 목표로 삼은 산에 사람들이 북적거리고), 카라반 도중 만나게 되는 각양각색의 트레킹 그룹과 케이크를 파는 가게, 호텔은 물론이고 히피들까지 있기 때문이다. 산악인은 자신을 산업의 일부라고 여길 것이다. 물론 어울리지는 않겠지만, 그가 속해 있는 것이 관광산업인 것은 분명하다."

『희박한 공기 속으로』가 등반이 아니라 관광산업이 불러일으킨 재앙이라고 한들 일반 독자들과 논쟁을 벌이기는 불가능하다. 아마도 시대착오적이며 엘리트주의적으로 들릴 것이고, 실제로도 그럴지 모른다. 이제는 대중이 산을 바라보는 눈이 바뀌었다. 많은 사람들이 등반을 그 본질과는 전혀 다른 시각으로 받아들이고 있다. 히말라야로 등반을 가면 비용이 많이 들기 때문에 상업등반대를 따라가는 것이 표준이라고 생각한다. 30년 전에 최고봉들을 등반하는 것은 지금보다 훨씬 더 저렴했다. 그리고 미등의 봉우리들과 도전 욕구를 자극하는 새로운 라인도 더 많았다. 현재 고산을 가진 국가들은 등반을 관광의 한 분야로 여긴다. 따라서 그들은 이를 고려해 봉우리들과 루트 가격을 정한다. 가격

---

110   알렉스는 8천 미터급 고봉들과 그에 맞먹는 고도를 가진 미등의 거벽에 집중하고 있었다. 최근 중국과 동부 카라코람 지역이 개방되었는데, 그곳에는 이미 등반된 6천 미터급 봉우리들보다 등반되지 않은 6천 미터 이상의 봉우리들이 더 많다.

표는 수요가 많으냐 아니면 오지에 있느냐에 따른 별점 시스템에 따라 붙여진다. 이러한 시스템에서 에베레스트는 몬테카를로Monte Carlo같이 되었고, 돌포Dolpo를 방문하는 것은 스웨덴의 얼음 호텔에 묵는 것처럼 특별히 잊을 수 없는 값비싼 상품으로 팔려나가는 하나의 경험일 뿐이다.

아이러니컬하게도, 1982년의 시샤팡마 원정에는 현대 상업등반의 특성이 얼마간 있었다. 등반 기술과 그곳에 가려는 이유를 놓고 보면 원정대는 본질적으로 다른 대원들로 구성되어 있었다. 경량등반을 시도하겠다며 돈을 모은 것은 알렉스가 참가자들 몇몇을 핵심 클라이머들의 등반을 가능하게 하는 필수적인 패키지의 일부로 여기고 있음을 의미했다. 알렉스는 기회주의자가 되어가고 있었다. 그의 다음과 같은 기록을 보면 그 기회가 우연히 찾아왔음을 알 수 있다. "니콜라스 존 프레스코트Nicholas John Prescott는 매부리코에 준수한 용모를 지닌 키가 크고 의욕적이며 격정적인 아일랜드 사람으로, 이 벨파스트 청년의 아주 모호한 마음 한구석에는 억누를 수 없는 명랑함과 금테 안경에 둘러싸인 두 눈, 성마름과 때론 어긋난 확신 그리고 비정한 청중을 제외한 모든 사람들을 혼란의 체념으로 몰아넣는 화술이 있었다."

프레스코트는 히말라야 경험이 없는 겸손한 알피니스트였다. 여러 해 동안 중국 내에서 등반하기 위한 허가를 받으려 노력해온 그는 시샤팡마 등반허가를 신청한 지 몇 달이 지난 어느 날 갑자기 현관문 앞에 놓인 커다란 봉투를 발견했는데, 그 안에는 남쪽에서 등반을 해도 좋다는 허가서가 담겨 있었다. 그는 뛸 듯이 기뻐했지만 곧 원정 비용과 규모 그리고 지정된 루트를 알고 나자 풀이 죽었다. 그는 허가가 난다면 북쪽의 노르말 루트일 것으로 예상했었다. 프레스코트는 브리스톨 Bristol을 기반으로 하는 클라이머이자 영화제작자인 짐 커랜Jim Curran 에게 원정에 합류해 영화를 만들어서 재원을 확보하자고 설득했다. 그러나 이것이 뜻대로 되지 않자, 전혀 알려지지 않은 그 벽에 도전할 만한 팀을 찾을 시간이 없었다. 1981년 4월 그는 더그 스콧에게 전화를 걸어 허가와 조직을 맡아달라고 요청했다. 그러자 더그는 즉시 수락했다.

1981년 가을 더그는 마칼루 베이스캠프에서 우연히 알렉스와 마주쳤다.[111] 그는 알렉스와 함께 등반한 적은 없었지만 그의 기록은 알고 있었다. "알렉스는 젊고 혁신적인 히말라야 거벽 등반가로 화려한 명성을 쌓아가고 있었지만, 등반에 대한 그의 기여는 다른 분야에서 나타났습니다. 그는 주로 폴란드 클라이머들과 우리들 사이에 견고한 연결고리를 구축하는 데 일조했습니다. 그는 또한 BMC의 관료주의적 절차에 현실주의라는 숨결을 불어넣었습니다."

더그 역시 알렉스의 기질을 잘 알고 이해했다. "알렉스는 관심이 있거나 심사숙고할 사항에 대해서는 '전위적'이고 솔직했습니다. 그러고 나서 다시, 확신이 서지 않으면 입을 다물 때와 확신이 설 때까지 지켜보며 배워야 할 때를 알고 있었습니다."

그럼에도 이 두 사람은 시샤팡마에서 원정대의 전반적인 접근방법과 대원들의 형평성 문제를 놓고 충돌했다. 알렉스는 경험이 가장 없는

---

111 UFO 추종자들의 입장에서 이야기하자면, 더그와 알렉스의 팀 모두 고소에서 비박할 때 같은 날 UFO를 여러 번 보았다고 한다. 알렉스는 은빛으로 빛나는 밝은 물체가 하늘을 천천히 날더니 산의 북쪽으로 사라졌다고 묘사했는데, 그 산이 바로 더그와 그의 동료 몇몇이 UFO를 보았다는 곳이었다.

두 대원(일레인 브룩스Elaine Brooks와 니콜라스 프레스코트)은 4명의 핵심 클라이머, 즉 더그와 알렉스, 터트 브레이스웨이트, 로저 백스터 존스가 벽 등반에 나서는 동안 자유롭게 행동하도록 내버려두어야 한다는 점을 분명히 했다. 반면 더그는 이 두 명의 대원이 개인적인 헌신과 재정에서 원정대에 동등하게 기여한 점을 인정했다. 더그는 그들도 경험을 즐겨야 하고 등반 기회는 모두에게 동등하게 주어져야 한다고 생각했다. 알렉스는 '다른 두 대원을 안내하는 데' 필요한 어떤 노력도 벽의 완등 가능성을 상당히 줄인다고 믿었다. 적절히 고소순응을 하기 위해 너무 낮은 고도에서 필요 이상의 노력을 기울여야 한다는 것이 그 이유였다. 처음에는 더그도 알렉스의 태도를 위험스럽게 여기지 않았다.

"알렉스는 상당히 거슬리고 매우 야심만만한 것으로 유명했습니다. 사람들은 마흔도 안 된 알렉스가 '벌써' 크리스 보닝턴의 위치를 탐낸다고 말했습니다. 물론 그가 그 경쟁을 감내한다면 잘못이라고 할 수는 없습니다. 야심으로 인한 문제들은 일곱 살이나 어린 클라이머들이 사사건건 트집을 잡을 때 발생하는 것이니까요. 두 세대 간에 진정한 어려움은 없었고, 나는 알렉스에게서 그다지 큰 위협을 느끼지 않았습니다."[112]

원정은 초기단계에서부터 자금난에 시달렸다. 중국 관료들은 원정대가 이미 베이징으로 보낸 최종 신청서에 명확하게 밝혔음에도 불구하고 보유 자금이 그렇게 적다고 믿지 않았다. 그들은 원정대가 명시한 트럭 대신 도요타 랜드 크루저Land Cruiser 사용과 야영이 아닌 호텔 투숙에 필요한 금액을 요구했다. 부패한 연락장교는 전혀 도움이 되지 않았다. 그러나 원정대는 더그의 완고함과 빈틈없는 협상력 그리고 원정대

---

112   이것과 앞선 인용은 『시샤팡마 원정』 27쪽에서 따왔다.

의 젊은 통역관 우Wu의 도움으로 문제를 해결했다.

마침내 원정대는 시샤팡마의 남쪽으로 들어가는 마지막 마을 니얄람Nyalam에 도착했다. 그러나 그들이 주문해놓았던 야크들은 40킬로미터 밖에 있었다. 그때까지 그 산을 남쪽으로 들어가본 사람은 아무도 없었다. 니얄람은 외국인 접근 금지구역이었다. 그래서 지역 공산당 책임자는 베이징에서 발부된 서류가 잘못된 것이라고 여겼다. 결국 해결은 되었지만, 다른 야크들을 동원하는 데 들인 시간과 노력, 현금이 낭비됐고 대원들이 더 많은 짐을 져야 했다. 예사로운 출발이 아니었다. 그리고 지연되는 시간이 며칠에서 몇 주일로 넘어가자 알렉스의 마음이 심하게 흔들렸다.

4월 말 베이스캠프에 악천후가 계속 들이닥치자, 알렉스와 경험이 부족한 두 대원들, 특히 일레인 브룩스와의 사이에 좋지 않은 감정이 곪아 터졌다. 더그는 서로 다투는 양쪽을 중재하려 했지만 성공하지 못했다. "일레인은 알렉스를 별다른 이유 없이 경멸했습니다. 그녀는 알렉스가 특유의 공격적인 성향으로 인해 좋은 분위기를 항상 망치고 다른 사람들만 챙긴다고 불평했습니다. 이 사실을 깨닫지 못하고 그 두 사람은 민감한 상황에서 멍청이가 되어버렸습니다."

일레인은 알렉스가 자신과 다른 대원들, 특히 닉과 더그로 하여금 원정 전체를 감정적 악몽으로 몰아가고 있다고 믿었다. 반면 터트와 RBJ로 알려진 로저는 한 발 뒤로 물러나 은밀히 알렉스를 응원하는 태도를 취했다. 그러자 일레인은 그들의 이견에 대해 알렉스와 정면으로 맞서기로 결심하고 그를 찾아갔다.

더그가 그녀에게 물었다. "도움이 됐어?"

"그는 잔인할 정도로 정곡을 찔렀어요."라고 그녀는 말했다.

더그는 이렇게 설명했다. "나중에 알렉스가 내게 말해주었는데, 대화를 나누는 동안 그는 일레인에게 시샤팡마와 자기 사이에 끼어들지 말라고 했다더군. 이렇게 말이야. '이 원정에서 문제가 되는 사람은 당신입니다. 그래서 당신만 여기 없으면 아무 문제가 없습니다.' … 나는 샌드위치가 된 기분이었지. … 알렉스나 일레인의 기대치가 위험한 수준에 이르자 분위기는 나빠졌고, 이는 원정 전반에 나쁜 영향을 주었어."

이런 것들은 원정대에서 너무나도 흔하게 일어나는 일들이다. 왜냐하면 행동이 아둔해질 수 있기 때문이다. 1980년의 에베레스트 동계등반과 1986년 K2 등반에서 나는 이런 문제가 앨런 라우즈와 그의 동료들 간의 선의를 왜곡하는 것을 목격했다. 또한 시샤팡마 원정 후 몇 개월 만에 있었던 우리들의 안나푸르나 원정에서도 똑같은 문제가 일어났다.

매우 불안정한 기상에도 불구하고 원정대는 고소순응을 위해 2개의 봉우리 ─ 냐낭리Nyanang Ri(7,047m)와 풍파리Pungpa Ri(7,445m) ─ 를 선정했다. 고소에서 밤을 보낼 수 있는 기회를 제공할 적합한 산들이자, 풍파리의 경우 그들의 주 대상지 옆에 붙어 있어 후에 하산 루트가 될 수도 있었다. 만일 닉과 일레인이 뒤처지지 않고 자신들의 소임을 다한다면 이 또한 좋을 터였다. 알렉스는 옥석을 가릴 기회라고 생각했고, 곧 그렇게 됐다.

닉은 냐낭리로 출발하자마자 힘겨워했다. 대원들은 전진캠프 거의 1시간 전 지점에서 운행을 멈추고 그를 기다렸다. 더그는 알렉스에게 참견하지 말라고 이른 다음 닉 스스로 계속 갈지 어떨지를 결정하도록

했다. 일행을 따라잡은 닉은 회복을 위해 하루의 시간을 더 달라고 했다. 그러나 알렉스는 원정대에 남은 등반일수, 즉 고소순응을 위해 2개의 봉우리 등반에 필요한 일수와 시샤팡마 등반에 필요한 일수 계산을 이미 마친 터였다. 누군가가 고산병을 회복하는 데 필요한 여유 시간은 없었다. 알렉스는 급소를 찔렀다.

"닉, 당신은 지금 지푸라기라도 잡고 싶은 심정일 테지만, 당신에겐 그럴 시간이 없습니다. 미안하지만, 자비심은 5,000미터에서 끝났습니다."

알렉스는 만약을 위해 잔인해지고 있었다. 그는 닉이 원정대와 그 자신을 위해 바람직한 결정을 내릴 만큼 경험이 많지 않다는 사실을 깨달았다. "지난봄 시즌 마칼루 등반을 하면서 벌였던 똑같은 논쟁이 떠올랐습니다. 친구 한 명(르네 길리니)이 누구나 알아차릴 정도로 뒤로 처졌습니다. 그래서 나는 황량한 모레인 지대에 이르자 동료들에게 소리쳤습니다. '어이, 이 폴란드 미련퉁이 놈들아. 저 친구에게 한두 시간가량 말미를 좀 줘!' 당시 그 친구에게 시간을 주라고 한 것은 나였습니다. 하지만 나는 그가 이미 마음을 굳혔다는 걸 알 만큼 그를 잘 알았습니다. 그는 그 말을 하려고 우리를 따라잡았던 겁니다."

닉에 대한 논쟁이 벌어지자 또 다른 갈등이 원정대를 휩쓸었다. RBJ가 이제 더그 편을 들면서 닉이 스스로 결정을 내려야 한다고 주장한 것이다. 그러자 알렉스가 반발했다. "이런 젠장, 로저! 빌어먹을 아마추어처럼 굴지 마. 너도 알다시피 여긴 산이야. 사람들의 생명을 앗아가는 곳이라고." 힘들어하는 것은 닉만이 아니었다. 터트 브레이스웨이트 역시 아쉽지만 원정을 포기하겠다고 선언했다. 남자들이 불확실성 속에 입씨름을 벌이고 있는 바위지대에 도착한 일레인은 그에 휘말리지 않고 계속 나아갈 것이라고 다짐했다. 알렉스가 곧 자신의 체력과 책임감에 트집을 잡을지도 모른다고 느꼈기 때문이다. 일레인은 이렇게 기록했다. "여전히 설왕설래하며 시끄러웠고, 영원한 산을 놓고 아수라장이 됐다. 이곳의 에너지를 느끼며 이곳에 있다는 것만으로 왜 충분하지 않을까? … 어쨌든 꿈은 꿈을 꾸는 사람에게 여유도 주지 않는 군사훈련이 되어버렸다. … 나는 내 꿈이 연기처럼 사라지기 전에 돌아서서 모레인 지대를 걸어 올라갔다."

알렉스는 이제 더그에게 대들었다. "만일 내가 이 원정대의 대장이라면, 나는 닉에게 내려가라고 말할 겁니다."

"알렉스, 다행히도 우린 모두 똑같지 않아."

"하지만 이건 너무나 명백한 일입니다. 닉이 지금도 제대로 알지 못하는데, 나중에는 도대체 어떻게 알겠습니까? 더그, 난 당신을 많이 존경해왔는데, 당신의 그 낙천적인 태도 때문에 당신의 일부 원정대가 잠재력을 발휘하는 데 실패했다는 사실을 알기나 합니까?"

이 말과 함께, 위쪽 빙하에서 곤경에 처할지도 모르는 일레인을 따라잡기 위해 알렉스는 일행을 떠나 서둘러 올라갔다. 그는 그녀에게 멈추어 기다리라고 소리쳤다. 처음에 그녀가 그의 말을 무시하자 알렉스는 다른 방법을 꺼내들었다. "'어이, 아줌마!' 나는 아주 경멸스러운 목소리로 소릴 질렀습니다. 분명 그녀는 이 말을 들었을 겁니다. 그녀가 돌아서자 나는 이쪽으로 오라고 손짓했습니다. … 빙하는 안전해 보였습니다. … (그러나) 대부분이 눈이 덮인 그곳은 치명적인 크레바스를 교묘하게 감추고 있는 곳입니다. …"

일레인은 빙하의 가장자리에서 그들이 만난 순간을 이렇게 기록했다. "알렉스는 로프를 풀고 있었습니다. '이걸 묶는 게 좋을 거야.' 그는 미소를 지었습니다. 그 순간 그가 가진 공격성이 온데간데없이 사라지면서 소년 같은 매력이 드러났습니다. 너무 당황스러웠습니다. 난 그와 함께 가지 않을 핑곗거리를 찾기 시작했습니다. 그러나 그러면서도 나는 내 자신이 그로 하여금 가능하면 빨리 산의 정상에 도달할 수 있게 해주는, 성공이라는 사다리의 아주 작은 디딤 칸일 뿐이라는 사실을 깨달았습니다."

알렉스를 알고 지낸 옛날이나 지금이나, 나는 그의 속셈뿐만 아니라 동료 클라이머들에 대한 속 깊은 보살핌도 이해할 수 있다. 그는 정말 더그나 닉 또는 일레인 때문에 성가셨을 수도 있다. 그러나 그의 그런 감정은 사적인 것이 아니었다. 그것은 그들이 개인으로서 그 상황의 본질을 제대로 알지 못했기 때문이다. 일레인은 첫 번째 비박을 겨우 견뎌내고 나서 다른 3명을 따라잡을 수 없다는 사실을 깨달았지만, 결국에는 나머지 등반을 계속해서 냐낭리 등정에 성공했다. 그러나 더그와 알렉스는 추운 설동 안에서 마지막 비박을 하면서 까다로운 논쟁을 또 한 번 벌였다.

더그는 꽁꽁 얼어붙은 어둠 속에서 이렇게 선언했다. "나는 이렇게 계산적이고 냉정한 자세로 팀을 이끌지는 않아. 알렉스, 넌 개성의 힘이 팀을 좌우한다는 네 신념을 따르도록 해."

그러자 알렉스도 맞섰다. "문제는 '당신'이라는 개성의 힘으로 민주적 절차를 빙자해서, 당신의 방법대로 일을 진행할 필요가 처음부터 없었다는 겁니다."

로저가 중간에 끼어들었고, 의심할 여지없이 자신이 소중하게 여기는 영적 주문을 되풀이했다. "돌아와라, 돌아와, 친구들이여. 정상에 가자꾸나." "얼어붙은 설동에서 한 이 비박으로 일정표가 탄생했습니다. 허가가 나오고 나서 마지막 순례가 시작될 것이라고 감지하는 그날까지 우리의 산 주변을 등반한다는 자유로운 접근 방식은 날아가버렸습니다. 새로운 일정은 논리적이었지만, 우리가 산을 오르며 추구했던 정신은 종언을 고했습니다."

하산 길에서 더그는 가이드인 RBJ와 빙벽의 달인 알렉스처럼 가파른 빙벽을 빠르게 내려가지 못했다. 이제는 RBJ가 더그를 비판했다. 나쁜 날씨가 한동안 베이스캠프를 휩쓸고 지나간 뒤 술에 취한 알렉스와 RBJ가 하루는 매우 밉살스러운 밤을 보냈다. 더그는 날씨에 대해 걱정하기 시작했다. 원정대의 연장자로서 그는 두 젊은 후배들과 함께 산을 오르고 싶었다.

알렉스는 더그의 생각을 이렇게 정리했다. "내가 방해가 되나? 우리 사이에는 왜 긴밀한 관계가 없지? 내가 알렉스나 로저와 공감대가 없는 것은 분명하고, 만약 산을 오르는 것이 공격적이고 개인적이고 이기적인 것이라면 차라리 티베트나 가는 것이 좋지 않을까."

알렉스와 RBJ는 둘이 등반 파트너가 되어 벽을 오를 계획을 세우기 시작했다. 그러나 알렉스는 순순히 물러날 수 없다는 더그의 의중이 마음에 걸렸다. 알렉스는 더그가 왜 옳은 결정을 내렸는지 크게 마음 쓰지 않을 수 없었다. 솔직히, 더그의 개인적인 딜레마에 대한 알렉스의 입장을 거의 법리적으로 분석해보면, 그는 대화를 나눌 때 좀처럼 드러내지 않는 자기 자신에 대해 상당히 많은 부분을 보여주고 있다.

"나는 질문을 유발하는 근본적인 혼란에 대한 이해를 바라는 사람과 질문을 주고받기에 적합한 사람은 아니다. 나의 마음에는 그런 통찰력이 없다. 나는 더그가 대안을 찾고 있다는 것을 알 수 있었다. 언제 등반을 해야 하는지 그의 기록을 들먹이며 말해야 하는 스물아홉의 나는 누구였나? 나는 그런 생각들을 공유한 적이 한 번도 없었기 때문에 더그가 품고 있는 의구심들을 알지 못했다. 나는 눈 위에서 더 뛰어났고, 더그는 바위에서 더 뛰어났다. 그래서 어떻다는 것이지? 내가 우리 팀을 바위에서 붙잡고 있었다면 나는 기분이 언짢을 정도로 민감하지는 않았을 것이다. 나는 아마도 로프 한 동을 요구하고, 또 기대했을 것이다. 더그는 스스로 주입해왔던 모든 가르침과는 대조적으로, 우리의 상황을 전체적인 맥락에서 파악하지 못했다. 그는 산에서 자신의 체력과 경험 그리고 이기심을 알지 못했다. 대신 그는 자신이 '젊은이들'과 함께 등반할 수 있는지만 걱정했다. (심지어 어떤 젊은이는 팀에서 가장 뒤떨어졌는데도 말이다.)"

알렉스와 로저는 자신들이 더그와 함께 등반하기를 원하고 있다는 것을 깨달았다. 알렉스가 더그의 텐트로 갔을 때 더그는 일레인과 이야기를 나누고 있었다. 만약 더그가 등반을 하지 않겠다고 결심한다면 일레인에게는 티베트 여행의 가장 좋은 동반자가 생길 터였다. 그러나 일레인은 더그에게 산에 남아서 등반하라고만 말하고 있었다. 그들의 이야기는 그렇게 일단락됐다.

원정대의 등반조는 이제 알렉스와 RBJ, 더그로 줄어들었고, 닉은 이 3명을 지원하는 축소된 역할로 조정됐다. 냐낭리 등반을 마치고, 이 3명의 등반조는 풍파리로 관심을 돌려 인상적인 등정을 이끌어냈다. 이제 그들은 휴식을 취하며 메인이벤트를 준비하고 있었다. 이때 알렉스는 다른 대원들에 대한 일련의 분노와 논쟁을 설명하는, 간결한 한 문단으로 자신의 고뇌를 정리했는데, 이것은 큰 등반을 앞둔 그의 심리상태를 잘 나타내고 있다.

"거대한 산맥에서의 알파인 스타일 등반은 어떤 측면에서 전통적인 전쟁, 아니면 아마 게릴라전과 다르지 않을 것이다. 게으름 때문에 늘어져 허비된 긴 시간은 최전선에 대한, 즉 벽 등반에서 돌발적인 위험이 점점 임박해온다는 사실을 필연적으로 인지하게 된다. 그러나 클라이머는 병사에 비해 많은 장점을 누릴 수 있다. 클라이머는 자신이 장군이자 사병이기 때문이다. 그러므로 대학살이나 파괴, 어쩔 수 없는 살육이 일어나도 그는 괴로워하지 않는다. 하지만 음울하고 짜릿한 긴장감이 감도는 것도 똑같고, 약속된 시간을 향해 어쩔 수 없이 전진하는 것도 똑같다. 만일 강한 정신과 지친 육체가 서로 충돌하게 되는 상황이 발생하면, 성질이 조금 급해지고 신경도 약간 날카로워지기 때문에 반드시 그 배경을 살펴보아야 한다."

5월 24일, 그들은 남서벽 등반을 위해 베이스캠프를 떠났다. 알렉스는 다음과 같이 기록했다. "이제 완전히 하나의 목표만 남았다. 우리 등반을 방해하는 것은 아무것도 존재하지 않았다. 무자비한 결정도 더 이상 내려지지 않았고, 일정 조정이나 야망, 자아의 분제들도 사라졌다. 각자의 수단과 광기는 통일된 동력으로 수렴되어, 우리 3인조의 다양한 기술과 경험은 벽 등반에 총체적으로 맞춰질 수 있었다. …"

그들은 벽의 오른쪽 가장자리로 접근했다. 그곳에서부터 고도를 잃지 않기 위해, 언뜻 보면 그 아래가 끝없는 빙벽으로 보이는 위험한 곳을 횡단했다. 특히 벽의 아래까지 장비와 식량 일부를 날라다주기로 한 닉에게는 상당히 위험스러웠다. 그는 자신의 발자국을 따라 돌아가야 할 터였다. 수많은 얼음조각들이 떨어졌지만, 오직 닉만이 비스듬히 얼어맞았을 뿐 모두 그들을 비껴갔다. 알렉스는 이 횡단을 "무한의 가능성에 도전하는 시간과 노력의 도박"이라고 묘사했다.

그날 밤, 완벽한 날씨 속에 그들은 가져온 식량을 반쯤 먹어치워 벽으로 가져갈 짐을 더 가볍게 하자는 결정을 내렸다. 다음 날 아침 7시 그들은 등반을 시작했다.

비록 더그가, 알렉스와 로저가 등반한 얼음 쿨르와르의 왼쪽에 위치한 암릉을 등반하자고 결정해 한 번 더 화가 치밀어 오르기는 했지만, 그들은 첫 날 놀라운 전진을 했다. 더그는 '지루한' 쿨르와르를 버리고 자신이 있는 암릉으로 합류하라고 소리쳤다. 알렉스는 그 말을 빙벽을 선호하는 자신들에 대한 모욕으로 받아들였고, 결국 공격적인 언행들이 그들 나름의 소통 방식으로 오갔다. 로저는 더그 쪽으로 갔고, 알렉스는 점점 상태가 좋은 얼음을 혼자 계속 올라, 곧 가파르고 단단한 암벽지대에서 어려움을 겪고 있는 더그와 로저를 앞질렀다. 그는 앉아서 초코바 하나를 먹으며, 두 사람이 쿨르와르로 힘들게 되돌아가는 광경을 재미있게 내려다보았다. 더그의 우회 루트는 모든 등반 중에서 기술적으로 가장 어려운 곳이었다. 또한 이로 인해 그들은 귀중한 시간을 낭비했다. 그러나 더그가 후에 지적한 바와 같이, 알렉스는 암릉등반이 쿨르와르를 따라 떨어지는 낙석의 위험을 피할 수 있고 더그의 좋지 않은 양 발목에도 좋을 것이라는, 셋이서 벽에 붙기 전에 합의했던 내용을 아무렇

시샤팡마 남서벽 전경. 작은 사진은 등반루트 (사진: 더그 스콧)

지도 않게 잊고 있었다.

다시 모인 그들은 벽 상단부로 가는 길을 가로막고 있는 암벽 구간 밑까지 빠르게 올라갔다. 더그는 앞선 실수를 만회하기 위해 복잡하고 힘든 암벽등반 구간과 믹스등반 구간을 앞장서 올라갔다. 나머지 둘은 더그의 확보를 받으며 동시에 올라갔다. 알렉스는 아래쪽의 로저에게 돌이나 얼음을 떨어뜨리지 않기 위해 극도로 조심했다. 두 사람이 마지막 암벽등반 구간 위에 나타나자 더그는 이렇게 빈정거렸다. "이봐, 젊은이들, 너희들은 이 늙은이가 선등한 속도를 간신히 따라오는 것처럼 보이던데…."

저녁 어스름이 내릴 무렵, 그들은 상단 쿨르와르의 왼쪽 밑에 적당히 평편한 자리를 만들었다. 알렉스가 얼마 전 디자인한 텐트를 치는 첫 시도에서 더그가 실패하자, 알렉스가 이어받았다. "내가 고안했으니 내 책임입니다. 내가 다시 시도해볼게요." 텐트는 기대어 지지해줄 빙벽이나 암벽이 필요 없는 원리를 자체적으로 갖고 있었다. 반쯤 세운 상태에서 남아 있던 파이버글라스 폴들이 텐트 주위에서 마구 흔들리더니 석궁의 화살처럼 사라졌다. 문이 모두 닫힌 상태에서, 결국 텐트는 남은 폴로 대충 만들어졌고, 아이스스크루와 피켈로 바닥과 경사면에 고정됐다.[113]

"다음 날 아침 누에고치가 된 우리는 태양이 떠오르기를 기다렸다.

---

113 맥Mac 텐트는 쐐기모양이다. 이 텐트는 꼭대기를 매달고 뒷부분을 뒷벽에 고정했을 때 최상의 성능을 발휘한다. 그리고 세 번째 면에 두 개의 폴을 교차시켜 모양을 잡아주면 무엇보다 중요한 내부 공간을 확보할 수 있다. 2인용으로 설계되었지만 불편함을 감수하면 3명까지도 잘 수 있다. 운이 없는 세 번째 사람은 쐐기모양의 텐트 바닥으로 구겨지듯 들어가, 공간과 공기를 확보하기 위해 밤새 싸워야 한다. 우리는 이 텐트를 '개집'이라 불렀다.

시샤팡마 등반 첫 번째 날이 저물 무렵 어려운 믹스등반 구간을 오르는 모습. RBJ와 알렉스가 더그의 확보를 받으며 동시에 오르고 있다. (사진: 더그 스콧)

얼어붙은 채 앉아 저 멀리 지평선 너머로부터 뻗어 나오는 첫 번째 빛과 승리의 황금빛 불꽃처럼 보이는 태양의 정수리가 눈에 들어오기를 기다려보지 않은 자는 생명을 불어넣는 그 힘의 아름다움을 이해하기 어렵다. … 우리는 암벽지대를 통과하고 있기 때문에 장비를 더 내려놓고 속도에 모든 것을 걸기로 결정했다. 결국 피톤 2개, 아이스스크루 3개와 하나밖에 없는 헬멧을 아이스스크루 하나에 조심스럽게 매달아놓았다. 만약 이리로 내려오는 예기치 못한 비상상황이 발생하면 최후의 수단으로 사용할 필요가 있었기 때문이다."

그들은 비교적 쉬운 지역에서 훌륭하게 전진해 7,800미터에서 비박했다. 지평선에 모여드는 구름에 신경이 쓰였지만, 다음 날 새벽은 날씨가 깨끗하게 개어, 그들은 곧 얼어붙는 듯한 이른 아침의 희박한 공기 속에서 마지막 수백 미터를 각자 단독등반으로 올라갔다. 그들이 정상으로 다가가고 있는데, 앞장선 더그가 갑자기 멈추었다.

"더그, 왜 그래요?" 하고 알렉스가 소리쳤다.

그러자 "젊은이들, 여기가 정상이야."라는 대답이 돌아왔다.

그들 셋은 정상에 올라섰다. 그러나 대부분 그랬던 것처럼, 겉으로 드러내는 환호 같은 것은 없었다. 알렉스는 이렇게 썼다. "벽은 끝났다. 우리는 능선 가장자리에서 아주 조금 떨어진 곳에 있었다. 매서운 바람이 부는 가운데 나는 그들 옆에 앉았다. 감정도 얼어붙어 무감각했다. 그토록 많았던 장애물들과 처리해야만 했던 수많은 일들 그리고 서로 간의 협약과 위기. 오늘 폴도 우리와 함께 이 기쁨을 나눴더라면 좋았을 텐데!"

그들은 정상처럼 보이는 두 곳을 오가며 자신들이 가장 높은 봉우

7,996미터의 중앙봉(약간 북동쪽)에 올라서는 알렉스와 더그. 그 뒤쪽으로 광활한 티베트 고원이 펼쳐져 있다. (사진: RBJ)

리에 올라섰음을 확인하고 동릉을 따라 긴 하산 길에 나섰다. 그들은 폭풍을 만나 하루 더 비박했다. 그러나 다음 날은 맹렬한 바람이 불기는 했어도 날씨는 여전히 좋았다. 그들은 풍파리 아래의 콜에서부터는 벽의 가장 동쪽 끝자락을 따라 내려왔고, 마지막 가파른 얼음 사면에서는 로프하강을 했다. "우리는 마지막 아이스스크루를 사용해 충분히 깊고 단단한 눈으로 내려섰고, 로프를 풀고 거의 뛰다시피 해 세락 지대 위로 이어지는 협곡으로 내려왔다. 그리고 우리는 마지막으로 눈을 헤치고 나아가, 햇빛에 희미하게 드러난 여러 날 전의 발자국이 있는 곳에 이르렀다. 발자국들은 우리를 가로질러 왼쪽에서 오른쪽으로 시샤팡마를 향해 이어져 있었다. 우리들의 발자국이었다. 우리가 불가능한 일을 해낸 것이다!"

6월 초, 그들은 지쳤지만 승리감에 도취된 채 귀국길에 올랐다. 시가체Shigatse에서 그들은 뜻밖에도 낯익은 두 사람을 만났다. 4명으로 구성된 보닝턴의 에베레스트 북동릉 원정대에서 의사와 베이스캠프 매니저를 맡은 찰리 클라크Charlie Clarke와 애드리언 고든Adrian Gordon이었다. 뜻밖의 만남으로 인한 기쁨은 조 태스커와 피터 보드맨이 그 산의 높은 곳에서 실종되었다는 소식으로 연기처럼 흩어져버렸다. 로저는 이렇게 회상했다. "그냥 술을 마시는 것 외에 살아남은 자들이 할 수 있는 것이라고는 아무것도 없었습니다."

그때 나는 그곳으로부터 수천 킬로미터 떨어진 스코틀랜드의 스카이섬에서 하루의 멋진 등반을 끝내고 밤 11시쯤 엘골Elgol에 있는 산장으로 돌아왔는데, 다른 사람들이 늦은 저녁을 준비하는 동안 BBC를 통해 그 소식을 들었다. 슬픔에 사로잡힌 나는 밖으로 나갔다. 블랙 쿨린

Black Cuillin의 날카로운 실루엣 너머 하늘에서 한밤의 마지막 빛이 사라지고 있었다. 나는 알렉스와 더그 그리고 로저가 같은 운명이 되지 않기를 기도했다. 스카치위스키 잔에 눈물이 떨어졌다.

25

당신이 여기 있기를

Wish You Were Here

마리아 코피와 함께 이야기를 나누는 동안 오후 시간이 저물어가고 있었다. 그녀는 밴쿠버로 가는 비행기를 타야 했다. 커피를 거의 다 마셨을 때 그녀는 이렇게 말렸다. "조가 죽고 난 다음, 내 인생이 불투명해져 알렉스가 어떻게 반응했는지 기억이 잘 나지 않습니다. 모두들 큰 충격을 받았죠. 젊은 클라이머들에게 피터와 조는 천하무적의 듀오로 보였었거든요."

구체적인 추억이 떠오르자 마리아는 처음으로 우울한 표정을 지었다. "내가 에베레스트 베이스캠프로 떠나기 전날 밤인가에 알렉스가 찾아왔습니다. 그는 잔인하고 감상적인 일이라며 나 보고 가지 말라고 집요하게 말렸습니다. 그는 평소처럼 '이겨내라'고 하는 태도를 보였습니다. 팽팽한 긴장감이 감돌았습니다. 왜냐하면 알렉스는 곧 안나푸르나로 떠날 예정이라, 나는 정말 조심하라고 이야기했거든요. 그는 무시하는 듯한 태도를 보이며 '바보처럼 굴지 말고 날 가르치려 하지 말아요.'라고 말했습니다. 그는 나를 아주 비정하게 대하며 화를 냈어요. 그건 아마도 자신에 대한 우려였거나, 아니면 에베레스트를 가면 내가 상처를 더 받을지 모른다는 걱정이었을 겁니다. 그것도 아니라면 그는 그저 현실을 부정하고 싶었을지도 모르죠."

1982년 여름 내내 알렉스는 우리의 안나푸르나 원정계획에 몰두했고, 평소처럼 실용주의적으로 행동했다. 그러나 지금 되돌아보니, 그는 상황이 전개되는 속도에 대해서는 살짝 망설이면서도, 자신감과 심지어는 순간적인 오만함이라는 두 가지 마음에 사로잡힌 것 같다. 그는 다울라기리와 시샤팡마에서의 연속적인 성공에 힘입어 자신이 계획을 세우면 성공은 당연하다는 확신에 차 있었다.

1970년대와 1980년대의 산악인들은 다음 원정을 가면 치명적인 사고를 당할지도 모른다는 현실을 받아들였다. 미등의 대상지를 발견하면, 그들은 무의식적으로 치명적인 가능성에 대비했다. 우리는 위험을 알고 있었지만, 죽는 사람이 바로 우리의 친구일지 모른다는 생각은 애써 하지 않았다. 시간이 지나면서 우리는 그들의 가족과 동료들이 슬픔과 상실의 어두운 나락으로 떨어지면서 겪는 정서적인 후유증에 눈을 뜨기 시작했다. 자신의 일에 집착하는 산악계는 살아남은 자의 죄책감과 함께 어느 정도 자신이 그 사고의 전후에 일말의 책임이 있다고 느낄 수밖에 없었다.

그해 여름 피터 보드맨과 조 태스커가 죽었다는 현실 인식은 우리들의 등반을 위축시켰다. 그 에베레스트 등반은 크리스 보닝턴이 8천 미터급 고봉에서 펼친 첫 경량등반이었다. 캉슝벽Kangshung Face 위를 따라 가는 그 능선은 에베레스트에 남은 마지막 대과제로 여겨졌다. 원정에 나선 클라이머들은 4명뿐이었다. 피터와 조, 크리스 보닝턴과 딕 렌쇼. 딕은 컨디션이 좋지 않았고(가벼운 뇌졸중 증상), 보닝턴은 자신이 8,200미터 이상에서 거의 1킬로미터에 달하는 어려운 피너클들을 속도감 있게 돌파할 정도로 고소순응이나 체력이 충분하지 않다고 판단했다. 그래서 피터와 조가 마지막 시도에 나섰고, 결국 돌아오지 못하고 말았다. 우리들은 추모식에 참석했다. 피터와 조는 좋은 친구였다. 성격은 사뭇 달랐지만, 그들은 창가방을 등반하고 더그 스콧과 함께 칸첸중가 북서벽에 신루트를 개척해 하나의 기준을 세웠다.

새라 리처드와 나는 알렉스가 그해 여름 안나푸르나에 갈 때까지 보인 행동에 대해 이야기를 나누었다. "알렉스가 떠나기 전 모든 것이 이상했어요. 마치 우리가 운명을 알기라도 하는 것처럼."이라고 하면서 새라는 기억을 떠올렸다. "힐러리Hilary와 사랑에 빠진 앨런 라우즈 이야기를 하면서 그는 나에게 사랑에 빠지는 것은 클라이머에게 일어날 수 있는 최악의 상황이라고 말했습니다. 그것은 한결같은 마음가짐으로 등반에 임할 수 없다는 뜻이었습니다. 등반이 얼마나 힘든지, 얼마나 춥고 끔찍한지 그리고 나에게로 돌아가고 싶은 마음이 얼마나 간절한지 호소하며, 알렉스가 카라반 도중 어디선가 보낸 편지가 내게 있어요. 그리고 그는 이렇게 말했습니다. '내가 널 얼마나 사랑하는지 기억해줘.' 마치 자신에게 닥칠 운명을 준비라도 하는 것처럼. 다른 것들도 감지할 수 있었는데, 그는 시간이 없다는 듯 우리가 서로를 알아가는 과정을 서둘렀습니다. 안나푸르나로 떠나기 한 달 전에 영화 제작자들과 만난 주말이 기억나나요?"

새라가 그 말을 꺼내기 전까지, 나는 상당히 슬프고 특이했던 그 에피소드를 까마득히 잊고 있었다. 나는 7월의 어느 금요일 저녁에 브로턴인퍼네스Broughton-in-Furness의 블랙 코크Black Cock에서 알렉스와 새라를 만났었다. 우리는 밀림에 있는 나의 거처로 향하기 전 식사를 하며 맥주를 한 잔씩 했다. 알렉스는 이상했다. 흥분을 넘어서, 위험스러운 무아지경이라고나 할까. "원정비용에 대해서는 걱정하지 마세요. 우리는 곧 유명해질 테니까요. 우리 등반을 찍고 싶어 하는 제작사 하나를 찾았습니다. 그들은 다음 주에 우리의 준비과정을 찍으러 이리로 올 겁니다. 르네도 가이드 일이 없으면 합류할지 모릅니다."

나에게 스친 첫 번째 생각은 그렇게 해서는 절대 안 된다는 것이었다. 촬영 팀과 함께 안나푸르나에서 등반을 한다고? 그것이 가능할까? 돈의 액수와 상관없이 전혀 말이 되지 않았다. 그들이 얼마나 높이 우리와 함께 올라갈지는 몰라도 등반의 흐름과 집중을 방해하리라는 것은 너무나 자명했다. 나는 그전 해의 에베레스트 동계원정에서 촬영 팀이 얼마나 방해가 되는지 경험했다. 8명이 서릉을 극지법으로 등반하는 대규모 원정대였다. 촬영 팀과 갈등은 없었다. 우리는 그들과 잘 지냈다. 클라이머 출신인 카메라맨은 고정로프를 이용해 1캠프까지 혼자의 힘으로 올라가기도 했다. 그러나 그는 커다란 16밀리미터 아리플렉스 Arriflex 카메라와 삼각대, 배터리, 필름 등 촬영에 필요한 장비들을 운반하느라 상당한 에너지를 소비했다. 나는 이런 부담에 대해 곧 진저리가 났고, 가능하면 카메라가 닿을 수 없는 높은 곳에 머물고자 했다.

내가 알렉스에게 어떤 말을 꺼내기도 전에 이런 것들이 마음속을 스쳐지나갔다. "좋아. 그들이 누구야? 어디 출신이지? 영화의 스토리는 뭔데? 산에서 촬영을 해본 경험은 있는 거야? 그리고 무엇보다도, 그들이 클라이머야? 그들은 왜 영화를 찍으려고 하지?" 나 보고 계속하라는 듯 새라는 의심쩍은 미소를 지어보였다. 그녀는 "알렉스가 정신 좀 차리게 계속해주세요."라고 말하는 듯했다.

"그들은 경험은 없지만 돈은 있고 영화를 만들고 싶어 합니다. 그들은 시샤팡마 등반 후에 있었던 TV 인터뷰에서 나를 보고 나서 BMC를 통해 알아봤다고 합니다. 잘 될 겁니다. 우리가 알려주면 됩니다. 물론 베이스캠프까지 못 갈지도 모르죠. 그래도 좋아요. 그렇다 해도 그들은 원정 비용을 댈 테니까요."

그다음 주말 그들이 카메라를 들고 나타났는데, 돈을 내세워 회사를 하나 차린, 상당히 낯설어 보이는 한 사람과 한 무리의 남부 시골뜨기들이었다. 나의 친구 피터 클락이 하루 종일의 등반을 마치고 자리를 마련했다. 술을 많이 마신 나는 그들과 합석하는 데 동의했다. 그리고 사전 계획대로, 알렉스가 자신이 은밀히 녹화되고 있는 사실은 알고 있으리라 생각했다. 나는 그가 반응을 보이기를 원했는데, 예상대로 부정적인 결과가 나왔다. 그는 녹화 진행이 어려울 정도로 자제력을 잃었다.

일주일 후 새라가 전화를 했다. 그녀는 다행히도 알렉스가 계획을 취소했다며 그 이유를 들려주었다. 영화 제작자들이 우리가 레이크스 지역에서 등반하고 술집에서 어울리는 모습을 촬영한 후에 감독이 알렉스를 안심시키고 협상을 마무리 지을 요량으로 전화를 했다는 것이다.

"어떤 일이 일어나든 훌륭한 작품이 될 거고, 당신은 스타가 될 겁니다. 그리고 만일 당신이 죽게 되면, 우리는 당신 어머니와 정말로 눈물을 자극하는 인터뷰를 하게 될 겁니다. 당신에 대한 추억이 영원히 이어지는 거죠."

알렉스는 그의 말을 곧바로 자르고 이렇게 말했다. "아니, 잠깐만.

내가 죽더라도 어머니와의 인터뷰는 꿈도 꾸지 마." 그 말과 함께 알렉스는 그에게 꺼지라면서 전화를 끊었다.

새라와 내가 이런 추억들을 더듬고 있는 동안 그녀는 그 에피소드를 곱씹었다. "그 감독과의 마지막 대화가 불씨가 된 것 같아요. 그는 자신이 갖고 있는 두려움을 내게 자세하게 털어놓으려 하지 않았어요. 대신 그는 이렇게 말했습니다. '내 운명이지.' 그리고 그는 자신이 죽게 되리라는 사실을 알더라도 원정을 계속해나가겠다는 의지를 은연중에 내비쳤습니다."

잠시 허공을 바라본 새라는 말을 계속 이었다. "그런데 그것이 한 번뿐이 아니었어요. 여러 번이었죠. 그리고 나서 그는 이런 식으로 말하곤 했습니다. '이런 일로 날 걱정할 필요 없어. 네가 걱정해야 하는 건 그 다음 일이야.' 어느 날은 정말 마음이 상해 나는 그를 혼자 내버려둔 채 산책을 나가버렸습니다."

새라의 이야기를 듣자 나는 알렉스라는 철옹성에 나타나기 시작한 균열이 떠올랐다. 그것은 평소에 내보인 무모할 정도의 자신감과는 정반대의 현상이었다. 베이스캠프에서 쓴 내 기록을 살펴보니, 알렉스는 나에게도 비슷한 말을 했는데, 나는 그 말들이 갖는 의미를 혼자서 분석하느라 심리적으로 녹초가 됐었다.

알렉스가 안나푸르나로 떠나기 전, 그와 새라는 함께 살 적당한 집을 구하고 싶어 했다. 새라는 알렉스에게 아이를 갖고 싶다고 말했다. 알렉스가 가톨릭 집안이었기 때문에 새라는 이 말이 곧 결혼을 의미한다는 사실을 알고 있었다. "만약 네가 임신하게 된다면, 그걸 우리 어머니에게 말해야 하는 사람은 내가 아니고 너야. 알잖아, 모든 것을 완벽하게 갖춘 성당에서의 전통적인 결혼식이 될 거라는 걸. 그러면 어머니도 어쩔 수 없을 거야."

26

호랑이의 눈

Eye of the Tiger

델리에서 이륙한 비행기가 카트만두로 접근하자 창문 밖으로 안나푸르나 전경이 감질나게 아주 잠깐 동안 모습을 드러냈다. 사실은 거대하지만 이 거리에서 보니 충분히 가능해 보였다. 폴란드 필라를 가로질러 오른쪽에서 왼쪽으로 올라가는 우리의 예정 라인도 보이는 듯했다. 비행기가 늦은 몬순의 난기류 속으로 빨려들자 곧이어 두꺼운 구름들이 그 봉우리들을 삼켰고, 거대한 적운을 뚫고 내려앉자 나무로 뒤덮인 능선들이 엄청나게 빠른 속도로 다가오며 우리를 맞았다. 이른 아침이었다. 능선 꼭대기에 자리 잡은 논밭 위로 아침을 준비하는 연기가 피어올랐다. 계단식 경작지들은 계곡 바닥까지 가파르게 이어져 있었다.

델리까지의 비행은 평소보다 더 걸렸다. 이스탄불과 카라치의 보안 요원들이 탑승객들을 비행기에서 내리게 한 다음 모든 수화물을 다시 검사하고 탑승시켰기 때문이다. 이렇게 오래 기다리게 되자, 나는 잠을 설쳤고 신경이 곤두섰다. 격동의 그해에는 긴장의 순간이 여러 번 있었다. 영국이 남대서양에서 전쟁을 치렀고, 피터 보드맨과 조 태스커가 에베레스트에서 실종됐다. 언론은 끊임없는 공중납치와 유괴, 내전과

폭탄테러 등의 기사로 들끓었다. 소련군이 카불에 주둔했지만 무자헤딘 반군은 더욱 위세를 떨쳤다. 나는 알렉스에게 상황이 더 나빠질 것이라고 농담처럼 이야기했다. 무허가 여행사가 나에게 체코 에어와 아리아나 아프간 에어라인을 이용해 프라하, 베이루트, 바그다드, 카불을 경유하는 보다 저렴한 항공권을 제안했기 때문이다.

나는 그의 반응으로 고민에 빠졌다. "팬암을 선택한다는 말은 아니지요? 아프간 에어라인이 아니면 테러리스트들이 가만둘 거라고 생각하는 건 설마 아니지요? 그게 오히려 훨씬 더 안전한 방법일 텐데요."

우리는 팬암 002편에 탑승했다.[114] 아리아나 아프간 에어라인보다 15파운드가 비쌌지만 한 가지 큰 장점이 있었다. 조 태스커가 런던사무소 직원과 맺은 인연으로 초과 화물비용을 면제받을 수 있었다. 이번 원정에서, 나는 별도로 움직여 알렉스가 그의 어머니 진과 함께 레치모어 히스에서 도착하기 전에 우리 짐 대부분을 히스로공항까지 옮겼다. 당시 나는 팬암의 수화물 담당 직원 몇 명을 알고 있어서, 미리 전화로 도움을 요청했다. 경량이라는 말을 '저예산'이라는 다른 방식으로 해석한 매니저는 아웃도어 마니아였다. 영화를 만들자는 제안을 포기해서 우리는 이 원정을 위한 자금이 거의 없었다. 매각할 만한 장비들과 지원물품들을 가능한 한 싸게라도 처분하는 것이 필요했다. 내가 커피를 마시며 건네준 스카치위스키 한 병을 그는 받지 않으려 했다. 그는 조의 친구였

---

114   팬암은 1947년에 국제선 운항을 처음 시작했다. 001편은 샌프란시스코에서 서쪽으로, 002편은 뉴욕에서 동쪽으로 향하는 항공편이었다. 1982년, 비록 6년도 되지 않아 로커비Lockerbie 참사가 일어나고 10년도 되지 않아 파산의 길로 접어들지만, 여전히 지속적인 여행 서비스 — 다른 경유지를 거치는 — 를 제공했다. 그리고 원하기만 한다면 같은 비행기를 타고 세계를 한 바퀴 돌 수 있었다.

고, 그것으로 충분했다.

"그건 당신들이 가려는 곳에서 필요할 겁니다."라고 그는 말했다.

비즈니스 클래스로 격상된 것은 예상치 못한 보너스였다. 알렉스가 늦게 도착하는 바람에 비행기를 아슬아슬하게 탄 우리는 공짜 술을 마시고, 카드놀이를 하고, 커다란 남벽 사진을 끊임없이 들여다보며 비행 시간을 즐겼다.

동이 틀 무렵 델리공항에 내렸는데, 붉은 진흙 풍경의 공항 주변이 강렬한 인상으로 다가왔다. 통관은 예상대로 쉽지 않았다. 우리는 국제선 청사(엄청나게 큰 창고)에서 모든 짐을 끄집어내 인근에 있는 국내선 청사(훨씬 규모가 작은 창고)로 옮겨야 했다. 연결 항공편인 인도항공은 추가화물 비용 없이 우리 짐을 실어줬다. 나는 작은 뇌물이라도 건네줄 생각이었다. 이스탄불이나 카라치와 비교하면 델리의 보안은 비교적 느슨했다. 국내선 청사로 가기 위해서는, 입국심사와 통관지역을 지난 다음 건물 밖으로 나가, 옆에 있는 건물로 들어가면 됐다.

짐꾼들 중에 1년 전 우리들의 에베레스트 원정에서 짐을 놓고 흥정을 벌였던 사람들이 있어 나는 안심했다. 나는 그들에게 다가가 '원정대 장비가 약간 더 있다'고 설명했다. 그러자 그들은 곧바로 과장된 몸짓을 하며 "모든 게 바뀌었습니다, 나리. 먹고살기가 더 힘들어졌습니다. 좋은 거래여야만 합니다."라고 말했다. 나는 짐꾼들과 함께 인파를 헤쳐 항공사 카운터들을 뺑 돈 다음, 우리를 쳐다보지도 않는 무장경비들이 지키는 세관과 입국심사 지역을 통과해, 국제선 수화물 지역으로 돌아 갔다. 알렉스는 커다란 수화물 카트 3대를 붙여놓고, 그 위에 늘어져 있었다.

"무게가 얼마나 나갑니까?" 하고 짐꾼 우두머리가 그에게 물었다.

알렉스는 씩 웃으며 "100킬로그램쯤"이라고 대답했다.

"아카Achha.(알겠습니다.)" 짐꾼들은 즉시 짐을 끌어 저울로 가져 갔다. 물론 짐을 달 때마다 우리의 가슴이 철렁철렁 내려앉았다. 무게가 300킬로그램을 넘자, 우리는 뇌물을 얼마나 줄지 고민하던 것을 포기했다.

"500달러 내세요." 우리의 원정이 진지해지기 시작하는 흥정이 시작됐다. 30분이 지나, 우리는 150달러를 내고 카트만두행 비행기에 가까스로 짐을 실었다. 원정의 총 예산이 3천5백 달러밖에 되지 않아, 한 푼이라도 중요했다.

비행기가 트리부반Tribhuvan공항에 내릴 때 카트만두에 하나뿐인 골프 코스의 세 번째 페어웨이 옆에 깃발을 들고 서 있는 사내 한 명이 눈에 들어왔다. 그의 일은 비행기가 뜨고 내릴 때 티오프를 하려는 사람에게 주의 신호를 보내는 것이었다. 비행기가 착륙하자 나의 근심이 다시 시작됐다. 우리의 장비와 지원물품 300킬로그램이 곧 비행기에서 내려져 입국장으로 옮겨질 터였다. 압류당하지 않고 통관을 무사히 마칠 수 있을까? 알렉스는 여전히 느긋했다. 그의 헤드폰은 두꺼운 곱슬머리로 인해 가까스로 양쪽 귀에 닿아 있었다. 근심걱정은 단지 내 성격 탓이고, 상황을 있는 그대로 받아들이는 것은 알렉스의 성격이었다. 내가 자청해서 모든 짐과 뇌물에 대한 추가적인 책임을 떠안자 그는 아무런 신경도 쓰지 않았다. 나는 관세와 압류를 피하려 온갖 수단을 강구하는 사람이었다. 그런 상황에서도 차분함을 유지하는 알렉스는 역시 알렉스였다. 무엇이 정답일까. 무엇이….

공항을 빠져나오느라 다시 한 번 곤란을 겪었지만 재앙으로까지 이어지지는 않았다. 관리들이 우리의 짐에 눈길을 던지며 관심을 보이기 시작해 우리는 "트레킹, 트레킹" 하고 대답했다. 그리고 시간을 벌기 위해 긴 대기 줄 뒤로 이동했다. 세관원들이 앞에서 짐을 검사하는 것을 본 나는 그날의 올바른 표시가 무엇이고 분필 색깔이 무엇인지 알아내 곧바로 분필 상자를 꺼내어 우리의 모든 짐에 살짝 표시했다. 2시간 후, 우리는 모든 짐을 끌고 화창한 햇빛이 쏟아지는 밖으로 나갔고, 여기저기서 "최고의 택시! 가장 싼 요금!"이라고 외치며 손님을 부르는 택시 운전사들의 난장판 속으로 들어갔다. 우리는 요금을 미리 정한 다음 2대의 택시에 모든 짐을 욱여넣고, 작고 남루한 호송대열을 이루어 덜컹거리는 길을 따라 로체호텔로 향했다. 차가운 대리석으로 둘러싸인, 수수한 숙소로 들어가자 피로가 밀려왔다. 인도와 중동에서 온 단체 관광객들이 체크인하고 있었다. 로체호텔은 관광호텔은 아니었지만, 공항과 두르바르 광장의 중간에 위치한 데다 셰르파 조합Sherpa Co-operative이 가까워 편리했다. 우리는 샤워를 하고 잠자리에 들었다. 나는 이상한 꿈에 시달렸다. 여행의 이미지들, 안나푸르나의 덧없는 모습들 그리고 밖에 있는 정원에서 나의 의식 너머로 들리는 찌르레기들의 기묘한 울음소리까지. 몇 시간이 지난 후 파리에서 도착한 르네가 우리를 깨웠다. 그는 프랑스에서 실은 고소등반용 의류들이 아직 도착하지 않았고, 나머지는 세관의 보세창고에 유치됐다는 소식을 전했다. 내가 분필을 들고 그가 타고 온 비행기를 맞으러 공항으로 갔어야 했는데….

그 다음 며칠 동안 우리는 각자가 맡은 세 가지 일을 해야 했다. 르네는 보세창고에 묶여 있는 우리의 등반장비를 빼와야 했고, 나는 행정

업무를 마무리하고 포카라 출신의 사다와 쿡, 키친보이를 고용하기 위해 셰르파 조합의 마이크 체니Mike Cheney를 만나야 했다. 한편 알렉스는 자신의 책 『시샤팡마 원정』을 마무리하고 카리모어에 기고할 글과 후원업체들에 보낼 감사의 편지를 써야 했다.

르네는 하루에도 몇 시간씩 공항에서 보내며, 많은 분량의 서류를 세 통씩 작성했다. 처음 두 번 그는 풀이 죽어서 돌아왔다. "난장판이에요. 창고에는 박스들이 가득 차 있는데, 많은 박스들이 뜯겨져 있어요. 박살난 TV 세트들도 널려 있고요."

산에 갔다가 돌아올 때까지 대략 1,700달러가 필요했지만, 몇 백 달러가 부족했다. 나는 팔려고 가져온 물건들 — 위스키, 커피, 초콜릿, 육포, 시리얼 등 — 을 모두 처분했다. 트레커들이 묵는 호텔과 술집들은 제값을 쳐주었다. 우리는 갖고 있는 현찰을 모두 긁어모아 르네에게 가장 높은 환율로 바꾸도록 했다. 당시의 네팔 재무상은 국왕의 가까운 친척이었다. 특히 달러의 경우 그는 은행보다 10퍼센트를 더 쳐준다는 소문이 있었다. 기회를 잡은 르네는 왕궁 근처의 사무실로 갔다. 그러나 그는 곧 곤란한 상황에 처하고 말았다.

비렌드라Birendra 왕의 삼촌의 하인이 혐오스러운 눈초리로 르네를 노려보았다. "이게 뭡니까?" 하고 그가 르네에게 핀잔을 주었다. "고작 천 달러잖아요? 난 10만 달러를 예상했소. 우린 이런 적은 금액은 받지 않습니다. 어림도 없습니다."

르네는 겨울에 대규모 프랑스 원정대와 함께 다시 오면 반드시 많은 돈을 바꾸겠다는 약속을 하며 밀어붙였다. 그리고 그는 결국 10퍼센트의 보너스를 갖고 로체호텔로 돌아왔다.

카트만두에서 내다 팔 식량을 정리하는 르네 길리니

우리는 보세창고에 여전히 묶여 있는 고소등반용 의류를 찾아와야 했다. 4일째가 되는 날 알렉스와 내가 팔다 남은 특별 식량을 재포장하고 있을 때 르네가 문을 박차고 들어와 반가운 소식을 전했다. "나머지 장비가 프랑스에서 들어왔습니다. 뇌물의 액수도 합의했고요. 이틀 후에 찾으러 가면 됩니다. 알죠? 미친 곳이에요. 그들은 창고 안에 물건을 산더미처럼 쌓아놓고 아무것도 하지 않아요. 그저 돈만 바라죠."

이제 우리는 중요한 결정을 내려야 했다. 모두 여기에 남을 것인가, 아니면 우리 중 누구라도 베이스캠프로 먼저 갈 것인가? 우리의 연락장교 굽타 씨Mr. Gupta가 공항직원들에게 뇌물을 상납하라고 압력을 넣는 상황에서 르네에게는 여전히 우리가 필요할지 모르는 일이었다. 그러나 몬순이 거의 끝나가, 우리의 일정은 이미 늦고 있었다. 우리의 원래 계획은 9월 10일까지 베이스캠프에 도착하는 것이었다. 그런 다음 3주일 동안 고소순응을 하고 10월에 남벽을 시도할 셈이었다. 히말라야에서 10월은 불확실한 달이다. 운이 좋으면, 제트기류가 남하해 가을 폭풍이 오기 전의 첫 2주일 동안은 날씨가 좋을지 모른다. 우리는 카트만두에서 이미 일주일을 허비했다.

알렉스는 따로 움직여야 한다며 논리적인 주장을 펼쳤다. 고소등반용 의류를 찾아오는 것만큼 시간도 중요했다. 우리는 셰르파 거리에서 중고를 구입할까도 고민했다. 그곳에도 옷은 많았다. 버제스 형제가 결국 성공을 거둔 캐나다의 프리 몬순 에베레스트 원정에 참가했었는데, 가게들에는 '버제스'라고 유성 펜으로 표시된 고소등반용 다운 원피스, 파카, 침낭들이 넘쳐났다. 나는 웃지 않을 수 없었다. 그 쌍둥이들이 원정대의 물품을 빼돌려 카트만두에서 팔아치운 것으로 보였기 때문이다.

집으로 돌아가는 길에 짐이 없어지는 것은 큰 의심을 사지 않는다.

결국 르네만 카트만두에 남기로 했다. 만일 보세창고에 있는 옷들을 찾지 못하면, 그는 우리가 필요한 것들을 셰르파 거리에서 일단 신용카드로 사고, 나중에 해결하기로 했다. 알렉스와 나는 포카라로 가서 셰르파를 고용한 다음 베이스캠프까지 7일간의 카라반에 들어가기로 했다. 그리고 르네는 우리를 뒤따라온다는 계획이었다. 우리에게는 짐을 분류·포장하고 다음 날 아침 일찍 포카라로 출발하는 버스표를 살 수 있는 하루가 남아 있었다. 우리는 업앤드다운 바에서 마지막 저녁을 실컷 먹었다. 우리의 작은 무리가 다음 날 버스터미널에 모였을 때 굽타 씨만큼은 아니지만 우리 역시 몰골이 초라했다. 우리와 빈약한 짐을 본 그의 얼굴에 저주받은 자의 실망감이 가득했다.

"내 새 장비들은 어디 있죠?" 버스에 올라탈 때 그가 물었다.

"당신을 위해 특별 포장을 해두었습니다."라고 알렉스가 대답했다. 네팔 법에 따라 모든 원정대는 연락장교에게 고소등반용 장비를 지급하고 베이스캠프의 키친보이에게는 보온 의류를 주어야 한다. 우리끼리의 이야기지만, 우리는 연락장교를 비롯한 셰르파들을 위해 적당히 완벽하기는 하지만 조금 땜질이 되어 있고 살짝 불쾌한 냄새가 나는 침낭과 다운파카 그리고 다른 물품들을 가져왔다. 우리는 새로운 장비를 구입할 여유가 없었다. 이것이 이번 원정에서 마음이 가장 아픈 부분이었다. 네팔 사람들은 중고 의류를 통해 나쁜 업보가 전해지는 것을 두려워했다. 특히, 죽은 사람이 입었던 옷을 경계했다.

마이크 체니의 약속대로 그의 사다가 포카라에서 우리를 맞아주었다. 우리는 포터 시장의 독특한 관습에 따라 방수포와 목이 짧은 고무장

화를 지급하고 임금의 반을 선불로 주었다. 그런 다음 포카라를 돌아다니며 차분한 저녁시간을 보냈다. 몬순의 구름이 잠깐 동안이라도 갈라져 우리의 산이 보이기를 희망하면서….

우리는 다음 날 이른 아침 지독한 더위 속에서 출발했다. 걸어 들어가는 내내 우리가 어디로 향하고 있는지, 왜 여기에 있는지에 대한 강박감에 둘러싸여 불확실성의 꿈같은 상태가 계속됐다. 등반은 목표가 있는 관광일 뿐이라고 알렉스가 나에게 말했다.

나는 함께 걸어 들어가는 며칠 동안 우리가 서로를 다시 알게 되는 기회가 되기를 바랐다. 우리는 지난 2년 동안 함께 등반한 적이 거의 없었다. 1970년대 말에 세 번 연속적으로 원정등반을 한 후 각자 다른 원정대에 참가했기 때문이다. 촬영 팀과 함께 갈 것이냐를 놓고 의견이 엇갈려 출발하기 전 몇 주일 동안은 서로 서먹했었다. 알렉스는 마이크 파슨스에게 700파운드를 빌리려 했다고 고백했다. 나는 만일 그 돈이 있었더라면 이번 원정이 좀 더 풍족했을지도 모른다고 생각하기는 했지만, 그것이 큰 문제는 아니었다.

무엇이 변한 것일까? 중요한 것은 알렉스가 이제는 프로 산악인이라는 사실이었다. 그는 이미 선을 넘었다. 그는 원정을 떠날 때마다 상당한 명성을 쌓을 것으로 기대했다. 그는 이제 열정과 스타일에 집착했다. 정상에 오르는 것만으로는 충분하지 않았다. 완벽하게 해내야 했다.

알렉스보다 여덟 살이 많은 나는 훨씬 더 조심스러웠다. 1년 전 에베레스트 동계등반에서 겪었던 두 번의 아찔한 경험은 치밀하지 못했던 내 등반방식의 일부를 버리지 않을 수 없게 했고, 삶과 죽음에 대한 경건함이 그 자리를 대신했다.

처음 3일 동안 열대우림을 구불구불 지나갈 때는 참을 수 없는 열기가 이어졌지만, 란드룩Landruk을 지나 모디콜라Modi Khola 계곡으로 들어서자 계속해서 많은 비가 내리고 찬바람이 불었다. 폭우로 길이 물에 잠기고 우레와 같은 강물 소리가 깊은 계곡에 울려 퍼졌다. 포터들의 관리 문제, 두 배의 짐을 지고 가는 일부 포터들의 문제 그리고 나쁜 날씨로 인한 고통 등 할 이야기가 많았지만, 우리는 시간과 노력이 필요했다. 우리는 멈추어서 그들과 이야기를 나누며 농담도 건네고 우리가 메고 있는 커다란 배낭도 보여주며 그들을 격려할 필요가 있었다. 그러나 퍼붓는 비로 인해 원활한 의사소통이 어려웠다.

거머리들은 살아 있는 폭탄이었다. 그놈들은 나뭇가지에서 빗방울처럼 떨어져 우리가 쓰고 있던 우산을 맞고 튕겨나갔다. 그놈들은 작고 끔찍한 생물체였다. 매일 저녁 우리는 온몸을 샅샅이 살펴보고, 우리의 방어벽을 뚫고 들어온 놈들의 잔뜩 부풀어 오른 몸뚱이에 소금을 뿌리거나 성냥불을 댔다.

4일째의 날씨는 더욱 좋지 않았다. 우리가 계속해서 하루의 운행거리를 늘리면, 포터들이 파업을 할지도 모르는 일이었다. 촘롱Chhomrong은 우리가 안나푸르나 성역으로 들어가기 전 소박한 안락함을 즐길 수 있는 마지막 마을이었다. 그래서 우리는 6시간만 걷고 로지에서 쉬기로 했다.[115] 우리는 침낭 속으로 기어들어가 오후 내내 잡담을 하고 책을 읽

---

115 이곳이 캡틴로지Captain's Lodge다. 내가 기억하는 한 칼리간다키Kali Gandaki를 통틀어 유일한 숙
박시설로, 클라이머들과 트레커들을 위한 장소이고, 그렇게 운영됐다. 2012년 안나푸르나로 돌
아갔을 때 나는 이 사실을 확인했다. 예전과는 달리, 걸어서 두세 시간 거리마다 호텔과 로지가
있는 마을이 있어, 수백 명의 관광객들이 동시에 묵을 수도 있었다. 나는 전화가 터지지 않을 것
으로 예상하고 카트만두에 휴대전화를 놓고 갔다. 그러나 베이스캠프까지 가는 동안 휴대전
화가 잘 터졌을 뿐만 아니라 와이파이 시설도 곳곳에 있었다. 내가 살고 있는 콜드벡Caldbeck이

었다.

침낭 속으로 들어가서도 나는 추위에 떨었다. 비가 진눈깨비로 바뀐 뒤에도 반바지와 티셔츠를 너무 오래 입은 것이 원인이었다. 알렉스는 편안하고 확신에 차 보였다. 그날 밤 비가 계속 내리면서 천둥소리가 깊은 계곡에 울려 퍼졌다. 나는 잠이 든 것인지, 아니면 깨어 있는 것인지 분간이 되지 않았다. 이전의 시간들이 한꺼번에 뒤섞이는 이상한 꿈과 기억만이 희미하게 남아 있었다.

다음 날 아침, 점점 좁아지는 협곡 속으로 들어가자 비가 다시 내리기 시작했다. 로도덴드론이 피어 있는 커다란 숲이 바람의 방패막이 역할을 했다. 점점 더 높이 올라가자 알렉스는 긴장을 풀고 마음을 터놓기 시작했다. 우리는 그날 밤을 매캐한 연기가 들어오는 집에서 보냈다. 저녁시간에는 이야기를 나누며, 바닥에 쪼그려 앉거나 어설픈 벤치에 앉아 석유 맛이 밴 모래 같은 달밧dal bhat을 먹었다. 알렉스는 등반에 대한 사랑과 매년 새로운 것을 성취하고자 하는 욕구로 불타고 있었다. 그가 자신의 체크 리스트를 밝힌 것이 바로 그때였다.

"지금부터는 1년에 두 번씩 원정등반을 할 겁니다."라고 알렉스가 선언했다. "일단 안나푸르나 남벽 등반을 끝내면 몇 달은 쉴 수 있습니다. 내년에는 마칼루와 K2에 갈 겁니다. 함께 가지 않을래요?"

나는 알렉스와 함께 보내는 시간이 즐거웠다. 최근에 해낸 두 번의 큰 등반에 대한 이야기를 듣고, 그의 의도와 그가 해낸 등반의 규모와 스타일을 알게 됐다. 그 당시 히말라야에서 활동하던 어느 누구보다도

오히려 휴대전화 수신이 되지 않아, 전화기를 두고 간 것은 잘한 일이었다. 네팔 사람들은 영국에 휴대전화가 터지지 않는 곳이 있다는 사실을 믿지 않았다.

알렉스야말로 가장 순수한 스타일과 비전을 지니고 있다는 메스너의 평가를 나는 그제야 이해할 수 있었다. 알렉스는 완벽하게 순수했다. 그는 영국 산악계의 다른 사람들이나 메스너와는 달리 단 한 번도 대규모 극지법을 사용한 원정등반에 참가해본 적이 없었다.

다음 날 아침 빗방울이 가늘어졌다. 그래도 협곡을 따라 용솟음치는 구름 때문에 산들은 보이지 않았다. 마차푸차레Machapuchare (6,993m)는 그 지역인 구룽Gurung 사람들과 그 봉우리가 시바의 보금자리라 여기는 힌두교도들에게 신성한 존재다. 그 산의 쌍봉우리에서부터 불어오는 눈은 시바의 창이며 신성한 향으로 인식됐다. 경고판에는 그 지점 너머로 육류와 계란 반입을 금지한다는 문구가 있었다. 나는 우리의 스팸 통조림과 육포가 생각나 미신적인 죄책감을 느꼈지만 곧바로 머릿속에서 그런 생각들을 지워버렸다.

"베이스캠프까지 이틀이면 될 거야." 운행에 속도가 붙고 그에 따라 몸도 따뜻해지자 내가 알렉스에게 장담했다.

"날씨가 좋아지지 않으면 컨디션이 형편없어질 텐데요."

비가 다시 억수같이 퍼부었다. 강이 서로 만나는 곳은 우리가 이제껏 등반했던 그 어떤 곳보다 더 무서웠다. 우리는 로프를 이용해 차례로 건넌 다음, 흰 거품이 이는 급류 속의 바위들을 기어올라 포터들을 위해 두 동의 로프를 정교하게 설치했다. 우리의 오른쪽에 마차푸차레가 우뚝 솟아 있었는데, 시바의 여신은 휘몰아치는 비구름 외에는 아무것도 주지 않았다. 우리가 고도를 높이자 비구름은 싸락눈이 섞인 차가운 안개로 바뀌었다. 우리는 포터들과 함께 커다란 바위 밑에 옹기종기 모여 앉아 춥고 축축한 밤을 보냈다. 알렉스는 여느 때보다도 의심이 많아져,

트레커들이 붐비기 전의 몬순 시즌에 안나푸르나 성역으로 들어가기 위해서는 강을 위험스럽게 건너야 하는 곳이 많았다.

바위 밑이 견고한지 어떤지 확인했다. 우리는 반다카와 창가방에서 우연히 보았던 커다란 바윗덩어리들에 대한 이야기를 나누었다. 지난 몇 년 동안 나는 낙석에 대해 운이 좋은 편이었다. 알렉스는 한 번은 알프스에서 그리고 또 한 번은 마칼루에서, 두 번이나 낙석에 맞아 다쳤다. 그가 그 이야기를 다시 꺼내자 나는 온몸에 소름이 돋았다.

"내 새끼를 잘 좀 돌봐줘. 그럴 거지, 존?" 진 매킨타이어의 목소리가 들리는 듯했다. 그러나 나는 알렉스를 돌봐주는 방법을 더 이상 알지 못했다. 이제 그에게 중요한 것은 스스로 돌봐야 한다는 것이었다.

한낮에 태양이 구름을 뚫고 나오자 성역의 웅장하고 하얀 벽들이 빛났다. 그리고 안나푸르나 남벽이 우리 앞의 공간을 순식간에 꽉 채웠다. 우리가 이전의 원정대들로부터 들은 바로는, 베이스캠프 자리는 빙하 옆 모레인 지대와 안나푸르나 남봉과 히운출리Hiunchuli(6,441m)를 향해 솟은 급경사면 사이의 움푹 들어간 곳이었다. 그러나 포터들은 우리가 그곳까지 갈 것이라고는 예상하지 않았다. 따라서 우리가 그곳까지 가려 한다면 우리는 2시간분의 임금을 추가로 지불해야 했다. 트레커들의 종착지인 지금의 안나푸르나 베이스캠프는 남벽을 정면으로 바라보고 있지만, 벽 밑까지 가려면 몇 시간 동안 까다로운 빙하지대를 통과해야 한다. 이곳에는 나뭇가지로 얼기설기 엮고 주름진 함석지붕을 얹은, 연기 자욱한 오두막 두세 채가 다였다.[116]

대략 4,500미터에 위치한 우리의 캠프는 목가적이었다. 늦여름이어서 야생화들의 향기가 여전했다. 땅도 부드러워 우리 3인용 텐트를 치기에도 딱 알맞았다. 우리는 주방의 천장 역할을 하는 커다란 오버행 바위에서 멀지 않은 곳에 텐트를 쳤다. 그리고 대형 천막으로 바위 주위를 두르고, 이전 원정대가 버리고 간 폴 몇 개를 찾아, 덮개가 있는 공동 공간을 만들었다. 하늘이 맑아지자 밤새 살을 에는 듯한 추위가 몰려와, 남아 있는 고산식물들을 모양과 디테일은 완벽하지만 생명이 텅 빈 영원의 꽃들로 탈바꿈해 놓았다.

다음 날 늦게 르네가 3명의 포터를 데리고 도착했다. 그는 무척 들

---

116 이곳은 이제 수백 명의 사람들을 수용할 수 있는 대여섯 채의 로지가 자리 잡고 있다. 지구온난화로 인해 이곳에서 빙하로 접근하는 것은 이제 아주 힘들어졌다. 복잡한 이곳 위쪽에 커다란 불탑chorten이 있어, 나는 그곳에 알렉스의 추모비를 새로 세웠다.

폭풍이 지나간 후 우리들의 베이스캠프에서 바라본 안나푸르나 남벽의 장엄한 모습

호랑이의 눈

알렉스가 안나푸르나 베이스캠프로 걸어 들어가는 도중 더위를 식히고 있다.

떠 있었다. 보세창고에 묶여 있던 장비들을 갖고 포카라에서 단 나흘 만에 도착한 것이다. 우리는 달밧과 참치로 즐겁게 저녁식사를 하고 등반계획을 짰다. 안나푸르나 남벽 등반허가와는 별도로, 허가서에는 우리가 '베이스캠프 위쪽의 사면들을 등반'할 수 있다고 적혀 있었다. '베이스캠프 위쪽의 사면들'에는 매력적인 6~7천 미터급 봉우리들이 있어 고소순응을 위해서는 안성맞춤이었다. 그러나 우리는 먼저 우리의 루트 밑에 가보고 싶었다.

하루 뒤에 르네와 나는 베이스캠프를 출발해 빙하를 곧장 올라갔다. 알렉스의 컨디션이 좋지 않아, 우리는 알렉스가 가져가야 할 짐의 대부분을 배낭에 나누어 넣었다. 여러 번 길을 헤맨 끝에 우리는 폴란드 필라

밑으로 이어지는 스퍼에 도달했다. 폴란드 필라는 우리가 진입하기로 한 쿨르와르의 바로 왼쪽에 솟아 있었다. 풀이 덮여 있는 가파른 초원은 곧 남벽에서 내려오는 안개 속으로 자취를 감춘 좁고 가파른 바위지대로 이어졌다. 나보다 열 살 아래인 르네는 나무랄 데 없이 원기 왕성했다. 뒤처진 나는 그가 어디로 사라졌는지도 모른 채 축축하게 젖은 암벽과 발자국도 없는 조그만 설원에서 그를 따라가기에 바빴다. 안개는 스퍼 주위를 장갑처럼 둘러싸고 있었다. 경사가 약해지자 눈 위에 찍힌 발자국들이 보이는가 싶더니, 앉아서 나를 기다리는 르네가 곧이어 눈에 들어왔다. 나는 느렸고 피곤했다. 그래서 르네의 위로를 기대했다. 그러나 그의 말은 아주 간단했다. "우리는 폴란드 필라 밑에 있습니다. 우리가 캠프를 하기로 한 곳이죠."

우리는 해발 6,000미터의 어디쯤인가에 있었다. 내가 무거운 배낭을 내려놓자 곧 기운이 돌아왔다. 우리는 맥 텐트를 치기 위해 서둘러 자리를 평편하게 만들었다. 몇 개월 전 시샤팡마에서 사용된 것이었다. 우리는 맥 텐트를 2개 가져올 계획이었으나, 앨런 라우즈가 빠져, 3명이 2인용 공간을 나누어 쓰는 불편을 감수하기로 했다. 르네와 나는 적어도 오늘 밤만은 상대적으로 편하게 잘 수 있을 터였다. 안개가 걷히자 우리 위로 솟아 오른 남벽이 위용을 드러냈다. 우리의 루트가 시작되는 커다란 쿨르와르가 선명하게 보였는데, 그곳은 낙석과 하단에서 흘러내리는 물이 만든 도랑들로 깊이 패어 있었다.

"남벽을 등반하기에는 너무 이른 것 같은데요." 하고 르네가 말했다. 그는 서서, 벽에 남아 있는 저녁햇살을 올려다보고 있었다. 기온이 영하로 떨어졌는데도, 여전히 총알 같은 낙석소리와 젖은 눈이 실성한 용처럼 쿨르와르를 타고 내려오는 소리가 간헐적으로 들렸다.

"아직 9월이야. 우리에겐 시간이 많아."라고 내가 말했다. 우리 오른쪽 위로 얼어붙은 형체의 안나푸르나 남봉이 빙하를 내려다보면서 하늘에 걸려 있었다. 그리고 우리의 베이스캠프가 자리 잡은 작은 초원 위로 히운출리가 일련의 톱니 모양 능선을 이루며 솟아 있었다.

"저거 재밌어 보이는데. 베이스캠프에서도 가깝고."

그러자 르네가 맞장구쳤다. "어서 내려가 짐을 꾸려 히운출리로 가죠."

27

유리 심장

Heart of Glass

우리는 다음 날 정오쯤 베이스캠프로 돌아왔다. 컨디션이 돌아온 알렉스는 몹시 가보고 싶어 했다. 우리는 나흘 치 식량과 장비를 재빨리 챙겨 다음 날 아침 일찍 출발했다.

　두어 시간 동안 오르막을 꾸준히 오르자, 상쾌한 풀들이 가득했던 언덕들이 어느새 화강암에 깊은 줄무늬가 새겨진 양배암羊背巖[117]으로 이어졌다. 우리는 이리저리 얽혀 흐르는 개울 옆을 따라 부서진 아이스폴 밑까지 올랐고, 맥 텐트를 설치하기에 안성맞춤인 단단한 얼음 절벽 밑에서 안전한 장소를 찾아냈다. 그날 밤 알렉스가 불편한 개집에서 잘 사람으로 뽑혔다. 탱 주스를 만들려고 눈을 녹이는 동안, 나는 난생처음 사고를 치고 말았다. 잘 데워진 물이 가득 찬 코펠을 엎은 것이다. 그러자 모두의 얼굴이 찡그려졌다. 밤새도록 눈이 텐트 천을 타고 흘러내리는 소리에 우리는 잠을 설쳤는데, 아침이 되자 꽤 많은 눈이 쌓여 있었다. 우리는 모든 것을 그곳에 남겨두고 베이스캠프로 탈출했다.

117　빙하에 의하여 표면이 긁혀 침식된 암석을 말하며 양군암이라고도 한다. 암석의 표면은 매끄러운 물결 모양의 요철을 이루며, 빙하의 이동 방향으로 찰흔이 남는다. (역주)

히운출리의 끔찍한 아이스폴 지대. 세락이 무너질 듯 위태롭게 보인다.

이틀 동안이나 계속된 폭풍은 3일째 새벽이 되자 맑게 개었다. 날씨는 추웠지만 마침내 안정을 찾은 것 같았다. 우리는 가벼운 배낭을 메고 아이스폴 밑 캠프까지 빠르게 올라가, 그곳에서 두 번째 밤을 보냈다. 다음 날 이른 아침 우리는 위쪽에 있는 세락과 크레바스의 혼란스러운 미궁 속으로 들어갔다. 우리 누구도 경험해보지 못한 끔찍한 아이스폴 지대였다. 오전 중 우리는 차를 끓여 마시려고 깊은 크레바스 사이에서 멈추었다. 그러나 눈을 가득 담은 코펠을 스토브 위에 올려놓자마자 위에 있던 커다란 세락이 무너지더니 방금 전에 우리가 건넜던 얇은 스노브리지 위를 덮쳤다. 우리는 차를 끓이려던 계획을 포기하고, 다시 짐을 서둘러 꾸린 다음 위쪽으로 향했다. 아이스폴 지대를 이리저리 돌아 위쪽 빙하에 도착하니 벌써 오후였다. 우리는 깊은 눈을 헤치고 히운출리의 동릉으로 이어지는 쿨르와르의 밑에 도착해, 주변이 안전한 곳에서 자리를 다져 두 번째 비박을 준비했다.

다음 날 아침도 날씨는 완벽하게 맑고 고요했다. 우리는 각자 두 피치씩 선등해 가파른 빙벽을 여섯 피치 만에 끝내고, 극적이며 면도날처럼 날카롭고 심하게 커니스가 진 능선의 대략 6,200미터 지점에 있는 콜에 올라섰다. 우리의 오른쪽에는 3,000미터의 능선이 1,000미터나 더 높은 안나푸르나 남봉으로 치닫고 있었다. 그리고 우리 왼쪽에는 훨씬 더 가까운 곳에 히운출리가 솟아 있었다. 겹겹이 층이 진 환상적인 커니스를 보니, 3년 전 알렉스와 내가 등반을 포기하고 내려온 와스카랑 북벽이 생각났다. 그러나 우리는 조심스럽게 능선을 따라가, 만약 선등자가 떨어지면 능선 반대쪽으로 뛰어내릴 마음의 준비를 하면서, 원뿔 모양의 정상 바로 아래에 도달했다. 우리는 능선 남쪽 위태로운 곳에 자리를 깎아 텐트를 쳤고, 나는 물을 끓여 차와 즉석 감자, 참치, 치즈 수프를 준비했는데, 이 정도면 저녁 어스름이 내릴 무렵의 사치스러운 만찬이었다. 알렉스와 내가 가진 옷들을 모두 껴입고 밖에 남아 이제껏 다른 사람이 오르지 못한 루트의 정점에 도달했다는 기쁨을 만끽하고 있는 동안, 르네는 텐트 안으로 기어들어갔다.

스토브를 끄자 믿기 힘든 적막이 흘렀다. 수천 미터 아래의 숲이 우거진 계곡에 계단식 경작지, 농장과 작은 마을들이 점점이 박혀 있었다. 우리가 머물렀던 캡틴로지가 있는 촘롱도 눈에 들어왔다. 그리고 저 멀리 네팔과 인도의 평원들은 어두운 아지랑이 속에 모습을 감추고, 그 속에서는 작은 불빛들이 차분히 빛나고 있었다. 사그라지는 저녁 빛에 이어 별들이 존재감을 드러내자 손으로 만져도 될 것 같은 고요가 뚜렷했다.

"저 멀리 불빛들이 보여요?" 하고 알렉스가 말했다.

"응, 보여. 거의 비현실적이네. 포카라야. 호텔들이 발전기를 돌리고 있는 게 틀림없어."

알렉스와 나는 이곳으로 걸어 들어오던 저녁시간에 네팔의 미래에 대해 논쟁을 벌였다. "장담하는데요. 20년이 지나면 이 계곡에는 전기가 들어올 겁니다."라고 알렉스가 말했다.

"그럴 리가 있나. 무슨 소용이 있어? 여긴 새벽부터 해질녘까지만 존재하는, 얼마 안 되는 가난한 마을과 농부들밖에 없어."라고 내가 반박했다.

"하지만 그게 진정 그들이 원하는 걸까요?" 하고 알렉스가 물었다. "어쨌든 트레커들과 클라이머들을 위해 그렇게 될 겁니다. 두고 보세요.

수천 명씩 몰려올 테니까."

나는 그의 말이 과연 맞을까 하고 의아하게 생각했는데, 어떤 이유로든 그의 생각은 나를 우울하게 만들었다. 추위가 심해지자 알렉스가 텐트 문을 열었다. 내가 개집에 들어갈 차례여서 먼저 들어가야 했다. 나는 몸이 가장자리로 미끄러져 내리는 것을 막느라 밤새 잠을 설쳤다. 잠이 깊이 들 때마다 체인스토크스Cheyne-Stokes 호흡[118]으로 인해 잠에서 깨어나곤 했다. 다음 날 아침 지독한 바람이 불기 시작하더니 구름이 산봉우리들 주위를 에워쌌다. 나는 안도감 비슷한 감정을 느꼈다. 이 사실을 르네에게 알렸지만 그는 놀라지 않았다. 우리는 첫 고소순응 등반을 충분히 했다는 결론을 내리고, 곧바로 하산에 들어갔다. 어둠이 내릴 때쯤 베이스캠프에 안전하게 도착한 우리는 펨바Pemba 쿡을 깨워 늦은 저녁을 차려달라고 요구했다.

날씨는 우리의 계획과 잘 맞아떨어졌다. 3일 동안 나쁜 날씨가 이어져, 우리는 휴식을 취하며 다음 등반을 생각했다. 빙하의 반대편에는 2개의 트레킹피크 — 6,000미터에 조금 못 미치는 텐트피크Tent Peak와 6,500미터쯤 되는 플루테드피크Fluted Peak — 가 있었다.

이쪽으로 한 번도 등반된 적이 없는 플루테드피크에는 우리가 '타워 리지Tower Ridge'라고 이름 붙인 길고 매력적인 능선이 정상 아래의 플라토까지 치솟아 있었다. 그곳에서부터 가파른 두 번째 능선을 따라가면 글래시어돔Glacier Dome(7,193m)까지 갈 수 있을 것 같았고, 그리하여 안나푸르나에 뻗어 있는 아주 긴 주능선에 이를 수 있을 것 같았

---

118 뇌나 심장 따위의 상태가 나쁠 때에 볼 수 있는 병상病狀으로서 세차고 괴로운 호흡과 호흡 정지가 차례로 되풀이되는 것. {역주}

다. 주능선까지 간다면 우리는 7,000미터 이상에서 충분한 시간을 보내, 남벽으로 돌아가기 전 마지막 고소순응을 할 수 있을 터였다.

며칠 동안 나는 책을 읽거나 베이스캠프 위쪽의 설원을 걸으며 시간을 보냈다. 살얼음이 끼어 있는 눅눅한 주방 바닥은 너저분해서 그곳에서 먹는 저녁은 맛이 없었다. 우리는 맛있는 것은 고소에서 먹을 요량으로 되도록 아꼈다. 저녁은 언제나 매운 피클을 곁들인 달밧과 친구 한 명이 남극원정에서 남았다고 준 10년 묵은 육포였다. 내가 책을 읽으러 가면, 알렉스와 르네는 자주 식당 텐트에 남아 네팔 럼주를 마셨다. 그들이 못난 인간들을 흉볼 때는 언성이 높아지고 욕설이 난무했다. 원정에서 빠진 앨런 라우즈가 특히 비난의 대상이었는데, 어느 순간 르네가 자기들 둘이서 남벽을 등반하면 훨씬 더 좋을 것이라고 속삭이는 소리가 들렸다. 나는 그 말을 럼주 탓으로 돌리고 애써 무시했다.

히운출리를 등반한 지 4일째가 되는 날, 우리는 5일분의 식량과 암·빙벽을 위한 장비를 챙겨 출발했다. 빙하에서 벽으로 들어서는 가파른 길에 바위 파편들이 널려 있었지만, 우리는 그곳을 이리저리 피해 곧바로 나타난 암릉을 스코틀랜드에서처럼 각자 단독등반으로 돌파했다. 5,000미터쯤에서 능선이 우아한 얼음 능선으로 바뀌어 우리는 아이젠을 착용했다. 그리고 오후 5시쯤에는 비박지를 널찍하게 깎았다. 우리 왼쪽으로 날카로운 모습을 드러낸 채 치솟아 오른 안나푸르나의 예정 등반루트를 살펴보고 있을 때 나는 이상하게도 두 동료로부터 소외당하고 있다는 느낌이 들었다.

다음 날 아침, 우리는 믹스지대에서의 흥미로운 리지등반으로 플루테드피크 바로 아래에 있는 플라토에 도달했다. 곳곳이 허리까지 빠지는 깊은 눈이어서, 우리는 200발자국씩 루트를 뚫고 나아가, 다음 사람에게 바통을 넘기기로 했다. 르네가 200발자국을 나아간 다음 내가 이어받았지만, 나는 마지막 20발자국을 남기고 멈추어 섰다.

"나이는 어쩔 수 없군요, 포터 선생님." 알렉스가 앞으로 나서며 말했다.

"이봐, 난 그저 숨을 고르는 중이었다고." 내 차례가 다시 왔을 때 심기가 불편해진 나는 선두자리를 넘기는 것을 거부하고 글래시어돔 정상으로 이어지는 능선 밑까지 나아갔다. 르네와 알렉스가 로프를 묶고 장비를 착용해 나는 뒤로 빠졌다. 네 피치를 오르니, 70도쯤 되는 완벽한 빙벽이 나타났다. 내가 앞으로 나설 차례였다.

"알렉스, 장비 줘."

"천만에요. 제가 선등할 겁니다. 여길 올라갈 수 있어요?" 르네는 상긋 웃었다. 나는 도대체 어떻게 돌아가는지 의아했지만, 아무 말도 하지 않기로 결심했다.

알렉스는 빙벽의 오른쪽으로 횡단했는데, 그 빙벽은 점점 좁아지면서 위쪽의 쿨르와르로 이어졌다. 10미터쯤 올라 아이스스크루 하나를 설치한 그는 자신의 아이젠 한 짝이 벗겨져 아이젠 밴드에 의해 부츠에 매달려 있다고 욕설이 섞인 고함을 쏟아냈다. 신은 내 편인 듯 보였다.

"이 멍청한 아마추어야." 하고 나는 위쪽으로 소리쳤다. "내려와. 선등이 무언지 아는 사람이 올라가게."

그러나 상황이 너무나 심각해 서로 화를 주고받을 수만은 없었다. 알렉스는 아이스스크루에 자기확보를 하고 가까스로 아이젠을 다시 착용했다. 그러는 동안 나는 알렉스에게 왜 내 차례라고 말하지 않았느냐며 르네와 옥신각신했다.

7,000미터쯤에 이르러 비박지를 깎고 있을 때도 내 속은 여전히 부글부글 끓었다. 나는 일주일 사이에 두 번씩이나 음식을 만들다가 코펠을 엎었다. 이번에는 분말감자를 막 쏟아 부으려는 찰라, 눈 녹인 물을 반이나 엎지르고 말았다. 나는 개집에서 끔찍한 밤을 보냈다. 숨을 쉬기가 힘들었다. 그리고 안나푸르나 산군 여기저기에서는 마치 괴물들이 동굴에서 큰 소리로 대화를 주고받는 것처럼 눈사태의 으르렁거림이 들려왔다. 우리는 모두 반쯤 깬 상태로 밤을 지새웠다.

다음 날 아침, 가파른 능선을 따라 타르케 캉Tarke Kang(7,193m) 정상에 올라섰고, 그곳에서 우리는 휴식을 취하며 차를 끓여 마셨다. 그때 안나푸르나 성역 대부분에 구름 띠가 덮였다. 발밑 북동쪽에는 상어 지느러미 같은 마차푸차레의 쌍봉이 거대한 안나푸르나 남벽의 허리춤까지 닿은 하얀 운해를 뚫고 올라와 있었다. 히운출리는 이제 구름에 잠겨 있었다. 고요하고 아름다웠다.

스토브가 쉿소리를 내며 불꽃을 올리자 나는 알렉스에게 몸을 돌렸다. "어제 화를 내서 미안해."

"정신 차리세요. 더 이상 실수하면 안 됩니다."

나는 알렉스에게 검은 바위 쪽으로 가서 고도를 좀 더 올리는 것이 어떻겠느냐고 제안했다. 나는 선등으로 7,400미터까지 올랐지만, 눈사태 지역인 것 같아서 주저 없이 내려가겠다고 알렸다.

"눈사태 지역 맞아요?" 하고 그가 물었다.

"내 발밑이 텅 빈 것 같아." 아이젠으로 조금 더 높은 곳의 눈을 차봤는데, 이제는 내 판단이 맞는지조차 의심스러웠다. "어쨌든 좋지 않은

타르케 캉(일명 글래시어돔 7,193m) 정상에 선 알렉스 매킨타이어. 이곳이 그의 마지막 히말라야 정상이 됐다. 뒤쪽으로 구름을 뚫고 솟아 오른 마차푸차레가 보인다.

데…. 더럽게 층이 진 것 같아."

초등을 시도할 때 이 지점에서 일어난 치명적인 사고 보고서를 읽은 생각이 났다. 우리는 7,200미터의 비박지까지 후퇴했고, 그곳에서 하룻밤을 더 보냈다. 잿빛 새벽에 불어오는 강풍은 곧 폭풍이 닥칠 것임을 예고했다. 우리는 눈보라가 배낭 속으로 스며드는 것을 가능한 한 막으면서 짐을 서둘러 꾸렸다.

내가 맨 뒤에서 확보자세를 취하며 하산이 시작됐다. 500미터쯤 내려갔을 때 앞에 서서 내려가던 르네가 오른쪽으로 방향을 틀어 급사면으로 내려갔다. "저 친구 어디로 가는 거야?" 내가 알렉스에게 소리쳤다.

"벽을 따라 곧장 내려가기로 했습니다. 그게 더 빨라서요."

'그래, 분명 곧장 내려가긴 하겠지….'라고 나는 생각했다. '하지만 아이스폴은 어떨 것 같은데?' 나는 바깥을 바라보며, 가파른 눈과 얼음의 사면을 내려가는 르네와 알렉스의 속도를 따라잡으려 애썼다. 시샤팡마에서의 더그 스콧처럼, 경사가 55도를 넘자 나는 몸을 안쪽으로 돌렸지만, 르네와 알렉스는 여유롭게 바깥쪽을 바라보며 내려갔다.

삼 분의 이쯤 내려가자 바위로 된 장애물이 나타났다. 그곳에서 떨어지는 얼음은 600미터 아래의 주 빙하로 곧장 날아갔다. 몇 차례의 로프하강으로 장애물을 내려가니 작은 꼭대기가 있는 독립된 버트레스였다. 수직의 아래쪽에 있는 아이스폴은 마치 리본 과자의 미로처럼 보였다. 하지만 오른쪽으로, 45도 경사를 50미터만 가면 훨씬 덜 부서진 빙하가 있어 탈출이 가능해 보였다. 우리는 마지막 피톤을 써버렸기 때문에 바트혹warthog이라는 빙벽용 피톤을 덧장 바위 안쪽에 때려 박고, 백업을 위해 슬링으로 덧장 바위를 둘러 감았다.

상황은 심각했다. 르네가 로프에 체중을 실을 때 바트혹이 빠지고 백업마저 실패한다면 르네는 깊은 크레바스 속으로 떨어질 뿐만 아니라 알렉스와 나는 오도 가도 못 하게 남겨질 터였다. 우리는 마음을 졸이며, 르네가 두 줄의 로프를 부드럽게 풀고 아이젠으로 불꽃을 튀기며 바위를 긁어 대각선 방향으로 내려가 마침내 첫 번째 커다란 세락 위에 내려앉는 것을 지켜보았다. 르네는 아크로바틱한 동작과 펜듈럼으로 아이스폴 가장자리에 가까스로 닿았다. 알렉스와 나는 만세를 불렀다. 르네는 다른 바트혹 하나를 바위에 때려 박고 로프를 팽팽하게 당겨 고정했다. 알렉스는 티롤리언 브리지 방식으로 안전하게 뒤따라 내려갔다. 커다란 백업 슬링을 회수하면서, 3명 중 체중이 가장 무거운 내가 내려갈 때 피톤이 빠지면 나는 아래쪽의 미로와 같은 크레바스 속으로 영원히 사라질지도 모른다는 생각이 들었다. 나는 머릿속의 공포를 애써 지워 버리고 로프와 나의 연결 상태를 조심스럽게 확인한 후 마지막으로 피톤을 의심스러운 눈초리로 바라보았다. 피톤에 걸리는 하중을 조금이라도 줄일 생각에, 8자 하강기 대신 카라비너의 조합으로 만든 하강기로 바꾸었다. 하강하는 도중 배낭에 매달려 있던 슬링에 내 왼쪽 아이젠이 걸렸다. 다리가 뒤틀려 움직일 수 없었다. 그런 와중에 8자 하강기까지 대각선 방향의 하강로프 아래에 꽉 끼고 말았다. 나는 공포가 반, 나의 멍청함에 대한 짜증이 반쯤 섞인 비명을 속으로 삼켰다. 그리고 로프를 따라 한 발 한 발 억지로 움직였다. 동작은 고통스러울 만큼 느렸다. 그러나 다른 두 사람에게 나는, 낑낑거리며 로프와 씨름하면서 거꾸로 뒤집히거나 배낭을 떨어뜨리지 않으려고 애쓰는, 우스꽝스러운 모습으로 비춰졌을 것이다. 20분 후 르네와 알렉스가 그들이 서 있는 자리로 나를 끄집어 올렸다. 나는 아마추어이자 완벽한 멍청이였다.

평정심을 되찾은 나는 이 지점에서 시작되는 설사면이 오른쪽 빙하 끝으로 이어지고, 남벽 밑에 있는 레지를 횡단하면 결국에는 2주일 전에 르네와 내가 올랐던 스퍼로 이어진다는 반가운 사실을 알아냈다. 우리가 레지에 도착하자마자 르네는 로프를 풀고 루트를 정찰하러 갔다. 바위지대로 돌아온 것이 마음에 들지 않았는지 알렉스는 서로 로프를 묶기를 원했고, 따라서 우리는 곧 뒤로 처졌다. 우리가 남벽 밑의 스퍼에 도착하자 전날처럼 짙은 구름이 안나푸르나 성역에 깔리기 시작했다. 르네의 흔적은 어디에도 없었다. 그리고 내려가는 길을 제대로 찾기도 쉽지 않았다. 우리는 그냥 앉아서 날이 개기를 기다릴 수밖에 별 도리가 없었다.

해가 지기 2시간 전쯤 날이 개었다. 나는 곧 내려가는 길을 찾았다. 빙하에 도착하자 어둠이 깔려, 우리는 헤드램프 불빛에 의지해 하산을 재촉했다. 르네는 모레인 꼭대기에서 헤드램프 불빛으로 우리에게 방향을 알려주었고, 나에게 빨리 움직이지 않았다며 볼멘소리를 했다. 나는 아무 말도 하지 않았다. 며칠 동안의 분투에도 불구하고, 우리의 믿음직한 쿡 펨바가 차려준 달밧은 구미가 당기지 않았다. 나는 슬그머니 텐트로 돌아가 뽀송뽀송하게 말라 있는 나의 베이스캠프용 침낭 속으로 들어갔다. 알렉스와 르네가 주방텐트에서 두 번째 럼주를 따며 웃고 떠드는 소리가 들렸다. 폭설이 내리기 시작할 때 나는 불편한 잠에 빠져들었다.

베이스캠프에서 보낸 마지막 며칠 동안 알렉스는 기분이 착 가라앉

알렉스와 르네의 발길을 돌리게 했던, 안나푸르나 남벽 7,200미터에 있는 가파른 바위지대 (사진: 르네 길리니)

아 있었다. 밤에 이상한 일들이 일어났다. 알렉스와 나는 낙석 꿈을 꾸며 몇 차례 잠에서 깼다. 낙석 소리를 듣고 서로 잠에서 깨어났지만, 사방은 고산의 적막뿐이었다. 나는 몹시 혼란스러웠다. 나는 알렉스에게 확실히 침착할 수 있겠느냐고 묻고 싶었다. 이 등반은 그가 원하는 것일까, 아니면 르네가 원하는 것일까? 나는 컨디션이 좋다고 하더라도, 확신컨대 그들로부터는 따돌림을 당했을 것이다. 나는 르네가 상당히 야심만만하다는 것을 알고 있었다. 알렉스가 산에서 보인 똑같은 행동은 다소 생뚱맞은 경험이었다.

3일 후, 나는 여전히 설사와 위경련으로 힘들었지만 그들이 어떻게 지내는지 궁금해 텐트 밖으로 기어 나왔다. 날씨가 좋아져서, 그들은 눈으로 하얗게 칠이 된 채 2,000미터나 장엄하게 솟아 오른 남벽으로 출발할 준비를 하고 있었다. 알렉스는 하강에 필요한 여벌의 로프로 쓰기 위해 40미터 로프에서 심지를 뽑아내고 있었다. 그들은 등반용으로 한 동의 로프만 사용할 셈이었다. 2개의 아이스스크루와 3개의 암벽용 피톤이 기술적인 등반이 요구되는 곳에서 사용할 장비의 전부였다.

"몰골이 말이 아니군요." 하고 알렉스가 말했다. "어떻게 할 건가요?"

"가지 않는 게 좋을 것 같아." 우유부단이 나의 마음을 갈가리 찢었다. 내가 말하고 싶었던 것은 '이 개자식들아, 나도 원정대원이야. 너희들이 원치 않아도 난 갈 거라고.'였다. 하지만 난 그렇게 말하지 못했다. "그래. 이 상태로는 너무 느릴 거야."라는 말을 덧붙일 때 나는 눈물이 그렁거렸다. 사실 내가 정말로 가기를 원하는지도 확실치 않았다.

르네는 나를 보고 콧방귀를 뀌었다. "존, 무슨 일이에요?"

아마도 내 마음가짐이 나 자신에게 모욕과 아픔을 준 것 같았다. 나는 나 자신을 알지 못했다. 그러나 이제 어떤 획기적인 일이 일어나지 않는 한 나의 원정이 끝났다는 것은 알고 있었다.

그날 밤 알렉스는 나를 오랜 친구로 대했다. "회복되기를 바랍니다. 만약 우리가 이번에 실패하면, 두 번째 도전에서는 함께 가요."

"그게 좋겠어, 알렉스. 너에 대해서는 잘 모르겠는데, 일이 이렇게 되면서 내가 빠져, 널 실망시키니 기분이 좋지 않아. 올라가서 조심해. 앞으로도 오를 산은 많아."

긴 침묵이 흐른 다음 알렉스가 입을 열었다. "있잖아요. 몇 번 악몽을 꾸었어요. 하지만 나는 마음의 평화를 찾는 방법을 알아요. 잠을 잘 때 나는 내 몸을 떠날 수 있고, 원하기만 하면 새라와 함께 있을 수 있다고 내가 말했었나요? 아주 이상한 느낌이지만 사실입니다. 나는 빨리 집으로 돌아가 그녀도 똑같은 경험을 했는지 알고 싶습니다."

나는 할 말이 없었다. 알렉스는 공상에 사로잡힐 사람이 아니었다. 그것은 내가 이해할 수 없는 개인적인 계시였다. 그는 왜 나에게 그런 말을 했을까? 불확실에 사로잡힌 그에게 탈출구가 필요했던 것일까? 알렉스는 둘로 갈라지고 있었다. 전적으로 등반을 감행하자는 한쪽과 깊은 근심걱정으로 우리들의 계획에서 빠져나오고자 하는 다른 한쪽으로. 아마도 알렉스가 자신의 순간적인 우울에서 빠져나올 수 있는 유일한 방법을 생각해낸 순간이 그때가 아니었을까? 가라. 가서 긍정적으로 임해라. 새라와 함께 늘 해온 것처럼. 그리고 안나푸르나 남벽을 올라라.

"자, 우리 모두가 집으로 돌아갈 수 있다고 믿자. 그래야 새라에게 확실히 물어볼 거 아냐?"

그들이 출발하던 날 아침 나는 그들과 함께 모레인 지대를 짧게 걸었다. 야생화들은 서리에 덮여 있었고, 꽁꽁 언 작은 연못들에는 얼어붙을 때의 모습이 그대로 남은 풀들이 말라붙어 있었다. 밝은 색 옷을 입은 두 사람이 빙하로 내려가더니 이내 언덕과 바위들의 미로 속으로 사라졌다.

28

시간은 흐르고

Time after Time

르네와 나는 알렉스의 시신을 안나푸르나에 남겨두기로 했다. 그리고 베이스캠프를 출발해 이틀 동안의 강행군으로 우리 연락장교보다 먼저 포카라에 도착했다. 우리는 그에게 당분간 비밀을 지켜달라고 부탁했다. 진과 새라에게 이 소식을 전해야 할 사람은 나였다. 그것이 이 원정에서의 내 마지막 임무였다. 르네는 에베레스트 동계등반의 고소순응을 위해 고지대로 트레킹을 떠나려는 몇몇 프랑스 클라이머들과 같은 호텔에 묵었다. 심한 충격을 받은 르네는 불행해 보였지만, 그들과 합류할 것 같았다. 나는 그가 침낭이 필요할 것 같아서 내 동계용 침낭을 주고 작별인사를 했다. 그리고 그것이 그를 본 마지막이었다.

카트만두행 심야버스를 탄 나는 이 사고를 어떻게 설명해야 할지 절망 속에서 밤새 고민했다. 나는 이와 같은 끔찍한 비상상황에서 대사관의 전화를 이용할 수 있으리라 기대하고, 도착하자마자 곧장 영국대사관으로 갔다. 그러나 그들의 대응에 그만 할 말을 잃고 말았다. 만일 우리가 친구 한 명을 산에서 잃을 만큼 어리석다면 그것은 대사관의 책임도 아닐뿐더러 관여할 사항도 아니라고 일등 서기관이 말한 것이다.

그가 나에게 한 말 중 유일하게 가치가 있었던 것은 네팔에서 영국으로 운구할 방도가 없기 때문에 우리가 시신을 산에 두고 온 것은 잘한 일이라고 한 것이었다. 게다가 국제전화는 우체국을 이용하라는 말도 들었다. 그것이 바깥세상과 의사소통을 할 수 있는 유일한 방법이었다. 나는 그날 진에게 전화를 하려고 두 번이나 예약을 했지만, 나에게 할당된 두 번 모두 전화시스템이 먹통이었다. 나는 대사관으로 돌아가 도움을 간청했다. 그들은 내가 진과 빠른 시간 내에 통화하지 못하면, 경찰을 통해 그녀에게 알릴 수밖에 없다고 말했다. 다음 날 아침 한 번 더 통화를 시도했지만, 또다시 실패했다. 그러자 대사관은 런던에 세부상황을 보고했고, 진 매킨타이어는 현관문을 두드리는 지역 경찰을 통해 사랑하는 아들의 사망소식을 들었다.

데니스 그레이는 UIAA 행사에 참석하느라 시내에 있었는데, 그와 마이크 체니는 나를 위로하려 애썼다. 그러나 나는 귀국 비행기를 기다리며 심각한 우울증에 빠졌다. 진과 새라 그리고 리비가 이 소식을 얼마나 충격적으로 받아들였을지 짐작이 갔기 때문이다. 집에 도착한 지 일주일이 지난 다음, 나는 카트만두 영국대사관의 일등 서기관에게 『더 타임스The Times』에 난 전면 크기의 알렉스 추모 기사를 동봉해 편지를 보냈다. 나는 대사관 사람 누가 죽었을 때 이와 같이 열렬한 헌사를 받을 수 있겠느냐고 물었다. 물론 답장은 오지 않았다.

나는 참담한 소식이 알렉스의 가족과 친구들에게 전해진 후에 영국으로 돌아왔다. 하지만 나는 그들을 방문할 필요가 있었다. 나는 사고 현장에 알렉스와 함께 있지 않았다고 말했지만, 그들은 나를 비난하지 않았다. 진과 새라도 내가 목격자이자 생존자였다는 것에 연민의 정을 느끼며 오히려 나를 위로했다. 그러나 그들이 묻지도 않는 질문을 나는 나 자신에게 하고 있었다. '내가 무엇을 더 할 수 있었을까?'

나는 귀국하자마자 알렉스의 집에서 진을 만났는데, 이제는 새라를 만나야 했다. 나는 무슨 말을 해야 할지, 그리고 어떻게 위로를 해야 할지 고민했다. 알렉스와 함께 늘 그랬던 것처럼, 그녀는 그다음 주말 밀럼으로 왔다. 사고가 난 지 한 달도 채 되지 않은 때였다. 우리는 왈나 스카Walna Scar에서 다우 암장으로 이어지는 능선을 걷기로 했다. 그곳은 1년 전 알렉스와 내가 아일랜드해로 지는 석양을 바라본 곳이었다. 나는 알렉스가 데리고 다니기를 좋아했던 개와 같은 종류인 '콜리collie'를 친구에게서 빌려, 데리고 갔다. 우리 둘이 처음으로 그를 회상하는 시간이었다. 축축한 11월 오후의 전형적인 날씨였다. 햇빛은 없었지만 추억의 감정이 가득했다.

"존, 당신이 지난주 전화했을 때 당신은 내가 정말 공감할 수 있는 진실을 말해주었어요."

우리는 다우의 정상에 올라섰다. "불교도들은 돌멩이 하나가 작은 연못에서 일으키는 물결이 큰일을 불러올 것이라고 믿는다고 당신이 말했지요. 물결이 한 번 일면 영원이 계속된다는, 보이지는 않지만 계속 퍼져나간다는…. 나는 정말 그걸 믿어요."

"내가 알렉스를 만나기 전까지는 누군가가 죽는다는 생각을 해본 적이 없었어요. 그리고 얼마 후 우리 둘 다의 친구였던 짐 커랜이 죽었을 때 일련의 사건이 시작됐죠. 그 후에 조가 죽었고, 그다음엔 알렉스가. 그리고 나와 가까웠던 사촌이 죽고, 이모가 죽고…. 짧은 시간에 이런 일들이 계속 일어났습니다."

"그리고 알렉스의 죽음은 아주 이상했어요."라며 새라가 말을 이어 갔다. "그가 죽기 전날 밤 나는 헤이필드에 있는 집에 있었습니다. 그런데 잠을 이룰 수 없었어요. 밤새도록 벽에 그림자가 나타났습니다. 마치 환영처럼." 나는 그녀의 경험이 알렉스가 표현한 '유체이탈astral walking' 일 수도 있다고 생각했다. 그의 존재가 새라와 함께 있는 것으로 이어지는….

"존, 그거 알아요? 사람에게는 육감이라는 게 있는 것 같다고 진도 나에게 말했어요. 그래서 알렉스는 자신의 죽음을 예감했던 것 같아요. 이게 모두 다 억측은 아닐 거예요. 그런 환경 속에서 살아남기 위해 갖고 있는 모든 감각, 아니면 그 이상이 필요했을 테니까요."

마리아가 에베레스트를 찾아갔던 것처럼, 진과 리비 그리고 새라는 안나푸르나 베이스캠프로 순례를 떠날 생각을 하고 있었고, 테리 무니가 그 여정을 준비하고 있었다.

"테리가 어떻게 이 일을 맡았죠?" 하고 내가 물었다.

"쉽지 않았어요. 그는 알렉스에게 애정을 품고 있었어요. 그는 알렉스처럼 되길 원했고, 그의 모험을 공유하고 싶어 했어요. 그는 호의나 명성을 사려고 알렉스에게 돈을 준 게 아니었습니다. 오로지 순수한 마음이었어요. 알렉스도 그렇게 받아들였고요. 그도 테리처럼 성공하고 싶어 했습니다. 물론 언젠가는 그도 그렇게 될 수 있었겠죠. 알렉스는 멋진 삶을 살고 싶어 했어요. 테리의 지킬박사와 하이드 같은 성격의 일부가 알렉스에게도 있었다는 걸 아나요? 그는 한순간 완전히 이성을 잃었다가도, 그다음엔 냉정을 되찾아 예리하고 명석했죠. 알렉스는 반전을 좋아했어요."

알렉스의 '지킬박사와 하이드 성격'을 나는 안나푸르나에서 엿보았었다. 나는 어느 쪽이 알렉스의 진짜 모습인지 알 수 없었다. 그러나 우리가 더돈Duddon 계곡으로 내려온 지금, 매우 차분해진 새라의 모습을 보고 나는 기분이 한결 좋아졌다. 나는 그녀의 깊은 슬픔을 느꼈다.

우리는 늦은 오후의 어스름 속에 밀럼으로 차를 몰았다. 더돈 계곡을 빠져나오면서 다리를 건너 농장지역을 통과했다. 그때 우리는 운명의 물결이 계속 퍼져나가는 것을 발견했다. 커브 길을 과속으로 달리던 차가 우리 차를 들이받은 것이다. 그 충격으로 우리 차는 도랑으로 나가 떨어졌다. 내가 처음 들은 소리는 뒷좌석에 있었던 개의 비명이었다. 이어 다른 차에서도 비명이 들려왔다.

"오, 이런. 새라! 괜찮아요?"

"그런 것 같지만 아직은 잘 모르겠어요."

출혈이 있는지 재빨리 살펴본 나는 그녀가 괜찮아 안심했다. 우리 둘은 안전벨트를 하고 있었다. 이제 개도 안정을 찾았는데 다행히 다친 곳이 없는 것 같았다. 차에서 불이 날 것을 우려한 나는 차 문을 가까스로 열어 새라를 밖으로 끄집어냈다. 그리고 사고를 수습하기 시작했다. 다른 차에서 젊은이 넷이 기어 나왔다. 밀럼에서 경기를 하고 돌아가던 배로우의 럭비선수들인 그들은 운이 없었다. 한 친구가 앞 유리를 뚫고 나와 얼굴에 심한 상처를 입은 데다, 그 옆의 친구는 팔까지 부러졌다. 그들은 충격에 빠져 어쩔 줄 몰라 했다. 곧 지역 경찰이 나타났는데, 그는 브로턴 인근 마을에 사는 클라이머였다.

"어, 또 너네, 존. 그렇지? 넌 정말 운이 좋은 것 같아. 날 위해 여기에 교통사고 표지판 좀 하나 놔줄래?"[119] 그날 저녁은 정신이 몽롱했다. 우리는 적어도 하루 저녁만큼은 알렉스를 잊고 다른 이야기를 나눌 수 있었다.

새라에게 교통사고는 결정적인 순간이었다. 그녀는 무엇 때문에 안전벨트를 하게 됐는지 의아해했다. 어떤 징후였을까? 어떤 다른 힘이 작용하고 있었던 것일까?[120] 마리아 코피는 이 사고에 대해 새라와 나누었던 대화를 이렇게 기억했다.

"새라는 안전벨트를 맨 적이 단 한 번도 없었다고 합니다. 그런데 무언가가 그렇게 시켰다는 거예요. 그녀는 갑자기 달려드는 차를 보고 이렇게 생각했대요. '바로 이거네, 난 죽는구나.' 하지만 충돌과 혼란 뒤에 그녀는 괜찮다는 걸 알았고, 처음으로 정말 살고 싶다고 느꼈답니다. 그전까지 난 새라를 상당히 걱정했습니다. 그녀는 비통에 잠겨 있었는데, 조의 죽음이 가져온 고통에서 막 빠져나온 나는 그녀에게 아무런 도움도 줄 수 없었습니다. 알렉스를 잃고 나서 그녀는 정말 자신을 돌보지 않았습니다. 아마 죽고 싶었을 거예요."

30년이라는 세월이 흐른 지금, 우리는 여전히 당시의 일들에 대해 이야기를 나누고 있다. 알렉스는 운명의 물결을 받아들이고, 그 물결을 따라가야 한다는 사실을 알고 있었을지도 모른다. 그는 자신이 등반하고 싶은 히말라야 거벽들의 체크 리스트를 갖고 있었다. 아마도 그는 경

---

119 그전 해, 이곳에서 얼마 떨어지지 않은 곳에서 추월하는 차를 미처 발견하지 못한 나는 도로 밖으로 굴러 떨어진 적이 있었다.

120 마리아 코피의 책 『영원의 탐험가들Explorers of the Infinite』에는 산악인들과 탐험가들의 초자연적인 경험이 많이 나온다.

력을 쌓기 위해 등반을 해야 한다고 느꼈을지도 모른다. 알렉스 매킨타이어는 ― 스스로의 주인으로서 ― 자신에게 이렇게 말했다. "체크 리스트에 있는 대상지를 전부 등반해야 해. 그러면 새라와 함께 있을 수 있고, 다른 길을 갈 수도 있어."

새라는 가족이 있고, 자신만의 인생이 있다. 그러나 그녀가 새로운 삶을 다시 시작해야 한다고 깨닫기까지는 오랜 시간이 걸렸다. "마리아를 만날 때마다 내가 그녀와 잘 어울리는 게 정말 신기해요." 새라는 최근 나에게 이렇게 말했다. "그녀의 인생은 나의 인생과는 사뭇 다릅니다. 조가 죽고 난 후, 그녀는 경험에 의지해 자신을 되살리려 노력했습니다. 내가 누군가 ― 정말 함께하지 말았어야 할 누군가 ― 와 함께하면서 아이들을 갖고 싶다는 고통스러운 생각에서 빠져나오는 데는 긴 시간이 걸렸어요. 난 몹시 원망스러웠죠. 지금은 반대편으로 빠져나왔지만, 20년이란 시간이 걸렸어요."

"사실 그때 난 어렸어요. 스물일곱이었으니까요. 우리는 고작 2년 반을 함께했습니다. 그 후 난 모든 걸 묻어버리고 긴 시간을 보냈습니다. 너무 행복해서 너무 고통스러웠습니다. 지금도 보고 싶고, 그가 나와 함께했던 일도, 나와 함께하지 않았던 일도 모두 알고 싶어요. 그는 크게 성공했을 거예요. 우리의 대화를 계속 이어갈 수만 있다면 얼마나 좋을까요? 더 이상 대화를 이어갈 수 없다는 것, 그것이 바로 죽음입니다."

그러나 대화의 끝이 이야기의 끝은 아니다.

29

순수한 마음을 찾아서

Searching for a Heart of Gold

더그 스콧에 의하면 사람이 산에서 죽는 이유는 두 가지다. 야망이 앞서거나 운이 없거나. 그는 조 태스커와 피터 보드맨을 야망이 앞선 사람으로 생각했고, 알렉스는 운이 없는 사람으로 여겼다. 더그의 관점도 일리가 있지만, 나는 히말라야의 고봉에서 초등을 노리는 사람에게는 비범한 야망이 필요하다고 생각한다. 등반은 일반적인 직업이 아니며, 평균적인 스포츠는 더더욱 아니다. 알렉스는 운이 나빴다. 하지만 그의 야망은 자신을 극한으로 몰아넣었다.

클라이머는 아니지만 과학적 사고방식에 있어서는 선천적인 모험가라 할 수 있고, 아주 총명한 디자이너 겸 엔지니어인 내 친구 한 명은 나에게 흥미로운 질문을 던졌다. "넌 등반이 주로 즐거움을 위한 것이고 삶을 충만하게 해주는 모험이라고 말하는데, 나에게 등반은 x명의 대원이 떠나서 y명의 대원이 돌아오는 것일 뿐이야. 그런데 y가 x보다 적다면, 도대체 네가 얻는 게 뭐지?"

일주일 내내 나는 이 질문을 곱씹어보았지만, 그럴듯한 대답을 얻지 못했다. 결국 나는 그에게 다음과 같은 이메일을 보냈다. "우리가 얻는 것은 암흑물질dark matter 같은 것이지. 우리는 그것이 거기에 있어야한다는 것을 알아. 왜냐하면 우주는 우리가 볼 수도, 측정할 수도 없는 질량과 에너지를 갖고 있기 때문이지. 우리는 그것을 말로 표현할 수 없어. 그러나 사실은, 우리가 그것을 표현하려고 계속 노력하고 있다는 것이야. 그래서 우리는 책도 쓰고, 강의도 하고, 영화도 만들지. 경험의 총량이 존재하는데, 이것이 없다면 우주는 그 실체의 10퍼센트밖에 되지 않아. 이것이 우리의 독특한 인간성을 표현하는 모든 경험에 적용되는 것처럼 등산에도 똑같이 적용돼."

이 책을 끝내는 데는 오랜 시간이 걸렸다. 과연 들려주고 싶은 이야기가 있을까 하는 확신이 서지 않은 것도 한몫했다. 한 개인과 그의 운명적인 모험에 대한 책이 총량에 무엇을 더하겠는가? 8년 전쯤, 좋지 않은 사고를 당해 6개월간 병원에 누워 있는 동안 이 문제를 되돌아볼 수 있는 기회가 나에게 있었다. 그때 나는 이 책을 완결 짓겠다고 결심했다. 나는 진에게 전화해 나의 결심을 알리려 했지만, 그녀는 오히려 슬픈 소식을 전했다.

"존, 나 말기 암 진단을 받았어. 너무나 참담해. 알렉스에 대해 나에게 하고 싶은 말이 있을 거야. 하지만 난 듣고 싶지 않아. 책을 끝내려거든 내가 죽고 나서 해."

진은 적극적이고 멋지며 매우 강인한 여성이었다. 그녀는 2012년 11월 세상을 떠났다. 진이 나에게 마지막을 부탁한 이후 여러 해가 지나고 나서, 나는 이 모든 것을 한데 모을 시간과 에너지를 찾기 시작했다. 가끔, 나는 알렉스를 둘러싼 일부 전설 같은 이야기들이 한 꺼풀 벗겨지면, 오히려 그의 명성에 누가 될지도 모른다고 걱정했었다. 그러나 알렉스라는 한 인간을 만들고, 궁극적으로는 안나푸르나에서 그를 죽음으로 이끈 본질들은 그의 등반과 일, 대인관계, 통찰력과 놀라운 추진력을 통해서 가장 잘 표현될 수 있지 않을까?

그는 외롭지 않았다. 그는 뛰어난 세대, 즉 거의 다 등반으로 스러져 간 세대를 대표하는 인물이었다. 오늘날 그들을 아는 사람들은 많지 않다. 산에서 죽음을 맞이한 우리의 친구들 중에는 피터 보드맨, 조 태스커, 피터 덱스턴Peter Thexton, 앨런 라우즈, 로저 백스터 존스, 조르제 베템부르, 토빈 소렌슨, 존 시렛, 장 마르크 부아뱅, 예지 쿠쿠츠카 등 많은 사람들이 있다. 이 많은 친구들은 단순히 운이 나빴던 것일까, 아니면 야망이 그들을 넘어선 것이었을까? 혹은 어두운 에너지가 우리 산악인을 극한으로 몰아넣은 것일까? 그것도 아니라면, 우리가 그저 모험에 취해 언제나 그 이상의 무엇인가를 갈망한 것이었을까? 아마도 이 모든 것들이 한 핏줄 속에서 흐르고 있었을지도 모른다.

언젠가 폴 눈[121]과 함께 히스로공항의 팬암 체크인 줄에 서 있었는데, 나이가 든 단아한 여성이 카트에 웬 짐을 그렇게 많이 쌓아놓고 있느냐고 폴에게 물은 적이 있었다.

"히말라야로 등반하러 가기 때문입니다."

그러자 그녀의 눈이 반짝였다. "아, 그렇군요. 당신들에 대한 책을 읽은 적이 있어요. 계속해서 죽지만 항상 더 많은 사람들이 그 빈자리를 채우는 것 같더군요."

---

[121] 1995년 8월 6일, 폴 눈과 제프 티어Geoff Tier는 카라코람의 하로모시2봉HaromoshII(6,666m) 정상에서 내려오던 중 거대한 세락이 붕괴되어 그곳에 묻혔다.

'우리가 내딛는 한 발 한 발'에 대해 스스로 책임을 지는 자세가 필요하다는 폴 눈의 명료한 말은 성공적인 원정에 대한 아주 훌륭한 묘사다. 이것은 내가 이미 여러 차례 인용한 로저 백스터 존스의 영적 주문과도 같다. 그러나 영적 주문은 야망이나 불운으로부터 우리를 보호해주지 못한다. 육체적이고 정신적인 헌신을 기반으로 하는 자아실현의 원칙들은 성공적인 등반에 매우 중요하다. 자신에 대한 책임감이 우선이다. 또한 그렇게 되면 원정에 참가한 다른 사람들에게도 자연스럽게 전파된다. 그러나 그렇다고 해서 안전이 보장되는 것도 아니다. 삶의 방정식에 고산등반을 대입하면, 사람들은 감정과 운명의 가능성들로 혼란스러워할 것이다. 우리 중 어느 누구도 마지막 여행을 되돌릴 수는 없다.

젊은 시절 나는 노발리스Novalis라는 예명으로 널리 알려진 낭만주의 시인 프리드리히 폰 하르덴베르크Friedrich von Hardenberg를 우연히 만났었다. 그는 알렉스처럼 스물아홉에 죽었고, 알렉스처럼 법률을 공부했다. 그리고 알렉스처럼 그 역시 뛰어난 성적으로 모든 시험을 통과했다. 오래 전에 죽은 시인이며 과학자이자 신비주의자인 사람과 힘들게 살며 힘들게 등반했던 나의 친구 사이에는 아마도 노발리스의 이 말을 빼면 공통점이 거의 없을 것이다. "나는 종종 느낀다. 그리고 지금까지보다 더 깊이 깨닫는다. 운명과 성격이 같은 개념이라는 것을."

물론 노발리스가 "성격은 전적으로 열정에 의해 만들어진 의지다."라고 말한 것 때문만은 아니지만, 이런 통찰력은 베이스캠프에서 보인 알렉스의 징후들을 파악하는 데 도움이 됐다.

자유로운 의지와 성격, 운명. 우리 모두는 그 위험성을 안다. 원정을 가면 갈수록, 어떤 일이 일어날 경우의 수는 증가한다. 우리 모두는 그것을 알고 있었다. 증거도 있다. 우리가 공통으로 가진 성격은 우리 자신의 행운을 믿고 계속해나간다는 의지였다. 해마다 원정과 원정 사이의 시간은 장례식들과 친구들을 잃었다는 큰 혼란으로 채워졌다. 어느 장례식에서, 유명하지만 상당히 취한 젊은 영국 클라이머가 아무개가 죽어서 자신이 그 빈자리를 채우게 돼 다행이라고 떠벌리며 돌아다닌 적이 있었다. 이처럼 어리석고 무자비하며 무례한 행동이 용서받을 수 있을까? 아마 그럴 수 있을 것이다. 왜냐하면 그 이면에는 일종의 자아실현에 대한 두려움이 있기 때문이다.

보이텍 쿠르티카는 진심으로 산의 '길'을 좇는 사람들은 계량화된 결과로 자신의 활동을 설명하려는 유혹을 뿌리쳐야 한다고 여러 차례 말했었다. 만일 우리가 숫자 게임을 원한다면, 실패와 죽음의 목록만이 유일하게 의미 있을 것이다.

전투에서와 마찬가지로 등산에서도 행운이 주된 요소다. 고산의 고난이도 루트에서 성공하기 위해 필요한 첫 번째 자질은 개인적 행운의 중요성을 무시하는 것이다. 가스통 레뷔파Gaston Rébuffat는 일찍이 클라이머들에게 이렇게 경고했다. "기억하라. 산은 네가 전문가인지 알지 못한다." 따라서 산이 전문가에게 무릎을 꿇게 될 것이라고 자신의 마음을 속이는 것이 필요하다.

행운을 주거나 빼앗아갈 수 있는 환경이 복잡하게 얽혀 있는 상황에서는 행운을 정의할 수 없다. 그것은 자연적 요소와 인간적 요소 — 날씨의 불확실성, 세락 붕괴의 정확한 시점, 인간 관찰의 정확성, 특정한 날 고도에서 보이는 심신의 반응, 적절한 숫자의 피톤과 적절한 계획,

녹은 눈의 파동으로 운명의 여행을 시작하는 돌멩이 하나 — 로 구성된다.

대부분의 클라이머들은 훌륭한 모험 이야기를 읽으며 등반에 흥미를 갖기 시작한다. 그리고 그가 읽은 첫 번째 책이 등반에 대한 그의 관점을 형성한다. 만일 첫 번째 책이 『에베레스트 등정The Ascent of Everest』(미국에서는 『에베레스트 정복The Conquest of Everest』이라는 제목으로 출판)이었다면, 등반이란 역경을 극복하는 팀워크와 국가적인 자존심의 문제라고 여길지 모른다. 만일 첫 번째 책이 『희박한 공기 속으로Into Thin Air』였다면, 이 책이 등반과는 거의 관계가 없다는 것을 알지도 못하고, 등반에 내재된 위험은 물론이고 용기와 희생의 본질에 대해 의구심을 품을지도 모른다. 『모험의 봄날들The Springs of Adventure』이라면, 자연 속의 복잡하고 예측 불가능한 모든 것에 감각을 집중하려는 욕망이 상상력에 불을 지필 수도 있다. 그리고 만일 첫 번째 책이 패러디인 『럼두들 등반기The Ascent of Rum Doodle』[122]라면, 등반은 인생에서 추구하는 대부분의 것에 대한 은유가 된다. 클라이머들은 그 속에서 어떤 해답을 찾기 위해 책을 읽는다기보다는 그들의 열정을 알기 위해 책을 읽는 경향이 있다. 그들은 해답이 없다는 것을 뻔히 알고 있다. 등반은 멋진 인생의 일부분일 뿐이다. 등반을 하는 데 어떤 다른 이유가 있을까?[123]

비록 부분적이기는 하겠지만, 설명이 가능한 개인적인 위험이 하나

---

122 W. E. Bowman이 1956년에 쓴 책. 국내에서는 2007년 김훈의 번역으로 출간되었다. [역주]

123 나 보고 알렉스가 자신에 대해 가졌던 똑같은 확실성으로 예측하라고 해도, 클라이머들이 위험을 감수하는 이유를 설명하는 나의 이론 역시 신경과학자들의 그것과 같았을 것이다.

있다. 이것이 아마 개인에게 닥치는 위험을 표현하는 데 훨씬 더 적절할지도 모른다. 즉, 한 개인이 등반에 빠지기 시작하면, 그것은 즉시 가장 위험한 것이 됨과 동시에 이전의 모든 경험들이 지워진다는 것이다. 이것이 바로 우리가 코 에 반다카를 등반할 때의 정신상태였다. 우리는 정말 몰입해 있었고, 따라서 위험이 우리의 의지를 길들일지도 모른다는 걱정은 전혀 하지 않았다.

인생에서 균형을 찾으려면, 우리 모두는 어떤 상황에서도 입구와 출구 양쪽을 모두 볼 수 있다는 희망을 갖고, 어느 쪽으로든지 결정을 내려야 한다. 예를 들면, 브라이언 홀과 내가 미등의 시블링 Shivling(6,543m) 남벽을 시도하려고 배낭을 꾸려 막 출발했는데, 그가 이렇게 말했다.

"난 안 가."

나는 가던 길을 멈추었다.

"왜?"

"참랑Chamlang에서 머리를 부딪쳐 생긴 터널시視[124]가 여전해. 정신이 오락가락 해. 위험을 무릅쓰고 싶지 않아."

나는 그를 곧바로 이해했다. 브라이언은 등반에 대한 열정과 사랑으로 자신을 떠받치면서 여전히 귀신같이 등반하고 있다.

* * *

안나푸르나 베이스캠프에서, 공포와 예감의 파도가 알렉스에게 밀려오

---

124 앞이 똑바르지 않아 잘 보이지 않는 현상으로 시야 협착의 일종이다. (역주)

고 있었다. 이것들은 하나가 되었고, 같은 것이 되었다. 그러나 알렉스의 마음속에는, 결정을 내리는 입구와 출구가 똑같은 문이었다. 안나푸르나를 오르자, 그러면 공포가 사라질 것이다. 그러면 집으로 가는 길이 따를 것이고, 다시 새라와 함께할 인생의 제2막이 펼쳐질 것이다. 이 계획에 대한 장애물 — 안나푸르나 남벽 — 이 제거되었다면 얼마나 좋았을까.

남벽은 단지 그런 장애물들 중 하나였을 뿐이다. 그의 히말라야 체크 리스트에는 올라야 할 미등의 거벽 몇 개가 여전히 남아 있었고, 그 후에는 새로운 세계가 예정되어 있었다. 더불어 그 앞에 놓인 길이 평탄해, 다양한 종류의 새로운 세계도 활짝 열렸을 것이다.

닉 콜튼은 알렉스의 '체크 리스트'가 순전히 스스로 선택한 것만은 아니라고 믿고 있다. 리스트에 있는 루트들은 어떤 곳이 등반되었고, 어떤 곳이 등반되지 않았는지에 대한 연구결과로 나왔다는 것이다. 닉은 클라이밍 잡지들, 특히 『마운틴』이 안전의 이성적 한계를 넘어 야망을 좇아가는 현상과 관련이 있다고 주장한다. 나 역시 그런 주장에 어느 정도 동감한다. 그러나 마약에 대한 책을 읽는다고 해서 중독자가 되는 것은 아니다. 훌륭하고 정확한 저널리즘은 안전등반에 필요한 필수적 요소들을 알려준다. 이것은 여전히 개인의 문제다. 알렉스는 다울라기리 남벽을 성공 가능한 목표로 꼽았다. 그러나 그는 너무 위험하다며 포기했다. 알렉스보다 훨씬 더 강하고 빠른 토마주 후마르는 잘 알려진 위험에도 불구하고 단독으로 그곳을 올랐다.

알렉스가 태어났을 때 이 모든 벽들이 등반되었다면 어떻게 되었을까? 나는 등반에 대한 사랑이 그때도 머리와 심장 일부를 지배해서, 어느 순간이 오면 이들은 다른 것들은 전혀 고려하지 않았을 것이라 믿는다. 알렉스가 그런 사람이었다. 산은 알렉스를 버렸어도, 알렉스는 산을 품었다.

1982년 『마운틴』지에 실린 알렉스와 켄 윌슨의 인터뷰는 '왜 산에 다닐까?'라는 유명한 토론으로 끝을 맺는다. 그래서 ― 내가 알렉스와 알고 지낸 시간 동안 종종 그랬던 것처럼 ― 마지막 글은 알렉스를 위해 남겨두고 싶다.

켄: 일반적으로 등반이 아주 재미있고 육체적 도전이며 정신적 고양이라는 진부한 표현들을 감안하면, 진정한 보상은 무엇입니까? 산이 도전을 막아서고 그런 도전을 통해 성공을 거두는, 경쟁적인 본능입니까? 당신은 동료들로부터 인정을 받지 않습니까?

알렉스: 항상 다른 사람들을 지켜보며 그들로부터 무엇인가를 배우려 노력한다는 점에서 나는 경쟁적입니다. 그러나 나는 사람들이 단지 대중적인 찬사를 위해 이와 같은 일을 한다고 생각하지는 않습니다. 기본적으로, 나는 히말라야의 거벽을 알파인 스타일로 등반하는 것을 즐길 뿐입니다. 상당히 힘든 이 일을 나는 잘할 수 있습니다. 나는 모든 환경, 즉 멀리 떠나는 것과 다시 돌아오는 것, 반전과 원정에서 문명으로 돌아오는 역반전을 좋아합니다.

켄: 하지만 그것은 너무 단순화시킨 것이 아닌가요? 그런 봉우리들에 서양문명이 어느 정도의 명성을 부여한 것이 사실이잖아요? 그런 봉우

리들을 둘러싸고 있는 가치의 전반적인 환경이 발전되어, 당신이 돌아올 '문명'이 없다면 — 말하자면 불귀의 객이 된다면 — 그 행위의 의미는 퇴색될 것 같습니다. 명백하게, 산을 오르는 행위는 기본적인 끌림에 의한 것입니다. 그러나 이런 것들이 명성이라는 측면에서 어느 정도 가치가 없다면, 사람들이 더 어렵고 더 위험한 것을 하기 위해 몇 번이고 되돌아갈 이유가 없지 않을까요?

알렉스: 나는 그런 것들과는 상관없이 등반을 계속하리라 생각합니다. … 만일 내가 신장지구나 시베리아 깊숙한 곳에 자리 잡은 까다로운 거벽 사진을 보고 나서 아무에게도 말하지 않고 은밀하게 잠입해서 등반을 할 수 있다는 생각이 든다면, 나는 지체 없이 달려갈 겁니다.

켄: 산이 거기 있기 때문인가요?

알렉스: 물론이죠.

옮긴이의 글
찾아보기

옮긴이의 글

"산서 번역 해보실래요? 알렉스 매킨타이어에 관한 책입니다." 2년 전, 산 친구들과 맥주 한잔을 나누는 자리에서 번역에 관심을 보인 저에게 오영훈 박사가 제안했습니다. 취기의 도움을 받아 망설임 없이 동의했고, 번역은 그렇게 시작되었습니다. 하지만, 저는 그때까지 알렉스 매킨타이어를 모르고 있었습니다. 1989년 대학 입학 후 산악회 활동을 시작했고, 국내외 각종 잡지 등을 통해 등반에 대한 지식과 정보를 습득하고 있었지만, 이 책의 주요 배경이 된 1970년대 중반부터 1980년대 중반까지의 등반사조는 거의 접하지 못한 채, 그 이전의 초등시대나 당시 현재진행형인 정보만 탐닉했던 것 같습니다. 그렇지만, 저에게 이번 기회는 신세계를 탐구하는 것같이 흥분되는 일이기도 했습니다.

그러나 독서의 개인적인 재미와 그것을 타인에게 문장으로 전달해야 하는 번역은 다른 세계였습니다. 여러 번의 작업을 거치고 주위 사람들의 도움을 받았지만, 여전히 자신 없는 부분이 존재합니다. 11장과 21장에 각각 소개된 알렉스 매킨타이어 등반기가 특히 그렇습니다. 저자가 서문과 본문에서 밝혔듯이 난독증이 의심되는 너무나 독특한 알렉스의 문체를 전달하는 일은 등반으로 따지면 고빗사위였습니다. 반면 2개의 기고문을 통해 저자라는 필터 없이 알렉스의 스펙트럼을 엿볼 수 있는 묘미도 있었습니다.

그는 전위적인 클라이머이자 법률가, 행정가, 저술가, 장비 개발자였고 누군가의 아들, 오빠, 연인, 경쟁자 그리고 친구였습니다. 특히 저자와는 이 책의 19장에 나오듯 '어려운 상황을 함께 나누는 진정한 친구' 사이였습니다. 등반활동을 시작한 알렉스가 단계별로 성장할 때마다 존 포터가 항상 그의 곁을 지켰고, 알렉스가 아메리칸 알파인 저널에 기고한 다울라기리 등반보고서에서 저자를 '전통적인 파트너'라고 표현할 정도로 둘의 우정은 각별했으며, 이는 저의 부러움을 샀습니다. 또 하나 인상적이었던 것은 당시 유명했던 노래들의 제목을 적절하게 각 장의 제목으로 삼은 것입니다. 이는 음악을 사랑했던 알렉스를 기리는 것으로 느껴졌고, 사진에 나오는 알렉스의 모습에서 레드 제플린의 기타리스트 지미 페이지를 떠올리기도 했습니다. 1장의 제목으로 선택된 Stairway to Heaven은 알렉스가 본격적인 등반을 시작했을 무렵인 1971년에 발표된 곡입니다. 보이텍 쿠르티카와 함께 오른 코 에 반다카 북동벽이 고산거벽등반이라는 천국으로 가는 계단으로 연상되어 흥미로웠습니다.

저자 존 포터는 이 책을 통해 주인공 알렉스 매킨타이어의 이야기뿐만 아니라 역사와 문화, 국제정세 등을 아우르고 여기에 자신의 이야기를 투영해, 마치 포토샵의 레이어처럼 차곡차곡 쌓아 하나의 작품을 만들어냈습니다. 그리고 이 이야기를 전하면서 사람들의 관심에서 멀어졌을 수도 있는 자신과 알렉스 그리고 '녀석들'의 찬란했던 시대를 다시 소환하고 있습니다.

　이번 작업을 마무리하면서 감사를 전하고 싶은 분들이 계십니다. 먼저 정기적으로 산서를 번역하여 발간하는 하루재클럽의 변기태 대표님과 여러 회원님들께 존경심을 담은 감사를 전합니다. 그리고 김동수 선배님께도 깊이 감사드립니다. 번역의 엄중함을 일깨워주시고 중심을 잡아주셨습니다. 아울러, 등산과 그 감수성을 알게 해주신 연세산악회 선후배님들과 친구들, 첫 산서 번역에 격려를 아끼지 않으신 선우중옥 선배님, 갑작스러운 질문에도 답을 해주며 힘을 실어준 오영훈, 강동석, 윤지우, 제임스 신, 마지막으로 '일반인'의 입장에서 묵묵히 원고를 읽고 조언해준 사랑하는 아내 양윤선에게 고마움을 전합니다.

2017년 8월 캘리포니아 풀러튼에서
전종주

찾아보기